普通高校“十三五”规划教材·物流学系列

物流技术与装备

傅莉萍 ◎ 编著

清华大学出版社
北 京

内 容 简 介

本书在借鉴与吸收国内外物流技术与装备理论和最新研究成果的基础上，基于实际应用过程的逻辑主线，紧密结合物流管理工作任务进行编写教材内容。本书介绍了物流技术与装备概述、运输技术与装备、集装化技术与装备、仓储技术与装备、装卸技术与装备、搬运技术与装备、流通加工技术与装备、输送技术与装备、物流信息技术与装备及自动分拣技术与装备。在内容上体现了物流技术与装备的最新实用知识与操作技术，本书共10章，内容全面、结构严谨、注重理论与实践的紧密结合。并且每章后面均附有相关练习和案例。

本书适合作为相关专业本科生教材及研究生辅导用书，也适合作为物流工作人员培训教材，同时也可作为相关技术人员、管理人员的参考书籍。

图书在版编目(CIP)数据

物流技术与装备/傅莉萍编著. —北京：清华大学出版社，2016
(普通高校"十三五"规划教材·物流学系列)
ISBN 978-7-302-45315-4

Ⅰ. ①物…　Ⅱ. ①傅…　Ⅲ. ①物流技术－高等学校－教材 ②物流－机械设备－高等学校－教材　Ⅳ. ①F253.9 ②F252

中国版本图书馆CIP数据核字(2016)第246892号

责任编辑：陆浥晨
封面设计：汉风唐韵
责任校对：宋玉莲
责任印制：沈　露

出版发行：清华大学出版社
网　　址：http://www.tup.com.cn，http://www.wqbook.com
地　　址：北京清华大学学研大厦A座　**邮　　编**：100084
社 总 机：010-62770175　**邮　　购**：010-62786544
投稿与读者服务：010-62776969，c-service@tup.tsinghua.edu.cn
质量反馈：010-62772015，zhiliang@tup.tsinghua.edu.cn
课件下载：http://www.tup.com.cn,010-62770175-4905
印 刷 者：北京富博印刷有限公司
装 订 者：北京市密云县京文制本装订厂
经　　销：全国新华书店
开　　本：185mm×260mm　**印　　张**：20.5　**字　　数**：466千字
版　　次：2016年10月第1版　**印　　次**：2016年10月第1次印刷
印　　数：1～4000
定　　价：39.00元

产品编号：067615-01

前言

现代物流技术是当今最有影响的新技术之一,是工程技术、信息技术和管理技术等相互融合的综合体。在物流向自动化、智能化高度发展的今天,物流技术与装备已经成为现代物流体系的重要基础、实现高效物流作业的基本保障和物流技术进步的重要体现。

要成为当今物流领域的综合性人才,必须掌握必要的物流技术与装备管理基础知识,具备基本的物流技术与装备应用能力,本书正是为了满足现代物流教育的这一需求而编写的。本书共10章,主要内容包括:物流技术与装备概述、运输技术与装备、集装化技术与装备、仓储技术与装备、装卸技术与设装备、搬运技术与装备、流通加工技术与装备、输送技术与装备、物流信息技术与装备及自动分拣技术与装备。系统地介绍了物流技术与装备的基本概念、基本特点以及具体应用,作者在借鉴与吸收国内外物流技术与装备理论和最新研究成果的基础上,基于物流技术与装备在实际应用工作过程的逻辑主线编排教材内容。物流技术与装备是应用型本科物流专业教育的一门主干专业课。通过学习本课程,学生能够认识和掌握系统的物流技术与装备使用和管理的知识与技能,学会合理选用物流技术与装备,并且能应用所学知识解决物流管理中的实际问题。

本书力求将物流技术与装备的知识体系进行整合和优化,从物流各环节涉及的物流技术与装备实际出发,立足企业实际运作模式,基于物流业务流程对学习内容进行了重新编排,以工作过程为导向进行内容设计,使物流技术与装备的内容更具有完整性,教学组织更贴近实际工作过程。达到知识点"全面而精准"的效果,使图书从"理论—方法—操作"等维度系统地对知识体系进行设计。每章都理论—方法—操作进行设计,在开篇都有明确的学习目标,包括知识目标和能力目标,在内容讲解上配合大量的插图,同时结合小看板、小贴士、知识拓展和特别提示加深重点难点知识的讲解深度,扩展学生视野。在介绍模块知识点时增加难点例释,增强了知识的可读性。每章后面设计了对应的知识技能应用解决工作中实际问题的案例分析,重视技术工具的熟练使用,培养学生的实践动手能力。本书对各章的教学要点和技能要点设计了丰富的习题,便于初学者把握学习的精髓;提供了大量不同类型物流设施与设备管理案例、丰富的知识资料,以供读者阅读;各章提供丰富的习题和实际操作训练内容,以提供给学习者练习和训练使用,教材内容直观简洁,注重理论联系实际,体现行业标准和操作规范,适应高等院校物流管理及相关专业教学需要,便于教师教学和对学生所学知识的巩固与物流实操能力的培养。

本书的具体特色如下:

(1) 强化了实践性与应用性。本书不仅在各章前后分别安排导入案例、分析案例,还在理论讲解过程中穿插了大量阅读或分析案例供学习者研读;正文中提供大量的例题供学习者练习和巩固;每章后附有填空题、判断题、选择题、简答题,以及结合实际考查学生观察与思考能力的案例分析题、实训项目,以便学生课后复习。

(2) 增加了趣味性。为了便于学生对知识的掌握及扩展,本书不仅在每章前后附有教学目标、关键术语,还通过资料卡、小知识、小贴士、提醒您、难点例释等的形式引入了大量背景资料、常用知识,以丰富学生的知识范围;并在讲解过程中,通过知识拓展的方式来加深或扩展知识,以便于学生对所学知识的掌握与应用。

(3) 确保了准确性、系统性和统一性。本书取材翔实,概念定义确切,推理逻辑严密,数据可靠准确;体系清晰,结构严谨,层次分明,条理清楚,规范统一;全书统一名词、术语前后统一,数字、符号、图、表、公式书写统一,文字与图、表、公式配合统一。

为了便于教师安排教学进度,本书给出了专业必修课与相关专业选修课的课时建议,见下表。

章　节	必修课		选修课	
	理论课时	实验课时	理论课时	实验课时
第1章物流技术与装备概述	2		2	
第2章运输技术与装备	4	2	4	2
第3章 集装化技术与装备	4	2	4	2
第4章仓储技术与装备	4	2	4	2
第5章装卸技术与装备	6	4	4	2
第6章搬运技术与装备	4	2	4	2
第7章流通加工技术与装备	4	2	4	2
第8章输送技术与装备	4	2	4	2
第9章物流信息技术与装备	4	2	2	
第10章自动分拣技术与装备	4	2	2	
合　计	40	20	34	14
	60		48	

本书共分10章。本书吸收了国内外物流技术与装备理论和技术的最新成果,可作为普通高等院校物流管理、工商管理、工业工程以及相关专业的教材,也可作为企业管理人员及从事物流设备管理工作专业人员的参考用书。

全书由广东培正学院傅莉萍主编,丘惠翠、刘海金参编。本书的完成获得广东培正学院教材建设立项资助,在此向有关领导表示感谢!在编写过程中得到出版社编辑的多方面指导和帮助,在此表示感谢!本书在编写过程中参阅了国内外许多同行的学术研究成果,参考和引用了所列参考文献中的某些内容,作者尽可能详尽地在参考文献中列出,谨向这些文献的编著者、专家、学者们致以诚挚感谢!对可能由于工作疏忽或转载原因没有列出的,在此也表示万分歉意。

本书在编写过程中，由于时间紧迫，编写力量有限，加之物流科学、物流技术日新月异，难免有不足、缺点和问题，恳请同行、读者给予批评和指正。以便再版时改正，hzne999888@163.com，欢迎与我们联系交流。

编　者

2016 年 6 月 1 日

目录

第 1 章

物流技术与装备概述

【知识目标】

(1) 理解物流技术与装备的基本概念。

(2) 掌握物流技术与装备的分类标准和主要类型。

(3) 熟悉物流技术装备的发展现状和趋势。

(4) 明确物流技术与装备管理的基本内容。

【能力目标】

(1) 掌握基本的物流技术。

(2) 能够根据实际作业需求选定正确的物流技术与装备类型。

我国《道路运输业"十二五"发展规划纲要》对道路运输提出了具体目标：2015 年营运货车达到 1200 万辆，道路运输货运量、货物周转量分别达到 300 亿吨、58 400 亿吨千米。国家公路运输枢纽客、货运站场建成率分别达到 50%、40%。专用、厢式货车所占比重分别达到 40%和 25%。营运货车实载率达到 60%。牵引车与挂车比例达到 1∶3，甩挂运输完成的周转量在道路货运中的比重达到 12%以上。完成货运量达到 165 亿～180 亿吨，货物周转量 12 000 亿～13 500 亿吨千米，年均增长率分别为 4.0%和 5.3%；全国等级汽车货运站达到 2800 个，国家规划的 49 个公路主枢纽基本建成，中心城市形成综合性的客运枢纽、物流中心或物流园区；中等城市和县级城市都要建成等级货运站，人口在 20 万以上的城市至少建成一个等级货运站；以国家高速公路网为依托，快速货运网络基本形成，基本实现 400～500 千米以内当日往返，800～1000 千米以内当日到达；集装箱运输、甩挂运输得到快速发展，装卸搬运机械化、自动化得到普及，集疏运效率大大提高，促进和保障物流产业的快速有序发展。

资料来源：http://www.mywoo.cn/bbsAndex.php.

思考分析：

(1) 如何定义物流设施与设备？案例中提到了哪些物流设施与设备？

(2) 如何科学地划分物流设施与设备的类型？

1.1 物流技术与装备基础

1.1.1 物流技术的概念与分类

1. 物流技术的概念

2006 年颁布的国家标准《物流术语》将物流技术(logistics technology)定义为：物流活动中采用的自然科学与社会科学方面的理论、方法，以及设施、设备、装置与工艺的总称。

物流技术包含流通技术或物资输送(含静止)技术，与生产技术有所不同。生产技术是为社会生产某种产品，为社会提供有形物质的技术；物流技术是把生产出的物资进行移送、储存，为社会提供无形服务的技术。也就是说，物流技术的作用是将各种物资从生产者一方转移给消费者一方。物流技术和生产技术的区别如表 1-1 所示。

表 1-1 物流技术和生产技术的区别

物 流 技 术	生 产 技 术
为社会提供无形服务	为社会提供有形物资
间接、被动地适应多样化需求	直接与科学技术动向相适应

物流技术是以科学知识和实践经验为依据而创造的物流活动手段，是人们在进行物流活动中所使用的各种物质手段、作业流程、工艺技巧、劳动经验和工作方法的总称。物流技术可以表现为抽象的概念，如规划设计、图纸、说明、物流预测、计算机程序，也可以表现为实物形态，如在运输、装卸、储存、包装、流通加工、配送及信息交互处理等物流活动中所使用的工具、仪器和设备及其他物资设备。

现代物流技术除了自身功能技术之外，更多的是社会科学和自然科学各领域技术创新成果的综合与集成，如物流信息与网络技术、物流管理技术、物流标识技术、物流仓储技术、电子数据交换技术和卫星跟踪定位技术等。

2. 物流技术的分类

1) 按技术形态分类

按技术形态分类，物流技术可以分为物流硬技术和物流软技术。

所谓物流硬技术，是指物流过程所使用的各种工具、设备、设施等，如各种运输车辆，各种装卸设备、搬运设备，各种仓库、车站、港口、货场等设施，各种包装设备、自动识别和分拣设备，以及服务于物流活动的电子计算机、通信设备等。所谓物流软技术，是指物流活动中所使用的各种方法、技能和作业程序等。这里所说的方法主要是指物流规划、物流预测、物流设计、物流作业调度、物流信息处理中所使用的运筹学方法、系统工程方法和其他现代管理方法。它是以提高物流系统整体效益为中心的技术方法。

2) 按应用范围分类

按应用范围分类，物流技术可以分为运输技术、仓储技术、保管技术、装卸搬运技术、包装技术、集装技术、分拣技术、流通加工技术、计量技术，以及物流系统规划和管理技术等。

3）按采用的技术分类

现代化的物流需要现代物流技术的支撑。现代物流技术是适应现代物流的需求而采用的技术，主要包括物流自动化技术、物流信息化技术、物流系统规划与优化技术、现代物流管理技术等。

4）按物流功能环节分类

物流功能是通过物流技术来实现的，每项物流活动都必须有相应的物流技术作支撑，因此，按物流功能环节，物流技术分类如下。

（1）运输技术。运输技术包括运输工具、设施及其操作技能、运输管理技术等。我国运输主要有公路运输、铁路运输、水路运输、航空运输和管道运输五种形式。

（2）仓储技术。仓储的基本功能包括物品保管功能、调节供需功能、调节运输功能、实现配送功能和节约功能等。仓储技术包括仓储设备、设施及其使用操作技能，以及仓储作业程序、物品保管技术、库存管理方法等。

（3）装卸搬运技术。装卸搬运技术包括装卸、搬运设备及其操作、维修技能，以及装卸作业科学管理、合理调度方法等。

按设备的主要用途或结构特征分类，装卸搬运设备分为起重设备、连续输送设备、装卸搬运车辆、专用装卸搬运设备等。其中，专用装卸搬运设备包括托盘装卸搬运设备、集装箱装卸搬运设备、船舶装卸搬运设备和分拣设备等。

（4）分拣配送技术。配送是一种新型的流通体制，又是一种现代物流方式。商业连锁配送经营是目前最成功的商业模式之一。面向主机厂的零配件 JIT 配送是支撑全球汽车产业的核心。电子商务的瓶颈是商品实物配送。因此，近年来配送成为实业界的一个主要投资热点。

1.1.2　物流技术装备的概念、分类与构成

1．物流技术装备的概念

物流的发展离不开先进的物流装备（即物流设施与设备）。物流装备是现代物流的主要技术支撑要素，在整个物流活动中，对提高物流能力与效率、降低物流成本和保证物流服务质量等方面有着非常重要的作用。随着技术的进步，尤其是自动控制技术、信息技术和系统集成技术在物流设备中的应用，现代物流设备已经迈入自动化、智能化、柔性化的崭新阶段。

物流装备是在生产、流通、消费和军事等领域中，为了实现各种物资从供应地到消费地的空间转移和时间转移，并保证物资高效、快捷、准确、安全的流转和有效监控所需的设施与设备。

物流技术装备是指进行各项物流活动所需的机械设备、器具等可供长期使用，并在使用过程中基本保持原来实物形态的生产资料。

随着人们对物流技术及装备重要性认识的逐渐提高，物流技术及装备的发展水平已经成为企业生产力水平与物流现代化程度的标志。在现代化的物流管理系统中，从信息的自动采集、处理到最后发布已经完全可以实现智能化，依靠功能完善的高水平的监控软

件可以实现物流各环节的自动监控，依靠先进的专家系统可以对物流系统的运行情况及时进行诊断，对系统的优化提出合理化的建议。因此，物流技术及其装备是物流系统水平的主要标志。物流技术及装备作为生产力要素，对于发展现代物流，改善物流状况，促进现代化的大生产、大流通，增强物流系统能力，显然具有十分重要的地位和作用。

2. **物流装备的分类**

物流技术装备的分类方法很多，可以按不同的标志、不同的角度进行合理的划分。如图 1-1 所示。

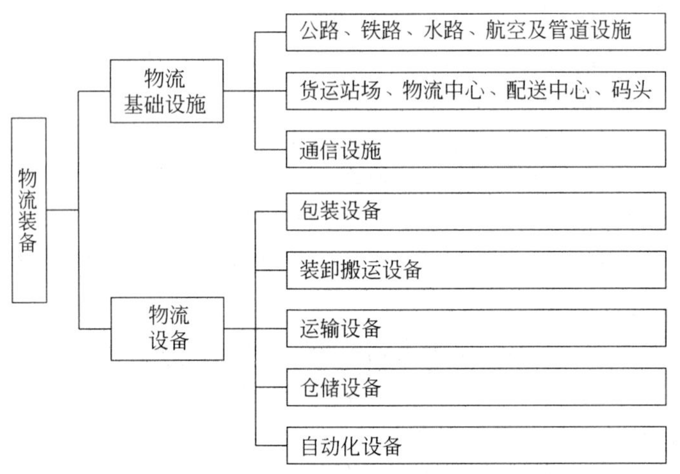

图 1-1 物流技术装备分类

物流设施是组织物流系统运行的基础物质条件，包括物流站、场，物流中心、仓库，物流线路，建筑、公路、铁路和港口等。

任何一项生产经营活动都必须有一定的活动空间，物流设施就是物流活动的空间，它贯穿了物流的全过程，涉及物流的各个作业环节，主要有物流基础性设施、物流功能性设施和物流设备三大类。

1）物流基础性设施。

这类设施多为公共设施，是宏观物流的基础，主要由政府或机构投资建设，其特点是战略地位高、辐射范围大。

① 物流网络结构中的节点。包括大型交通枢纽，如铁路枢纽、公路枢纽、航空枢纽、港和水路枢纽港，也包括国家级战略物流储备中心、辐射性强的物流基地等。

② 物流网络结构中的线路。包括铁路、公路、航线、航道和管道等。

③ 物流基础信息平台。为企业提供基础物流信息服务，如交通状况信息、交通组织与管理信息、城市商务及经济地理信息等，用于共享物流信息，提供物流宏观管理决策支持。

2）物流功能性设施。

这类设施既有企业自有的，也有第三方物流企业拥有的，是提供物流功能性服务的基本手段。

① 以存放货物为主要职能的节点。如储备仓库、营业仓库、中转仓库和货栈等，货物

在这种节点上停滞的时间较长。

② 以组织物资在系统中实现移动为主要职能的节点。如流通仓库、流通中心、配送中心和流通加工点等。

③ 物流系统中的载体。包括货运车辆、货运列车、货运船舶、货运飞机和管道等。

3）物流设备

物流设备是指用于储存、搬卸装运、运输、包装、流通加工、配送、信息采集与处理等物流活动的设备或装备。

3．物流装备的构成

物流装备的构成包括如下几方面。

(1) 物流仓储设备。主要用于各种配送中心、仓库存取货物。主要有：货架、堆垛机、室内搬运车、出入库输送设备、分拣设备、提升机、AGV、搬运机器人以及计算机管理和监控系统。这些设备可以组成自动化、半自动化、机械化的商业仓库，完成对物料的堆垛、存取、分拣等作业。

(2) 起重机械。用于将重物提升、降落、移动、放置于需要的位置。起重机械是生产过程中不可缺少的物料搬运设备。起重机械包括：千斤顶、葫芦、桥式起重机、臂架起重机、装卸桥等。

(3) 输送机械。输送机械是按照规定路线连续或间歇地运送散状物料或成件物品的搬运设备，是现代物料搬运系统的重要组成部分。主要有：带式输送机、斗式提升机、埋刮板输送机、悬挂输送机、架空索道。

(4) 流通加工机械。完成流通加工作业的专用机械设备，主要有切割机械与包装机械两大类。切割机械有金属、木材、玻璃、塑料等原材料切割机械；包装机械有充填机械、罐装机械、捆扎机械、裹包机械、贴标机械、封口机械、清洗机械、真空包装机械、多功能包装机械等。

(5) 集装单元器具。主要有集装箱、托盘和其他集装单元器具。

(6) 工业搬运车辆。主要指在工厂、码头应用极为广泛的叉车、跨运车、牵引车等搬运设备。

(7) 物流工具。它是物流系统运行的物质条件，包括包装工具、维护保养工具和办公设备等。

(8) 信息技术及网络。它是掌握和传递物流信息的手段，根据所需信息水平不同，包括通信设备及线路、传真设备、计算机及网络设备等。

(9) 组织及管理。它是物流技术装备的"软件"，起着连接、调运、运筹、协调和指挥其他各要素以保障物流系统目的实现的作用。

4．物流技术装备体系

(1) 集装技术装备

集装单元化器具主要有托盘、集装箱和其他集装单元化器具。应用集装单元化器具对货物进行组合包装后，可提高货物的活性，使货物随时都处于准备流动的状态，便于达到储存、装卸、搬运、运输、包装一体化，实现物流作业机械化、标准化。

(2) 运输技术装备

运输设备是指用于较长距离运输货物的设备。根据运输方式不同,运输设备可分为公路运输载货汽车、铁道货车、货船、货机、管道运输设备等。

(3) 装卸搬运技术装备

这类装备是指用于升降、装卸搬运物料和短距离运输的机械设备。主要用于升降、装卸搬运的设备有桥式起重机、龙门起重机、电动葫芦等,主要用于短距离运输的机械设备有叉车、自动导引搬运车(AGV)、牵引车、连续输送机等。

(4) 仓储技术装备

仓储技术装备是指主要用于各类仓库、配送中心进行货物的存取、储存的各种机械设备和器具,有货架、堆垛机、自动导引搬运车(AGV)、搬运机器人、分拣设备、提升机、货物出入房辅助设备、装卸搬运设备等。

(5) 分拣技术装备

分拣作业就是将用户所订的货物从保管处取出,按用户分类集中、处理放置。分拣、配货是配送中心的主要职能和核心工序。随着计算机技术的发展,各种电子导引分拣系统纷纷出现,各种全自动的分类分拣设备也在烟草、医药、电子等行业被普遍应用。

(6) 包装技术装备

物品从生产地到使用地的过程中,需要进行包装、分割、计量、分拣、刷标签、拴标签、组装等简单作业。包装的目的是保护产品、方便储存、运输及促进销售等。用于对产品进行包装的机械设备称为包装机械。常见的包装机械有充填机械、灌装机械、捆扎机械、裹包机械、贴标机械、清洗机械、干燥机械、杀菌机械、集装机械等。

(7) 物流信息技术装备

物流信息技术装备是应用于物流系统中的信息技术及装备的总称,主要包括:基于各种通信方式的移动通信手段及设备、全球卫星定位(GPS)技术设备、地理信息(GIS)技术设备、计算机网络技术设备、自动化仓库管理技术设备、智能标签进口设备、条码及射频技术设备、信息交换技术设备等。

1.2 物流技术装备的作用及发展趋势

1.2.1 物流技术装备在物流系统中的地位和作用

物流技术与物流装备是现代物流系统的主要支撑要素,担负着各项物流作业的任务,影响着物流活动的每一个环节。在整个物流活动中,对于提高物流能力与效率,降低物流成本,保证物流服务质量等方面都有着十分重要的地位与作用,也是提高物流系统总体水平及运行效率的基本保证。物流技术与物流装备在物流系统中的地位和作用主要体现在以下几个方面。

1. 物流技术与装备是物流系统的物质基础和重要资产

任何物流系统的正常运转都离不开物流技术与物流装备的支持,不同的物流系统必须在不同的物流技术与物流装备的支持下才能正常运行。因此,物流物流技术与物流装备是实现物流功能的技术保证。物流设施与设备往往需要很大的投资。现代物流设施与设备既是技术密集型的物流服务工具，也是资金密集型的社会财富，因此，科学合理地配置和运用物流设施与设备是提高物流系统效率、降低物流总成本的关键技术手段，也是提高企业经济效益和社会效益的重要方法。

2. 物流技术与装备涉及物流系统的全过程

根据物流技术与物流装备的基本概念，在物流系统运营中，物流各基本功能的实现以及在实现物流功能目标的全过程中，都离不开相应的物流技术与物流装备，并且物流设施与设备配置的合理与否直接影响着整个物流系统的运营效率和效果。

3. 物流技术与装备是物流服务水平的重要标志

随着国民经济的不断发展，人们对现代物流服务的要求越来越高，物流技术与物流装备作为现代物流服务的技术手段，已经成为衡量一个国家、地区和企业的物流服务水平的重要标志。可以说，具备了现代化的物流设施与设备，就具备了向社会提供高水平物流服务的能力。

4. 物流技术与装备是物流技术水平的主要标志

在现代化的物流系统中，在自动化仓库技术的应用中综合运用了自动控制技术、计算机技术、现代通信技术（包括计算机网络和无线射频技术等）等高科技技术，使仓储作业实现了半自动化、自动化。在物流管理过程中，从信息的自动采集、处理到信息的发布完全可以实现智能化，依靠功能完善的高水平监控管理软件来实现对物流各环节的自动监控，依靠专家系统可以对物流系统的运行情况进行及时的诊断，对系统的优化提出合理化建议。因此，物流设备与设施的现代化水平是物流技术水平高低的主要标志。

5. 物流技术与物流装备是实现高效优质的物流服务的决定性因素

现代企业间的竞争实际上是看谁能获取并完美履行订单，而其中最关键的因素是如何实现优质的物流服务，即通常所说的“7R”。“7R”即将适当的产品（right product），以适当的数量（right quantity）、适当的质量（right quality）、适当的价格（right price），在适当的时间（right time）送达到适当的地点（right place），并交给适当的客户（right customer）。因此，没有相应的现代物流技术与物流装备的支持，没有装卸搬运、运输、仓储、包装、流通加工、分拣配送和信息等物流环节的协同工作，要真正达到上述“7R”的服务目标是不可能的。

6. 物流技术与物流装备保证系统安全运行和物流增值服务的实现

物流包装技术可以避免货物在流通过程中，特别是运输装卸过程中发生物理上的损伤及化学上的变质，降低破损率，直至实现“零破损”，是实现物流安全运行和优质服务的重要标准。通过包装和流通加工、集装容器和集装运输等物流技术，可以大幅降低货物和商品在生产加工领域和流通领域的破损率，甚至可以实现“零破损”。另外，对于易燃、易爆、易腐蚀或有放射性的危险物品，必须保证它们在流通过程中的安全，要采用特殊的物流容器、包装材料和特种运输工具，确保万无一失，不出事故。

7. 物流技术与物流装备使现代物流与电子商务的无缝结合成为可能

随着互联网络和电子商务的出现，企业实现了与上游的供应商、下游的客户、中间环节的金融机构和政府部门的及时沟通与协调，这种“直通方式”使企业能准确、迅速、全面地了解市场需求信息，实现基于客户订单的生产模式，消费者可以直接在网上获取有关商品或服务的信息，实现网上购物。但电子商务的发展遇到了三个瓶颈：电子数据签名的法律依据，网上支付的安全性及金融行业的运营机制，高效快捷和准时安全的优质服务，其中商品的准时配送问题尤为突出。

1.2.2 我国物流技术装备的发展趋势

现代物流的一个显著标志是物流技术与物流装备的现代化程度。随着用户需求和科学技术水平的不断提高，在今后的几年中，物流技术与物流装备的发展将呈现大型化和高速化、实用化和轻型化、专用化和通用化、自动化和智能化、成套化和系统化、信息化与绿色化等特点，特殊的物流装备的发展将受到重视。随着现代物流的发展，物流设备作为其物质基础表现出了以下几个方面的发展趋势。

1. **大型化和高速化**

大型化指设备的容量、规模、能力越来越大。大型化是实现物流规模效应的基本手段，可以提升物流系统功能，目前载重超过400吨的运输车辆已经出现。

高速化是指设备运行速度、识别速度、运算速度大大加快，以提高物流作业效率。

2. **实用化和轻型化**

物流装备应适应不同的作业要求，应好用、易维护、易操作，具有耐久性、无故障性、良好的经济性以及较高的安全性、可靠性和环保性。物流设备要考虑综合效益，可降低外形高度、简化结构、降低造价，同时也可减少设备的运行成本。

3. **专用化和通用化**

随着物流的多样性，物流装备的品种越来越多且不断更新。物流活动的系统性、经济性、机动性、快速化，要求一些设备向专门化方向发展，又有一些设备向通用化、标准化方向发展。

物流装备专门化是提高物流效率的基础，主要体现在两个方面：一是物流设备专门化，二是物流方式专门化。物流设备专门化是以物流工具为主体的物流对象专门化，如从客货混载到客货分载，出现了专门运输客货的飞机、轮船、汽车以及专用车辆等设备和设施。

通用化主要以集装箱运输的发展为代表。国外研制的公路、铁路两用车辆与机车，可直接实现公路、铁路运输方式的转换。公路运输用大型集装箱拖车可运载海运、空运、铁运的所有尺寸的集装箱，还有客货两用飞机、水空两用飞机以及正在研究的载客管道运输等。通用化的运输工具为物流系统供应链保持高效率提供了基本保证。通用化设备还可以实现物流作业的快速转换，极大地提高物流作业效率。

4. **自动化和智能化**

将机械技术和电子技术相结合，将先进的微电子技术、电力拖动技术、光缆技术、液压技术、模糊控制技术应用到机械的驱动和控制系统，实现物流设备的自动化和智能化将是今后的发展方向。例如，大型高效起重机的新一代电气控制装置将发展为全自动数字化控制系统，可使起重机具有更高的柔性，以提高单机综合自动化水平。自动化仓库中的送取货小车、智能式搬运车（AHV）、公路运输智能交通系统的开发和应用已引起各国的广泛重视。此外，将卫星通信技术及计算机、网络等多项高新技术结合起来的物流车辆管理技术正在逐渐被应用。

5. **成套化和系统化**

只有当组成物流系统的设备成套、匹配时，物流系统才是最有效、最经济的。在物流设备单机自动化的基础上，通过计算机把各种物流设备组成一个集成系统，通过中央控制室的控制，与物流系统协调配合，形成不同机种的最佳匹配和组合，将会取长补短，发挥最佳效用。为此，成套化和系统化物流设备具有广阔的发展前景，以后将重点发展的有工厂生产搬运自动化系统、货物配送集散系统、集装箱装卸搬运系统、货物自动分拣与搬运系统等。

6. **信息化**

人们对信息的重视程度日益提高，要求物流与信息流实现在线或离线的高度集成，使信息技术逐渐成为物流技术的核心。物流装备与信息技术逐渐成为物流技术的核心。物流装备与信息技术紧密结合、实现高度自动化是未来发展的趋势。目前，越来越多的物流装备供应商已从单纯提供硬件设备转向提供包括控制软件在内的总物流系统，并且在越来越多的物流装备上加装计算机控制装置，实现了对物流装备的实时监控，大大提高了工作效率。物流装备与信息技术的完美结合已成为各厂商追求的目标，也是其竞争力的体现。现场总线、无线通信、数据识别与处理、互联网等高新技术与物流装备的有效结合，已成为越来越多的物流系统的发展模式。无线数据传输设备在物流系统中发挥着越来越大的作用。运用无线数据终端技术可以把货物接收、储存、提取、补货等信息及时传递给控制系统，实现对库存的准确掌控。借助联网计算机指挥物流装备准确操作，几乎可以完全消灭差错，缩短系统的反应时间，使物流装备得到有效利用，将整体控制提升到更高效的新水平。将无线数据传输系统与客户计算机系统连接，实现共同运作，则可为客户提供实时信息，从而极大地改善客户整体运作效率，全面提高客户服务水平。

7. **绿色化**

绿色化就是要达到环保要求，这涉及两个方面：一是与牵引动力、制造以及辅助材料等技术发展有关；二是与使用有关。对于牵引力的发展，一要提高牵引动力；二要有效利用能源，减少污染排放，使用清洁能源及新型动力。使用因素包括对各物流设备的维护、合理调度、恰当使用等。

1.3　物流技术与装备的选配

1.3.1　选配技术与装备的基本要求

使用现代物流技术与物流装备可使物流效率得到不断提高。在进行物流技术与物流装备的配置时，必须考虑物流系统的目标，即物流系统付出低成本，物流技术与物流装备并不是越先进越好、数量越多越好，而是必须根据物流系统的经营目标，合理地选择与配置物流设施与设备，并通过管好、用好物流设备，使其充分发挥效能，保证快速、及时、准确、经济地实现物流作业和物流活动。

1. 合理确定物流技术与物流装备的自动化程度

首先要从系统的角度将物流设备看成物流系统的一个子系统，根据物流系统的总体目标，合理确定物流设备系统的自动化程度。根据自动化程度的不同，物流设备系统可分为机械化系统、半自动化系统和自动化系统。

1）机械化系统

机械化系统是指在物流系统的各环节中，广泛采用各种机械设备代替人力的各种操作来完成物流作业的设备系统。

2）半自动化系统

半自动化系统是指在物流系统的各环节中，主要的物流作业实现了自动化，还有一些辅助作业靠人力来完成的设备系统。

3）自动化系统

自动化系统是指在物流系统的各个环节中，所有的物流作业都由自动化设备来完成，各作业环节和功能的实现，由控制系统统一控制，整个物流系统能够按照物流作业指令自动运行的设备系统。

究竟采用哪种系统，主要应根据系统的目标和实际情况来确定。

2. 合理选用物流技术与物流装备

合理选用物流设施与设备是指所选用的设施与设备要充分发挥其性能，不能造成功能的浪费。在选用时，既要考虑满足设施与设备的技术先进性，又要考虑其购置和使用的经济性，同时还要考虑其环保性，不能对环境造成危害。在具体选择和配置时，一定要考虑系统的整体优化问题。单个设备的性能最优，不一定使整个系统的性能最优。因此，要根据所确定的设备系统类型，合理地选择各种具体设施设备的类型、技术性能参数和型号规格。

3. 充分考虑物流技术与物流装备之间的合理配套

合理配套是指在选择和配置物流设施设备时，要充分考虑各物流环节之间所用设施设备的协调配套问题，保证物流系统各环节的作业顺畅有序地进行。

4. 物流技术与物流装备应具有较强的适应性

在物流系统中，所采用的物流机械设备应能适应各种不同的物流环境、物流作业和实际应用的需求，使用方便，符合人机工程学等要求。

5. 尽量选用标准化的器具和设备

采用标准化器具和设备有利于实现装卸、搬运、储存等环节的机械化、自动化作业，有利于各环节的有效衔接，降低设备和器具的购置和管理费用。

6. 设备的配置应充分利用和节约空间

设备的选用应有利于现有空间的有效合理利用，在满足性能要求的前提下，外形尺寸尽量小，占用的作业空间尽量小。

1.3.2 物流技术与装备选配的原则

物流技术与装备一般投资较大，使用周期较长，特别是一些基础性的设施，如自动化立体仓库从设计到建设再到投入使用最少也要半年以上，费用从几百万元到几千万元都有可能。因此，在配置和选择物流设施与设备时，一定要进行科学决策和统一规划，正确地配置和选择物流设施与设备，可以为物流作业选择最优的技术设备，使有限的投资发挥最大的技术经济效益。总的来说，配置和选择物流设施与设备应遵循技术上先进、经济上合理、生产上可行及标准化的四大原则。

1. 技术先进性原则

技术先进性是指配置与选择物流设备能反映当前科学技术的先进成果，在主要技术性能、自动化程度、结构优化、环境保护、操作条件和现代新技术的应用等方面具有技术上的先进性，并在时效性方面满足技术发展的要求。物流设备的技术先进性是实现物流现代化所必备的技术基础。但先进性是以物流作业适用为前提，以获得最大经济效益为目的，绝不是不顾现实条件和脱离物流作业的实际需要而片面追求技术上的先进。

2. 经济合理性原则

经济合理性原则不是指一次购置和建造费用低，而是指物流设施设备的寿命周期内的整体成本低，特别是长期使用和维护费用低。任何先进的物流设备的使用都受到经济条件的制约，低成本是衡量机械设备技术可行性的重要标志和依据之一。在多数情况下，物流设备的技术先进性与低成本可能会发生矛盾。但在满足使用的前提下应对技术先进与经济上的耗费进行全面考虑和权衡，做出合理的判断，这就需要进一步做好成本分析。全面考察物流设备的价格和运行成本，选择整个寿命周期费用低的物流设备，才能取得良好的经济效益。

物流技术与物流装备配置的经济合理性原则主要体现在：合理采用现代化物流机械系统、合理选用适合的物流机械装备和合理配置物流机械装备。

(1) 合理采用现代化物流机械系统。现代化物流机械系统可以较大地改善劳动条件，减轻劳动强度，提高作业的安全性、效率和效益。在进行物流系统的整体规划时，必须首先从系统的角度把物流机械系统及其装备看成物流系统的一个子系统，然后根据物流系统的规划目标及实际情况，确定一个可行的物流机械装备配置方案。通常而言，对于作业量很大，尤其是重大货物、启动频繁、节拍短促而有规律的作业，适宜采用物流机械化系统；对于要求高效率、高精度的作业，或者工作环境会影响工人的健康、工作场所存在危险的作业，适宜采用自动化系统。

(2) 合理选用适合的物流机械装备。合理选用适合的物流机械装备是指所选的装备在使用过程中能充分地发挥其性能，不造成装备的功能性浪费。在选择物流机械装备时，既要考虑装备所含技术的先进性，又要考虑装备购置和使用的经济性。另外，随着人们对生存环境的不断重视，在选择装备时还必须考虑装备的环保性，不能对环境造成破坏。在选择和配置相关的装备时，一定要注意系统的整体优化问题，即使单个装备的性能最优，整个系统的性能也不一定能达到最优。因此，一定要根据所确定的机械系统类型，合理地选择装备的类型和具体型号，使整个系统的作业效率达到最高，而运行成本最低，这是人们希望达到的理想目标。

(3) 物流机械装备的合理配置。所谓物流机械装备的合理配置，是指不仅各环节本身所用的机械装备需要进行合理配置，而且各物流环节之间的物流机械设备也要进行合理配置，每个环节自身的装备配置只能保证自身环节的作业功能及效率的实现，而只有各环节之间选用的装备配置合理，才能使整个物流系统的功能及运行效率达到最优。

3. 生产可行性原则

生产上可行性包括系统性、适用性、可靠性、安全性、一机多用性和环保性等多个方面。

1）系统性

系统性就是在物流设备配置、选择中用系统论的观点和方法，对物流设备运行所涉及的各个环节进行系统分析，把各个物流设备与物流系统总目标、物流设备之间、物流设备与操作人员之间、物流设备与作业任务等有机严密地结合起来，发挥各个环节的机能，使物流设备的配置、选择最佳，使物流设备能发挥最大的效能，并使物流系统整体效益最优。

2）适用性

适用性是指物流设备满足使用要求的能力，包括适应性和实用性，在配置和选择物流设备时，应充分注意与物流作业的实际需要和发展规划相适应；应符合货物的特征、货运量的需要；适应不同的工作条件和多种作业性能要求，操作使用灵活方便。因此，首先应根据物流作业的特点找到必要功能，再选择相应的物流设备。这样的物流设备才有针对性，才能充分发挥其功能。

3）可靠性

可靠性是指物流设备在规定的使用时间和条件下完成规定功能的能力。它是物流设备的一项基本性能指标，是物流设备功能在时间上的稳定性和保持性。如果可靠性不高，无法保持稳定的物流作业能力，也就失去了物流设备的基本功能。物流设备的可靠性与物流设备的经济性是密切相关的。从经济上看，物流设备的可靠性高就可以减少或避免因发生故障而造成的停机损失与维修费用的支出。但可靠性并非越高越好，这是因为提高物流设备的可靠性需要在物流设备研发制造中投入更多的资金。因此，应全面权衡提高可靠性所需的费用开支与物流设备不可靠造成的费用损失，从而确定最佳的可靠度。

4）安全性

安全性是指物流设备在使用过程中保证人身和货物安全以及环境免遭危害的能力。它主要包括设备的自动控制性能、自动保护性能以及对错误操作的防护和警示装置等。在配置与选择物流设备时，应充分考虑物流设备的安全性，防止人身事故，保证物流作业顺利进行。

5）一机多用性

一机多用是指物流设备具有多种功能，能适应多种作业的能力。配置用途单一的物流设备，既不方便使用，又不利于管理。配置和选择一机多用的物流设备，可以实现一机同时适宜多种作业环境的连续作业，有利于减少作业环节，提高作业效率，并减少物流设备的台数，便于物流设备的管理，从而充分发挥物流设备的潜能，确保以最低的投入获得最大的效益。如叉车具有装卸和搬运两种功能，因此应用极为广泛。

6）环保性

物流设备环保性指其噪声震动和有害物质排放等，对周围环境影响程度。在设备选型时必须要求其噪声、振动频率和有害排放等，控制在国家和地区标准的规定范围。

4. 物流技术与物流装备选用的标准化原则

实现物流技术与物流装备应用的标准化，可以降低购买成本和管理费用，提高物流作业的机械化水平，改善劳动条件，提高物流效率和经济效益。选用标准化的集装设备，有利于装卸、搬运、运输、仓储等作业的一体化和对物流技术与物流装备的充分利用；有利于国内外物流的接轨，提高物流运行效率，降低物流运行成本。此外，选用标准化的集装单元装备，可以有效防止货物在物流过程中出现的货物损失，节省包装费用，减少库房的使用量，缩短货物的周转期。

1.4 物流装备管理与使用

1.4.1 物流装备管理概述

1. 物流装备管理的概念

物流装备管理是以物流装备系统为研究对象，以装备寿命周期费用最经济和装备综合效率最高为目标，动员全员参加的综合管理。其目的是寻求延长设备使用寿命周期，充分发挥装备效能，从而获得最佳投资效果。它是应用一系列理论与方法，通过一系列技术、经济组织措施，对物流装备的物质运动和价值运动进行从规划、设计、制造、选型、购置、安装、使用和维护修理直至报废的全过程的科学管理。

2. 物流装备管理的主要内容

物流装备管理分为前期管理和后期管理两部分。

1）前期管理的主要内容

(1) 依据企业经营目标及生产需要制定企业物流装备规划。

(2) 选择和购置所需设备，必要时自行设计和制造。

(3) 组织安装和调试即将投入运行的设备。

2）后期管理的主要内容

(1) 对投入运行的设备正确、合理地使用。

(2) 精心维护保养和及时检修设备，保证设备正常运行

(3) 适时改造和更新设备。

3. 物流装备管理的特点

物流装备管理是以提高设备综合效益和实现设备寿命周期费用最小为目标的一种设备管理模式。它具有以下特点。

(1) 物流装备管理是一种全过程的系统管理。它强调对设备的生命周期(从设计、制造使用、报废)进行管理，认为物流装备的前期管理与后期管理密不可分，二者同等重要，绝不可偏袒任何一方。

(2) 物流装备管理是一种全方位的综合管理。它强调物流装备管理工作有技术、经济和组织三个方面的内容，三者有机联系、相互影响。在物流装备管理工作中要充分考虑三者的平衡。

(3) 物流装备管理是一种全员参与的群众性管理。它强调物流装备管理不只是设备

使用和管理部门的事情，企业中的所有与设备有关的部门和人员都应参与其中。

4. **物流装备管理的意义**

在生产的主体由人力渐渐向设备转移的今天，物流装备管理的好坏对企业的影响是极大的。

(1) 物流装备管理直接影响企业管理的各个方面。在现代化的企业里，企业的计划、交货期和生产监控等各方面的工作无不与物流装备管理密切相关。

(2) 物流装备管理直接关系到企业产品的产量和质量。

(3) 物流装备管理水平的高低直接影响着产品制造成本的高低。

(4) 物流装备管理关系到安全生产和环境保护。

(5) 物流装备管理影响着企业生产资金的合理使用。在工业企业中，物流装备及其备品备件占用的资金往往占到企业全部生产资金的50%～60%或更多。

1.4.2 物流装备的评价

企业创建、扩建或设备更新时均需添置新的设备。对大部分企业来说，自行研制的设备并不很多，所以当添置新的物流装备时，很多情况下是要从市场购置。这就要对所需购置的设备从技术性和经济性等方面进行选择和评价，以购置到符合要求、性能良好、质量可靠同时又经济的设备。

1. **物流装备的技术性评价**

选择和评价设备的第一步往往是进行一次使用或技术上的仔细考察，以确定设备在技术上是否可行。在评价一台设备的技术规格时，应该认真考察下列因素。

(1) 生产能力。在选择一台设备时，其生产能力应能满足生产现状对它的要求，并在可预见的将来也是可以胜任的。

(2) 可靠性。所谓可靠性，是指物流装备在规定条件下和规定时间内完成规定功能的能力。谁也不希望购置一台老出故障的设备，因为这不仅会造成损失，而且还会耽误交货期，尤其是在生产连续性越来越强、市场竞争越来越激烈的今天。因此，购置一台安全可靠的设备是一个重要的考察因素。

(3) 可维修性。所谓可维修性，是指物流装备易于(便于)维修的特性。尽管现在已出现了许多无须维修的设备，但对绝大多数的设备来说，出故障总是难以完全避免的。因此，在选择设备时，可维修性就应作为一个重要的评价因素，在其他因素基本一致的情况下，无疑应选择结构合理，易于检查、维护和修理的设备。

(4) 互换性。在可能的情况下，新购置的设备在备件供应、维护和操作等方面应与企业现有设备互有关联，尽量相同或相似，以节约人员培训、辅助装备等的费用。

(5) 安全性。尽管在今天的市场上已很少有不安全的物流装备出售，但由于设备的安全性对企业的生产、人员的安全等方面关系重大，因此，在选择物流装备时应慎重评价。

(6) 配套性。在设备日益复杂、精密的今天，许多物流装备只有在配套完备的辅助设备的辅助下才能充分发挥作用。因此在选择主机设备时，往往要把辅助设备的配套情况及其利用率作为决定性因素来予以考虑，尤其是对于应用日益广泛的数控设备，如果缺乏配套的“软件”，这些设备的作用是很难发挥的。

(7) 可操作性。设备的日趋复杂、精密并不意味着操作也日趋复杂。过分复杂的操作往往会造成操作人员的疲劳和失误以及人员培训费用的增加，所以应选择操作容易简便的设备。

(8) 易于安装。这一点往往容易被忽略。在选购设备前，应对设备的安装地点进行考察。对于一些大型设备，还需考察运输路线，以选择合适安装、易于安装的设备。

(9) 节能性。设备的节能包括两方面的含义：一是指对原材料消耗的节省，二是指对能源消耗的节省。节能不仅是降低产品成本的需要，也是我们的基本国策。

(10) 对现行组织的影响。选购设备，尤其是选购更为先进、精密和复杂的设备时，应充分考虑其对现行生产组织的影响。例如，当购置了数控机床或加工中心时，无疑会对现行的工艺准备、生产计划和现场监控人员的组织等方面带来影响，这些均应在设备购进之前予以充分评价。

(11) 交货。这需要考虑供货厂家的信誉及交货期。购置信誉好和交货期有保证的厂家的设备总是让人更放心。

(12) 备件的供应。当设备由于磨损或发生故障而需要维修和更换零部件时，备件是否齐备就会成为能否尽快恢复生产的重要因素。因此，在选购设备时应充分考虑备件的供应情况，尤其对于进口设备更需如此。

(13) 售后服务。选择设备供应厂家时应考察它们提供安装、调试、人员培训及维修服务的条件，有着良好售后服务条件的设备运行就会有充分保证。

(14) 法律及环保。选购设备时要遵守国家和地方政府的有关法令和政策，同时要注意与环境的协调性，不要购置那种与政策和自然环境不相容的设备。

2. 物流装备的经济性评价

一台设备在技术上先进并不意味着就一定值得购置，我们尚需考察它在经济上是否合理。我们需要的是技术先进又经济合理的设备。经济性评价的方法有投资回收期法、现值法、内部收益率(IRR)法和不确定性评价法等。

1.4.3　物流装备的合理使用

1. 物流装备故障的概念

所谓物流装备故障，一般是指物流装备失去或降低其规定功能的事件或现象，表现为设备的某些零件失去原有的精度或性能，使设备不能正常运行，技术性能降低，致使设备中断生产或效率降低而影响生产。

设备在使用过程中，由于摩擦、外力、应力及化学反应的作用，零件总会逐渐磨损和腐蚀、断裂导致因故障而停机。加强设备保养维修，及时掌握零件磨损情况，在零件进入剧烈磨损阶段前进行修理更换，就可防止故障停机所造成的经济损失。

2. 物流装备故障的分类

设备故障按技术性原因，可分为四大类：磨损性故障、腐蚀性故障、断裂性故障及老化性故障。

1) 磨损性故障

磨损性故障是指由于运动部件磨损，在某一时刻超过极限值所引起的故障。所谓磨损，是指机械在工作过程中，互相接触做相互运动的对偶表面，在摩擦作用下发生尺寸、形状和表面质量变化的现象。按其形成机理又分为黏附磨损、表面疲劳磨损、腐蚀磨损和微振磨损四种类型。

2）腐蚀性故障

按腐蚀机理不同又可分为化学腐蚀、电化学腐蚀和物理腐蚀三类。

（1）化学腐蚀：金属和周围介质直接发生化学反应所造成的腐蚀。反应过程中没有电流产生。

（2）电化学腐蚀：金属与电介质溶液发生电化学反应所造成的腐蚀。反应过程中有电流产生。

（3）物理腐蚀：金属与熔融盐、熔碱和液态金属相接触，使金属某一区域不断熔解另一区域不断形成的物质转移现象，即物理腐蚀。

3）断裂性故障

可分为脆性断裂、疲劳断裂、应力腐蚀断裂和塑性断裂等。

（1）脆性断裂：可由于材料性质不均匀引起，或由于加工工艺处理不当所引起（如在锻、铸、焊、磨、热处理等工艺过程中处理不当，就容易产生脆性断裂），也可由于恶劣环境所引起。如温度过低，使材料的机械性能降低，主要是指冲击韧性降低，因此低温容器在20℃以下必须选用冲击值大于一定值的材料。再如放射线辐射也能引起材料脆化，从而引起脆性断裂。

（2）疲劳断裂：由于热疲劳（如高温疲劳等）、机械疲劳（又分为弯曲疲劳、扭转疲劳、接触疲劳和复合载荷疲劳等）以及复杂环境下的疲劳等各种综合因素共同作用所引起的断裂。

（3）应力腐蚀断裂：一个有热应力、焊接应力、残余应力或其他外加拉应力的设备，如果同时存在与金属材料相匹配的腐蚀介质，则将使材料产生裂纹，并以显著速度发展的一种开裂。

（4）塑性断裂：塑性断裂是由过载断裂和撞击断裂所引起的。

4）老化性故障

上述综合因素作用于设备，使其性能老化所引起的故障。

3. 物流装备故障的阶段

随着时间的变化，任何设备从投入使用到退役，其故障发生的变化过程大致分三个阶段：早期故障期、偶发故障期和耗损故障期。

（1）早期故障期亦称磨合期，该时期的故障率通常是由于设计、制造及装配等问题引起的。随运行时间的增加，各机件逐渐进入最佳配合状态，故障率也逐渐降至最低值。

（2）偶发故障或随机故障期的故障是由于使用不当、操作疏忽、润滑不良、维护欠佳、材料隐患和工艺缺陷等偶然原因所致，没有一种特定的失效机理主导作用，因而故障是随机的。

（3）耗损故障期是由于机械设备长期使用后，零部件因磨损、疲劳，其强度和配合质量迅速下降而引起的，其损坏属于老化性质。

4. 物流装备故障的征兆

(1) 功能异常。是指设备的工作状况突然出现不正常现象,这种故障的征兆比较明显,所以容易察觉。

(2) 异常响声,异常振动。设备在运转过程中出现的非正常声响,是设备故障的"报警器";设备运转过程中振动剧烈。

(3) 跑冒滴漏。设备的润滑油、齿轮油、动力转向系油液和制动液等出现渗漏空气等出现渗漏压缩现象,有时可以明显地听到漏气的声音;循环冷却水等渗漏。

(4) 有特殊气味。电动机过热、润滑油窜缸燃烧时,会散发出一种特殊的气味,电路短路、搭铁导线等绝缘材料烧毁时会有焦煳味;橡胶等材料发出烧焦味。

以上各种故障先兆是提供给操作人员和维修人员的故障信息,帮助他们及早发现事故苗子,以防患于未然。

5. 物流装备的合理使用

物流装备只有在使用中才能发挥其作为生产力要素的作用,而对设备的使用合理与否又直接影响着设备的使用寿命、精度和性能,从而影响其生产的产品的数量、质量和企业的经济效益。因此,对设备的合理正确的使用,就成了实现设备综合管理的极其重要的一个方面。

目前,许多企业创造了许多有效的合理使用设备的方法和制度,综合起来可以看出,合理正确使用设备应从三个方面着手:一是提高物流装备的利用程度;二是保证物流装备的工作精度;三是建立健全合理使用物流装备的规章制度。

1) 提高物流装备的利用程度

物流装备管理的根本目标在于使设备在其寿命周期内发挥其最大的效益,因此,如何充分利用物流装备、提高物流装备的利用程度就成了物流装备管理中的重要问题。一般来说,提高物流装备的利用程度主要有三方面的含义。

(1) 提高物流装备的利用广度。所谓提高设备的利用广度,就是要充分利用设备可能的工作时间,不能让设备长期闲置。设备长期闲置不用,不仅导致设备的经济磨损(若再保管不善,还会造成物理磨损),造成设备价值的不断降低,给企业造成直接的经济损失,而且还会延长设备的使用期限,影响设备更新的速度,阻碍企业劳动生产率的提高。

(2) 提高物流装备的利用强度。为了充分利用设备能力,只注意设备的利用广度还是远远不够的。我们的目标是要让物流装备在使用寿命周期内生产出尽可能多的合格产品,因此,还存在一个利用强度的问题,亦即要使物流装备在单位工作时间内生产出尽可能多的合格产品,这就是提高所谓的机器生产率的问题。

(3) 提高物流装备利用的合理性。要使物流装备做到物尽其用,首先要使物流装备用得其所。一些企业的物流装备常常存在着大量不合理利用的现象,如大设备干小活,精设备干粗活,长设备干短活,月初空闲月末突击,这种对物流装备的不合理利用使物流装备的效能不能充分发挥,造成了物流装备能力的浪费。

2) 保证物流装备的工作精度

物流装备的能力表现在两个方面:一是表现为数量上的机器生产率,二是表现为质量上的加工精密度。这两者有所区别，前者影响加工对象的数量，后者影响加工对象的质量。同时，这两者又有联系，只求数量不求质量，或过分追求质量而不计数量，都是不足取的。

3）建立健全合理使用物流装备的规章制度

物流装备的合理使用是物流装备管理工作的重要内容，也是与企业工人关系密切的一项工作。要实现物流装备的合理使用，除了前述的提高物流装备的利用程度、保证物流装备的工作精度以外，建立健全相应的规章制度并使之得到遵守执行也是一个极其重要的方面，往往也是难度最大的一个方面。在企业中应对物流装备的操作工人进行思想教育，使他们认识到合理正确使用设备的重要性，并要求他们认真执行正确使用设备的各项基本要求、规章和相应的物流装备操作规程。经过多年探索，我国的工业企业总结了一系列卓有成效的合理使用物流装备的规章制度，如凭证操作、定人定机、交接班制、四项要求（整齐、清洁、润滑、安全）、五项纪律、“三好”（管好设备、用好设备、修好设备）和“四会”（会使用、会检查、会维护、会排除故障）等，如能结合企业实际、认真执行好相应的规章制度，无疑会对设备的合理使用，进而对设备的综合管理产生巨大的作用。

1.4.4 物流装备的维护保养与修理

1. 物流装备的维护与保养

正确使用与维护物流装备是设备管理工作的重要环节，是由操作工人和专业人员根据设备的技术资料及参数要求和保养细则对设备进行一系列的维护工作，也是物流装备自身运动的客观要求。

1）物流装备的维护

物流装备的维护一般包括预防维护、预知维护和事后维护。

（1）预防维护：为了降低设备失效或功能退化的概率，按预定的时间间隔或规定的标准进行的维护。配合更多的维护成本的投入，确保物流装备系统的绝对可靠运行。其特点是高维护成本，系统可靠性高。

（2）预知维护：在对物流装备系统状态的准确掌握和预判的基础上，科学确定维护时机，最大限度节约维护成本。其特点是管理要求高，维护成本低。

（3）事后维护：最低的管理要求，损坏后维修即可。其特点是维护成本和系统可靠性都是最低的。

2）物流装备的保养

我国工业企业现行的物流装备维护保养制度分为三级，包括日常保养、一级保养和二级保养。

（1）日常保养：设备的日常保养由操作者负责，班前班后由操作工人认真检查。擦拭设备各处或注油保养，设备经常保持润滑、清洁。班中设备发生故障，要及时排除，并认真做好交接班记录。

（2）一级保养：以操作工人为主、维修工人辅助按计划对设备进行的定期维护。其内容为：对设备进行局部拆卸、检查和清洗；疏通油路，更换不合格的毡垫、密封；调整设备各部位配合间隙，紧固设备各个部位，电气部分由维修电工负责。设备运转六百小时，要进行一次一级保养。一级保养简称一保。根据不同设备及运行条件定期进行。

(3) 二级保养：以维修工人为主、操作工人参加的定期维修。其内容为：对设备进行部分解体，擦洗设备，调整精度，拆检、更换和修复少量易损件，局部恢复精度，润滑系统清洗，换油，电仪系统检查修理，并进行调整、紧固，刮研轻微磨损的部件。保持设备完好及正常运行。设备运转三千小时要进行一次二级保养。

2. 物流设备的修理

设备修理是指修复由于日常的或不正常的原因而造成的设备损坏和精度劣化。通过修理更换磨损、老化和腐蚀的零部件，可以使设备性能得到恢复。设备的修理和维护保养是设备维修的不同方面，二者由于工作内容与作用的区别是不能相互替代的，应把二者同时做好，以便相互配合、相互补充。

1) 物流设备修理的种类

根据修理范围的大小、修理间隔期长短和修理费用多少，设备修理可分为小修理、中修理和大修理三类。

(1) 小修理。小修理通常只需修复、更换部分磨损较快和使用期限等于或小于修理间隔期的零件，调整设备的局部结构，以保证设备能正常运转到计划修理时间。

小修理的特点是：修理次数多，工作量小，每次修理时间短，修理费用计入生产费用。小修理一般在生产现场由车间专职维修工人执行。

(2) 中修理。中修理是对设备进行部分解体、修理或更换部分主要零件与基准件，或修理使用期限等于或小于修理间隔期的零件。同时要检查整个机械系统，紧固所有机件，消除扩大的间隙，校正设备的基准，以保证机器设备能恢复和达到应有的标准和技术要求。

中修理的特点是：修理次数较多，工作量不是很大，每次修理时间较短，修理费用计入生产费用。中修理的大部分项目由车间的专职维修工在生产车间现场进行，个别要求高的项目可由机修车间承担，修理后要组织检查验收并办理送修和承修单位交接手续。

(3) 大修理。大修理是指通过更换，恢复其主要零部件，恢复设备原有精度、性能和生产效率而进行的全面修理。

大修理的特点是：修理次数少，工作量大，每次修理时间较长，修理费用由大修理基金支付。设备大修后，质量管理部门和设备管理部门应组织使用和承修单位有关人员共同检查验收，合格后送修单位与承修单位办理交接手续。

2) 物流设备修理的方法

常用的设备修理的方法主要有以下几种。

(1) 标准修理法，又称强制修理法，是指根据设备零件的使用寿命，预先编制具体的修理计划，明确规定设备的修理日期、类别和内容。设备运转到规定的期限，不管其技术状况好坏、任务轻重，都必须按照规定的作业范围和要求进行修理。此方法有利于做好修理前准备工作，有效保证设备的正常运转，但有时会造成过度修理，增加了修理费用。

(2) 定期修理法，是指根据零件的使用寿命、生产类型、工件条件和有关定额资料，事先规定出各类计划修理的固定顺序、计划修理间隔期及其修理工作量。在修理前通常根据设备状态来确定修理内容。此方法有利于做好修理前准备工作，有利于采用先进的修理技术，减少修理费用。

(3) 检查后修理法，是指根据设备零部件的磨损资料，事先只规定检查次数和时间，而每次修理的具体期限、类别和内容均由检查后的结果来决定。这种方法简单易行，但由于修理计划性较差，检查时有可能由于对设备状况的主观判断误差引起零件的过度磨损或故障。

1.4.5 物流装备的更新与改造

1. 物流装备的更新

物流装备更新是指对在技术上或经济上不宜继续使用的装备，用新的装备更换或用先进的技术对原有设备进行局部改造。或者说是以结构先进、技术完善、效率高和耗能少的新设备，来代替物质上无法继续使用或经济上不宜继续使用的陈旧装备。

1) 物流装备更新的原因

物流装备更新主要是由磨损引起的。物流装备的磨损有两类。

(1) 有形磨损(或叫物质磨损)，即设备物理上的磨损，其中主要是使用磨损与自然磨损。

(2) 无形磨损(或叫精神磨损)，即因技术进步、劳动生产率提高而引起的价值损耗。

2) 物流装备更新的分析

物流装备更新是消除物流装备有形磨损和无形磨损的一种重要手段，更新时应该对物流装备的寿命进行技术经济分析。

(1) 物流装备的物质寿命(或叫自然寿命)，是指从物流装备开始投入使用，因物质磨损使装备老化、损坏，直至报废为止所经历的时间。

(2) 物流装备的技术寿命，是指物流装备从开始使用，直至因技术进步而出现了更先进、更经济的新型装备，从而使现有装备在物质寿命尚未结束前就被淘汰所经历的时间。

(3) 物流装备的经济寿命，是指物流装备从投入使用到因继续使用不经济而提前更新所经历的时间。在进行物流装备的改造、更新决策时，不能只考虑装备的物质寿命，同时还要考虑装备的经济寿命和技术寿命。

3) 物流装备更新的形式

由于对物流装备更新的要求不同，在实际工作中可以采用不同的物流装备更新形式。

(1) 物流装备的原型更新(或叫简单更新)，是指物流装备已磨损到不能继续使用的程度时，以相同的物流装备进行替换。

(2) 物流装备的技术改造(或叫现代化改造)，是指采用先进技术改变现有设备的结构或给旧装备装上自动上下料、自动测量和自动控制等装置，改善现有物流装备的性能，使之达到或局部达到新设备的水平。

(3) 物流装备的技术更新，是指以技术上更加先进、经济上更加合理的新装备，换下工艺落后、技术陈旧的老设备。

4) 物流装备更新的内容

(1) 物流装备的现代化改装(即物流装备改造)。它是对由于新技术出现，在经济上不宜继续使用的装备进行局部的更新，即对装备的第二种无形磨损的局部补偿。

（2）物流装备更换。它是物流装备更新的重要形式，分为原型更新和技术更新。

① 原型更新即简单更新，是指用结构相同的新设备更换因严重有形磨损而在技术上不宜继续使用的旧设备。这种更换主要解决设备的损坏问题，不具有技术进步的性质。

② 技术更新，是指用技术上更先进的物流装备去更换技术陈旧的物流装备。它不仅能恢复原有物流装备的性能，而且使物流装备具有更先进的技术水平，具有技术进步的性质。

2. 物流设备的改造

设备改造是指把科学技术新成果应用于企业的现有设备通过对设备进行局部革新、改造，以改善设备性能，提高生产效率和设备的现代化水平。

1）设备改造的内容

（1）提高设备自动化程度，实现数控化、联动化。

（2）提高设备功率、速度和扩大设备的工艺性能。

（3）提高设备零部件的可靠性、维修性。

（4）将通用设备改装成高效、专用设备。

（5）实现加工对象的自动控制。

（6）改进润滑、冷却系统。

（7）改进安全、保护装置及环境污染系统。

（8）降低设备原材料及能源消耗。

（9）使零部件通用化、系列化和标准化。

2）设备改造的形式

（1）设备的改装，是指为了满足增加产量或加工要求，对设备的容量、功率、体积和形状的加大或改变。例如，将设备以小拼大、以短接长和多机串连等。改装能够充分利用现有条件，减少新设备的购置，节省投资。

（2）设备的技术改造（也称现代化改造），是指把科学技术的新成果应用于企业的现有设备，改变其落后的技术面貌。例如，将旧机床改造为程控、数控机床，或在旧机床上增设精密的检测装置等。技术改造可提高产品质量和生产效率，降低消耗，提高经济效益。

（3）购买新设备。

3）设备改造的原则

企业在进行设备改造时，必须充分考虑改造的必要性、技术上的可行性和经济上的合理性，具体应遵循以下几点。

（1）设备改造必须适应生产技术发展的需要，针对设备对产品质量、数量、成本、生产安全、能源消耗和环境保护等方面的影响程度，在能够取得实际效益的前提下，有计划、有重点和有步骤地进行。

（2）必须充分考虑技术上的可能性，即设备值得改造和利用，有改善功率、提高效率的可能。改造要经过大量试验，并严格执行企业审批手续。

（3）必须充分考虑经济上的合理性。改造方案要由专业技术人员进行技术经济分析，并进行可行性研究和论证。设备改造工作一般应与大修理结合进行。

（4）必须坚持自力更生方针，充分发动群众，总结经验，借鉴国外企业的先进技术成果，同时也要重视吸收国外领先的科学技术。

本 章 小 结

物流技术是指物流活动中采用的自然科学与社会科学方面的理论、方法，以及设施、设备、装置与工艺的总称。物流的发展离不开先进的物流装备。物流装备是现代物流的主要技术支撑要素，是组织实施物流活动的重要手段，是物流活动的基础。在整个物流活动中，对提高物流能力与效率、降低物流成本和保证物流服务质量等方面有着非常重要的作用。物流装备是在生产、流通、消费和军事等领域中，为了实现各种物资从供应地到消费地的空间转移和时间转移，并保证物资高效、快捷、准确、安全的流转和有效监控所需的设施和设备。根据物流活动的不同需求，物流装备主要分为两类：一类是物流设施，另一类是物流设备。

物流技术装备体系包括集装单元化器具、运输技术装备设备、装卸搬运技术装备、仓储技术装备、分拣技术装备、包装技术装备、物流信息技术装备。

随着用户需求的变化，以及自动控制技术和信息技术在物流设备上的应用，在大力吸收国外先进技术和发展我国机械制造业的基础上，我国又建立了比较完善的物流设备制造体系，物流设备的技术水平有了较大的提高。现代物流设备正朝着大型化、高速化、信息化、多样化、标准化、系统化、智能化、实用化和绿色化的方向发展。

复 习 思 考

一、填空题

1. 物流技术包含(　　)，与生产技术有所不同。

2. 物流设施又可分为(　　)、(　　)。

3. 合理选用适合的物流机械装备是指所选的装备在使用过程中能(　　)，不造成装备的功能性浪费。

4. 物流技术装备选配的一般原则是(　　)、(　　)、(　　)。

5. 设备的维护一般包括(　　)、(　　)和(　　)。

二、判断题

1. 物流技术装备是指进行各项物流活动所需的机械设备、器具等可供长期使用并在使用过程中基本保持原来实物形态的生产资料。　(　　)

2. 大型化是实现物流规模效应的基本手段，可以提升物流系统功能，目前载重超过400吨的运输车辆已经出现。　(　　)

3. 专用化主要以集装箱运输的发展为代表。　(　　)

4. 搬运是指物品在指定地点以人力或机械装入运输设备或卸下。　(　　)

5. 技术先进性原则不是指一次购置和建造费用低，而是指物流装备的寿命周期内的整体成本低，特别是长期使用和维护费用低。　(　　)

6. 预知维护是为了降低装备失效或功能退化的概率，按预定的时间间隔或规定的标

准进行的维护。（　　）

7. 预防维护是最低的管理要求，损坏后维修即可。（　　）

8. 生产能力是指装备在规定条件下和规定时间内完成规定功能的能力。（　　）

9. 一级保养是以维修工人为主、操作工人参加的定期维修。（　　）

10. 可维修性。所谓可维修性，是指装备易于（便于）维修的特性。（　　）

三、选择题

1. （　　）指物流站、场，物流中心、仓库，物流线路，建筑、公路、铁路和港口等。

A. 物流设施　B. 物流设备　C. 物流工具　D. 物流装备

2. （　　）指设备的容量、规模、能力越来越大。

A. 专用化　B. 大型化　C. 通用化　D. 小型化

3. 设备改造的形式有（　　）。

A. 设备改装　B. 设备技术改造　C. 购买新设备　D. 设备磨损

4. 设备管理分为前期管理和（　　）。

A. 不定期管理　B. 后期管理　C. 中期管理　D. 定期管理

5. 设备故障按技术性原因，可分为（　　）。

A. 一大类　B. 二大类　C. 三大类　D. 四大类

四、简答题

1. 简述物流技术的概念及分类。

2. 简述物流装备的概念及分类。

3. 简述物流技术与物流装备的发展趋势所具备的特点。

4. 简述物流技术与物流装备在物流系统中的地位和作用。

5. 简述物流技术与物流装备在物流活动中进行合理配置的一般性原则。

五、案例分析题

蒙牛乳业自动化立体仓库

内蒙古蒙牛乳业泰安有限公司的乳制品自动化立体仓库后端与泰安公司乳制品生产线相衔接，与出库区相连接，库内主要存放成品纯鲜奶和成品瓶装酸奶。库区面积 8323 平方米，货架最大高度 21 米，托盘尺寸 1200 毫米×1000 毫米，库内货位总数 19 632 个。其中，常温区货位数 964 个，低温区货位数 4668 个。入库能力 150 盘/小时，出库能力 300 盘/小时。出入库采用联机自动。

一、工艺流程及库区布置

根据用户存储温度的不同要求，该库划分为常温和低温两个区域。常温区保存鲜奶成品，低温区配置制冷设备，恒温 4℃，存储瓶装酸奶。按照生产→存储配送的工艺及奶制品的工艺要求，经模拟仿真优化，最终确定库区划分为入库区、储存区、托盘（外调）回流区、出库区、维修区和计算机管理控制室六个区域。

入库区由 66 台链式输送机、3 台双工位穿梭车组成，负责将生产线码垛区完成的整盘货物转入各入库口。双工位穿梭车则负责生产线端输送机输出的货物向各巷道入库口的分配、转动及空托盘回送。

储存区包括高层货架和17台巷道堆垛机。高层货架采用双托盘货位，完成货物的存储功能。巷道堆垛机则按照指令完成从入库输送机到目标的取货、搬运、存货及从目标货位到出货输送机的取货、搬运、出货任务。

托盘(外调)回流区分别设在常温储存区和低温储存区内部，由12台出库口输送机、14台入库口输送机、巷道堆垛机和货架组成，分别完成空托盘回收、存储，回送、外调货物入库，剩余产品、退库产品入库、回送等工作。

出库区设置在出库口外端，分为货物暂存区和装车区，由34台出库输送机、叉车和运输车辆组成。叉车司机通过电子看板、RF终端扫描来完成装车作业，反馈发送信息。

维修区设在穿梭车轨道外一侧，在某台穿梭车更换配件或处理故障时，其他穿梭车仍旧可以正常工作。

计算机控制室设在二楼，用于出入库登记、出入库高度管理和联机控制。

二、设备选型及配置

1. 有轨巷道堆垛机

(1) 主要技术参数。堆垛机高度：21 000毫米、19 350毫米、17 700毫米、16 050毫米、14 400毫米和12 750毫米；堆垛机额定载重量：850/400千克；载货台宽度：1200毫米；结构形式：双立柱；运行速度：5～100米/rain；起升速度：4～40米/rain；货叉速度：3～30米/min；停准精度：超升、运行不大于10毫米，货叉不大于5毫米；控制方式：联机自动、单机自动、手动；通信方式：远红外通信；供电方式：安全滑触线供电；供电容量：20 kW、三相四线制380 V、50 Hz。

(2) 设备配置。有轨巷道堆垛起重机主要由多发结构、起升机构、货叉取货机构、载货台、断绳安全保护装置、限速装置、过载与松绳保护装置以及电器控制装置等组成。

驱动装置：采用德国德马格公司产品，性能优良、体积小、噪声低、维护保养方便。变频调整：驱动单元采用变频调速，可满足堆垛机出入库平衡操作和高速运行，具有起动性能好、调速范围宽、速度变化平衡、运行稳定等优点，并有完善的过压、过流保护功能。堆垛机控制系统：先用分解式控制，控制单元采用模块式结构，当某个模块发生故障时，在几分钟内便可更换备用模块，使系统重新投入工作。安全保护装置：堆垛机超升松绳和过载、断绳安全保护装置；载货台上、下极限位装置；运行及起升强制换速形状和紧急限位器；货叉伸缩机械限位挡块；货位虚实探测、货物高度及歪斜控制；电器联锁装置；各运行端部极限设缓冲器；堆垛机设作业报警电铃和警示灯。

(3) 控制方式。手动控制：堆垛机的手动控制是由操作人员通过操作板的按钮和万能转换开关直接操作机械运作，包括水平运行、载货台升降、货叉伸缩三种动作。单机自动控制：单机自动控制是操作人员在出入库端通过堆垛机电控柜上的操作板输入入(出)库指令，堆垛机将自动完成入(出)库作业，并返回入(出)库端待令。在线全自动控制：操作人员在计算机中心控制室通过操作终端输入入(出)库任务或入(出)库指令，计算机与堆垛机通过远红外通信连接将入(出)库指令下达到堆垛机，再由堆垛机自动完成入(出)库作业。

2. 输送机

(1) 主要技术参数。额定载荷：850/400 千克(含托盘)；输送货物规格 1000 毫米×1470 毫米(含托盘)；输送速度：12.4 米/min。

(2) 设备配置。整个输送系统由两套 PLC 控制系统控制，与上位监控机相连，接收监控机发出的作业命令，返回命令的执行情况和子系统的状态等。

3. 双工位穿梭车

系统完成小车的高度，其中一工位完成成品货物的接送功能，另一工位负责执行委员会的拆卸分配。主要技术参数有以下几个：额定载荷：1300 千克；接送货物规格：1200 毫米×1000 毫米×1470 毫米(含托盘)；拆最大空托盘数：8 个；空托盘最大高度：1400毫米；运行速度：5～160 米/min(变频调速)；输送速度：12.4 米/min。

4. 计算机管理与控制系统

依据蒙牛乳业泰安立体仓库招标的具体需求，考虑企业长远目标及业务发展需求，针对立体仓库的业务实际和管理模式，为本项目定制了一套适合用户需求的仓储物流管理系统，主要包括仓储物流信息管理系统和仓储物流控制与监控系统两部分。仓储物流信息管理系统实现上层战略信息流、中层管理信息流的管理；自动化立体仓库控制与监控系统实现下层信息流与物流作业的管理。自动化立体仓库控制与监控系统是实现仓储作业自动化、智能化的核心系统，它负责管理高度仓储物流信息系统的作业队列，并把作业队列解析自动化仓储设备的指令队列，根据设备的运行状况指挥协调设备的运行。同时，本系统以动态仿真人机交互界面监控自动化仓储设备的运行状况。系统包括作业管理、作业高度、作业跟踪、自动联机入库、设备监控、设备组态、设备管理等几个功能模块。

信息来源：http：//roll.sohu.com/20120525/n344045743.shtml.

问题：

(1) 分析自动化立体仓库由哪些设施和设备组成。

(2) 分析自动立体化仓库主要设备的主要技术参数。

(3) 分析控制软件与硬件设备之间的对应关系。

实　　训

【实训项目】

学生 8 人一组到企业参观调研。

【实训目的】

(1) 了解物流技术与装备的情形以及当地哪些物流技术与装备使用比较广泛。

(2) 分析相关物流装备在当地及我国投入使用的可行性，使用的条件和场合，据此原理能够对物流装备有一个全面的认识。

【实训内容】

试就下列现象进行分析，提出解决的措施。

现象 1：企业里经常会出现设备计划外采购的情况，一般都是因为出现了临时的意外情况，这时一般需要领导的特批。可是有一个真实的例子就是，有一个厂的厂长在偶然一次进仓库时发现了两台设备是几个月前他特批过的，因为当时情况特别紧急，所以他的印象特别深刻，但是在他发现的时候，那两台设备还是原封不动地躺在仓库里。

现象2：众所周知，企业之间的竞争最后其实是成本的竞争，而在现在生产设备自动化程度越来越高的时候，压缩产品在流通过程中的成本空间越来越小，而设备购买成本却大有文章可做。但是，物流成本居高不下却一直是许多企业的顽疾之一。

【实验步骤】

（1）分析上面两种情况。

（2）小组讨论。

第 2 章

运输技术与装备

【知识目标】

(1) 掌握铁路运输技术与装备的基本特征。
(2) 掌握公路运输技术与装备的基本特征。
(3) 掌握水路运输技术与装备的基本特征。
(4) 掌握航空运输技术与装备的基本特征。
(5) 掌握管道运输技术与装备的基本特征。

【能力目标】

(1) 能够根据货物的实际情况选择相应的运输技术与装备。
(2) 能够根据实际的需要对运输装备配置进行简单的规划。

物流设备在运输中的作用

我国《道路运输业“十二五”发展规划纲要》中提出了明确目标：全国等级汽车货运站达到2800个，国家规划的49个公路主枢纽基本建成，中心城市形成综合性的客运枢纽、物流中心或物流园区；中等城市和县级城市都要建成等级货运站，人口在20万以上的城市至少建成一个等级货运站；以国家高速公路网为依托，基本形成快速货运网络，基本实现400～500千米以内当日往返，800～1000千米以内当日到达；集装箱运输、甩挂运输得到快速发展，装卸机械化、自动化普及，集疏运效率提高，促进和保障物流产业发展。

资料来源：http：//www.svtcc.net/Jpkc/wljc.

思考分析：

(1) 公路运输有何特点？它在综合运输体系中处于什么地位？
(2) 公路运输包括哪些功能性设施？这些功能性设施在物流系统中具有什么作用？
(3) 我国公路运输设施的建设与发展情况是怎样的？

2.1 铁路运输技术与装备

2.1.1 铁路运输概述

1. 概念

铁路运输是使用铁路列车运送客货的一种运输方式。铁路运输主要承担长距离、大数量的货运,是在干线运输中起主力运输作用的运输形式。

2. 铁路运输特点

铁路运输作为我国运输业中的主要运输方式,其特点如下。

(1) 运输能力大,运输成本较低。目前我国铁路的一列货物列车,一般可以运送数千吨货物,重载单元列车可运送八千吨左右的货物。从运输成本来看,铁路运输比公路运输和航空运输的成本低得多,因此,铁路运输适合于大批量低值商品的长距离运输。

(2) 速度比较快。从北京到上海全程 1463 千米,货运列车不到 24 小时就可到达,平均的运营速度已接近每小时 70 千米。作为长途运输的主要方式,其运输速度比水路运输速度高得多。

(3) 安全可靠。铁路运输基本上不受气候条件的影响,可一年四季不分昼夜地进行运输生产,有可靠的安全行车设施和运行规章制度。

(4) 货损货差高。由于装卸次数多,货损货差率通常比其他运输方式高。

(5) 通常需要依靠其他运输装备的配合,才能实现门到门的运输。

(6) 对铁路路线的依赖性强,一旦某一路段发生故障,将影响其在全线上的正常运行。

(7) 建设周期长,初期投资大。修建铁路时,需要开凿隧道、修建桥梁和大量的土石方工程,需要大量钢材、水泥、木材等材料及设备。

3. 铁路货物运输方式

铁路货物运输的方式分为整车、零担和集装箱三种。它是根据托运货物的数量、性质、包装、体积、形状和运送条件等确定的。

1) 整车货物运输

凡托运方一次托运货物在 3 吨及 3 吨以上的称为整车运输。整车运输适合于大宗货物运输,例如,煤炭、粮食、木材、钢材、矿石、建筑材料等。在铁路货物运输中,整车货物运输占很大的比重。一些货物进出量大的工厂,如钢厂、化工厂、电厂以及储运仓库和港口等,一般铺设有铁路专用线,延伸到内部的货场,货车沿专用线进入货场,在那里直接装卸货物。铁路专用线的使用可以减少倒载次数,提高装卸效率。

2) 零担运输

凡托运方一次托运货物不足 3 吨的称为零担运输。零担运输非常适合商品流通中品种繁杂、量小批多、价高贵重、时间紧迫、到达站点分散等特殊情况下的运输,弥补了整车运输及其他运输方式在运输零星货物方面的不足。

3) 集装箱货物运输

集装箱货物运输是指先将货物装入集装箱,再将集装箱作为一个单元装载到货车上进行运输的方式。利用铁路运输的集装箱货物包括两部分：一部分是利用铁路集装箱运输的国内货物，另一部分是利用海运集装箱运输的进出口货物。集装箱的装卸可以借助于机械完成，从而大大提高了装卸效率，缩短了运输时间。这种运输方式便于实现公铁、海铁联运，使从送货人到收货人的连贯运输成为可能，同时能够有效防止货物在运输途中的丢失和损毁。

4. 技术经济特征

1）适应性强

铁路几乎可在任何需要的地方修建，可全年全天候不停业地运营，受地理和气候条件的限制少，具有较好的连续性，且适合于长短途旅客和各类不同重量与体积货物的双向运输。

2）运输能力大

铁路的运输能力一般指一年内某一线路所能通过的最大货运量（万吨/年）。大秦铁路上运行的万吨级重载单元列车，平均每 14 分钟开行一列。运输繁忙时，一天开行 90 多对，最多达 108 对列车。每天运送煤炭超过百万吨，高峰时每秒煤炭流量近 12 吨，年运量 3 亿吨。

3）安全性好

随着先进技术的发展和采用，铁路运输的安全程度越来越高。特别是近 20 年来，许多国家铁路广泛采用了电子计算机和自动控制等高新技术，有效地防止了列车冲突事故，减轻了行车事故的损害程度。在各种运输方式中，铁路运输的单位客、货周转量发生的事故率最低。

4）能耗小

铁路运输轮轨之间的摩擦阻力小于汽车车辆和地面之间的摩擦阻力，铁路机车车辆单位功率所能牵引的质量约比汽车高 10 倍。因而，铁路单位运量能耗要比汽车运输少得多，约为公路的 1/10 左右、民航的 1/13 左右。

5）环境污染小

考虑到社会经济与自然环境之间的平衡，对空气和地表的污染较为明显的是汽车运输，而喷气式飞机、超音速飞机的噪声污染则更为严重。相比之下，铁路运输对环境和生态平衡的影响程度较小，特别是电气化铁路的影响更小。

6）运输成本较低

一般来说，铁路的单位运输成本要比公路运输和航空运输低得多，有的甚至比内河航运还低。而且运距越长、运量越大，其单位成本越低。

7）资本密集且固定资产庞大

铁路投资大多属于固定设备的沉没成本，其固定资产比例较其他运输方式高，投资风险也就比较高。而一般高风险的事业需有高回报率才能吸引业者投资。

8）设备庞大不易维修

铁路的运输过程必须依赖所有设施协同配合。由于整个运输体系十分庞大，不易达到完善的维修，且战时极易招致破坏。

9）有效使用土地

铁路运输以由客、货车组成的列车为基本运输单元，可占用少量的土地进行大量的运输。在相同运量下，高速铁路的用地只有 4 车道的高速公路用地的 1/6～1/4。

5. **经营管理特征**

1）车路一体

一般来说，铁路的线路与车辆同属铁路运输企业。因此，铁路建设投资相当庞大，须自行购地、铺设铁路线路和站场，购置机车车辆与车站设备，远非其他运输方式那样单纯，而且铁路设施的保养与维护费用也相当巨大。

2）以列车为基本输送单元

铁路运输组织的基本输送单元为由若干客车或货车连挂而成的车列及机车组成的旅客列车或货物列车。因此，可大大提高铁路的运输能力，可构成大运输量的运输通道。

3）铁路具有优越的外部导引技术

铁路运输最初采用凸出的钢轨与轮缘，这种外部引导技术有两方面的优点：一是自然控制。铁路因钢轨而享有专用路权，钢轨的导引技术使列车可自然而然地进行控制。二是自动操作。对铁路来说，车轮的导向只有一个变数（方向），而公路要两个变数（方向及转弯），航空要三个变数（方向、上下及转弯）。因此，导引技术促进了铁路运输自动化的发展。

4）铁路运输设备不能移转

铁路运输设备不仅用途专一，而且不能移转。一旦停业，其所耗资金均不能转让或回收，从而成为巨大的沉没成本。

5）营运缺乏弹性

铁路运输很难随货源或客源所在地而变更营运路线，在营运上缺乏弹性，容易产生空车回送现象，从而造成营运成本的增加。

特别提示

目前全国班列运行线中共有集装箱班列 26 条（其中预留线 17 条）、普通班列 44 条（含季节性鲜活班列 2 条），共 70 条，遍及京哈、京广、京沪、京九、陇海、浙赣等主要干线，每周开行 220 列上下。除不明到站的军事运输、超限货物和限速运行的货物外，其他货物都可以按班列办理运输。

2.1.2 铁路运输的主要技术装备

铁路运输一般适于大宗货物的中、长距离运输。同时铁路运输业也是一个庞大的物流生产部门，拥有上千亿元的固定资产。铁路运输的主要技术装备有以下几类。

1. **线路**

铁路线路是机车车辆和列车运行的基础。铁路线路是由路基、桥隧建筑物和轨道组成的一个整体的工程结构。在建设过程中，总是先修路基和桥隧建筑物，然后再铺轨道，因此，路基、桥隧建筑物和轨道成为铁路线路整体工程结构的主要组成部分。

铁路线路应当经常保持完好状态，使列车能按规定的最高速度安全、平稳和不间断地运行，以保证铁路运输部门能够高质量地完成客货运输任务。

1）铁路线路构成

（1）路基。路基是为铺设轨道供列车运行而修建的土工建筑物，它除承受轨道和列车静载荷和动载荷以外，还受各种人为因素和自然因素的侵袭。路基要求坚实而稳固，能承受沉重的压力。路基要保持完好状态，使列车能按规定的最高速度安全、平稳、不间断地运行。路基由路基本体（包括路基面、路基基床、边坡等）、路基排水设备（包括地面排水和地下排水设备）、路基防护设施（包括护坡设施、冲刷防护设施等）和路基加固设施（包括支撑加固设施和防风、防雪、防沙设施）几部分组成。

(2) 桥隧建筑物。桥隧建筑物是桥梁、隧道和涵洞等的总称，供铁路线路跨越江河、沟谷或其他交通线等天然或人为障碍。有一定承载力的架空建筑物称为桥梁，埋设在路堤内的过水建筑物称为涵洞。隧道是供铁路线路克服高程障碍，穿过山岭或江河、海底修筑的建筑物。前者称为山岭隧道，后者称为水底隧道。桥隧建筑物与路基联成一体，才能形成线路，因此，它实际是路基本体的重要组成部分。山区铁路桥隧的长度一般约占线路总长度的 40% 以上，即使是平原丘陵地区，其长度也占 10%～30%。桥隧建筑物的造价比路基高得多。在修建铁路线路时，大桥和长隧道往往成为线路通车的重点控制工程。

(3) 轨道。轨道是由道床、轨枕、钢轨、连接零件、道岔和防爬设备等组成。它承受着机车车辆的垂直压力和水平压力，这些力由钢轨传给轨枕，由轨枕传给道床，再逐步扩散，直到传给路基。其单位面积的应力越来越小，直至完全适应路基的承载力。

因此，轨道的各部分要求有足够的强度，坚固耐用，并具有弹性，在结构尺寸和材质方面要互相配合，满足线路年通过运量和最高行车速度的要求。

道岔是一种使机车车辆从一股道转入另一股道的线路连接设备，通常在车站、编组站大量铺设，如图 2-1 所示。

图 2-1　道岔

通过道岔充分发挥线路的通过能力。即使是单线铁路，铺设道岔，修筑一段大于列车长度的叉线，就可以对开列车。由于道岔具有数量多、构造复杂、使用寿命短、限制列车速度、行车安全性低、养护维修投入大等特点，与曲线、接头并称为轨道的三大薄弱环节。

2) 铁路线路工程技术

铁路线路涉及的工程技术问题比较复杂，包括铁路轨距和铁路限界等多个方面的内容。

(1) 铁路轨距。铁路轨距指铁路上两股钢轨头部的内侧距离。由于轨距不同，列车在不同轨距交接的地方必须进行换装或更换轮对。欧、亚大陆铁路轨距按其大小不同，可分为宽轨、标准轨和窄轨三种。标准轨的轨距为 1435 毫米；大于标准轨的为宽轨，其轨距大多为 1524 毫米和 1520 毫米；小于标准轨的为窄轨，其轨距多为 1067 毫米和 1000 毫米。我国铁路基本上采用标准轨距，但海南岛的铁路轨距为 1067 毫米，昆明铁路局的部分轨距为 1000 毫米。

(2) 铁路限界。为了确保机车车辆在铁路线路上运行的安全，防止机车车辆撞击邻近线路的建筑物和设备，而对机车车辆和接近线路的建筑物、设备所规定的不允许超越的轮廓尺寸线，称为限界。铁路基本限界分为机车车辆限界和建筑接近限界两种。机车车辆限界是机车车辆横断面的最大极限，它规定了机车车辆不同部位的宽度、高度的最大尺寸和底部零件至轨面的最小距离。机车车辆限界和桥梁、隧道等限界相互制约。当机车车辆在满载状态下运行时，也不会因产生摇晃、偏移等现象而与桥梁、隧道及线路上其他设备相接触，从而保证行车安全。

(3) 超限货物。随着经济建设的发展，经由铁路运输的长、大货物不断增加。当货物装车后，货物任何部分的高度和宽度超过机车车辆限界时，称为超限货物。按货物超限的程度，分为一级超限、二级超限和超级超限三个级别。对于超限货物的运输，则要采取特殊的组织方法来进行。

2. 铁路车辆

铁路车辆是装运货物、运送旅客的运载工具。它没有动力装置，需要把车辆连挂在一起由机车牵引，才能完成客货运输任务。在铁路运输设备中。车辆不仅数量多、投资大，而且大部分在全路流通使用。由于客货运输任务繁重，要求铁路必须经常保有数量充足和技术状态良好的车辆，以保证安全、顺利地完成国家的运输生产任务，满足国民经济持续发展的需要。

多年来，由于不同的目的、用途及运用条件，车辆形成了许多类型，但其构造基本相同，大体均由以下六部分构成。

(1) 车体。车体是容纳运输对象的地方，又是安装与连接其他组成部分的基础。

(2) 车底架。车底架是承托车体的长方形构架，是车体的基础。

(3) 走行部。走行部是承受车辆自重和载重并引导车辆沿轨道行驶的部分。走行部大多采用转向架结构形式，以保证车辆运行质量。

(4) 车钩缓冲装置。车钩缓冲装置由车钩及缓冲器等部件组成，装在车底架两端，其作用是将机车车辆连挂到一起，并传递纵向牵引力和冲击力，缓和机车车辆间的动力作用。车钩缓冲装置是保证列车安全运行的最重要部分，使高速运行中的车辆能于规定距离内停车或减速。

(5) 制动装置。制动装置一般包括空气制动机、手制动机(脚制动机)和基础制动装置部分。

(6) 车辆内部设备。车辆内部设备主要指客车上为旅客旅行所提供的设备，如客车上的座席、卧铺、行李架、给水、取暖、空调、通风、车电等装置。货车由于类型不同，内部设备也千差万别，但一般较为简单。

3. 铁路机车

铁路机车是牵引客、货列车和在车站上进行调车作业的基本动力设备。

铁路机车按用途可分为速度较快的客运机车、牵引力较大的货运机车和机动灵活的调车机车。按原动力的不同可分为蒸汽机车、内燃机车和电力机车，如图 2-2、图 2-3、图 2-4 所示。

图 2-2 蒸汽机车

图 2-3　内燃机车

图 2-4　电力机车

4. 铁路枢纽场站

一般把供列车到发、会让或越行的并具有配线的分界点，称为场站。场站一般经常办理客、货运输业务，是客货运输的起始、中转和终到地点。因此，铁路场站是铁路运输的生产基地。为了完成上述作业，铁路场站上设有客、货运输设备及与列车运行有关的各项技术设备，还配备了客运、货运和运转等方面的工作人员。做好铁路场站管理工作，对于充分利用设备能力，提高运输效率和降低运输成本，保证列车运行安全正点等都具有十分重要的作用。

5. 信号与通信设备

通信、信号设备也是铁路运输的重要设备之一，人们通常把它们比作铁路运输的“耳目”。

铁路信号设备是信号、联锁、闭塞、调度集中、机车信号及自动停车装置、道口自动信号的总称。它是保证铁路行车安全和运输效率所必需的主要技术装备之一。铁路信号系统的发展水平是铁路现代化的主要内容之一。铁路通信设备的作用是保证迅速正确地组织运输、指挥列车运行，同时又确保各单位、各部门的密切联系，使全国铁路构成一体。

铁路运输基本设施设备是完成铁路运输任务的物质基础。为了经常保持设备的良好状态，需要进行日常检查、保养和各种检修工作，因此，铁路内部还设置了不同专业的修理工厂、大修队、各种业务段和检修所等。

2.2　公路运输技术与装备

2.2.1　公路运输概述

1. 概念

公路运输是指使用公路设施、设备运送物品的一种运输方式。

公路运输的主要工具是汽车，也可以使用其他的车辆在公路上进行运输，它是我国货物运输的主要形式。公路运输主要承担近距离、小批量的货运任务，承担水路、铁路运输难以到达地区的长途、大批量货运及铁路、水运难以发挥优势的短途运输。公路运输的灵活性强，一些可以使用铁路、水运的地区，较长途的大批量运输也可以使用公路进行运输。

2. 公路运输特点

1）机动灵活，适应性强

由于道路运输网一般比铁路、水路网的密度要大十几倍，分布面也广，因此道路运输车辆可以“无处不到、无时不有”。道路运输在时间方面的机动性也比较大，车辆可随时调度、装运，各环节之间的衔接时间较短。尤其是道路运输对客货运量的多少具有很强的适应性，汽车的载重吨位有小(0.25～1 吨)有大(200～300 吨)，既可以单个车辆独立运输，也可以由若干车辆组成车队同时运输，这一点对抢险、救灾工作和军事运输具有特别重要的意义。

2）可实现“门到门”直达运输

由于汽车体积较小，中途一般也不需要换装，除了可沿分布较广的路网运行外，还可离开路网深入到工厂企业、农村田间、城市居民住宅等地，即可以把旅客和货物从始发地门口直接运送到目的地门口，实现“门到门”直达运输。这是其他运输方式无法与道路运输比拟的特点之一。

3）在中、短途运输中，运送速度较快

在中、短途运输中，由于道路运输可以实现“门到门”直达运输，中途不需要倒运、转乘就可以直接将客货运达目的地，因此，与其他运输方式相比，其客、货在途时间较短，运送速度较快。

4）原始投资少，资金周转快

道路运输与铁、水、航运输方式相比，所需固定设施简单，车辆购置费用一般也比较低，因此，投资兴办容易，投资回收期短。据有关资料表明，在正常经营情况下，道路运输的投资每年可周转 1～3 次，而铁路运输则需要 3～4 年才能周转一次。

5）掌握车辆驾驶技术较易

与火车司机或飞机驾驶员的培训要求相比，汽车驾驶技术比较容易掌握，对驾驶员的各方面素质要求相对也比较低。

6）运量较小，运输成本较高

目前，世界上最大的汽车是美国通用汽车公司生产的矿用自卸车，长 20 多米，自重 610 吨，载重 350 吨左右，但载重量仍比火车、轮船小得多。由于汽车载重量小，行驶阻力比铁路大 9～14 倍，所消耗的燃料又是价格较高的液体汽油或柴油，因此除了航空运输，就是汽车运输成本最高。

7）运行持续性较差

据有关统计资料表明，在各种现代运输方式中，道路的平均运距是最短的，运行持续性较差。

8）安全性较低，污染环境较大

随着公路的发达，汽车货运数量增加，交通事故也急剧增加。汽车所排出的尾气和引起的噪声也严重地威胁着人类的健康，是大城市环境污染的最大污染源之一。

3. 技术经济特征

1）技术经营性能指标好

由于工业发达国家不断采用新技术和改进汽车结构，汽车技术经济水平有很大提高，主要表现在动力性能的提高和燃料消耗的降低。

为降低运输费用，目前世界各国普遍采用燃料经济性较好的柴油机作动力，货运运行能耗为 3.4 升/(100 吨千米)，而汽油消耗则高达 6.5 升/(100 吨千米)。

2) 货损货差小

随着货物结构中高价值生活用品的比重增加，汽车运输能保证质量、及时送达的特性日益凸显。对于高价货物而言，汽车运价虽高，但在总成本中所占的比重小，并可以从减少货损货差、及时供应市场中得到补偿。

随着公路网的发展和建设，公路等级不断提高，混合行驶的车道越来越少，而且汽车的技术性能与安全装置也大为改善。

3) 送达快

由于公路运输灵活方便，可以实现“门到门”的直达运输，一般不需中途倒装，因而其送达快，有利于保持货物的质量和提高货物的时间价值，加速流动资金的周转。

4) 原始投资少，资金周转快

汽车购置费低，原始投资回收期短。美国有关资料表明：公路货运企业每收入 1 美元仅需投资 0.72 美元，而铁路则需 2.7 美元。公路运输的资本每年周转 3 次，铁路则需 3～4 年才周转一次。

5) 单位成本高，污染环境

公路运输，尤其是长途运输，单位运输成本要比铁路运输和水路运输高，相对而言对环境的污染更为严重。

特别提示

我国公路货物运输规定，凡 1 千克重的货物，体积超过 $4dm^3$ 的为轻泡货物，按其长、宽、高计算体积，每 $4dm^3$ 折合 1 千克，以千克为计费单位。

4. 公路的主要技术指标

公路的主要技术指标有行车速度、行车道宽度、路基宽度、极限最小平面曲线半径、停车视距、最大纵坡、桥涵设计车辆荷载及桥面车道数。

(1) 行车速度，即设计车速。它是表明公路等级与使用水平的控制性指标，是通过公路几何设计所采用的车速。

(2) 行车道宽度。它指公路上供车辆行驶的路面面层宽度。

(3) 路基宽度。在一个横断面上两路肩外缘之间的宽度。

(4) 极限最小平面曲线半径。在平面状线路中，路线转向处曲线的总称(包括圆曲线和缓和曲线)是平面曲线。

(5) 停车视距。在汽车行驶时，驾驶员自看到前方障碍物时起，至到达障碍物前安全停止所需的最短距离。

(6) 最大纵坡。根据公路等级与自然条件等因素所限定的路线纵坡最大值。最大纵坡是公路纵断面设计的重要控制指标，直接影响路线的长短、使用质量、运输成本和工程造价。

(7) 桥涵设计车辆荷载及桥面车道数。以国家标准规定作为桥涵设计依据，涉及若干等级标准车辆和车队。桥涵设计车辆荷载包括计算荷载(汽车荷载)和验算荷载(履带车和平板挂车)。

5. 经营管理特征

1) 车路分离

世界各国公路的建设与养护,通常都由政府列入预算,汽车运输企业一般不直接负担其资本支出。

2) 高度灵活性

汽车行驶不受轨道限制,一般以车为基本输送单元,灵活性较高,具体表现在:空间上的灵活性、运营时间上的灵活性、载运量的灵活性、运行条件的灵活性、服务上的灵活性、运输组织方式的灵活性、公司规模的灵活性、汽车运输场站服务对象的灵活性。

3) "门到门"运输

汽车可进入市区、进入场库,既可以承担全程运输任务,实现"门到门"运输,也可以辅助其他运输方式,实现"门到门"运输。

4) 经营简易

若私人经营汽车运输业,可采用小规模方式,甚至一人一车也可以经营,即使经营失利,也可以转往他处或将车辆出售。

2.2.2 公路运输装备

1. 公路设施

连接城市、乡村和工矿基地之间,主要供汽车行驶并具备一定技术标准和设施的道路称公路。

公路由路基、路面、桥梁、涵洞、隧道、排水系统、防护工程以及交通标志、路面标线和其他交通服务设施等构成。

1) 路基

路基是公路的基本结构,是支撑路面结构的基础,与路面共同承受行车荷载的作用,同时承受气候变化和各种自然灾害的侵蚀与影响。路基结构形式可以分为填方路基、挖方路基和半填半挖路基三种形式。

2) 路面

路面是铺筑在公路路基上与车轮直接接触的结构层,承受和传递车轮荷载,承受磨耗,经受自然气候与各种自然灾害的侵蚀和影响。对路面的基本要求是具有足够的强度、稳定性、平整度和抗滑性能等。路面结构一般由面层、基层、底基层与垫层组成。

3) 桥涵

桥涵是指公路跨越水域、沟谷和其他障碍物时修建的构造物。按照《公路工程技术标准》规定,单孔跨径小于5米或多孔跨径之和小于8米称为涵洞,大于这一规定值则称为桥梁。

4) 隧道

公路隧道通常是指建造在山岭、江河、海峡和城市地面下,供车辆通过的工程构造物。按所处位置可分为山岭隧道、水底隧道和城市隧道。

5）公路排水系统

公路排水系统是为了排除地面水和地下水而设置的，由各种拦截、汇集、输送及排放等排水设施组成的构造物。

6）防护工程

防护工程是为了加固路基边坡，确保路基稳定而修建的构造物。

7）交通工程及沿线设施

公路交通工程及沿线设施是保证公路功能、保障安全行驶的配套设施，是现代公路的重要标志。公路交通工程主要包括交通安全设施、监控系统、收费系统和通信系统四大类。沿线设施主要是指与这些系统配套的服务设施、房屋建筑等。

2. 公路等级的划分

（1）根据使用任务、功能和适应的交通量，将公路划分为五个等级。

高速公路——具有特别重要的政治、经济意义。它是专门供汽车分向分车道行驶并全部控制出入的干线公路，分为四车道、六车道和八车道高速公路。一般能适应按各种汽车折合成小客车的年平均昼夜交通量 25 000 辆以上。

一级公路——为连接重要政治、经济中心，通往重点工矿区、港口和机场，专供汽车分道行驶并部分控制出入的公路。一般能适应按各种汽车折合成小客车的年平均昼夜交通量为 15 000～30 000 辆。

二级公路——为连接政治、经济中心或大矿区、港口和机场等地的公路。一般能适应按各种车辆折合成中型载重汽车的年平均昼夜交通量为 3000～7500 辆。

三级公路——为沟通县以上城市的公路。一般能适应按各种车辆折合成中型载重汽车的年平均昼夜交通量为 1000～4000 辆。

四级公路——为沟通县、乡（镇）、村的公路。一般能适应按各种车辆折合成中型载重汽车的年平均昼夜交通量为双车道 1500 辆以下，单车道 200 辆以下。路面等级及要求如表 2-1 所示。

表 2-1　路面等级及要求

公路等级	路面等级	面层类型	设计使用年限/年
高速公路	高级	沥青、混凝土	15
一级公路	高级	沥青、混凝土	12
二级公路	次高级	热拌沥青碎石混合料，沥青灌入式	10
三级公路	次高级	热拌沥青碎石混合料，沥青表面处理	8
四级公路	中级	水结碎石、泥结碎石	5
	低级	半整齐石块路面料加固	

（2）根据在政治、经济和国防上的重要意义和使用性质，公路划分为五个行政等级。

国家公路（国道）——指具有全国性政治、经济意义的主要干线公路，包括重要的国际公路、国防公路，连接首都与各省、自治区和直辖市首府的公路，连接各大经济中心、港站枢纽、商品生产基地和战略要地的干线公路。

省公路（省道）——指具有全省（自治区、直辖市）政治、经济意义，连接各地市和重要地区以及不属于国道的干线公路。

县公路（县道）——指具有全县（县级市）政治、经济意义，连接县城和县内主要乡（镇）、主要商品生产和集散地的公路，以及不属于国道、省道的县际间公路。

乡公路（乡道）——指主要为乡（镇）村经济、文化和行政服务的公路，以及不属于县道以上公路的乡与乡之间及乡与外部联络的公路。

专用公路——指专供或主要供厂矿、林区、农场、油田、旅游区和军事要地等与外部联系的公路。

（3）路面等级按面层类型分高级、次高级、中级和低级四个等级。

高级——沥青混凝土路面或水泥混凝土路面。

次高级——沥青灌入或路面式沥青碎石路面。

中级——沙石路面。

低级——泥结碎石或土路。

3. 高速公路的设施装备及特征

高速公路是专供汽车高速行驶的公路。它采取限制出入、分隔行驶、汽车专用；全部立交以及采用较高的标准和完善的交通设施与服务设施等措施，为汽车的大量、快速、安全、舒适和连续的运行创造了条件。

1）高速公路设施与装备

高速公路设施与装备包括交通安全设施、服务设施、绿化设施和交通控制及管理系统。

（1）交通安全设施。交通安全设施主要包括防护栅、防眩设备、防噪音设施、照明设施和交通标志等。

（2）服务设施。服务设施包括服务区（加油站、餐饮、住宿、休息室、公用电话、小卖部、公厕及停车场等）、休息区（公用电话、休息亭、公厕及停车场等）和辅助设施（养路站、园地等）。

（3）绿化设施。高速公路两侧种植风景林和防护林美化路容。中央分隔带种植高1.2～1.4米的常绿树木，以美化景色并避免对向车灯眩目。

（4）交通控制及管理系统。高速公路交通控制及管理采用电子计算机控制及信号自动化来监视路段交通情况，它能够迅速测出交通堵塞和交通事故，通过交通信息变化标志和无线电行车信号，告知司机相关信息，进行交通导向，及时进行事故救援与交通排堵疏解。其设施设备分设在高速公路外场和机房控制中心。

高速公路外场主要配备应急电话、车辆检测器、可变情报站、可变限速板、可变标志牌、交通信息电台、气象监测器、可调摄像机、电动栏杆及供电设施等；机房控制中心主要配备主控台、监视器、大屏幕投影、服务器、计算机终端、光端机、供电设施及系统管理软件等。

2）高速公路的主要特征

（1）汽车专用，限速通行。高速公路只供汽车专用，不允许行人、牲畜以及其他慢速行驶的车辆通行。同时，一般规定时速低于50千米的车辆不得上路，最高时速不得超过

120 千米。

(2) 全封闭、全立交,严格控制出入。高速公路实行的是一种封闭型管理,各种车辆只能在具有互通式立交的匝道进出。

(3) 设中央分隔带,分道行驶。高速公路一般有四个以上车道,并实行上下车道分离,通过路面交通标线分流不同车速的车辆。

(4) 通行能力大,专为直达交通服务。高速公路的通行能力比一般公路要高出几倍甚至几十倍。而且由于通行能力大,运输能力大大提高,能够保证车辆在高峰时间通畅通过,从根本上解决了交通拥挤问题。

(5) 具有完善的现代化交通管理及交通安全设施,为道路上行驶的车辆提供更多的服务信息和手段,保证车辆安全、高速通过。

(6) 经济效益显著。高速公路不受时间限制,缩短了运行时间,减少了装卸费用,能收到很好的经济效益。

(7) 占地多、投资大、造价高,受气候影响大。

4. 运输场站配套装备

(1) 公路货运站。公路货运站是进行货物集散、中转、运输、包装加工、仓储、中介代理、信息服务等运输组织和运输服务的场所,是运输服务的枢纽和中心。根据货运站的业务性质和专业分工的不同,公路货运站可分为整车货运站、公路零担货运站、公路集装箱中转站和物流中心。

(2) 停车场(库)。停车场(库)的主要功能是停放和保管车辆。根据保管的条件可分为暖式车库、冷式车库、车棚和露天停车场四类;按其空间利用程度可分为双层停车场和多层停车场,多层停车场通常需要配备供车辆发生垂直位移的斜道、旋转车道或升降机。停车场(库)内还要按照车辆进场后的需求,安装清洗、例保、加油、检验等有关设备,以及必要的照明、卫生和消防设施。

2.2.3　货运站

货运站是货物运输过程中进行货物集结、暂存、装卸搬运、信息处理和车辆检修等活动的场所。货运站功能如下。

1. 运输组织功能

货运站的运输组织功能是指进行货物运输市场的管理和站内运力与货流组织及管理,具体包括以下职能。

(1) 货运生产组织管理。主要包括承运货物的发送、中转和到达等项作业,组织与其他运输方式的换装运输和联合运输及货物的装卸、分发、保管、换装作业,进行运力的调配和货物的配载作业,制订货物运输计划,进行货物运输全过程的质量监督与管理等项工作。

(2) 货源组织与管理。货源是运输市场中的基本要素,是货运经营者在市场中竞争的焦点。货运站通过货运生产组织与管理、货源信息和货流变化规律等资料,及时掌握货源的分布、流向、流量和流时等特点,实现货物的合理运输。货运站应加强与物资单位联系、洽商,承揽货运业务,并协助物资单位选择合理的运输方式和运输线路,签订有关运输合同和运输协议，为货运业务的有序运作提供可靠的保证。

(3) 运力组织与管理。货运站通过向社会提供货源、货流信息，组织各种类型的车辆从事货物运输，运用市场机制协调货源与运力之间的匹配关系，使运力与运量始终保持相对平衡。

(4) 运行组织与管理。根据货流特点确定货运车辆行驶的最佳线路和运行方式，制订运行作业计划，使货运车辆有序运转。

(5) 参与货运市场管理。货运站应协同行业管理部门，通过运输管理把货主、货运经营者和运输管理职能部门机构有机地联系起来，运用经济杠杆和有效的管理手段，充分满足货主和参营者的需求，促使分散的社会车辆和物流组织化、运输秩序正常化、能源和资金利用合理化。从而达到管理的目的，使货物运输各个环节和储运、装卸工具协调灵活地运转。

2. 中转换装功能

货运站的货物运输将以集装箱运输和零担货物运输为主要研究对象。因此，货运站不仅要完成公路、水运、铁路集装箱和零担货物运输的中转换装，而且在不同的运输方式、不同企业之间的货物联合运输过程中，必然会产生货物中转换装的需求。所以，货运站应为货物中转和因储运需要而进行的换装运输提供服务。利用货运站内部装卸设备、仓库、堆场、货运受理点以及相应的配套设施保证中转货物安全可靠地完成换装作业，及时地运送到目的地。

3. 装卸储存功能

货运站应面向社会开放，为货主提供仓储、保管和包装服务，代理货主销售、运输所仓储的货物，并在货运站场内进行各种装卸搬运作业，以利于货物的集、疏、运。

4. 多式联运和运输代理功能

货运站除从事公路货物运输外，还应与其他运输方式开展联合运输，充分发挥各种运输方式的特点和优势，逐步完善综合运输体系。货运站应通过交通信息中心和自身的信息系统，与其他运输方式建立密切的货物联运关系，协调地开展联合运输业务。运输代理是指货运站为其服务区域内的各有关单位或个体，代办各种货物运输业务，为货主和车主提供双向服务，选择最佳运输线路，合理组织多式联运，实行“一次承运，全程负责”。达到方便货主、提高社会效益和经济效益的目的。

5. 通信信息功能

建立通信信息中心，通过计算机及现代通信设施，使货运站与本地区有关单位，乃至与周围省、市，以及与全国各省、市、区的路货运站场形成信息网络，从而获取和运用有关信息，进行货物跟踪、仓库管理、运输付款通知、运费结算、托运事务处理、发货事务处理和运输信息交换等。通过网络系统，使货运站与港口、码头等交通设施有机联系，相互衔接，实现联网运输与综合运输。同时，面向社会提供货源、运力、货流信息和车货配载信息等服务。

6. 综合服务功能

货运站除开展正常的货运生产外，还应提供与运输生产有关的服务。如为货主代办报关、报检和保险等业务：提供商情信息等服务；开展商品的包装、加工和展示等服务；代货主办理货物的销售、运输和结算等服务。另外，还应为货运车辆提供停放、清洗、加油、检测和维修服务；为货主和司助人员提供食宿与娱乐服务等。

2.2.4　常见公路运输设备

1. **厢式汽车**

ZBT 50004—89 标准定义厢式汽车(图 2-5)为：具有独立的封闭结构车厢或与驾驶室连成一体的整体式封闭结构车厢，装备有专用设施，用于载运人员、货物或承担专门作业的专用汽车和汽车列车。

厢式汽车按其功能可分为普通厢式运输车(厢式汽车)和特殊用途的厢式车(专用厢式车)。前者如后开门的硬体厢式汽车、软篷厢式运输车、篷布厢式运输车、翼开式厢式运输车等；后者如冷藏车、保温车、邮政车、救护车、运钞车等厢式专用车。因其功能，其他车型无法替代厢式汽车，故在物流运输中具有很大优势。

2. **罐式汽车**

ZBT 50004—89 标准定义罐式汽车(图 2-6)为：该车装置有罐状的容器，并且通常带有工作泵，用于运输液体、气体或粉状物质，以及完成特定作业任务的专用汽车。

图 2-5　厢式汽车

图 2-6　罐式汽车

3. **自卸车**

ZBT 50004—89 标准定义自卸汽车(图 2-7)为：装有由本身发动机驱动的液压举升机构，能将车厢卸下或使车厢倾斜一定角度，货物依靠自重能自行卸下的专用汽车。在百度知道中，自卸车的定义为通过液压或机械举升而自行卸载货物的车辆。又称翻斗车。

在土木工程中，常与挖掘机、装载机、带式输送机等联合作业，构成装、运、卸生产线，进行土方、砂石、松散物料的装卸运输。装载车厢能自动倾翻一定角度卸料，可以大大节省卸料时间和劳动力，缩短运输周期，提高生产效率，降低运输成本，并标明装载容积。自卸车是常用的运输机械。

图 2-7　自卸车

自卸车的分类如下。

(1) 按底盘承载能力可分为轻卡系列自卸、中吨系列自卸和大吨位系列自卸。

(2) 按驱动形式可分单桥自卸、双桥自卸、前四后八自卸、前四后十自卸等不同系列车型。

(3) 按卸载液压举升机构不同可分为单顶自卸和双顶自卸。

4. 保温箱货车

保温箱货车,如图 2-8 所示,专门运输对温度有要求的货物。

5. 牵引车

专门用来牵引挂车、半挂车和长货挂车的主体,一般车上不搭乘旅客,没有装载货物的车厢(少数具有短货箱)的汽车称为牵引车,如图 2-9 所示,又称载货列车,一般可分为全挂牵引车和半挂牵引车。半挂车的载荷由自身和牵引车共同承受,如图 2-10 所示;全挂车的载荷全部由自身承受,以半挂车最为常用,如图 2-11 所示。它是长距离运输集装箱的专用机械,主要用于港口码头、铁路货场与集装箱堆场之间的运输。

图 2-8　保温箱货车

图 2-9　牵引车

图 2-10　半挂车

图 2-11　全挂车

2.3　水路运输技术与装备

2.3.1　水路运输概述

1. 概念

水路运输是指利用船舶,在江、河、湖泊、人工水道以及海洋上运送旅客和货物的一种运输方式。水路运输按其航行的区域，大体上可分为内河运输和海洋运输两种类型。如图 2-12 所示。

内河运输指利用船舶、排筏和其他浮运工具，在江、河、湖泊、水库及人工水道上从事的运输。如图 2-13 所示。

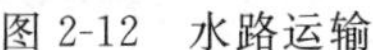

图 2-12　水路运输

图 2-13　内河运输

海洋运输又可分为远洋运输、近洋运输和沿海运输。远洋运输是指我国与其他国家或地区之间，经过四大洋一个或一个以上的海上运输；近洋运输是指我国与其他国家或地区之间，只经过沿海或太平洋（或印度洋）的部分水域的海上运输；沿海运输是指我国沿海区域各港之间的运输。如图 2-14 所示。

图 2-14　海洋运输

2. 水路运输的特点

（1）建设投入小。水上运输所通过的航道均系天然形成，港口设施一般为政府修建，不像公路或铁路运输那样需大量投资用于修筑公路或铁路。

（2）运量大。随着造船技术的日益发展，船舶都朝着大型化发展。巨型客轮已超过 8 万吨，巨型油轮超过 60 万吨，就是一般的杂货轮也多在五六万吨以上。

（3）运价低。船舶运载量大，使用时间长，运输里程远，与其他运输方式相比，水运的单位运输成本较低。

（4）运输速度慢。货船体积大，水流阻力高，风力影响大，因此速度较低，一般多在每小时 10～20 海里之间，最新的集装箱每小时 35 海里。

（5）连续性差。受自然条件和气候的影响较大，运输的连续性较差。

3. 技术经济特性

1) 运输能力大

在海上运输中,目前世界上最大的超巨型油船载重量达55万吨以上,集装箱船箱位已达5000～6000TEU(TEU是英文 Twenty feet Equivalent Unit 的缩写,是以长度为20英尺的集装箱为国际计量单位),矿石船载质量达35万吨。海上运输利用天然航道,若条件许可,可随时改造为最有利的航线。

在内河运输中,美国最大顶推船队运载能力达到5万～6万吨。我国顶推船队的运载能力已达3万吨,相当于铁路列车的6～10倍。在运输条件良好的航道,通过能力几乎不受限制。例如,长江干流的上游航道,其单向年通过能力为3300万吨,而在宜昌以下的长江中下游,其通过能力则为上游的10倍以上。

2) 能源消耗低

在相同距离的条件下,运输1吨货物,水运(尤其是海运)所消耗的能源最少。内河航运的能源消耗仅为铁路运输的1/2、公路运输的1/10。

3) 单位运输成本低

水运的运输成本约为铁路运输的1/25～1/20,公路运输的1/100。因此,水运(尤其是海运)是最低廉的运输方式,适于运输费用负担能力较弱的原材料及大宗物资的运输。

4) 续航能力大

一艘商船出航,所携带的燃料、粮食及淡水,可历时数十日,绝非其他任何运输工具可比。商船还具有独立生活的各种设备,如发电、制造淡水、储藏大量粮食的粮舱、油槽等。

5) 受气候和商港限制,且可及性低

气候对水路运输的限制较多,如商船航行在海上,遇暴风需及时躲避;遇大雾需按避碰章程办理,以防损害。另外,港湾水深或装卸设备的缺乏,可能限制商船的入港作业。再者,水路运输的可及性不高,往往需要地面运输系统的配合才能完成客、货运输过程。

6) 劳动生产率高

由于船舶运载量大,配备船员少,因而其劳动生产率较高。一艘20万吨的油船一般只需配备40名船员,平均每人运送货物5000吨。

7) 航速低

由于大型船舶体积大,水流阻力也大,因此航速一般较低。低速行驶所需克服的阻力小,能够节约燃料,而航速增大所需克服的阻力将直线上升。例如航速从5千米/小时增加到30千米/小时,所受的阻力将增大35倍。因此,一般船舶行驶速度为30千米/小时左右,冷藏船可达40千米/小时,集装箱船可达40～60千米/小时。

4. 经营管理特性

水路运输的经营具有国际性,易受国际政治、经济、法律及外汇的影响,其经营特性如下。

1) 投资额巨大且回收期长

海运公司订造或购买船舶需巨额资金,如新造一艘大型集装箱船,若运能为3500TEU,其造价一般为5000万～6000万美元。船舶是其固定资产,折旧期一般长达

20 年。就投资分析而言,用于固定资产之比例较其他企业高,且船舶没有移作其他用途的可能。

2) 国际化经营且竞争激烈

海洋运输经营具有国际性,船舶航行于公海,需争取各国货载的运送。目前世界船吨严重过剩,同行业间竞争激烈。同时,还面临与其他运输方式之间的竞争。

3) 兴衰循环,运费收入不稳

海运市场的周期性循环对运费高低的影响很大。如世界经济景气,货物运输需求增加,则运费上扬,进而刺激造船业发展;一旦船舶吨位增加,又逢世界经济趋于低迷,则立即反映于海运市场,运费必定趋于下跌,使造船业萎缩,海运公司甚至不得不将船舶拆解以期吨位减少,运费回升。如此变化的结果,致使运费收入很不稳定。

4) 舱位无法储存

海运服务,难以像一般企业一样随意减产或增产,即海上运输无法将货物及旅客舱位储存,如定期班轮开航而客货运量不能满载,剩余舱位即是损失;反之,如超过客货载量,亦无法预储舱位超载容量。

5) 须尊重国际法律

海运企业经营属世界性商务活动。除各国的海运法规外,对于国际公约与国际惯例须予以尊重,以适应国际海运市场。主要包括:国内法,如我国的对外国籍船舶管理规则,美国的海上货物运送条例、海运法等;国际公约,如联合国海上货物运送公约等;国际惯例,如国际商会联运单证统一规则。

特别提示

在我国内河运输业务中,石油及其制品、煤炭、矿石、生产资料是主要货源,与国内沿海运输的货源相似,这充分说明沿海港口的许多物资是通过内河运输提供的;而内河运输又把沿海港口的物资大量地疏运到全国各地。这样就使我国的内河与海洋运输形成了有机的运输网络。

2.3.2 水路运输装备

水路运输的基本装备包括船舶、港口和航道。

1. 船舶

船舶是各种船只的总称,指依靠人力、风帆和发动机等动力,能在水上移动的交通。

现代运输船舶尽管种类繁多,构造不一,但基本上都是由船体及其上层建筑、动力装置、舾装设备和系统组成。

1) 船体及其上层建筑

船体及其上层建筑是运输船舶的主体,为旅客、船员以及货物、动力装置和油、水等物料提供装载的空间。

船体是指主甲板以下部分,它是一个直接承受静水压力、浮力、波压力、冲击力、货载及本身重量等各种外力的空间结构。

上层建筑是指主甲板以上的建筑物,主要供驾驶操纵和船员生活之用。

2）动力装置

船舶的动力装置包括为船舶提供推进动力的主机，为全船提供电力和照明的发电机组，以及其他各种辅机和设备。主机是运输船舶的心脏。现代运输船舶的主机绝大多数为低速或中速柴油机，驱动装在尾部的螺旋桨推动船舶前进。各种辅机和设备主要有空气压缩机、各种油泵、水泵以及热交换器、管路、油水柜等。

3）舾装设备和各种系统

舾装设备包括：①操纵设备，如舵设备；②系船设备，如锚泊设备和系泊设备等；③关闭设备，如舱口盖、水密门、舷门和出入口盖等；④信号设备，如信号灯、信号旗等；⑤救生设备，如救生艇、救生筏、救生圈和救生衣等；⑥起货设备，如货船上的吊杆装置和甲板起重机，油船上的货油泵，滚装船上的升降机、跳板等；⑦其他设备，如客船上的防摇设备，拖船上的拖带设备，顶推船上的顶推装置等。

船上各种系统包括：将舱底积水排出船外的舱底水排出系统，向压载水舱供水和把水排出的压载水系统，送水灭火的消防系统，排除甲板积水、粪便水和洗濯污水的疏水、处理和排污系统，供给船员和旅客所需饮用水、洗濯水和卫生用水的生活用水系统，以及通风、取暖和空气调节系统等。

4）船舶的主要性能

船舶的主要性能有浮性、稳性、抗沉性、快速性、耐波性和操纵性。

（1）浮性。浮性是指船在各种装载情况下，能浮于水中并保持一定的首尾吃水和干舷的能力。船舶的浮性关系到船舶的装载能力和航行的安全。

（2）稳性。稳性是指船受外力作用离开平衡位置而倾斜，当外力消失后，船能恢复到原平衡位置的能力。稳性是与船舶安全密切相关的一项重要性能。

（3）抗沉性。抗沉性是指船体水下部分发生破损，船舱淹水后仍能浮于水面而不沉和不倾覆的能力。

（4）快速性。快速性是表征船舶在静水中直线航行的速度与其所需主机功率之间关系的性能。它是船舶的一项重要技术指标，对船舶营运开支影响较大。

（5）耐波性。耐波性指船舶在风浪中遭受由于外力干扰所产生的各种摇荡运动及抨击上浪、失速飞车和波浪弯矩等，仍具有足够的稳性和船体结构强度，并能保持一定的航速安全航行的性能。耐波性不仅关系到船上乘员的舒适和安全，还影响船舶安全和营运效益等，因而日益受到重视。

（6）操纵性。操纵性指船舶能按照驾驶者的操纵保持或改变航速、航向或位置的性能，主要包括航向稳定性和回转性两个方面，是保证船舶航行中少操舵、保持最短航程、靠离码头灵活方便和避让及时的重要环节，关系到船舶航行的安全和营运经济性。

5）船舶种类

在本书中只讨论货运船舶。货运船舶简称为货船，是运送货物的船舶的总称。由于装运货物的不同，货船的种类也很多，常见的有以下几种。

（1）散货船（bulk cargo ship）

散货船又称散装货船，是用以装载无包装的煤炭、矿砂、谷物、化肥、水泥、钢铁、木材等散货的船舶。散货船的货种单一，不怕挤压，便于装卸。

根据载重量的不同，散货船通常分为以下几个级别。

① 好望角型船：一般特指大型散货船，由于尺度限制不可能通过巴拿马运河和苏伊士运河，需绕行好望角海峡，故称好望角型。其总载重量为 100 000 吨级以上，船长在 250～300 米。

② 巴拿马型船：这是一种巴拿马运河所容许通过的最大船型。通常总载重量为 60 000吨级。船长要小于 245 米，船宽不大于 32.2 米，最大的容许吃水为 12.04 米。

③ 轻便型散货船：总载重量为 35 000～40 000 吨级。吃水较浅，世界上各港口基本都可以停靠。

④ 小型散货船：总载重量为 20 000～27 000 吨级。

(2) 杂货船(general cargo ship)

杂货船又称普通货船、通用干货船，主要用于装载一般包装、袋装、箱装和桶装的件杂货物。由于件杂货物的批量较小，杂货船的吨位也较小。典型的杂货船载重量在 1 万～2 万吨，一般为双层甲板，配备完善的起货设备。货舱的数量和甲板分层较多，便于分隔货物。杂货船一般都装设有起货设备，多数以吊杆为主，也有的装有液压旋转吊。新型的杂货船一般为多用途型，既能运载普通件杂货，也能运载散货、大件货、冷藏货和集装箱等。

(3) 集装箱船(container ship)

集装箱船是用于载运集装箱的船舶。

集装箱船可分为全集装箱船、部分集装箱船和可变换集装箱船三种类型。

① 全集装箱船(full container ship)，指专门用于装运集装箱的船舶。该类船舶舱内设有固定式或活动式的格栅结构，舱盖上和甲板上设置固定集装箱的系紧装置，便于集装箱作业及定位。一般情况下，舱内可堆放 3～9 层集装箱，甲板上可堆放 3～4 层集装箱。

② 部分集装箱船(partial container ship)。这种船舶只是在船的中央部位用于装运集装箱，其他舱位用于装运普通杂货。

③ 可变换集装箱船(convertible container ship)。其货舱内装载集装箱的结构是可拆装式的，既可装运集装箱，必要时也可装运普通杂货。

(4) 滚装船(roll on/roll off ship)

滚装船主要用来运送汽车和集装箱。这种船本身无须装卸设备，一般在船侧或船的首、尾有斜坡连接码头。装卸货物时，汽车或集装箱(装在拖车上)直接开进或开出船舱。其优点是不依赖码头上的装卸设备，装卸速度快，可加速船舶周转。

(5) 冷藏船(refrigerated ship)

冷藏并运输鱼、肉、果、蔬等货物的船舶，总称为冷藏船。

冷藏船的货舱实际上就是一个大型冷藏库，冷藏舱所需的冷源由设置在机舱内的大型制冷机提供。为保证一定的制冷效果，冷藏舱的四壁、舱盖和柱子内部都设有隔热材料，以防止外界热量传入。冷藏舱内还装有各种远距离测量和记录装置，以便能及时掌握并控制舱内的温度、湿度、二氧化碳含量等参数。

(6) 油船(oil tanker)

专门用于载运石油产品的液体船，简称油船。油船分为原油船和成品油船。由于原油运量巨大，所以油船载重量都很大，载重量达 56.5 万吨。

(7) 木材船(timber ship)

木材船是专门用于装载木材或原木的船舶。这种船舱口大,舱内无梁柱及其他妨碍装卸的设备。船舱及甲板上均可装载木材。为防甲板上的木材被海浪冲出舷外,在船舷两侧一般设置不低于一米的舷墙。

(8) 驳船(barge)

驳船是指本身没有自航能力,需要拖船或顶推船带动运行的货船。驳船的特点是载货最大、吃水浅、设备简单,船上通常不设置装卸货物的起货设备。驳船与拖船或推船组成驳船船队,可以航行在狭窄水道和浅水航道,并可按运输货物的种类而随时编组,适应内河运输的需要。

(9) 载驳船(barge carrier)

载驳船又称母子船,由一大型机动母船(称为载驳船)运载一批相同规格的驳船(称为子船)进行运输。驳船实际上是货运单元,在其中可装载各种货物。当母船到达港口锚地时,不必靠码头,驳船直接从母船上卸下,再由拖船或推船运往目的地,而母船则可以装载另一批驳船继续航行。其优点是:由于货物单元是驳船,装卸可以在港域内外任意地点进行,无须使用码头,不受水深限制,可缩短母船的停泊时间,不受码头拥挤影响,装卸效率高,适宜进行江海联运。

2. 港口

港口位于江、河、湖、海沿岸,具有一定设施和条件,供船舶进行作业性的以及在恶劣气象条件下的靠泊、旅客上下、货物装卸和生活物料供应等作业的地方。它的范围包括水域和陆域两部分。一般设有航道、港池、锚地、码头、仓库货场、后方运输设备、修理设备(包括修理船舶)和必要的管理、服务机构等。

1) 港口的分类

(1) 海港

在自然地理条件和水文气象方面具有海洋性质的港口。又可分为:①海岸港:位于有掩护的或平直的海岸上。前者大都位于海湾中或海岸前,有沙洲掩护。如旅顺军港、湛江港和榆林港等,都有良好的天然掩护,不需要建筑防护建筑物。若天然掩护不够,则需加筑外堤防护,如烟台港。位于平直海岸上的港一般都需要筑外堤掩护,如塘沽新港。②河口港:位于入海河流河口段或河流下游潮区界内。历史悠久的著名大港多属此类。如我国的海港黄埔港。国外的鹿特丹港、纽约港、伦敦港和汉堡港均属于河口港。

由于海港受风浪、潮汐和沿岸输沙等的影响,一般利用海湾、岛屿和岬角等天然屏障,或建造防波堤等人工建筑物作为防护;港内有广阔的水域和深水航道,可供海船进出停泊,进行各种作业,补给燃料、淡水和其他物品,躲避风浪等。它是沿海运输和各种海上活动的基地。优良的海港通常是沟通国内外贸易的枢纽。

(2) 河港

位于河流沿岸,且有河流水文特征的港口称为河港。如我国的南京港、武汉港和重庆港均属于此类。它可供内河运输船舶编解队、装卸作业、旅客上下和补给燃物料等。河港直接受河道径流的影响,天然河道的上游港口水位落差较大,装卸作业比较困难;中下游港口一般有冲刷或淤积的问题,常需扩岸或导治。

(3) 水库港

建于大型水库沿岸的港口。水库港受风浪影响较大,常建于有天然掩护的地区。水位受工农业用水和河道流量调节等的影响,变化较大。

(4) 湖港

位于湖泊沿岸或江河入湖口处的港口。一般水位落差不大,水面比较平稳,水域宽阔,水深较大,是内河、湖泊运输和湖上各种活动的基地。

(5) 商港

以一般商船和客货运输为服务对象的港口。具有停靠船舶、上下客货、供应燃(物)料和修理船舶等所需要的各种设施和条件,是水陆运输的枢纽。如我国的上海港、大连港、天津港、广州港和湛江港等均属此类。国外的鹿特丹港、安特卫普港、神户港、伦敦港、纽约港和汉堡港也是商港。商港的规模大小以吞吐量表示。按装卸货物的种类分,有综合性港口和专业性港口两类。综合性港口系指装卸多种货物的港口;专业性港口为装卸某单一货类的港口,如石油港、矿石港和煤港等。一般来说,由于专业性港口采用专门设备,其装卸效率和能力比综合性港口高,在货物流向稳定、数量大和货类不变的情况下,多考虑建设专业性港口。

(6) 工业港

为临近江、河、湖、海的大型工矿企业直接运输原材料及输出制成品而设置的港口。如大连地区的甘井子大化码头、上海市的吴泾焦化厂煤码头及宝山钢铁总厂码头均属此类。日本也有许多这类港口。

(7) 散货港

散货港是专门装卸大宗矿石、煤炭、粮食和砂石料等散货的港口。专门装卸煤炭的专业港称煤港。这类港口一般都配置大型专门装卸设备,效率高,成本低。

(8) 油港

油港是专门装卸原油或成品油的港口。一般由以下几部分组成:①靠、系船设备;②水上或水下输油管线和输油臂;③油库、泵房和管线系统;④加温设备;⑤消防设备;⑥污水处理场地和设施等。为了防止污染和安全起见,油港距离城镇、一般港口和其他固定建筑物都要有一定的安全距离,通常以布置在其下游、下风向为宜。根据油港所在位置和油品闪点的不同,最小安全距离分别都有不同的规定,其范围从几十米到三千米不等。由于近代海上油轮越建越大,所以现代海上油港也随之向深水发展。

(9) 渔港

渔港是为渔船停泊、鱼货装卸、鱼货保鲜、冷藏加工、修补渔网和渔船生产及生活物资补给的港口,是渔船队的基地,具有天然或人工的防浪设施,有码头作业线、装卸机械、加工和储存渔产品的工厂(场)、冷藏库和渔船修理厂等。

(10) 军港

军港是供舰艇停泊并取得补给的港口,是海军基地的组成部分,通常有停泊、补给等设备和各种防御设施。

2) 港口的组成

港口由水域和陆域组成。

(1) 水域

水域通常包括进港航道、锚泊地和港池。

① 进港航道要保证船舶安全方便地进出港口,必须有足够的深度和宽度,适当的位置、方向和弯道曲率半径,避免强烈的横风、横流和严重淤积,尽量降低航道的开辟和维护费用。当港口位于深水岸段,低潮或低水位时天然水深已足够船舶航行需要时,无须人工开挖航道,但要标志出船舶出入港口的最安全方便路线。如果不能满足上述条件并要求船舶随时都能进出港口,则须开挖人工航道。人工航道分单向航道和双向航道。大型船舶的航道宽度为80~300米,小型船舶的为50~60米。

② 锚泊地指有天然掩护或人工掩护条件能抵御强风浪的水域,船舶可在此锚泊、等待靠泊码头或离开港口。如果港口缺乏深水码头泊位,也可在此进行船转船的水上装卸作业。内河驳船船队还可在此进行编解队和换拖(轮)作业。

③ 港池指直接和港口陆域毗连,供船舶靠离码头、临时停泊和调头的水域。港池按构造形式可分为开敞式港池、封闭式港池和挖入式港池。港池尺度应根据船舶尺度、船舶靠离码头方式、水流和风向的影响及调头水域布置等确定。开敞式港池内不设闸门或船闸,水面随水位变化而升降。封闭式港池池内设有闸门或船闸,用以控制水位,适用于潮差较大的地区。挖入式港池在岸地上开挖而成,多用于岸线长度不足、地形条件适宜的地方。

(2) 陆域

陆域指港口供货物装卸、堆存、转运和旅客集散之用的陆地面积。陆域上有进港陆上通道(铁路、道路、运输管道等)、码头前方装卸作业区和港口后方区。前方装卸作业区供分配货物,布置码头前沿铁路、道路、装卸机械设备和快速周转货物的仓库或堆场(前方库场)及候船大厅等之用。港口后方区供布置港内铁路、道路、较长时间堆存货物的仓库或堆场(后方库场)、港口附属设施(车库、停车场、机具修理车间、工具房、变电站、消防站等)以及行政、服务房屋等。为减少港口陆域面积,港内可不设后方库场。

3) 港口装备

陆上装备包括间歇作业的装卸机械设备(门座式、轮胎式、汽车式、桥式及集装箱起重机、卸车机等)、连续作业的装卸机械设备(带式输送机、斗式提升机、压缩空气和水力输送式装置及泵站等)、供电照明设备、通信设备、给水排水设备和防火设备等。港内陆上运输机械设备包括火车、载重汽车、自行式搬运车及管道输送设备等。水上装卸运输机械设备包括起重船、拖轮、驳船及其他港口作业船、水下输送管道等。

4) 港口的技术特征

港口的技术特征主要有港口水深、码头泊位数、码头线长度和港口陆域高程等。

(1) 港口水深

港口水深是港口的重要标志之一,表明港口条件和可供船舶使用的基本界限。增大水深可接纳吃水更大的船舶,但将增加挖泥量,以及港口水工建筑物的造价和维护费用。

在保证船舶行驶和停泊安全的前提下,港口各处水深可根据使用要求分别确定,不必完全一致。对有潮港,当进港航道挖泥量过大时,可考虑船舶乘潮进出港。现代港口供大型干货海轮停靠的码头水深为10~15米,大型油轮码头水深为10~20米。

(2) 码头泊位数

码头泊位数要根据货种分别确定。除供装卸货物和上下旅客所需泊位外,在港内还要有辅助船舶和修船码头泊位。

(3) 码头线长度

码头线长度应根据可能同时停靠码头的船长和船舶间的安全间距确定。

(4) 港口陆域高程

港口陆域高程根据设计高水位加超高值确定,要求在高水位时不淹没港区。为降低工程造价,确定港区陆域高程时,应尽量考虑港区挖填方量的平衡。港区扩建或改建时,码头前沿高程应和原港区后方陆域高程相适应,以利于道路和铁路车辆运行。同一作业区的各个码头通常采用同一高程。

5) 港口水工建筑物

港口水工建筑物一般包括防波堤、码头、修船和造船水工建筑物。进出港船舶的导航设施(航标、灯塔等)和港区护岸也属于港口水工建筑物的范围。港口水工建筑物的设计,除应满足一般的强度、刚度、稳定性(包括抗地震的稳定性)和沉陷方面的要求外,还应特别注意波浪、水流、泥沙、冰凌等动力因素对港口水工建筑物的作用及环境水(主要是海水)对建筑物的腐蚀作用,并采取相应的防冲、防淤、防渗、抗磨和防腐等措施。

(1) 防波堤

防波堤位于港口水域外围,用以抵御风浪、保证港内有平稳水面的水工建筑物。突出水面伸向水域与岸相连的称突堤。立于水中与岸不相连的称岛堤。堤头外或两堤头间的水面称为港口口门。口门数和口门宽度应满足船舶在港内停泊、进行装卸作业时水面稳静及进出港航行安全、方便的要求。有时,防波堤也兼用于防止泥沙和浮冰侵入港内。防波堤内侧常兼作码头。防波堤的堤线布置形式有单突堤式、双突堤式、岛堤式和混合式。为使水流归顺,减少泥沙侵入港内,堤轴线常布置成环抱状。防波堤按其断面形状及对波浪的影响可分为斜坡式、直立式、混合式、透空式、浮式,以及配有喷气消波设备和喷水消波设备的防波堤等多种类型。

(2) 码头

供船舶停靠、装卸货物和上下旅客的水工建筑物。广泛采用的是直立式码头,便于船舶停靠和机械直接开到码头前沿,以提高装卸效率。内河水位差大的地区也可采用斜坡式码头,斜坡道前方设有趸船作码头使用,这种码头由于装卸环节多,机械难以靠近码头前沿,装卸效率低。在水位差较小的河流、湖泊中和受天然或人工掩护的海港港池内也可采用浮码头,借助活动引桥把趸船与岸连接起来,这种码头一般用做客运码头、卸鱼码头、轮渡码头以及其他辅助码头。码头的结构形式有重力式、高桩式和板桩式,主要根据使用要求、自然条件和施工条件综合考虑确定。

(3) 修船和造船水工建筑物

有船台滑道型和船坞型两种。待修船舶通过船台滑道被拉拽到船台上,修好船体水下部分以后,沿相反方向下水,在修船码头进行船体水上部分的修理和安装或更换船机设备。新建船舶在船台滑道上组装并油漆船体水下部分后下水,在舰装码头安装船机设备和油漆船体水上部分。船坞分为干船坞和浮船坞。

3. 航道

航道是指在内河、湖泊和港湾等水域内供船舶安全航行的通道，由可通航水域、助航设施和水域条件组成。按形成原因分天然航道和人工航道，按使用性质分专用航道和公用航道，按管理归属分国家航道和地方航道。

航道应该满足的基本要求是：有足够的航道深度和航道宽度，有适宜的航道转弯半径，有合理的航道许可流速，有符合规定的水上外廓。

航标是引导船舶安全行驶的标志。可分为海上航标和江河航标。

(1) 海上航标。在海上的某些岛屿、沿岸及港内重要地点均设有航标，如灯塔、灯船和浮标等。航标在白天以形状、颜色，在夜间以灯光颜色和时间长短次数来区别各自的作用。另外还有音响和无线电助航设备，如雾钟、雾笛和电雾号等音响设备，无线电指向标、雷达导航站及其他无线电导航设备。

(2) 江河航标。它的主要作用是准确标出江河航道的方向、界限、水深和水中障碍物，预告洪汛，指挥狭窄和急转弯水道的水上交通，引导船舶安全航行。江河航标一般分为三等，主要有过河标、接岸标、电缆标、水深信号杆和通行信号杆等。

2.4 航空运输技术与装备

2.4.1 航空运输概述

1. 概念

航空运输设备主要指通过空中运行实现客货运输的各种航空器，如气球、汽艇和飞机等。航空运输主要适合运载的货物有两类：一类是价值高、运费承担能力很强的货物，如贵重设备的零部件、高档次产品等；另一类是紧急需要的物资，如救灾抢险物资等。

2. 航空运输的特点

(1) 运输速度快，节约其他费用。航空运输在各种运输方式中运输速度最快，是航空运输的最大优势，其时速为1000千米左右，且距离越长，所能节省的时间越多，快速的优势也很显著。因而航空运输适用于中长距离的旅客运输、邮件运输和精密、贵重货、鲜活易腐物品的运输。由于采用航空运输方式，货物在途时间短，周转速度快，企业存货可以相应地减少，还可以节约包装、保险和利息等费用。

(2) 不受地理条件的限制。飞机在空中运行，受航线条件限制的程度相对较小，可跨越地理障碍将任何两地连接起来。航空运输的这一优点使其成为执行救援、急救等紧急任务中必不可少的手段。

(3) 舒适、安全、可靠。现代民航客机平稳舒适，且客舱宽敞、噪声小，机内有供膳、视听等设施，旅客乘坐的舒适度较高。随着科技进步和管理的不断改善，航空运输的安全性比以往已大大地提高。

(4) 基本建设周期短，投资少。发展航空运输的设备条件是添置飞机和修建机场。这与修建铁路和公路相比，建设周期短、占地少、投资省、收效快。

(5) 运输成本费用高。空运是在铁路、公路、管道和航运等方式中费用最高的,它只适合运输贵重物品,运输便宜物品就是大材小用了。

(6) 运输能力小。不适宜对大件货物或大批量货物的运输,有些货物还是禁用空运的。

(7) 连续性差。空运安全容易受气候影响,恶劣天气可能造成飞机停飞、延误和偏航,甚至在运输中遇到寒流侵袭就会有一定危险。

3. 技术经济特征

1) 高科技性

航空运输系统的每个部门都涉及高科技领域,航空运输的主要工具——飞机,更是先进科学技术的结晶。航空运输的发展反映了一个国家科学技术和国民经济的总体水平。

2) 高速性

高速性是航空运输最明显的特征。现代喷气式飞机的速度一般在 900 千米/小时左右,比火车快 5～10 倍,比海轮快 20～25 倍。

3) 高机动灵活性

航空运输不受地形地貌、山川河流的限制,只要有机场并有航路设施保证,即可开辟航线。直升机的机动性更大。

4) 安全可靠性

随着科学技术的发展,空中飞机不如地面交通安全的错误认识正在逐渐被消除。空难事故大大下降,货物安全、旅客安全和舒适性都大大提高。

5) 建设周期短

一般来说,修建机场比修建铁路和公路的周期短、投资少,若经营好,投资回收也快。

6) 运输成本高

在各种交通运输方式中,航空的单位货物运输成本最高。

4. 经营管理特征

1) 飞行距离远

现代飞机已实现了超音速,适于超长距离的快速运输。飞机的飞行距离(即“航程”)是衡量飞机续航性能的重要指标。航程是指飞机起飞后在不进行空中加油的情况下,耗尽其本身携带的可用燃料时,所能飞行的最远距离。远程飞机的航程为 11 000 千米左右。

2) 航空公司与机场分离

航空公司购置飞机进行航空运输的运营。机场向航空公司收取起降费、停场费、服务保障费等费用并由地方政府管理。民航总局履行国务院确定的监管职责。

3) 适用范围广

飞机,尤其是直升机,不但可为客、货运输提供服务,而且还可为邮政、农业、渔业、林业、救援、工程、警务、气象、旅游及军事等方面提供方便。

4) 国际性

航空运输具有跨国服务的特征,须考虑提供国际化服务与合作关系。国际民航组织制定了各种法规、条例、公约来统一和协调各国航空公司的飞行活动与运营活动。

小看板

世界航空运输的发展起步较晚，是在20世纪初开始的。世界上第一架飞机是在1903年由美国人怀特兄弟发明创造的。同年，12月17日试飞成功，从此打开了航空史的新局面。1909年，法国最先创办了商业航空运输，但由于机型小和经济不发达等原因，当时的货运仅限于少量的邮件、军需品等，而飞机的载重量也不过100千克。航空运输作为一种国际贸易货物运输方式，则是在第二次世界大战以后才开始出现的。但发展十分迅速，在整个国际贸易运输中所占的地位日益显著，航空货物运输量在逐步增大。

2.4.2 航空运输装备的组成

航空运输技术的设施与装备主要包括航路、航空港、飞机和通信导航等。

1. 航路

航路是根据地面导航设施建立的走廊式保护空域，是飞机航线飞行的领域。其划定是以连接各个地面导航设施的直线为中心线，在航路范围内规定上限高度、下限高度和宽度。

对在其范围内飞行的飞机，要实施空中交通管制。航路是由国家统一划定的具有一定宽度的空中通道。有较完善的通信导航设备，宽度通常为20千米。划定航路的目的是维护空中交通秩序，提高空间利用率，保证飞行安全。它分为两部分：一是航站区空域，供飞机进出机场用；二是航线空域，用于连接各航站区。

2. 航空港

运旅客、货物的集散地。包括飞行区、客货运输服务区和机务维修区三个部分。如图2-15所示。

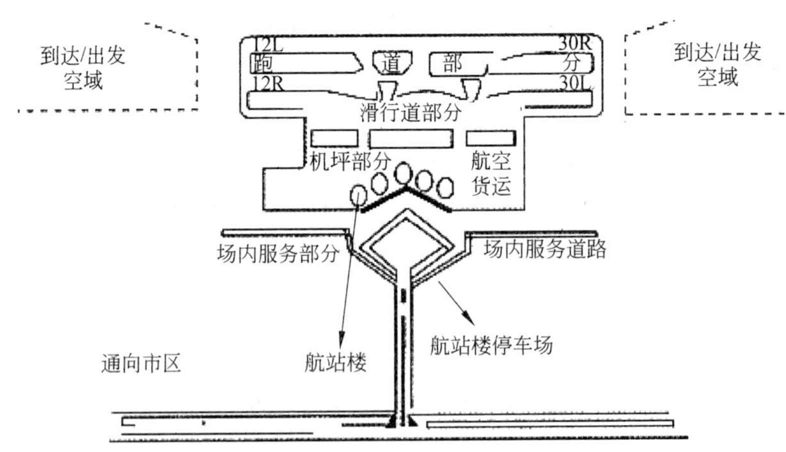

图2-15 航空港平面示意图

(1) 飞行区。飞行区是为保证飞机安全起降的区域。内有跑道、滑行道、停机坪和无线电通信导航系统、目视助航设施及其他保障飞行安全的设施，在航空港内占地面积最大。飞行区上空划有净空区，是规定的障碍物限制面以上的空域，地面物体不得超越限制面伸入。限制面根据机场起降飞机的性能确定。

(2) 客货运输服务区。客货运输服务区是为旅客、货主提供地面服务的区域。主体是候机楼，此外还有客机坪、停车场和进出港道路系统等。货运量较大的航空港还专门设有货运站。客机坪附近配有管线加油系统。

(3) 机务维修区。机务维修区是飞机维护修理和航空港正常工作所必需的各种机务设施的区域。区内建有维修厂、维修机库、维修机坪和供水、供电、供热、供冷、下水等设施，以及消防站、急救站、储油库及铁路专用线等。

此外，航空港还有流动便利设备，如升降平台、客梯车、牵引车和传送带等。

3. 飞机

飞机从诞生发展到今天，研制成功的型号五花八门，总数在 1200 种以上。各个时期、各种用途的飞机大小、样式和应用差别都很大。但是，各种飞机的构成还是基本一致的，主要由机身、动力装置、机翼、尾翼、起落装置、操纵系统和机载设备组成。

1) 机身

机身是飞机的主体，用于连接其他部件并容纳乘员、货物和设备等。虽然大多数飞机都有一个机身，但它并不是飞机必不可少的部件。早期的飞机常常用金属骨架将各部件连接在一起，现代超轻型飞机和一些滑翔机也是如此。还有一种特殊的飞翼式飞机也没有机身，整个飞机看起来就是一副大机翼，人员、货物和燃油等全部装在机翼内。

2) 动力装置

动力装置是飞机起飞和飞行必需的推进系统。它往往包括动力装置本身和动力转换装置。对于螺旋桨式飞机，动力装置是活塞式或涡轮螺旋桨发动机，动力转换装置是螺旋桨。前者产生驱动力矩，后者通过旋转产生气动推力或拉力。对于喷气式飞机，动力装置是产生高温高压气体的喷气发动机，动力转换装置是喷管，高速喷射气流产生的反作用力推动飞机前进。

3) 机翼

机翼是飞机产生升力的部分，也是飞机较重要的空气动力部件。表面上看起来机翼只是一块有一定面积、形状和厚度的木板或铝合金板，实际上却是一个非常复杂的部件，设计难度很大，设计得成功与否直接决定飞机的总体性能。机翼有平直翼、后掠翼、前掠翼和变后掠翼之别，还有单翼和双翼之分，其结构、大小和安装的位置也不同。机翼上一般还装有附件，如用于操纵左右转变或滚转的副翼和用于改变升力、减速、增加升力或改变升力布局的襟翼。机翼内部还往往用来贮存燃油、放置起落架，机翼外部还可外挂副油箱及进攻型武器。

4) 尾翼

尾翼是飞机保持稳定和实现操纵的部件，通常在飞机的尾部。尾翼分水平尾翼和垂直尾翼两部分，由于它们是起稳定作用的，所以又称安定面。有的飞机尾翼呈 V 字形，称 V 形尾翼，没有水平与垂直尾翼之分，但同时具有二者的功能。有的飞机特别是三角翼飞机，只有垂直尾翼而没有水平尾翼。水平尾翼主要用于飞机的纵向稳定(俯仰稳定)。在有的飞机上，水平尾翼不是安装在飞机尾部，而是位于前部，这种尾翼称为前翼或鸭翼。

垂直尾翼安装在水平翼的中部，用于飞机的方向稳定，它的剖面形状是对称的。高速飞机为产生足够大的航向稳定性，需要大面积垂直尾翼，但考虑到强度等因素，往往采用两个同样的垂直尾翼，有的大型飞机甚至还有三个或三个以上垂直尾翼。

5）起落装置

起落装置是飞机起飞、降落和停放过程中支撑飞机的装置，一般由承力支柱、减震器、机轮和收放机构组成。陆上起降的飞机大都是机轮，分前三点式和后三点式两种。

由于后三点式飞机着陆滑跑稳定性差，机头较高，飞行员不易观察，所以现代先进的飞机多采用前三点式。在冰雪上起降的飞机用滑橇代替机轮，在水上起降的水上飞机则用浮筒代替机轮。20 世纪 20 年代以前，飞机的起落架都是固定的，飞行时阻力较大。现代军用飞机、大型运输机的起落架都是可以收放的，飞行过程中起落架收入机身或机翼内，可大大降低阻力。由于收放机构会增加重量和复杂性，轻小型飞机的起落架则多采用不可收放式。

6）操纵系统

操纵系统主要由驾驶杆、舵（脚蹬）、助力装置、传动装置和各舵面组成。在飞行中，飞行员操纵杆、舵，通过助力和传动装置使副翼和方向舵变化一定的角度，以改变飞行状态。飞行员向后拉杆时，升降舵向上偏转，飞机上仰；前推驾驶杆时，升降舵向下偏转，飞机向下俯冲；向左压驾驶杆时，飞机向左倾斜；向右压驾驶杆时，飞机向右倾斜。左操纵脚蹬向前、右操纵脚蹬向后时，方向舵左转，飞机向左转弯；反之，飞机向右转弯。

7）机载设备

机载设备是飞机完成特种任务或保障正常飞行的各种设备。机载设备一般包括飞行仪表、通信、导航、环境控制、生命保障和能源供给等设备，这些设备可以根据要求进行选装。飞机还装有与特定任务有关的特种机载设备，如战斗机的雷达、电子战、导弹、火炮及火力控制系统；侦察机的各种侦察设备；旅客机的各种服务装置等。

4. 通信导航

通信导航是飞机场所需的各项通信、导航设施的统称。

1）航空通信

（1）陆空通信。飞机场部门和飞机之间的无线电通信。主要方式是用无线电话；远距离则用无线电报。

（2）平面通信。飞机场和飞机场各业务部门之间的通信。早期以人工电报为主。现在则有电报、电话、电传打字、传真、图像、通信、数据传输等多种通信方式；通信线路分有线、无线、卫星通信等。

2）航空导航

航空导航分航路导航和着陆导航。

（1）航路导航

① 中长波导航台（NDB）。是设在航路上，用以标出所指定航路的无线电近程导航设备。

② 全向信标/测距仪台（VOR/DME）。全向信标和测距仪通常合建在一起。全向信标给飞机提供方位信息，测距仪则给飞机示出飞机距测距仪台的直线距离。

③ 塔康（TACAN）和伏尔塔康（VORTAC）。塔康是战术导航设备的缩写，它将测量方

位和距离合成为一套装置。塔康和全向信标合建，称伏尔塔康。其方位和距离信息，也可供民用飞机的机载全向信标接收机和测距接收设备接收；军用飞机则用塔康接收设备接收。

④ 罗兰系统(LORAN)。远距导航系统。

⑤ 奥米加导航系统(OMEGA)。

罗兰系统和奥米加导航系统不是一个飞机场的导航设施，而是半个地球的甚至是全球性的导航设施。

(2) 着陆导航

① 归航台着陆引导设施。飞机接收导航台的无线电信号，进入飞机场区，对准跑道中心线进近着陆，这样的导航台称归航台。

② 全向信标/测距仪台(VOR、DME)除可用在航路上作为导航设备外，也可用作机场终端区导航设备。

③ 仪表着陆系统(ILS)。

④ 地面指挥引进系统。由飞机场监视雷达(ASR)和精密进近雷达(PAR)组成。没有飞机场监视雷达则不能称地面指挥引进系统，只能称精密进近雷达(也称着陆雷达)。

⑤ 微波着陆系统。由方位引导、仰角引导和拉平仰角引导等设备所组成。

2.5　管道运输技术与装备

2.5.1　管道运输概述

1. 概念

管道运输是一种由大型钢管、泵站和加压设备等来完成运输工作的。当今世界大部分的石油、绝大部分的天然气是通过管道运输的，管道还用于运送固体物料的浆体，如煤浆和矿石的浆体。如图2-16所示。

图2-16　输油管道

管道运输是大宗流体货物运输最有效的方式，不动的管道本身就是运货的载体，油泵或压缩机将能量直接作用在流体上。按管道的铺设方式不同，可将管道分为埋地管道、架空管道和水下管道；按输送介质不同，可以分为原油管道、成品油管道、天然气管道、油气混输管道和固体物料浆体管道；按其在油气生产中的作用，油气管道又可分为矿场集输管道，原油、成品油和天然气的长距离输送干线管道，天然气或成品油的分配管道等。

2. 管道运输的特点

(1) 运量大。不同于车、船等其他运输方式，输油管道可以连续运行。一条管径为720毫米的管道就可以每年运送易凝高黏原油2000多万吨，一条管径1200毫米的原油管道年运输量可达1亿吨。

(2) 建设投资相对较小，占地面积少，受地理条件限制少。管道建设的投资和施工周期均不到铁路的1/2。管道埋于地下，只有泵站、首末站占用一些土地，占用土地少。管道可以从河流、湖泊、铁路和公路下部穿过，也可以翻越高山，横穿沙漠，一般不受地形与坡度的限制，可以缩短运输里程。

(3) 连续性强。由于埋于地下，基本不受气候影响，可以长期稳定运行。

(4) 运费低。管道输送流体能源，主要依靠每60～70千米设置的增压站提供压力能，设备运行比较简单，易于就地自动化和进行集中遥控。先进的管道增压站已完全做到无人值守。由于节能和高度自动化，用人较少，使运输费用大大降低。

(5) 环保。沿线不产生噪声，漏失污染少，有利于环境保护。

(6) 灵活性较差。调节运量及改变运输方向的幅度较小。

(7) 通用性差。就某一具体管道而言，只限于单项货物的运输。

(8) 如一旦油田产量递减或枯竭，则该段原油管道即报废，而不像其他运输工具可移往他处使用。

3. 技术经济特征

1) 运量大

一条管径为720毫米的管道每年可以运送易凝高黏原油2000多万吨，一条管径1200毫米的原油管道年输油量可达1亿吨。

2) 占用土地少

管道埋于地下，除泵站、首末站占用一些土地外，占地很少。管道可从河流、湖泊、铁路、公路下部穿过，也可以翻越高山，横穿沙漠，一般不受地形与坡度的限制，易取捷径，因而既可缩短运输里程，也节省了大量土地。

3) 运营费用低

管道输送流体能源，主要依靠间隔为60～70千米设置的增压站提供压力能量，设备比较简单，易于就地自动化和进行集中遥控，运营费用较低。沿线不产生噪声，漏失污染少，有利于环境保护。

4) 运输费用低，安全可靠

输送每吨千米轻质原油的能耗只有铁路的1/17～1/12，成品油运费仅为铁路的1/6～1/3，接近于海运，且无须装卸、包装，无空车回程问题。易燃的油、气密闭于管道中，既可减少挥发损耗，又较其他运输方式安全，且系统机械故障率低。

4. 经营管理特征

1) 生产与运输一体化

管道运输属专用运输，其生产与运销融为一体，如炼油厂的生产产品可经管道直接运送到消费者手中。

2) 上门服务

管道运输的导管可从工厂经干线、支线，直接运到用户，中间不需要任何间接的搬运，可做到上门服务。

3) 便于管理

管道运输是在液体类货物运输中最具高度专业化的运输企业，需要装设专门的管道及相关设施。便于运输管理，易于远程监控；维修量小，劳动生产率高。

4）作业自动化

管道运输的要素是利用引力及机械力，因此其作业过程的操作均需实现自动化。

5）运营灵活性较差

管道运输不如其他运输方式灵活，承运的货物比较单一，货源减少时不能改变路线，当运输量降低较多并超出其合理运行范围时，优越性就难以发挥。

2.5.2　管道运输装备

管道运输装备由管道线路设施、管道站库设施和管道附属设施三部分组成。

1. 管道线路设施

管道线路设施是管道运输的主体，主要有石油管道和天然气管道。

(1) 管道主体，由钢管及管阀件组焊接而成。

(2) 管道防腐保护设施，包括阴极保护站、阴极保护测试桩、阳极地床和杂散电流排流站等。

(3) 管道水工防护构筑物、抗震设施、管堤、管桥基管道专用涵洞和隧道。

2. 管道站库设施

按照管道站库位置的不同，分为首站、中间站和末站。按照所运输介质的不同，又可分为输油站和输气站。输油站包括增压站、加热站、热泵站、减压站和分输站；输气站包括压气站、调压计量站和分输站等。

3. 管道附属设施

管道附属工程主要包括管道沿线修建的通信线路工程、供电线路工程和道路工程。此外，还有管理机构、维修机构及生活基地等设施。

4. 管道的维护

尽管管道运输设备具有便于管理、运行安全的特点，但由于其输送管道大多深埋于地下，受到来自大气腐蚀、细菌腐蚀、土壤腐蚀和杂散电流腐蚀等威胁，长而久之会使管道因穿孔而引起油、气、水跑漏损失与污染，而且还可能引起火灾和爆炸。因此，应根据具体情况，采取不同的防腐措施。

1）管道防腐

(1) 选用耐腐蚀材料，如聚氯乙烯管、含铅和含锌的合金钢管等。

(2) 采用内外壁防腐绝缘层，将钢管与腐蚀介质隔离。

(3) 埋地管线的阴极保护，通常有两种办法：一种是给埋地管线施加外电流以抑制其原来存在的腐蚀电流；另一种办法是在待保护的金属管线上连接一种电位更负的金属材料，形成一个新的腐蚀电池，通过牺牲这一金属材料的腐蚀来保护管线。

(4) 杂散电流腐蚀的保护，是根据判断管道杂散电流强度的大小，采取相应的保护措施，如采用直排流保护，即利用导线连接管线与电气铁路的回归线，将杂散电流送回。

(5) 在输送或储存介质中加入缓蚀剂抑制内壁腐蚀。

(6) 根据不同情况，对上述几种方法进行组合使用，达到综合防腐的效果，如常采用防腐绝缘层加阴极保护。

2）管道清洗

管道运输是原油、天然气最主要的运输方式。但因油、气中含有各种盐类、杂质、硫化物和细菌等，管道经长期运行会形成污垢、被腐蚀等影响生产的因素。因此，需对管道进行清洗、修复，输油（气）管道清洗技术也随之产生。按其清洗目的可分为投产前的清管、运行中的除垢和改输前的清洗。

目前，对于管道清洗技术主要分为三大类：物理清洗法、化学清洗法、物理和化学结合清洗法。

（1）物理清洗法，包括高压水射流清洗、机械法清洗、PIG 清洗、喷砂清洗、电子跟踪时清洗和爆炸清洗等方法。

（2）化学清洗法，多用于一般金属管道、不锈钢管道和管道脱脂。化学法清洗管道是向管道内投入含有化学试剂的清洗液，与污垢进行化学反应，然后用水或蒸汽吹洗干净。

为了防止在化学清洗过程中损坏金属管道的基底材料，可在清洗液里加入缓蚀剂；为提高管道清洗后的防锈能力，可加入钝化剂或磷化剂使管道内壁金属表层生成致密晶体，提高防腐性能。

（3）物理和化学结合清洗法。物理清洗和化学清洗这两类方法，对工业管道及相关设备的清洗效果各有千秋，然而单独使用哪一种方法都不具备把两种方法结合起来使用时所具有的优势。从技术上说应取长补短、相辅相成；从经济上说，也应合理选用、兼收并蓄。

本章小结

运输是物流系统的核心功能，包括铁路运输、公路运输、航空运输、水路运输以及管道运输五种形式。不同的运输技术与装备适合在不同的运输条件下使用，应该在分析运输要求的基础上，结合各种不同运输形式的特点进行运输技术与装备的选择及作业形式的制定。

复习思考

一、填空题

1. 凡托运方一次托运货物在（　　）及（　　）以上的称为整车运输。

2. 据有关资料表明，在正常经营情况下，道路运输的投资每年可周转（　　），而铁路运输则需要（　　）年才能周转一次。

3. 水路运输按其航行的区域，大体上可分为（　　）和（　　）两种类型。

4. 现代喷气式飞机的速度一般在（　　）左右，比火车快（　　）倍，比海轮快（　　）倍。

5. 一条管径为（　　）的管道每年可以运送易凝高黏原油（　　）多万吨，一条管径（　　）毫米的原油管道年输油量可达（　　）吨。

二、判断题

1. 目前我国铁路的一列货物列车，一般可以运送数千吨货物，重载单元列车可运送

八千吨左右的货物。（ ）

2. 有一定承载力的架空建筑物称为桥梁，埋设在路堤内的过水建筑物称为隧道。（ ）

3. 根据公路在政治、经济和国防上的重要意义和使用性质，划分为六个行政等级。（ ）

4. 制动装置一般包括空气制动机、手制动机（脚制动机）和基础制动装置部分。（ ）

5. 货运站是货物运输过程中进行货物集结、暂存、装卸搬运、信息处理和车辆检修等活动的场所。（ ）

6. 内河运输指我国沿海区域各港之间的运输。（ ）

7. 船舶是其固定资产，折旧期一般长达 30 年。（ ）

8. 轻便型散货船：总载重量为 55 000～60 000 吨级。（ ）

9. 航空运输技术的设施与装备主要包括航路、航空港、飞机和通信导航等。（ ）

10. 机尾是飞机产生升力的部分，也是飞机较重要的空气动力部件。（ ）

三、选择题

1. 铁路货物运输的方式分为整车、零担和（ ）三种。

A. 包车　B. 拼车　C. 集装箱　D. 托盘

2. （ ）运输可以实现门到门服务。

A. 公路　B. 铁路　C. 水路　D. 航空

3. 由于大型船舶体积大，（ ）也大，因此航速一般较低。

A. 重量大　B. 重量轻　C. 风力　D. 水流阻力

4. 典型的杂货船载重量在（ ），一般为双层甲板，配备完善的起货设备。

A. 1 万～2 万吨　B. 2 万～3 万吨　C. 3 万～4 万吨　D. 4 万～5 万吨

5. （ ）是设在航路上，用以标出所指定航路的无线电近程导航设备。

A. VOR　B. DME　C. TACAM　D. NDB

四、简答题

1. 铁路交通运输设施包括哪些？

2. 简述公路运输的主要特点。

3. 水路交通运输设施包括哪些？

4. 港口的主要作用是什么？分为哪些类型？

5. 航空运输适合在什么条件下采用？

五、案例分析题

铁路车辆

早期铁路车辆都是二轴的，不采用转向架形式，而将两根轴固定在车底架上，因此，车辆的固定轴距较大，不易通过曲线，且设备简陋，减振条件较差，已被淘汰。目前，采用最多的是四轴转向架式车辆，它具有较好的走行质量和曲线通过性能。现代客车为了提高旅客的舒适与安全，广泛采用了全金属整体承载结构的车体，用高强度、耐腐蚀的低合金钢薄板和其他型材料制成。车内设备完善,带有空气自动调节装置或机械强迫通风装置。

在铁路发展进程中,从技术、经济两方面综合考虑,铁路车辆的发展趋势为:客车高速化,货物重载化。

高速客车在设计制造中需要解决以下技术问题。

(1) 研制在高速运行条件下动力性能良好的转向架。

(2) 优良的制动系统。

(3) 车体结构轻量化,并具有良好的空气动力性能。

(4) 控制噪声、提高气密性、强化防火措施和空气调节设施等。

大宗货物运输的发展,要求货车的载重力不断增大。车辆载重力的增加有三个途径。

(1) 研究先进的车辆及其部件的结构形式,应用高强度耐腐蚀钢和铝合金,在保证车辆具有足够强度和刚度的前提下,减轻车辆自重。

(2) 增加车辆轴数,研制多轴车。

(3) 提高轴重,这要求线路结构与轴重提高相协调。

列车重量的不断提高,除要求车辆具有足够的强度外,还要研制低动力作用转向架、径向转向架等。

新中国成立前,中国铁路的客货车辆均自国外进口,类型复杂、设备简陋、载重力小,因而有“万国车辆博览会”之称。中华人民共和国成立后开始自行设计和制造车辆,现已有35家机车车辆工厂,其中23家有制造及修理客、货车辆的能力。车辆制造能力已达年造客车近3000辆、货车3.8万辆,成为世界上一个车辆制造大国,不但可以自给自足,同时还有一定数量的出口。

中国铁路货车的制造同样得到了很大发展。20世纪50年代设计制造的多为木质的、铆接结构吨位为30吨和50吨的通用货车。20世纪60年代开始设计制造了吨位为60吨的敞车和50吨的罐车、多种漏斗车及长大货物车,且大都采用全钢焊接结构。20世纪70年代,为用于装运进口大型设备而设计制造了吨位为350吨的大型长大货物车。20世纪80年代为满足重载运输的需要,设计制造了单元车组,走行部实现了流动轴承化,大量采用了耐大气腐蚀的低合金钢,货车制造水平得到了较大提高。进入20世纪90年代以后,根据市场的需求,生产规模趋于稳定,但产品品种大大增加。

(1) 各种专用货车相继研制成功,如装运集装箱和小汽车的专用平车。

(2) 装运重型超限货物的凹底平车、长大平车、钳夹车的品种和数量增加较多。

(3) 为适量重载运输,研制了吨位为70吨的新型货车。

(4) 出口货车的品种和数量有了较快的增长。

资料来源:罗松涛.物流设施与设备[M].北京:水利水电出版社,2012.

问题:

(1) 总结说明铁路机械的主要性能参数。

(2) 说明我国铁路车辆的主要发展方向。

实　训

【实训项目】

运输方式的选择。

【实训目的】

(1) 掌握不同种类运输的特点。

(2) 熟悉运输方式选择的基本方法。

【实训内容】

(1) 分析不同种类货物的特点。

(2) 从不同角度对比不同运输方法的优劣。

【实验步骤】

(1) 分析煤炭运输的特点。

(2) 对比分析山西煤炭向北京和广州运输的特点,并制订应采用的合理方案。

(3) 分析海鲜运输的特点。

(4) 分析广州的海鲜向贵阳和北京运输的特点,并制订应采用的合理方案。

第 3 章

集装化技术与装备

【知识目标】

(1) 理解集装单元化的基本概念和主要作业形式。

(2) 熟悉集装箱的基本特征、分类标准以及相应的作业设备。

(3) 掌握托盘的基本特点和使用方法。

(4) 掌握物流模数的概念和作用、托盘的使用要点及集装箱货物的装箱要求。

【能力目标】

(1) 能够根据物流作业的实际特点选择合理的集装技术与装备。

(2) 能够根据实际作业需求制定集装单元作业流程。

(3) 能够根据物流中心的实际情况选取物流集装装备。

托盘标准化

因为托盘,中、日、韩三国物流界人士坐在了一起。这源于一场主题为“关于托盘标准化和托盘公用系统建设”的研讨会。这场近日在京召开,由中国物流与采购联合会、“物流技术与应用”杂志共同举办的研讨会,虽然仅为40人的规模,却开得颇为高调——研讨会的全称是“第二届中、日、韩商务论坛:物流分论坛”,并且云集了来自中国物流与采购联合会、日本物流系统协会、韩国物流产学研协会的三国专家。高调之余,会议颇有斩获。在持续了两个多小时的研讨会上,三国专家在托盘身上看到了希望。

一切都源于国内物流标准化的缺失。由于缺乏相关的标准和规则,物流业发展正遭遇瓶颈之痛。目前,国内企业在建立物流系统的过程中,普遍存在流通信息不畅、流通环节多、流通费用高、整体物流效益偏低的问题。统计显示,我国目前每万元GDP产生的运输量为4972吨·千米,而美国和日本的这一指标仅分别为870吨·千米和700吨·千米。物流企业的“非标准化状态”也让国民经济付出了高昂的代价。以2000年为例,我国的物流费用支出高达17 880.8亿元,约占GDP的20%,如果物流费用所占比例降低一个百分点,就可节约近900亿元。

严峻的数字下，物流标准化的确立势在必行，而在这个从无到有的确立的过程中，起始的一步，艰难并关键。

物流标准化的体系主要包括四部分，分别为基础性标准、现场作业标准、信息化标准和物流服务规范。其中，基础性标准包括托盘、条码、集装箱等。物流专家们从托盘身上看到希望。在他们的眼中，欲使物流标准化，不妨先使托盘标准化。

信息来源：http：//wenku. baidu. com/view/Of3dec533clec5da50e2703 8. html.

思考分析：

1. 简述托盘的特点。
2. 结合案例谈谈实现托盘标准化的意义。

3.1　物流集装化技术

3.1.1　物流集装化技术概述

1. 有关概念

1）集装

集装是将许多大小不同、形状各异的单件物品，通过一定的技术措施组合成尺寸规格相同、重量相近的大型标准化的组合体，这种大型的组合状态称为集装。集装就是以最有效地实行物资搬运作为条件，把若干物品和包装货物或者零散货物恰当地组合包装，达到适合于装卸、存放、搬运及机械操作。集装单元就是把一定的物料整齐地集结成一个便于存放、搬运和运输的单元。

2）集装单元化

集装单元化就是以集装单元为基础组织的装卸、搬运、储存和运输等物流活动的方式。应用不同的方法和器具，把有包装或无包装的物品整齐地汇集成一个扩大了的、便于装卸搬运的并在整个物流过程中保持一定形状的作业单元的技术，称为集合包装技术，简称集装技术。它包括集装箱、托盘、集装袋、框架集装和无托盘集装等。

集装单元化的实质就是要形成集装单元化系统，集装单元化系统是由货物单元、集装器具、装卸搬运设备和输送设备等组成的为高效、快速地进行物流业服务的系统。

3）集装单元化技术

集装单元化技术是物流管理硬技术（设备、器具等）与软技术（为完成装卸搬运、储存、运输等作业的一系列方法、程序和制度等）的有机结合。

集装单元化技术是随着物流管理技术的发展而发展起来的。采用集装单元化技术后，可使物流费用大幅度降低，同时，也使传统的包装方法和装卸搬运工具发生了根本变革。集装箱本身就成为包装物和运输工具，改变了过去那种对包装、装卸、储存和运输等各管一段的做法。它是综合规划和改善物流机能的有效技术。

2. 集装化的特点

集装化是物流技术进步和结构创新的一项重大举措，在物流过程中具有突出的优点与作用。

(1) 通过标准化、通用化、配套化和系统化以实现物流功能作业的机械化和自动化。

(2) 物品移动简单,减少重复搬运次数,缩短作业时间和提高效率,装卸机械的机动性增高。

(3) 改善劳动条件,降低劳动强度,提高劳动生产率和物流载体利用率。

(4) 便于物流各功能环节的有效衔接,方便地进行物品的数量检验,清点交接简便,减少差错。

(5) 货物包装简单,节省包装费用,降低物流作业成本。

(6) 能充分而灵活地运用空间,提高设施面积利用率或容积利用率。

(7) 能有效地保护物品,防止物品的破损、污损和丢失。

当然,集装单元化也存在一些缺点,主要表现在两个方面:一是集装化系统管理较为复杂,管理费用较高;二是由于集装器具本身占有一定的体积和重量,导致运载工具的有效载荷减少。

3.1.2 集装单元化类型、原则

1. 集装单元设备类型

1) 集装箱(container)

集装箱是目前集装单元化发展的最高阶段,集装箱运输在物流系统中占有重要地位,在国际物流中,集装箱联运是国际物流运输的主要方式之一。经济全球化的趋势决定了集装箱运输已经涉及企业的核心利益,乃至国家的经济命脉,开展集装箱运输有着深远的战略意义。

2) 托盘(pallet)

托盘是用于集装、堆放、搬运和运输,放置单元负荷物品的水平平台装置。托盘运输(pal-let transport)是将货物以一定数量组合码放在托盘上,连盘带货一起装入运输工具运送物品的运输方式。托盘作为一种机械化和单元化的储运工具,从19世纪下半叶在欧美地区推行开始,距今已有百余年的历史。托盘的出现也促进了集装箱和其他集装方式的形成和发展。现在,托盘和集装箱一样成为一种重要的集装方式。

3) 捆扎型集装单元

这是指用绳索、钢丝或打包带等把小件货物扎成一捆或一叠,形成了简单集装单元。如成捆的型钢、木材,成扎的铝锭等。捆扎型集装单元化方式在冶金、木材加工等行业应用广泛。

4) 其他集装容器

其他集装单元容器包括集装袋、集装网和罐式集装箱等,主要适用于散装货物、石油等物料的运输。其中集装袋(flexible freight hags)又称柔性集装单元器具,配以起重机或叉车就可以实现集装单元化运输。它适用于装运大宗的散装粉粒状物料。

2. 集装单元化的基本原则

1) 标准化

标准化指集装器具的尺寸、规格、外形、刚度、强度和重量,集装器具的材质、性能和耐用性,装卸搬运的规则、编号、标志和操作规范等,都必须标准化,以利于全社会和国际间的流通和交换，是实现集装器具通用化的必要条件。国际采用国际标准化组织标准(ISO)，我国采用国家标准(GB)。

2）通用化

为兼顾物流全过程，协调各运输环节中不同运载工具的运输，必须使集装器具通用化，以适用物流各环节的工艺和设备，在物流各部门中畅通无阻。如汽车宽度不超过 2.5 米，集装箱的宽度不超过 2.438 米，集装箱适用海运的同时也可以适用汽车和铁路运输，真正实现"多式联运"。

3）系统化

集装不仅仅是指集装器具，还包括集装器具在内的成套物流设备、设施、工艺和管理的总和，是一个连接生产、消费的动态系统。要把货物的包装、储存、搬运、装卸和运输等环节作为一个整体，集装中的所有问题都要放到物流系统中考虑，综合规划，使之达到最大的经济效益。

4）配套化

配套化指货物从入箱到出箱，中间不用经过掏箱、装箱的换装作业。采用配套设备，包括一定数量的集装箱、装掏箱设备、紧固设备、起重设备和运输工具。

3.1.3　物流模数

物流模数是指为了物流系统化、合理化和标准化，以数值关系表示的物流系统各种因素尺寸的标准。物流模数可分为物流基础模数、物流集装设备模数、物流建筑基础模数等。

1. 物流基础模数

物流基础模数是指物流系统各标准尺寸的最小公约尺寸。在基础模数尺寸确定之后，各个具体的尺寸标准，都要以基础模数尺寸为依据，选取其整数倍为规定的尺寸标准。由于基础模数尺寸确定后，只需在倍数系列中进行标准尺寸选择，这就大大地减少了尺寸的复杂性。物流基础模数尺寸的确定不仅要考虑国内物流系统，还要考虑到与国际物流系统的衔接，具有一定的难度和复杂性。

2. 物流集装设备模数

物流集装设备模数是在物流基础模数尺寸的基础上推导出的各种集装设备的标准尺寸，以此尺寸作为设计集装设备长、宽、高三维尺寸的依据。在物流系统中，集装设备是起物流承载作用的，集装设备尺寸必须与各个环节的物流固定设施、移动设备、专用机具相配合。因此，集装设备模数尺寸影响并决定着与其配合的相关环节的标准化。

3. 物流建筑基础模数

物流建筑基础模数是物流系统中各种建筑物(如仓库、中转站等)所使用的基础模数。它是以物流基础模数尺寸为依据确定的，如货台高度应与车辆车厢底距地面的高度相配合。该尺寸也是设计建筑物长、宽、高尺寸，门窗尺寸，建筑物柱间距、跨度及进深等尺寸的依据。

3.1.4 物流标准化的方法

物流标准化的重点在于通过制定标准化的规格尺寸来实现物流过程的连续性。物流标准化的方法主要有下列内容。

1. 确定物流基础模数尺寸

确定物流基础模数尺寸要依据目前对物流系统影响最大而又难以改变的运输设备的尺寸,采取"逆推法"来确定,同时也考虑了现行的包装模数、集装设备以及人机工程等方面相配合的需要。目前ISO中央秘书处及欧洲各国已基本认定600毫米×400毫米作为基础模数尺寸。

2. 确定集装基础模数

集装基础模数尺寸要以物流基础模数为基础按倍数系列推导出来。也可以在满足600毫米×400毫米的基础模数的前提下,从货车或大型集装箱的分割系列进行推导出来。日本确定的集装基础模数,是以货车车厢宽度为物流模数确定的起点,进而推导出集装基础模数尺寸。中国已经制定了一些分系列的标准,如叉车、汽车、吊车等已全部或基本确定了国家或部门标准;包装模数及包装尺寸、联运托盘也制定了国家标准。

3. 以分割及组合法确定系列尺寸

物流模数作为物流系统各环节标准化的核心,是形成系列尺寸的基础。依据物流模数进一步确定有关系列的大小及尺寸,再从中选出全部或部分作为定型生产制造尺寸,这就完成了某一环节的标准系列。

目前,ISO对物流标准化的研究工作还在进行中,对于物流标准化的重要数据已大体取得了一致性意见或拟订了初步方案。作为物流标准化的基础和物流标准化首先要拟订的几个基础模数尺寸如下。

(1) 物流基础模数尺寸:600毫米×400毫米。

(2) 物流集装基础模数尺寸:1200毫米×1000毫米为主,也允许1200毫米×800毫米及1100毫米×1100毫米。

(3) 物流基础模数尺寸与集装基础模数尺寸的配合关系,如图3-1所示。

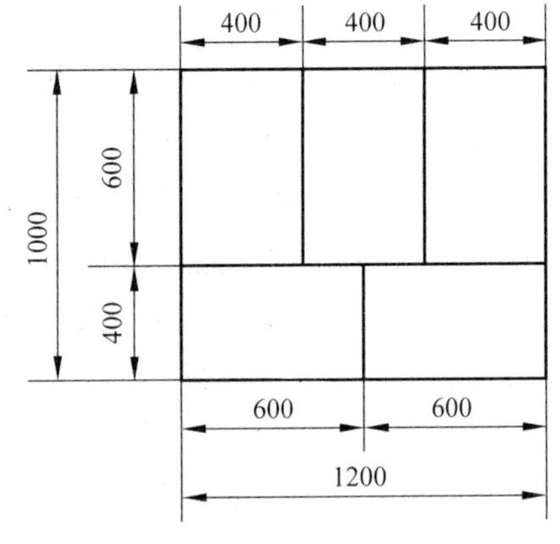

图3-1 模数尺寸配合关系

3.1.5 集装单元化器具的合理配置

1. 集装单元化器具配置原则

为了充分发挥集装单元化的优越性,以便降低物流费用,提高社会的经济效益,在配置集装单元化器具时必须遵循下列几个基本原则。

1）通用化

集装化要与物流全过程的设备和工艺相适应，不同形式的集装化方法之间、同一种集装化方法的不同规格的集装设备之间相协调，以便在物流全过程中畅通无阻。因此，集装单元化的原则应贯彻在物流的全过程，集装单元器具要流通到物流的各个部门，它必须适用于各个环节的工艺和设备，才能在各个环节之间通用。

2）标准化

标准化是指从集装化术语的使用，集装工具的尺寸、规格、强度、外形和重量，集装工具材质、性能、实验方法，装卸搬运加固规则一直到编号、标志、操作规范和管理办法等都必须标准化，以便进行国内、国际流通和交换。标准化是实现集装器具通用化所必需的。标准化是通用化的前提，也是集装单元化的关键。

3）系统化

集装单元化技术的内容甚广，不单纯指集装工具，而是包括集装工具在内的成套物流设施、设备、工艺和管理的总和，是一个联系生产与生产、生产与消费的动态系统。因此，集装单元化技术中的每一个问题都必须置于物流系统中来考虑，否则就难以付诸实现或难以获得成效。

4）综合效益最大化

推广应用集装单元化技术，将给物流系统带来巨大的综合效益。需要注意的是，在实施的过程中必须注意尽可能实现集装器具的循环使用，组织集装箱和托盘等集装器具的回流与回收，这样才能充分发挥集装单元化的最大优势。

2. 集装单元化器具选择

货物大小、形状和特性等不同，其要求的集装单元化器具也不尽相同。正确选择集装箱单元化器具要依据以下内容。

1）货物特性

货物特性决定了运输要求，如危险品、易碎品、鲜活易腐品等货物特点不一，对集装箱箱型、托盘类型等集装化器具的选择也就不同。

2）货物种类与品名

为了保证运输货物安全无损，仅仅了解货物一般特性是不够的，例如对危险货物来说，不能只知道它是危险货物，要进一步了解它属于哪一类危险货物，是易爆炸品、易燃品还是腐蚀性货物，还要具体了解它的货名；此外，还要知道它有无包装，是什么包装货物，是清洁的还是脏的，有没有气味。

3）货物包装尺寸

由于我国货物运输包装目前尚无通用的标准尺寸系列，包装规格繁多，要选择相应的集装化器具型号，必须了解货物包装尺寸，以便选择合适的配置方法，充分利用集装化器具容积。

4）货物重量

任何集装化器具可装货物的重量都不得超过集装化器具的载重量，有时货物重量虽小于载重量，但由于该货是集中负荷而可能造成集装化器具底部强度不足，这时就必须采取措施，利用货垫使集中负荷分散。

5）货物与集装器具之间的配套

作为集装单元器具，其类型与尺寸等必须相配套。从标准化组织的角度来看，与运输和货物成组化有关的技术委员会有三个，分别是 ISO TC—51 托盘技术委员会、ISO TC—104 集装箱技术委员会和 ISO TC—122 包装技术委员会。这三个委员会所从事的工作目标之间存在密切的内在联系。包装技术委员会解决商品外包装尺寸的标准化问题。商业包装除了对商品本身起到保护功能外，还具有对商品进行标志、追踪、促销等功能。而运输包装的尺寸则必须与托盘或集装箱尺寸相配套。理想的尺寸状态是，集装箱尺寸是托盘或商品运输包装尺寸的整倍数系列关系。为使商品外包装、托盘、集装箱三类标准相互协调，在三个技术委员会中的任何一个委员会举行会议时，另外两个委员会成员都以观察员的身份出席，以便相互之间能充分了解彼此的动态和立场。

3. 集装单元化器具数量的确定

集装化器具选择后，还应计算集装化器具的数量，对于重货，即货物单位体积重量大于集装化器具有效容积的单位容重，则用货物重量除以集装化器具的额定载重量，即得需要的集装化器具的数量。对于货物单位体积重量等于集装化器具的有效容积的单位容重，则无论按重量计算或按体积计算都可以求得集装化器具的需要数量。对于既不能判定是重货还是轻货时，可先按容积计算，求出每个集装化器具可能装运的货物件数，再用货物件数乘以每件货物重量，并与集装化器具的最大容重比较。如果货物重量小于集装化器具最大载重量，那么就按货物总体积除以集装化器具容积计算所需集装化器具数；反之，则按货物总重量除以每个集装化器具的最大载重量，计算所需集装化器具个数。对于拼装货物，应当轻、重货物搭配。为使配装效果较好，配装货物的品种宜少，以一种重货与另一种轻货配装为有利。拼装货物应是发至同一到达站的货物。同时，必须使所装货物的加权平均单位体积重量等于或接近于集装化器具的单位容重，从而使集装化器具的容积装满，标记载重量也得以充分利用。

3.2 集装箱技术

3.2.1 集装箱的定义和特点

1. 集装箱的定义

集装箱是指具有一定强度、刚度和规格专供周转使用的大型装货容器。使用集装箱转运货物，可直接在发货人的仓库装货，运到收货人的仓库卸货，中途更换车、船时，无须将货物从箱内取出换装。按国际标准化组织（International Organization for Standardization，ISO）104 技术委员会的规定，集装箱应具备下列条件。

(1) 能长期地反复使用,具有足够的强度。

(2) 途中转运不用移动箱内货物,就可以直接换装。

(3) 可以进行快速装卸,并可从一种运输工具直接方便地换装到另一种运输工具。

(4) 便于货物的装满和卸空。

(5) 具有 1 立方米或以上的容积。

满足上述五个条件的大型装货容器才能称为集装箱。

集装箱既是一种包装方式,也是一种运输器具,在运输有包装的箱、坛、罐、袋等有一定强度和一定形态的货物时,是一种刚性或半刚性容器;在运输粉状或颗粒状的无包装散货时,是一种柔性容器。通常所说的集装箱一般是指具有一定容积,适合于在不同运输方式中转运,具有一定强度、刚度,能反复使用的金属箱。

2. 集装箱的优缺点

1) 集装箱的优点

(1) 具有较大的强度,保护货物能力强,货物在箱内不易损坏。

(2) 集装箱本身就具备储存能力和条件,可以省却配置仓库或库房,直接放置在露天场地;且集装箱可以重叠堆垛,能大幅提高场地的利用率。

(3) 在集装器具中,集装箱集装数量较大,最高可达 30 吨左右。

(4) 集装箱的标准化有利于实现物流的通用化、系统化和配套化,提高物流作业效率。

2) 集装箱的缺点

(1) 集装箱的自重大,会增加劳动力和货物的运费。

(2) 集装箱本身造价高,需要大量投资,会产生资金困难,提高了物流成本。

(3) 集装箱租赁返还时必须空箱,这会造成浪费,从而影响了经济效益。

(4) 集装箱装卸、搬运需配套专门设备,如起吊机械等,对于容易损坏箱体的商品如化肥、油脂和炭黑等一般不能使用集装箱装运。

3.2.2 集装箱的结构与规格

1. 集装箱结构

集装箱的结构根据不同的箱体分类各有差异,一般构造如图 3-2(a)和图 3-2(b)所示。其典型结构是梁板结构。梁起支撑作用。

2. 集装箱规格

为了便于集装箱在国际上的流通,1964 年国际标准化组织(ISO)在汉堡会议上公布了两种集装箱的标准规格系列。第一系列(1A~1F 六种)和第二系列(2A~2C 三种),共九种。1970 年在莫斯科会议上增加了第三系列(3A~3C 三种)集装箱。第一系列又增加了 1AA、1BB 和 1CC 三种型号集装箱。表 3-1 为三个系列的外部尺寸和重量等级的数值。

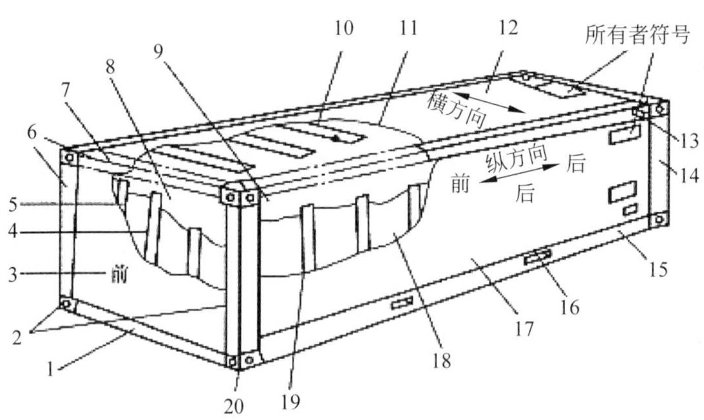

(a) 集装箱构造俯视图

1—下横梁；2—角柱；3—端壁；4—端柱；5—端壁柱；6—端框架；7—上横梁；8—端壁内衬板；9—侧壁内衬板；10—顶梁；11—顶板；12—箱顶；13—上桁材；14—角柱；15—下桁材；16—叉槽；17—侧壁；18—侧壁板；19—侧壁柱；20—角配件

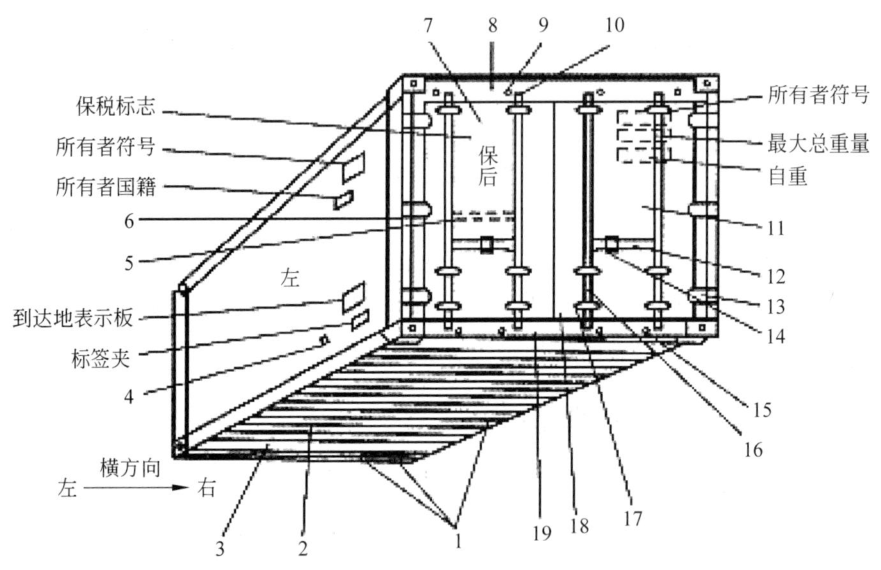

(b) 集装箱构造仰视图

1—箱底结构；2—底横梁；3—箱底；4—门钩扣槽；5—箱门横构件；6—侧框架；7—门板；8—门楣；9—门锁凸轮；10—凸轮托座；11—端门；12—门铰链；13—门锁把手；14—把手锁；15—门槛；16—门锁杆；17—门锁杆托架；18—门钩；19—门底缘材

图 3-2 集装箱构造简图

表 3-1　国际集装箱系列尺寸(ISO)标准

系列	箱　型	外部尺寸/mm			最大重量/kg	标称重量/kg
		高	宽	长		
Ⅰ	1A	2438	2438	12 191	30 480	30
	1AA	2591	2438	12 191	30 480	30
	1B	2438	2438	9125	24 500	25
	1BB	2591	2438	9125	24 500	25
	1C	2438	2438	6058	20 320	20
	1CC	2501	2438	6058	20 320	20
	1D	2438	2438	2991	10 160	10
	1E	2438	2438	1968	7110	7
	1F	2438	2438	1460	5080	5
Ⅱ	2A	2100	2300	2920	7110	7
	2B	2100	2100	2400	7110	7
	2C	2100	2100	1450	7110	7
Ⅲ	3A	2400	2100	2650	5080	5
	3B	2400	2100	1325	5080	5
	3C	2400	2100	1325	2540	5

为了便于计算集装箱数量，常以长 20ft，宽和高各 8ft 的集装箱作为一个换算标准箱，简称 TEU(Twenty-foot Equivalent Units)，即 40ft 集装箱＝2TEU，30ft 集装箱＝1.5TEU，20ft 集装箱＝1TEU，10ft 集装箱＝0.5TEU。

我国国内集装箱标准如下。

1978 年国家标准局颁发的《货物集装箱外部尺寸和重量系列》(GB 1413—1978)中规定：我国集装箱的重量系列采用 5 吨、10 吨、20 吨、30 吨四种。相应的型号为 5D、10D、1CC、1AA。5 吨和 10 吨集装箱主要用于国内运输；20 吨(1CC)和 30 吨(1AA)主要用于国际运输。我国的集装箱外部尺寸、极限偏差和额定重量标准见表 3-2。

表 3-2　我国国内现行集装箱外部尺寸、极限偏差和额定重量

型号	高度/mm		宽度/mm		长度/mm		额定重量/千克
	尺寸	极限偏差	尺寸	极限偏差	尺寸	极限偏差	
1AA	2591	0～5	2438	0～5	12 192	0～10	30 480
1A	2438	0～5	2438	0～5	12 192	0～10	30 480
1AX	＜2438		2438	0～5	12 192	0～10	30 480
1CC	2591	0～5	2438	0～5	6058	0～6	20 320

续表

型号	高度/mm		宽度/mm		长度/mm		额定重量/千克
	尺寸	极限偏差	尺寸	极限偏差	尺寸	极限偏差	
1C	2438	0～5	2438	0～5	6058	0～6	20 320
1CX	<2438		2438	0～5	6058	0～6	20 320
10D	2438	0～5	2438	0～5	4012	0～5	10 000
5D	2438	0～5	2438	0～5	1968	0～5	5000

3.2.3 集装箱的分类

1. 按用途分类

集装箱按用途一般分为以下几种。

(1) 通用干货集装箱(dry cargo container)。这种集装箱也称为杂货集装箱,用来运输无须控制温度的件杂货,如图 3-3 所示。这种集装箱通常为封闭式,在一端或侧面设有箱门。这种集装箱通常用来装运文化用品、化工用品、电子机械、工艺品、医药、日用品、纺织品及仪器零件等。这是平时最常用的集装箱。不受温度变化影响的各类固体散货、颗粒或粉末状的货物都可以由这种集装箱装运。

(2) 保温集装箱(keep constant temperature container)。它们是为了运输需要冷藏或保温的货物,所有箱壁都采用导热率低的材料隔热而制成的集装箱,如图 3-4 所示。

图 3-3 干货集装箱

图 3-4 保温集装箱

保温集装箱可分为以下几种。

① 冷藏集装箱(reefer container)。它是以运输冷冻食品为主,能保持规定温度的一种保温集装箱。它是专为运输如鱼、肉、新鲜水果、蔬菜等食品而特别设计的。目前国际上采用的冷藏集装箱基本上分两种:一种是集装箱内带有冷冻机的叫机械式冷藏集装箱;另一种箱内没有冷冻机而只有隔热结构,即在集装箱端壁上设有进气孔和出气孔,箱子装在运载工具中,由运载工具(如船舶)的冷冻装置供应冷气,叫作离合式冷藏集装箱(又称外置式或夹箍式冷藏集装箱)。

② 隔热集装箱(insulated container)。它是为载运水果、蔬菜等货物,防止温度上升过大,以保持货物鲜度而具有充分隔热结构的集装箱,通常用干冰作制冷剂,保温时间为

72 小时左右。

③ 通风集装箱(ventilated container)。它是专为装运水果、蔬菜等货物而使用的集装箱,在端壁和侧壁上设有通风孔,如将通风口关闭,同样可以作为杂货集装箱使用。

(3) 罐式集装箱(tank container)。它是专门用于装运酒类、油类(如动植物油)、液体食品以及化学品等液体货物的集装箱,如图 3-5 所示。它还可以装运其他液体的危险货物。这类集装箱有单罐和多罐数种,罐体四角由支柱、撑杆构成整体框架。

图 3-5　罐式集装箱

(4) 散货集装箱(bulk container)。它是一种密闭式集装箱,有玻璃钢制和钢制的两种。前者由于侧壁强度较大,故一般装载麦芽和化学品等相对密度较大的散货,后者则用于装载相对密度较小的谷物。散货集装箱顶部的装货口应设水密性良好的盖,以防雨水侵入箱内。

(5) 台架式集装箱(platform based container)。它是没有箱顶和侧壁,甚至连端壁也去掉而只有底板和四个角柱的集装箱。这种集装箱可以从前后、左右及上方进行装卸作业,适合装载长大件和重货件,如重型机械、钢材、钢管、木材、钢锭等。台架式集装箱没有水密性,怕水湿的货物不能装运。

(6) 平台集装箱(platform container)。这种集装箱是在台架式集装箱上再简化而只保留底板的一种特殊结构的集装箱。平台的长度和宽度与国际标准集装箱的箱底尺寸相同,可使用与其他集装箱相同的紧固件和起吊装置。这一集装箱的采用打破了过去一直认为集装箱必须具有一定容积的概念。

(7) 敞顶集装箱(open top container)。这是一种没有刚性箱顶的集装箱,但有由可折叠式或可折式顶梁支撑的帆布、塑料布或涂塑布制成的顶篷,其他构件与通用集装箱类似。这种集装箱适于装载大型货物和重货,如钢铁、木材,特别是像玻璃板等易碎的重货,利用吊车从顶部吊入箱内不易损坏,而且也便于在箱内固定。

(8) 汽车集装箱(car container)。它是一种运输小型轿车用的专用集装箱,其特点是在简易箱底上装一个钢制框架,通常没有箱壁(包括端壁和侧壁)。这种集装箱分为单层和双层两种结构类型。因为一辆轿车的高度一般为 1.35～1.45 米,如装在 8 英尺(2.44 米)的标准箱内,其容积要浪费 2/5 以上,因而出现了双层集装箱。这种集装箱的高度有两种:一种为 10.5 英尺(3.2 米),另一种为 8.5 英尺(2.59 米)。因此,汽车集装箱一般都不是国际标准集装箱。

(9) 动物集装箱(pen container or animal container)。这是一种装运鸡、鸭、鹅等活家禽和牛、马、羊、猪等活家畜用的集装箱。侧面和端面都有用铝丝网制成的窗,以求有良好的通风效果。侧壁下方设有清扫口和排水口,并配有上下移动的拉门,可方便地清扫垃圾,另外,还必须装有喂食口。动物集装箱在船上一般应装在甲板上,因为甲板上空气流通,便于清扫和照顾。

(10) 服装集装箱(garment container)。这种集装箱的特点是在箱内上侧梁上装有许多根横杆,每根横杆上装有很多用于吊挂成衣的吊钩,成品服装直接吊挂在集装箱内,省去了包装箱,不仅节约了包装材料和包装费用,而且提高了服装的运输质量。

2. 按箱体材料分类

集装箱按其箱体材料可分为如下四类。

(1) 钢集装箱。钢集装箱的外板和结构部件均采用钢板,这种集装箱的最大优点是:强度大,结构牢固,水密性好,而且价格低廉。但其重量大,容易被腐蚀生锈,由于自重大,降低了装货量,而且每年一般需要进行两次除锈涂漆,使用期限较短,一般为 11～12 年。

(2) 铝集装箱。通常说的铝集装箱,并不是纯铝制成的,而是各主要部件使用各种轻铝合金,故又称铝合金集装箱,一般都采用铝镁合金。这种铝合金集装箱的最大优点是重量轻,铝合金的相对密度约为钢的 1/3,20 英尺铝集装箱的自重仅为 1700 千克,比钢集装箱轻 20%～25%,故同一尺寸的铝集装箱可以比钢集装箱多装 20%～25%的重量货物。铝合金集装箱不生锈,外表美观。铝合金在大气中自然形成氧化膜,可以防止腐蚀,但遇海水时则易受腐蚀,而采用纯铝集装箱,就能对海水起很好的防蚀作用,最适合于海上运输。另外,铝合金集装箱的弹性好,加外力后容易变形,外力除去后一般就能复原,因此最适合于在有箱格结构的全集装箱船上使用。此外,铝集装箱加工方便,加工费低,一般外表需要涂其他涂料,维修费用低,使用年限长,一般为 15～16 年。

(3) 玻璃钢集装箱。它是用玻璃纤维和合成树脂混合在一起制成薄薄的加强塑料,用黏合剂贴在胶合板的表面上形成玻璃钢板而制成的集装箱。玻璃钢集装箱的特点是强度大、刚性好。玻璃钢的隔热性、防腐性、耐化学性都比较好,能防止箱内产生结露现象,有利于保护箱内货物不遭受湿损。玻璃钢板可以整块制造,防水性好,还容易清洗。此外,这种集装箱还有不生锈、容易着色的优点,故外表美观。由于维修简单,维修费用也低。玻璃钢集装箱的主要缺点是:重量较大,与一般钢集装箱相差无几,价格也较高。

(4) 不锈钢集装箱。不锈钢是一种新的集装箱材料,有如下优点:强度大,不生锈,外表美观;在整个使用期内无须进行维修保养,故使用率高,耐蚀性能好。其缺点是:价格高,初始投资大;材料少,大量制造有困难,目前一般都用作罐式集装箱。

3. 按结构分类

1) 内柱式和外柱式集装箱

这里的“柱”指的是集装箱的端柱和侧柱。内柱式集装箱即侧柱和端柱位于侧壁和端壁之内,反之则是外柱式集装箱。一般玻璃钢集装箱和钢集装箱均没有侧柱和端柱,故内柱式和外柱式集装箱均指铝集装箱。内柱式集装箱的优点是外表平滑、美观,受斜向外力不易损坏,印刷标记时比较方便。外板和内衬板之间隔有一定空隙,防热效果较好,能减少货物的湿损。外柱式集装箱的优点是受外力作用时,外力由侧柱或端柱承受,起到了保护外板的作用,使外板不易损坏。由于集装箱内壁面平整,有时也不需要有内衬板。

2) 折叠式和固定式集装箱

折叠式集装箱是侧壁、端壁和箱门等主要部件能很方便地折叠起来,反复使用时可再次撑开的一种集装箱。反之,各部件永久固定地组合在一起的称固定式集装箱。折叠式集装箱主要用在货源不平衡的航线上,为了减少回空时的舱容损失而设计的。目前,使用最多的还是固定式集装箱。

3）预制骨架式集装箱和薄壳式集装箱

集装箱的骨架由许多预制件组合起来，并由它承受主要载荷，外板和骨架用铆接或焊接的方式连为一体，称为预制骨架式集装箱。通常铝质和钢质的预制骨架式集装箱，外板采用铆接或焊接的方式与骨架连接在一起，而玻璃钢的预制骨架式集装箱，其外板用螺栓与骨架连接。薄壳式集装箱是把所有构件结合成一个刚体，形成一个整体结构。其优点是重量轻，受扭力作用时不会引起永久变形。集装箱的结构一般或多或少都采用薄壳理论进行设计。

4. 按外部尺寸分类

目前常用的国际标准集装箱尺寸如表 3-3 所示。世界各国均颁布了各自的集装箱国家标准，有些行业还制定了行业内部的集装箱标准，另外，一些大型集装箱公司也颁布了企业内部集装箱标准，如美国的海陆公司和麦逊公司，根据本公司的具体条件，制定了本公司使用的集装箱标准。

表 3-3　国际集装箱标准规格

型号	外部尺寸/mm			总重量/kg	最小内部尺寸/mm			最小内部容积/m^3
	高	宽	长		高	宽	长	
1A	2438	2438	12 192	30 480	2195	2300	11 997	60.5
1AA	2591	2438	12 192	30 480	2350	2300	11 998	65.7
1B	2438	2438	9125	25 400	2195	2300	8930	45.0
1BB	2591	2438	9125	25 400	2350	2300	8930	48.3
1C	2438	2438	6058	20 320	2195	2300	5867	29.6
1CC	2591	2438	6058	20 320	2350	2300	5867	31.7
1D	2438	2438	2991	10 160	2195	2300	2802	14.1

3.2.4　集装箱的标准化技术

集装箱标准化工作经历了一个发展过程，集装箱标准对集装箱的发展有非常重要的作用。

集装箱的标准不仅与集装箱本身有关，也与各运输设备、装卸机具，甚至与车站、码头、仓库等设施都有关。为了有效地开展国际集装箱多式联运，集装箱的国际标准化是十分必要的。按使用范围分为国际标准、国家标准、地区标准和企业标准四种。

1. 国际标准集装箱

国际标准化组织 ISO/TCl04 技术委员会自 1961 年成立以来，对集装箱国际标准做过多次补充、增减和修改，现行的国际标准为第 1 系列，共 13 种，其宽度为 2438 毫米，长度有 12 192 毫米、9125 毫米、6058 毫米和 2991 毫米四种，高度共有 2896 毫米、2591 毫米、2438 毫米和小于 2438 毫米四种。

2. 国家标准集装箱

国家标准集装箱是指各国政府依照国际标准并考虑本国具体情况制定的本国集装箱

标准。我国现行的国家标准《系列1集装箱分类、尺寸和定额质量》(GB/T 1413—1998)中,5吨、10吨集装箱主要用于国内运输,20吨、30吨主要用于国际运输。我国用于铁路、公路和水路运输集装箱的型号和主要技术参数如表3-4所示。

表3-4 中国集装箱标准规格

型号	外部尺寸/mm			总重量/kg	最小内部尺寸/mm			最小内部容积/m^3
	高	宽	长		高	宽	长	
1AA	2591	2438	12 192	30 480	2350	2330	11 998	65.7
1CC	2591	2438	6058	20 320	2350	2330	5867	32.1
10D	2438	2438	4012	10 000	2197	2330	3823	19.6
5D	2438	2438	1968	2197	2197	2330	1780	9.1

3. 地区标准集装箱

地区集装箱标准是由各地区标准化组织根据该地区的特殊情况制定的。根据此类标准建造的集装箱仅适用于本地区。

4. 企业标准集装箱

有些大型集装箱船公司,根据本公司的具体情况和条件而制定了集装箱标准,这类集装箱主要在该公司运输范围内使用,如美国海陆公司的35英尺集装箱。此外,目前世界上还有不少非标准集装箱。例如,非标准长度集装箱有总统轮船公司的45英尺及48英尺集装箱,非标准高度集装箱主要有9英尺和9.5英尺两种高度集装箱,非标准宽度集装箱有8.2英尺宽度集装箱等。

3.2.5 集装箱的使用管理

1. 集装箱的标记

为了便于对集装箱进行识别、监督和管理,国际标准化组织规定的集装箱标记有必备标记、自选标记和通行标记三类,其中必备标记和自选标记中又分为识别标记和作业标记,每类标记都必须按规定标记在集装箱的相应位置上,如图3-6所示。

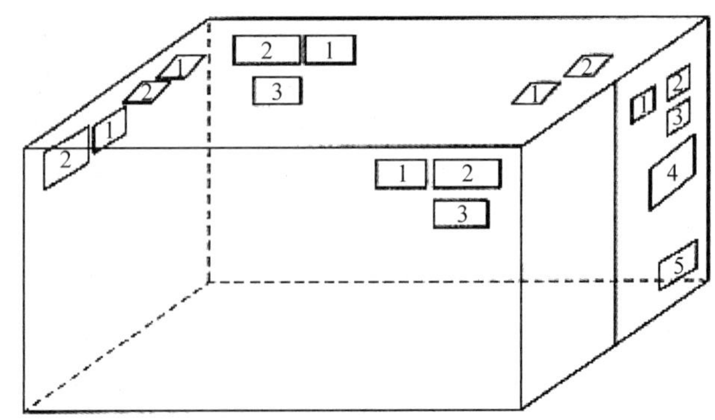

1—箱主代号 2—箱号或顺序号、核对数字 3—集装箱尺寸及类型代号
4—集装箱总量、自重和容积 5—集装箱制造厂名及出厂日期

图3-6 集装箱标记代号的位置

1）必备标记

（1）识别标记。识别标记包括箱主代号、设备识别代号、顺序号和核对数字。

箱主代号表示集装箱所有人的代号，它由三位大写拉丁字母表示。为防止箱主代号出现重复，所有箱主在使用代号之前应向国际集装箱局(BIC)登记注册。我国北京设有注册机构，国际集装箱局每半年公布一次在册的箱主代号一览表。

设备识别代号分别为“U”、“J”和“z”三个字母。“U”表示集装箱，“J”表示集装箱所配置的挂装设备，“z”表示集装箱专用车和底盘车。箱主代号和设备识别代号一般四个字母连续排列，如 ABCU 表示箱主代号为 ABC，设备识别代号为 U。

顺序号又称箱号，用 6 位阿拉伯数字表示。若有效数字不足 6 位，则在前面加“0”补足 6 位。

核对数字由一位阿拉伯数字表示，位于 6 位箱号之后。设置核对数字的目的是防止箱号在记录时发生差错。

（2）作业标记。作业标记包括额定重量和自重标记、水陆空联运标记、登箱顶触电警告标记和超高标记。

集装箱的额定重量是空箱质量和箱内装载货物的最大容许重量之和，以 R 表示。集装箱的自重(tare weight)又称空箱重量，以 T 表示。它包括各种集装箱在正常工作状态下应备有的附件和各种设备，如机械式冷藏集装箱的机械制冷装置及其所需的燃油、台架式集装箱上两侧的立柱等。在箱体上还要求标出最大净载重量(net weight)，三种重量标出时，要求用千克(kg)和磅(比)两种单位同时表示。

空陆水联运集装箱指可在飞机、船舶、卡车、火车之间联运的集装箱，其容积为 1 立方米以上，装有顶角件和底角件，具有与飞机机舱内栓固系统相配合的栓固装置，箱底可全部冲洗并能用滚装装卸系统进行装运。为适用于空运，这种集装箱自重较轻，结构较弱，强度仅能堆码两层，为此国际标准化组织规定了特殊的标记，如图 3-6 所示。其含义是：在陆地上堆码时只允许在箱上堆码 2 层；在海上运输时，不准在甲板上堆码，在舱内堆码时只能堆装 1 层。标记的最小尺寸为：高度为 127 毫米、长 355 毫米，字母标记的字体高度至少为 76 毫米。

凡装有登箱顶梯子的集装箱应设登箱顶触电警告标记。另外，凡高度超过 2.6 米(8.5 英尺)的集装箱必须标出超高标记。

2）自选标记

自选标记中也包括识别标记和作业标记。识别标记主要由尺寸代号和类型代号组成。尺寸代号用两个字符表示，第一个字符表示箱长，第二个字符表示箱宽与箱高。如第一个字符为“1”表示 10 英尺箱长的集装箱代号，“2”表示 20 英尺长的集装箱代号，“3”表示 30 英尺长的集装箱代号，“4”表示 40 英尺长的集装箱代号，其他字符表示的含义请参阅相关标准。第二个字符如果为“4”表示箱高为 9 英尺，“5”表示箱高为 9 英尺 6 英寸等。

类型代号反映集装箱的用途和特征。类型代号用两个字符表示，其中第一个字符为拉丁字母，表示集装箱的类型，如 G(general)表示通用集装箱，V(ventilated)表示通风集装箱等；第二个字符为阿拉伯数字，表示某类型集装箱的特征，如通用集装箱一端或两端有箱门，类型代号为 GO，货物的上方有透气罩，类型代号为 C1，具体请参阅相关标准。

作业标记主要为国际铁路联盟标记。各国的铁路都有自己的规章制度，手续极为复杂。为简化手续，制定了《国际铁路联盟条例》。该条例对集装箱技术条件做了许多规定，凡满足其中规定的集装箱可获取国际铁路联盟标记。在欧洲铁路上运输集装箱时必须有该标记，如图 3-7 所示，方框上部的“i”、“c”表示国际铁路联盟；方框下部的两位阿拉伯数字为各铁路公司的代号，如“33”是“中华人民共和国铁路”的代号。

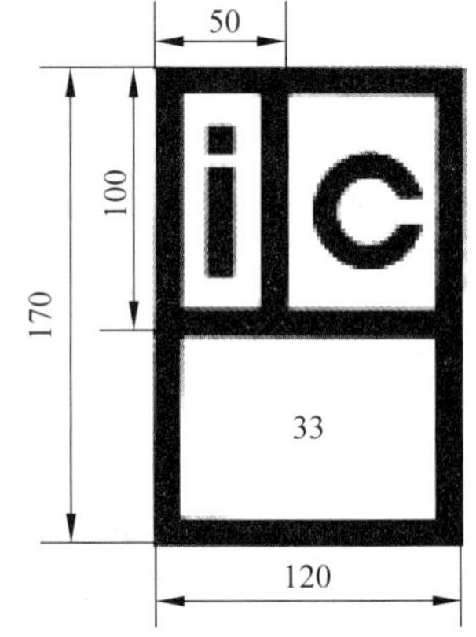

图 3-7 国际铁路联盟

3）通行标记

集装箱上还必须拥有一些允许其在各国间通行的牌照，称为通行标记。集装箱的通行标记主要有安全合格牌照、集装箱批准牌照、检验合格徽等。

安全合格牌照表示集装箱已按照《国际集装箱安全公约》(简称 CSC 公约)的规定，经有关部门检验合格，符合有关的安全要求，允许在运输运营中使用。安全合格牌照是一块长方形金属牌，尺寸要求不得小于“200 毫米×100 毫米”，牌上应标有“CSC 安全合格”字样，同时还标有其他内容的文字。安全合格牌照上的主要内容如图 3-8 所示。

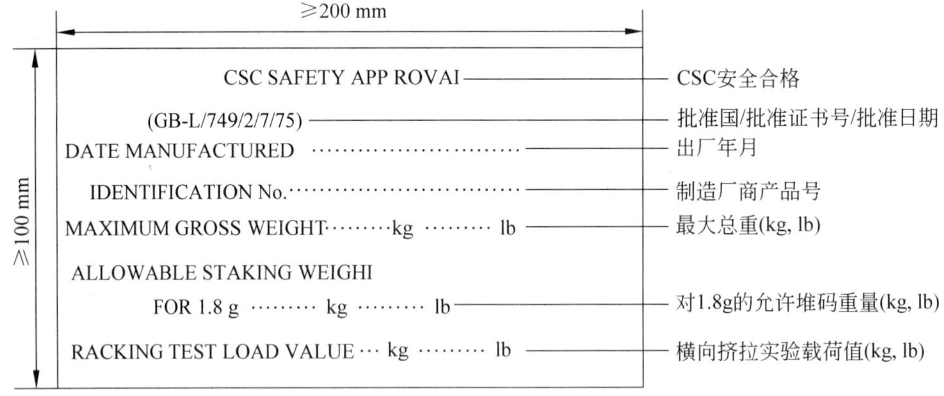

图 3-8 集装箱批准牌照(国际海关公约牌照)

联合国欧洲经济委员会制定了一个《集装箱海关公约》，凡符合《集装箱海关公约》规定的集装箱，可以装上集装箱批准牌照，如图 3-9 所示，具有该牌照的集装箱可在各国间加封运输。

集装箱上的安全合格牌照主要是确保集装箱不对人的生命安全造成威胁。此外，还必须确保在运输过程中不对集装运输工具(如船舶、卡车、拖车等)的安全造成威胁。所以，国际标准化组织要求各检验机关必须对集装箱进行各种相应试验，并在试验合格后，

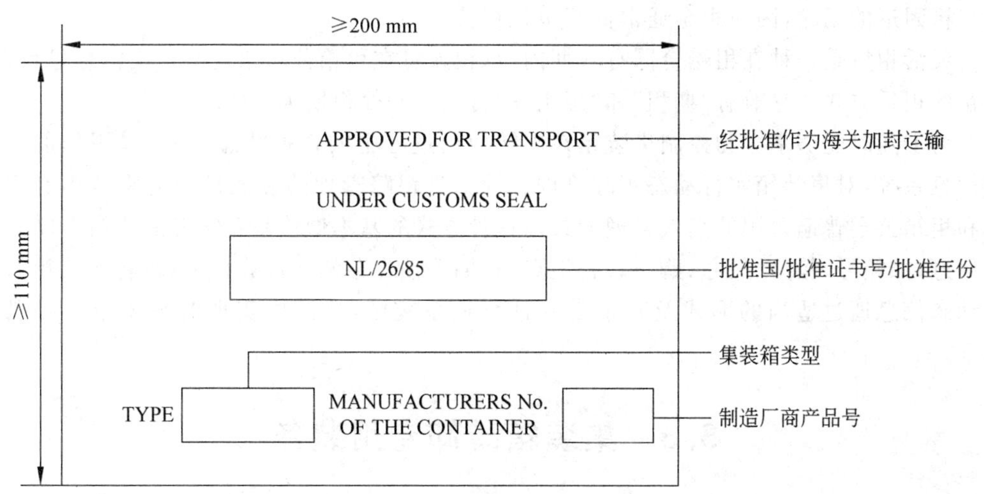

图 3-9　批准牌照(TIR 批准牌照)

在集装箱箱门上贴上代表检验机关的合格徽。如图 3-10 所示为中国船级社的检验合格徽。

图 3-10　中国船级社检验合格徽

另外,凡去澳大利亚和新西兰的集装箱,必须有防虫处理板通行标记,附有熏蒸设施;能在箱内使用规定的药品进行熏蒸的集装箱可在箱门上贴上农林徽。

上述通行标记在集装箱进行国际运输时是必须具备的。不带这些通行标记的集装箱在码头上必须经过相关检验并符合有关规定后才会放行。

2. 集装箱的箱务管理

集装箱箱务管理,涉及集装箱的配置、租赁、调运、保管、交接、发放、检验、修理等多项工作。由于集装箱是一种较昂贵的设备,合理配置集装箱,做好箱务管理工作,对于提高集装箱的利用效率,降低有关费用具有十分重要的意义。

集装箱运输通常为班轮运输。班轮公司考虑自身的投资能力、管理能力和经济效益,对所需集装箱的数量通常采用如下三种策略进行配置:一是全部由班轮公司自备;二是部分集装箱数量由班轮公司自备,部分箱量向租箱公司租入;三是需配置的箱量全部向租箱公司租入。

集装箱租赁业务发展十分迅速。集装箱租赁的方式大致可分为期租、程租和灵活租赁三种方式。期租是指定期租赁的方式,按租期的长短可分为长期租赁和短期租赁两类。长期租赁一般指租期 3～10 年的租赁,短期租赁指租期在 3 年以下的租赁。程租是指根据一定的班轮航次进行租箱的租赁方式。程租又可分为单程租赁和来回程租赁两种。单程租赁的特点是从发货地租箱,而从目的地还箱,一般适用于往返货源不平衡的航线;来回程租赁则是指提、还箱在同一个地区的租赁方式,原则上在租箱点还箱,一般适合于往返货源较平衡的航线,租期可以是一个往返航次,也可以是连续几个往返航次,由于不存在空箱回运的问题，因而租金通常低于单程租赁。

灵活租赁是一种在租箱合同有效期内，承租人可在租箱公司指定地点灵活地进行提、还箱的租赁方式。它兼有“期租”和“程租”的特点。一般租期为一年。

为了随时能够掌握和控制集装箱在周转使用过程中的各种状态，必须采用先进的管理信息系统，对集装箱实行动态跟踪管理。计算机跟踪管理的方式是目前集装箱班轮公司和租箱公司普遍采用的高效管理方式。这种方式的基本做法是：先将集装箱必要的特征信息，如箱号、箱型、尺寸、购（租）箱地点、日期等预先存储在计算机内；再将集装箱的日常动态信息通过适当的形式及时采集到计算机系统中，从而可实现对集装箱的可视化管理。

3.3 集装箱装卸专用装备

3.3.1 岸边集装箱装卸桥

1．岸边集装箱装卸桥的分类

按外形结构分类主要有A型框架式、H型框架式等结构，这两种装卸桥的海侧臂架都可用铰链将悬臂俯仰。根据特殊作业要求，集装箱装卸桥的外形与结构还有滑动式低门架型、前臂折叠型等。岸边集装箱装卸桥如图3-11所示。

集装箱起重机主要由金属结构、起升机构、小车行走机构、大车行走机构、俯仰机构、机房、司机室等组成。

集装箱装卸桥的金属结构主要有带行走机构的门架、臂架机构、拉杆等。臂架又可分为海侧臂架、陆侧臂架以及中间臂架三部分，臂架结构如图3-12所示。

图3-11　岸边集装箱装卸桥

图3-12　岸边集装箱装卸桥臂架结构

为了提高集装箱桥吊的装卸效率，并降低集装箱桥吊的自重，集装箱桥吊的起升机构多采用简单钢丝绳卷绕系统，小车行走机构则多采用全绳索牵引式卷绕系统，而司机室多采用具有良好视野的独立移动式司机室。

2．岸边集装箱装卸桥的主要技术参数

（1）额定起重量。所谓额定起重量，是指集装箱吊具所能吊起的负荷。

（2）起升高度。集装箱装卸桥的起升高度包括轨顶面以上高度和轨顶面以下高度。轨顶面以上高度简称轨上高度，轨顶面以下高度简称轨下高度。

(3) 外伸距。外伸距是指集装箱装卸桥海侧轨道中心线向外至集装箱吊具铅垂中心线之间的最大水平距离。外伸距主要取决于到港集装箱船舶最大船宽。

(4) 内伸距。内伸距是指集装箱内侧轨道中心线向内到吊具铅垂中心线之间的最大水平距离。

(5) 轨距。集装箱装卸桥的轨距是指装卸桥两条行走轨道之间的距离。轨距的大小直接影响到装卸桥的稳定性，并影响岸边的集装箱疏运作业。

(6) 横梁净空高度。横梁净空高度指装卸桥的横梁最低点到轨道面之间的距离。

(7) 基距。集装箱装卸桥基距是指同侧轨道上两主支承柱中心线之间的距离。集装箱桥吊基距的大小除影响集装箱桥吊的稳定性外，还与集装箱在门架下的通过性有密切的关系。

(8) 工作速度。岸边集装箱装卸桥的工作速度主要指货物的起升速度、小车行走速度、大车行走速度以及臂架俯仰速度等。

小贴士

蛇口集装箱码头使用的集装箱装卸桥

蛇口集装箱码头使用的上海振华港机制造的岸边集装箱装卸桥(简称桥吊或岸桥)，是目前世界上最先进、最大型的岸边集装箱装卸桥，带有两套可伸缩式双箱吊具，能同时装卸两个12.19米(40 ft)集装箱或四个6.10米(20 ft)集装箱。岸桥的起升高度从轨面向上43米，前伸距65米，吊具下最大可承重达100吨，可装卸目前世界上最大型的超巴拿马型集装箱船。这批最新型的岸吊单机效率比传统的机型要高20%～30%。

3.3.2　集装箱跨运车

1. 集装箱跨运车功能

集装箱跨运车是一种应用于集装箱码头和集装箱中转站堆场，具有搬运、堆垛、换装等多功能的集装箱专用机械。

集装箱跨运车具有“起吊+运输”双重功能，采用跨运车后，集装箱岸桥可以直接将集装箱放在码头上，这样整个集装箱码头的作业效率将大大提高。在集装箱岸桥的功能大幅提高后，跨运车的使用将突破目前集装箱码头作业的“瓶颈”。集装箱跨运车结构如图3-13所示。

集装箱跨运车的主要优点有：可一机多用，减少码头作业机械的种类和数量，便于组织管理；机动性好，作业灵活，取箱对位快，装卸作业效率较高。

集装箱跨运车主要由车架、吊具与升降系统、动力及传动系统、转向及行驶系统、制动系统及液压系统、电控系统等组成。

图3-13　集装箱跨运车图

2. 集装箱跨运车的使用要求与技术性能参数选择

(1) 通用性和专用性。通用性是指集装箱跨运车既能适应 6.10 米(20 ft)的集装箱,又能适应 12.19 米(40 ft)的集装箱;专用性是指只能适应 6.10 米(20 ft)或 12.19 米(40 ft)一种集装箱的装卸。

(2) 堆垛能力。选用集装箱跨运车时要与整个集装箱码头的堆存面积大小和箱量结合起来考虑。目前采用跨运方式的集装箱码头堆场,通常只堆两层。

(3) 视野要求。集装箱跨运车视野要求有如下三点:一是在搬运途中,要能看到前方和后方,要能看到前车轮的外侧,能看到司机室对面的车体外侧;二是通过箱位时,要能看到车体和集装箱之间的空隙,要能看到箱位的前方和后方;三是在场地作业时,要能看到集装箱的型号,要能看到所装卸的集装箱吊具的位置线。

(4) 起重能力。对于标准集装箱码头,集装箱跨运车的额定起重量按 ISOIAA 型 12.19米(40 ft)集装箱的最大总重量为 30.5 吨计算。

(5) 工作周期。集装箱跨运车的工作周期取决于跨运车的搬运距离、行走速度和装卸集装箱的时间。跨运车的行走速度一般为 23 千米/小时。

3.3.3 轮胎式集装箱龙门起重机

1. 轮胎式集装箱龙门起重机结构

轮胎式集装箱龙门起重机如图 3-14 所示。它由前后两片门框和底梁组成门架,支承在橡胶充气轮胎上,以便在货场上行走。装有集装箱吊具的行走小车沿着门框横梁上的轨道行走,用以装卸底盘车和进行堆码作业。轮胎式集装箱龙门起重机的驱动方式有两种:内燃机-电力驱动和内燃机-液压驱动。目前采用内燃机-电力驱动较为普遍,这种驱动方式是以柴油机带动直流发电机发电,发出的电再供给各工作机构直流电动机,驱动各机构工作,此方式的操作性能好,但装置重量较大。

轮胎式集装箱龙门起重机采用的集装箱吊具结构如图 3-15 所示。

图 3-14 轮胎式集装箱龙门起重机

图 3-15 轮胎式集装箱龙门起重机吊具结构

2. 轮胎式集装箱龙门起重机的性能

轮胎式集装箱龙门起重机(通称场桥)是大型专业化集装箱堆场的专用机械,它不仅适用于集装箱码头的堆场，同样也适用于集装箱专用堆场。可在集装箱场地内做两个方向移动。配有能起吊 6.10 米(20 ft)、12.19 米(40 ft)集装箱的伸缩吊具。场桥的吊具，多采用固定式导板。为减少吊具的摇摆，装有机械减摇装置。为了对箱方便，装有吊具小角度回转装置，为了能转换场地作业，设有直角转向机构。一般情况下，场桥跨距已标准化为 23. 47 米(六行加走道)，也可供应非标跨距的场桥。起升高度可保证起吊一个长 12.19 米(40 ft)、高 2.93 米(9.6 ft)的集装箱，越过四层(或五层到六层)堆箱。

3.3.4 轨道式集装箱龙门起重机

1. 轨道式集装箱龙门起重机的结构

轨道式集装箱龙门起重机是对集装箱进行装卸、堆垛为一体的一种高效专用机械，它由两片双悬臂的龙门架组成，两侧门腿用下横梁连接。龙门架通过大车运行机构在地面铺设的轨道上行走，起重小车运行在龙门架的轨道上，小车上有回转机构，它可以做不大于 270°的回转运动，在回转盘上安装有起升机构，通过钢丝绳、导向滑轮组和集装箱吊具进行装卸作业。如图 3-16 所示。

图 3-16　轨道式集装箱龙门起重机

2. 轨道式集装箱龙门起重机的性能参数

(1) 起重量。起重量是轨道式龙门集装箱起重机在标准工作状态下的正常起吊货物的能力。按照标准规定，结合近年来的集装箱发展情况，吊具下的额定起重量应不小于 40 吨。

(2) 跨度。从起重机的结构强度、刚度、自重、作业效率以及造价等诸多因素综合考虑，跨度应在 30～40 米的范围内比较合理。

(3) 有效悬臂。有效悬臂长度根据准放集装箱的列数及通道的尺寸而定。

(4) 起升高度。起升高度是指吊具底部平面至大车走行轨顶面的距离，与货场所需堆放的集装箱层数有关，通常为三层，也可以为四层或五层。

(5) 小车轨距。小车轨距是轨道式集装箱龙门起重机行走小车轨道水平距离。

(6) 工作级别。工作级别反映的是集装箱门式起重机的工作状态，直接影响轨道式龙门集装箱起重机的使用寿命等，工作级别应为 A6。

(7) 工作速度。起重机的工作速度直接影响到集装箱货场的作业量和工作效率。以起升速度在 10～30 米/分钟，小车运行速度在 50～80 米/分钟，大车运行速度在 60～100 米/分钟，吊具旋转速度为 2r/分钟为宜。

3.3.5 集装箱正面吊运机

1. 集装箱正面吊运机结构

集装箱正面吊运机也是一种集装箱专用装卸搬运机械。它是随着集装箱码头、集装箱货场、中转站和铁路场站对多用途的流动式集装箱装卸搬运机械的需求而开发的一种新机型。与叉车比较,它具有机动性高、稳定性好、轮压小、堆码层数高、可隔箱作业、堆场利用率高等优点,是比较理想的货场装卸搬运机械。集装箱正面吊运机如图 3-17 所示。主要由运行机构、臂架伸缩机构、变幅机构和可以回转、伸缩、横移的吊具等组成。集装箱正面吊运机除运行部分外,臂架俯仰、伸缩、转向及吊具的各项动作均采用液压驱动传动。

图 3-17 集装箱正面吊运机

2. 集装箱正面吊运机的主要技术参数

(1) 起重量。集装箱正面吊运机的起重量根据额定起重量和吊具的重量来确定。额定起重量一般按所吊运的集装箱最大总重量确定,对于国际标准 40ft 集装箱的最大重量取 30.5 吨。目前,各厂家生产的起吊 40ft 的正面吊运机,其吊具重量约为 19 吨。

(2) 起升高度。起升高度即堆码高度,一般为四层箱高,如按 8ft6in(即 2.591 米)箱高考虑,还加上一定的安全间隙,起升高度一般为 11 米左右,如要求堆五层箱高时,起升高度应不小于 12.955 米,一般为 13 米左右。

(3) 工作幅度。集装箱正面吊运机通常能跨一排箱作业。一般要求在对第一排箱作业时,前轮外沿离集装箱的距离为 700 米左右,工作幅度最小应距前轮外沿 2 米。在对第二排箱作业时,前轮离第一排集装箱的距离为 500 毫米左右,工作幅度最小距离前轮外沿 4.1 米。

(4) 车身外形尺寸。集装箱正面吊运机主要用在货场作业,要求能适应狭小的场地条件,因此对通过性能要求较高,需要控制车身宽度和长度。另外,还要考虑整机的稳定性和车架受力情况。一般要求正面吊运机能在 7.5 米左右的直角通道上转弯,在 9.5 米左右的通道内能 90°转向。因此,要求其最小转弯半径在 8.5 米左右,最大轴距为 5500 毫米左右,车体带臂架时长度为 7500~8000 毫米,车身宽度一般为 3500~4000 毫米。

(5) 行走速度。集装箱正面吊运机的运行距离一般在 40~50 米较为合理。如距离太远,则应在前沿机械与堆场间用拖挂车来做水平运输。集装箱正面吊运车在满载时只允许低速行驶,因集装箱正面吊运机自重较大,在吊运 40 吨时,整机总重达 110 吨,如行驶速度过快,则对爬坡、制动、整机稳定性以及发动机功率都有较大影响,故满载时最高速度一般不超过 10 千米/小时。空载时可高速行驶,一般为 25 千米/小时左右。

3.3.6 集装箱设备的选用配置原则

1. 系统化原则

在具体工作中,集装箱设备是作为一个整体进行运作的,这不但需要每一个环节设备的良好工作,更加需要整体配合达到最高水平,只有整体的性能有所提高,才能在装卸搬运过程中提高效率和质量。

2. 适用性原则

所选用的集装箱设备应该适应所在工作区域的条件和配合所运物品的性质与形状,只有对工作区域和所运物品提前进行良好、完整的分析,才能在实际工作中因环境的特点和变化而进行迅速、合理的决策。

3. 经济性原则

在考虑系统化和适用性的同时，也应该考虑到装备的经济效益。选择什么样的设备才能使经济效益最大化是企业最关心的问题，只有成本相对较低、可用性相对较高的配置选择才是企业首选的配置。

4. 超前性原则

在满足现有装卸搬运要求的同时，选择集装箱设备还应该具有前瞻性，即在一段时期之后随着作业要求的提高(在数量和质量上)，设备应该能够适应更高要求的物流作业，以适应企业的发展。

5. 可靠性和安全性原则

可靠性和安全性是集装箱配置最重要的原则，我们要根据装卸环境的不同而配制设备，确保装卸搬运时货物的安全及人机的安全。

6. 环保性原则

现在的社会提倡能源集约型和环保型，在选择集装箱设备的时候也应该充分考虑到这一点，利用低能耗高效率的装卸搬运设备不仅可以使经济效益达到最大，也可以使社会效益达到更大。

3.4　托盘技术

3.4.1　托盘的概念和特点

1. 托盘的概念

根据国家物流术语标准，托盘是指用于集装、堆放、搬运和运输、放置单元负荷物品的水平平台装置。托盘是在物流系统中为适应装卸机械化、自动化而发展起来的一种集装器具。托盘的发展可以说是随着叉车的发展而发展的，叉车与托盘的配套使用，使装卸机械化水平大幅度提高，使长期以来在运输过程中的装卸瓶颈得以解决或改善。所以，托盘与装卸搬运机械的有机结合有效地促进了物流效率的显著提高。

托盘最初是在装卸领域出现并发展的，在应用过程中又进一步拓展到储存、运输环节，成为储存和运输单元化的重要器具。托盘的出现也促进了集装箱和其他集装方式的形成和发展，现在托盘以其简单、方便的特点在集装领域中备受青睐。托盘已成为和集装箱一样重要的集装器具，托盘和集装箱共同形成了集装系统的两大支柱。

2. 托盘的特点

托盘与集装箱都有其各自的特点。与集装箱相比，托盘的优点如下。

(1) 自重量小，因而用于装卸、运输托盘本身所消耗的劳动较少，无效运输及装卸比集装箱运输要少得多。

(2) 返空容易，返空时占用运力很少。由于托盘造价不高，又很容易互相代用，所以无须像集装箱那样必有固定归属者，也无须像集装箱那样返空。即使返运，也比集装箱容易。

(3) 装盘容易,装卸货物不需要像集装箱那样深入到箱体内部,装盘后可采用捆扎、紧包等技术处理,使用更简便。

(4) 装载量虽较集装箱小,但也能集中一定的数量,比一般包装的组合量大得多。

托盘的主要缺点是:保护性比集装箱差,露天存放困难,需要有仓库等配套设施。

3.4.2 托盘的分类

托盘作为物流作业中的一种作业工具,不但要为不同种类的货物提供存储的平台,还要和叉车等装卸搬运工具配合使用,因此,按照不同的分类标准可以将托盘分为以下几种形式。

1. 平托盘

平托盘按形状不同可分为多种,如图 3-18(a)所示。平托盘中除用得最多的木制托盘

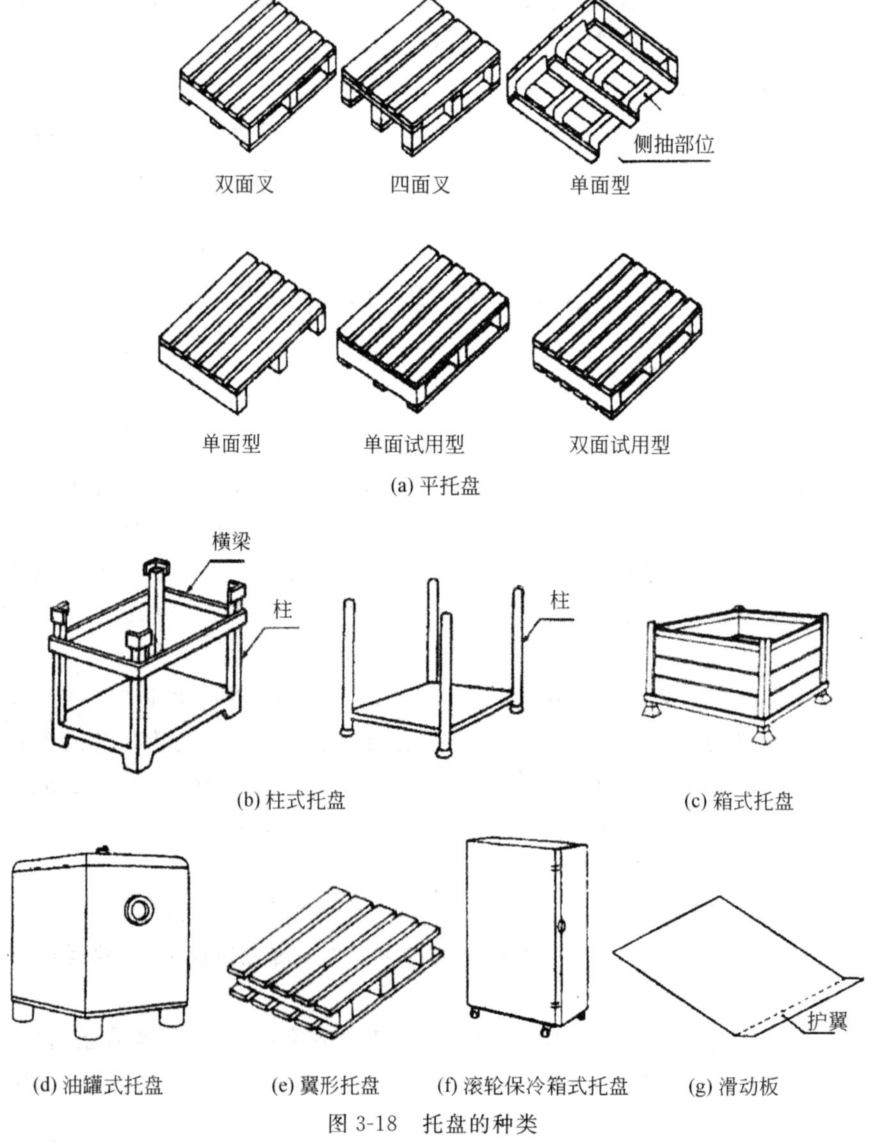

(a) 平托盘

(b) 柱式托盘 (c) 箱式托盘

(d) 油罐式托盘 (e) 翼形托盘 (f) 滚轮保冷箱式托盘 (g) 滑动板

图 3-18 托盘的种类

外，还有钢制、塑料制的平托盘。钢制平托盘用角钢等异型材焊接而成，其最大的特点是强度高，不易损坏和变形，维修工作量小。塑料制平托盘采用塑料模具制成，一般为双面使用型，其最大特点是本体重量轻，耐腐蚀性强，可着各种颜色分类区分。但塑料制托盘承载能力不如钢、木制托盘。

2．柱式托盘

柱式托盘是在平托盘的四个角装上立柱构成的，其形态如图3-18(b)所示，其目的是在多层堆码保管时，保护最下层托盘货物。托盘上的立柱大多采用可卸式的，高度多为1200毫米左右。立柱的材料多为钢制，耐荷重3吨，自重30千克左右。这种托盘的进一步演化又可从对角的柱子上端用横梁连接，使柱子成门框形。

3．箱式托盘

箱式托盘是在平托盘上安装上部构造物(平板状、网状构造物等)制成的箱形设备，如图3-18(c)所示，有可卸式、固定式、折叠式三种。这种托盘的特点是使包装简易并可将形式不规则的货物集装，在运输中还有不需要采取防止塌垛措施的优点。

4．轮式托盘

如图3-18(d)和图3-18(f)所示，它们采用在柱式、箱式托盘下部安装小型脚轮的构造形式，按上部构造物的形式分为固定式、可卸式和折叠式三种。滚轮箱式托盘大多用于一般杂货的配送，装货面的大小为800毫米×550毫米，最大装载量为300千克。滚轮保冷箱式托盘是在滚轮箱式托盘上部安装有保冷装置的托盘，用于需要低温管理货物(食品、医药品等)的配送，其保冷能力根据物品温度管理的范围划分成一类(－18℃以下)、二类(0～10℃)两种。

5．滑动板

滑动板是瓦楞纸、板纸或塑料制的板状托盘，也叫薄板托盘，如图3-18(g)所示。和木质平托盘比较，有重量轻(每个约1.5千克)、充分利用保管空间(厚度在5毫米以下)、价格低等优点。但是，为装卸这种托盘，需要有带特殊附件的叉车。

6．各种材料托盘

按照托盘的构成材料，可以将托盘分为木托盘、塑料托盘、金属托盘、锯木托盘、纸托盘以及塑木托盘等。

(1) 木托盘。以原木为材料，进行干燥定型处理，减少水分，消除内应力，然后进行切割、刨光、断头、抽边、砂光等精整加工处理而形成型材板块，采用具有防脱功能的射钉(个别情况采用螺母结构)将型材板块装订成半成品托盘，最后进行精整、防滑处理和封蜡处理。

木托盘优点：抗弯强度大，刚性好，承载能力大，取材方便、易于制造、成本低，易于维修，耐低温和高温性能好，适用范围广。

木托盘缺点：抗冲击性差，在频繁的周转使用中容易损坏，使用寿命短，容易受潮，不易清洁。

(2) 塑料托盘。塑料托盘有注塑托盘和中空吹塑托盘，其中应用较广的是注塑托盘。平时所说的塑料托盘均指注塑托盘，将塑料粒子加热后在高压力下注入金属模具内成型。塑料托盘生产工序少、生产效率高、产品质量稳定，托盘的性能主要取决于塑料原料和托盘结构。

塑料托盘优点：形状稳定、质轻、平稳、美观、整体性好，使用安全，无钉无刺、无味无毒、耐用，使用寿命是木托盘的5～7倍；不吸水，耐酸耐碱，不腐烂、不助燃、无静电火花、耐腐蚀、易冲洗消毒；结构种类多样，应用范围广；可回收利用。

塑料托盘缺点：抗弯强度低，容易变形而难以恢复，与木托盘相比其承载能力要小很多。国产重型塑料托盘上货架时的架空承载能力不超过800千克。欧美和日本塑料托盘上货架时的架空承载能力最大为1000千克。另外，原料成本受原油价格的影响大、成本高、价格波动大，适合立体仓库及手动、机械叉车使用。

(3) 金属托盘。金属托盘包括重载钢制托盘、镀锌钢板托盘和金属箱式托盘，由钢板焊接成型。由于钢材本身刚性好，同时加工简易，可以选取不同牌号、不同厚度、不同外形尺寸的钢板，根据实际使用的要求来定制托盘。

金属托盘优点：刚性好，抗弯强度大，承载能力大；易于清洗，可修复性好，环保，回收价值高、重新利用率为100%。

金属托盘缺点：自重大，表面摩擦力小、货物容易滑落，对地板等物流作业场所破坏性大，易生锈；应用范围小，制造成本高。

(4) 锯木托盘。锯木托盘是由锯木在模具中高温高压成型。

锯木托盘的优点：节省空间，成本低；自重轻，承重能力小。圆形边角和圈锥底脚适用于热缩单元包装；适用于运输用托盘，适合海外出口包装使用。

(5) 纸托盘。纸托盘优点：纸托盘单品价格低，不需要熏蒸检疫，自重轻，可100%回收重做，符合环保要求。纸托盘缺点是本身承重能力差，防潮性能差，多用于出口空运等一次性不回收的物流作业。

(6) 塑木托盘。用一定比例的锯木和塑料进行混合，压制成型塑木板材，切割加工并用螺栓固定成托盘。塑木托盘的优点：结合了部分木托盘和塑料托盘的特点，具有良好的防潮、防腐、防酸碱的性能。它既能承受静载、动载，又能承受冲击，既没有钢制托盘自重大、成本高等缺点，同时又克服了塑料托盘易变形、易老化、高温蠕变、冷脆等缺陷。组装方式与木托盘相似，适合于非标定制托盘。

3.4.3 托盘的标准化

托盘虽然只是一个小小的器具，但由于托盘具有重要的衔接功能，对其他设备具有举足轻重的连带性，在提高装卸搬运、保管、运输和包装等各个物流环节的效率时处于中心位置，所以，托盘的规格尺寸是选择包装尺寸、车厢尺寸、集装单元尺寸的关键。

为了达到国际联运的目的，托盘的尺寸规格应有国际标准。但是由于世界各国使用托盘的历史不同，各国的托盘尺寸均有所不同。根据ISO 6780《联运通用平托盘主要尺寸及公差》的规定，现有托盘分四个系列。

1. 1200系列(1200毫米×800毫米和1200毫米×1000毫米)

1200毫米×800毫米托盘也称欧洲托盘。这种托盘应用范围最广，欧洲各国、加拿大、墨西哥等国家采用此种标准托盘居多。1200毫米×1000毫米托盘多用于化学工业。

2. 1100 系列(1100 毫米×1100 毫米)

这个尺寸系列是由发展较晚的国际集装箱最小宽度尺寸 2330 毫米确定形成的。日本、韩国、新加坡、中国台湾等国家和地区所制定的标准托盘即为这个系列。由于 1100 系列的托盘与 ISO 国际标准集装箱相配合,普及率很高。

3. 1140 系列(1140 毫米×1140 毫米)

此系列是对 1100 系列的改进,目的是充分利用集装箱的内部空间。

4. 1219 系列(1219 毫米×1016 毫米)

这是美国托盘的国家标准尺寸。

1996 年我国颁布国家标准 GB/T 2934—1996《联运通用平托盘主要尺寸及公差》,将联运托盘的平面尺寸定为 800 毫米×1000 毫米、800 毫米×1200 毫米、1000 毫米×1200 毫米三种,具体尺寸、公差及叉孔高度等见表 3-5 所示。技术内容部分采用国际标准。标准规定如下:①托盘平面尺寸为:1200 毫米×1000 毫米和 1100 米×1100 毫米两种,优先推荐 1200 毫米×1000 毫米。②制造时,两对角线长度之差应不超过理论对角线长度的 1%。③托盘铺板偏离预定水平面的垂直偏差不应超过 7 毫米。

表 3-5　联运平托盘外部尺寸系列

代号	公称尺寸/mm×mm	长度公差/mm	宽度公差/mm	叉孔高度尺寸/mm	公差/mm	载重量/千克
TP1	800×1000	±3	±3	使用托盘搬运车 100,使用叉车或其他机具 70	±6	1000
TP2	800×1200					
TP3	1000×1200					

3.4.4 托盘的集装方法及使用

选择合适托盘的集装方法,能明显提高物流全过程的效率。

1. 码盘尺寸的选择

货物码盘包装的长、宽、高尺寸,必须与各种车辆的内部尺寸和叉车的装卸性能相适应,既要充分利用车辆的内容积,又要便于装卸和运输。

码盘的长度和宽度,除以托盘长度和宽度作为基数外,还必须考虑码盘前后和左右的超出部分。码盘的高度既要适合车辆内部的高度和叉车的最大起升高度,又要考虑作业间隙、货物重量和产品原包装的规格。

2. 集装方式的选择

在托盘上放同一形状的立体包装货物时,可采取各种交错咬合的办法码垛,以提高货垛的稳定性。从货物在托盘上堆码时的行列配置来看,托盘集装方式有重叠式码垛、纵横交错式码垛、正反交错式码垛和旋转交错式码垛四种,如图 3-19 所示。

(1) 重叠式码垛。即各层码放方式相同,上下对应。此方式的优点是操作速度快,各层重叠之后,包装物四个角和边重叠垂直,能承受较大的荷重。其缺点是各层间缺少咬合作用,货垛稳定性差,容易产生塌垛。一般情况下,重叠式码放需再配以各种紧固方式。

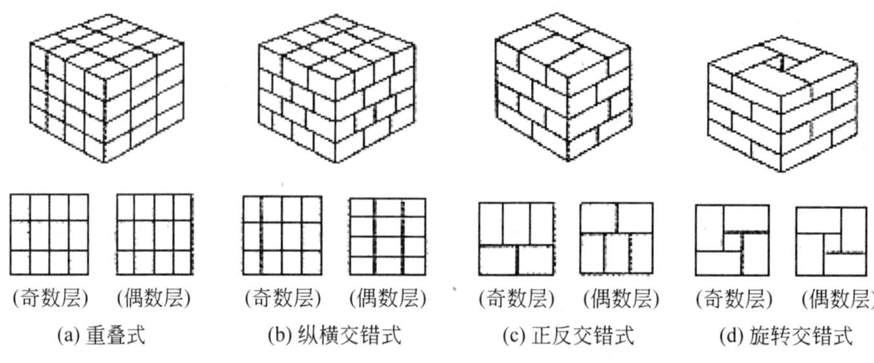

图 3-19 托盘集装方式

(2) 纵横交错式码垛。相邻两层货物摆放旋转 90°，层间有一定咬合效果，但咬合强度不高，如果配以托盘转向器，装完一层之后，利用转向器将托盘旋转 90°，装盘操作劳动强度和重叠式相同。在正方形托盘一边长度为货物的长、宽尺寸的公倍数的情况下，可以采用这种模型。重叠式和纵横交错式都适合用自动装盘机进行装盘操作。

(3) 正反交错式码垛。在同一层中，不同列的货物以 90°角垂直码放，而奇数层和偶数层之间成 180°进行堆码的方式。这种方式类似于房屋砖的砌筑方式，不同层间咬合强度较高，相邻层间不重逢，货垛稳定性高，但操作较麻烦，且包装体间不是垂直相互承受载荷，下部货体易被压坏。

(4) 旋转交错式码垛。一种风车型的堆码形式，在各层中改变货物的方向进行堆码，每层相邻两个货体成 90°，上下两层间的码放又相差 180°。这种码放方式的优点是层间相互咬合强度大，托盘货体稳定性高，不易塌垛。其缺点是码放难度大，中央部分的无效空间也过大，致使托盘的利用率降低，从而降低托盘装载能力。

3. 紧固方法的选择

托盘货体的紧固是保证货体稳定性，防止塌垛、散垛，避免货差货损的重要手段。托盘货体常用的紧固方法有捆扎紧固、黏合紧固、加框架紧固、网罩紧固、专用金属卡固定、中间夹摩擦材料紧固、收紧薄膜紧固、拉伸薄膜紧固和平托盘周边垫高紧固九种方法。

1) 捆扎紧固

用绳索、打包带等对托盘货体进行捆扎以保证货体稳定的方法。在防止箱形货物(瓦楞纸箱、木箱)散垛时用得较多。这种方式按如何扎带分为水平、垂直和对角等捆扎方式。捆扎打结的方法有结扎、黏合、热融和打卡箍等。但这种方式存在扎带部分移动、未扎带部分容易发生货物脱出的缺点，且由于保管时多层货物的堆压以及输送中振动冲击而使带子变松，从而降低防止散垛效果，这是需要注意的。

2) 黏合紧固

黏合有两种方法，一是在下一层货箱上涂上胶水使上下货箱黏合；二是每层之间贴上双面胶，将两层通过胶条黏合在一起，防止物流中托盘货物从层间滑落。这种方式对水平方向滑动的抵抗能力强，但在分离托盘的货载时，从垂直方向容易不分开。这种方式的主要缺点是胶的黏度随温度发生变化，在使用时应选择适合温度条件的黏合剂(如水剂胶在低温下使用时，胶冻结成冰，难以使用)。另外，在使用时必须根据货物的特性(重量、包装形态等)来决定用量和涂布方法。与这种方式相似的，也有在货物表面涂以耐热树脂，货物间不相互胶结而靠增加摩擦力防止散垛，如图3-20所示。

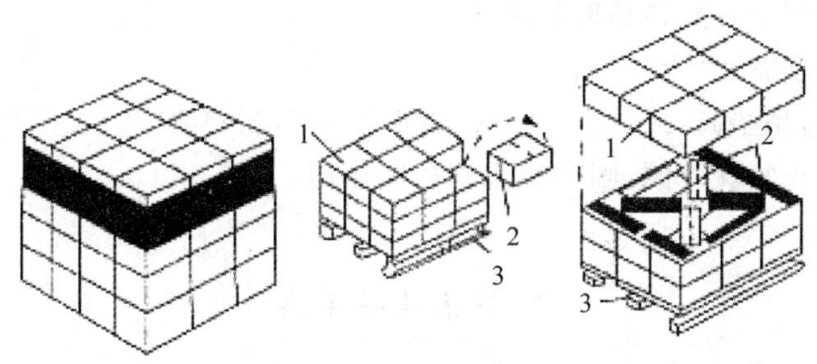

1—货箱　2—黏合剂或双面胶　3—托盘

图3-20　黏合紧固方式

3）加框架紧固

将墙板式的框架加在托盘货物相对的两面或四面以至顶部，用以增加托盘货体刚性的方法。框架的材料以木板、胶合板、瓦楞纸板和金属板等为主。加固方法有固定式和结合式两种。采用结合式需要打包带紧固，使托盘和货物结合成一体，增大货体刚性和稳定性。

4）网罩紧固

这种方式主要用于装有同类货物托盘的紧固。多用于航空运输，将航空专业托盘与网罩结合起来，就可达到紧固的目的。将网罩套在托盘货物上，再将网罩下端的金属配件挂在托盘周围的固定的金属卡上(或将绳网下部缚牢在托盘的边缘上)，以防形状不整齐的货物发生倒塌。为了防水，可在网罩之下用防水层加以覆盖，网罩一般采用棉绳、布绳和其他纤维等材料制成。

5）专用金属卡固定

对某些托盘货物，最上部如能伸入金属夹卡，则可用专用金属卡将相邻的包装物卡住，以使每层货物通过金属卡具有一个整体，防止个别分离滑落。

6）中间夹摩擦材料紧固

将具有防滑性的纸板、纸片或软塑料片夹在各层货体间以增加摩擦力，防止水平移动(滑动)或冲击时托盘货物各层间的移位。防滑片除纸板外，还有软质聚氨酯泡沫塑料等片状物。另外，在包装容器表面涂布二氧化硅溶液防滑剂也有较好的防滑效果。

7）收紧薄膜紧固

将热缩塑料薄膜制成一定尺寸的套子，套于托盘货垛上，然后进行热缩处理，塑料薄膜收紧后，便将托盘与货物紧箍成一体。这种紧固形式属于五面封，托盘下部与大气相通。它不但起到紧固和防止塌垛的作用，而且由于塑料薄膜的不透水作用，还可起到防雨水的作用。这有利于克服托盘货体不能露天存放、需要仓库的缺点，可大大扩展托盘的应用领域。但是，由于通气性不好，又由于在高温(120℃～150℃)下加热处理，所以，有的商品及容器材料不能适应而不采用这一方法。

8）拉伸薄膜紧固

用拉伸薄膜将货物和托盘一起缠绕裹包形成集装件。顶部不加塑料薄膜时形成四面封，顶加塑料薄膜时形成五面封，拉伸包装不能形成六面封，不能防潮。但它不进行像热缩包装那样的热处理，对需要防止高温的货物是有效的。由于塑料薄膜的透气性较差，所以对需要透气的水果等货物也有用网络树脂薄膜代用的方法。另外，拉伸薄膜比收缩薄膜捆缚力差，只能用于轻量物品的集装。

9）平托盘周边垫高紧固

将平托盘四边稍垫高，托盘上所放货物向中心靠，在物流中发生摇摆、振动时，可防止层间滑动错位，防止货垛外倾，因而能起到稳定作用。

【资料】

新型集装箱吊具

目前世界上主要的吊具制造商推出了所谓智能吊具，即在吊具上安装专门的PLC装置来控制吊具运动及对整个吊具进行在线动态监控。在吊具上配置有一套伸缩自动定位系统，专门用于吊具伸缩梁的准确定位，即在吊具受到外力冲击导致伸缩梁位置偏移时，能自动地调节吊具的长度，使伸缩梁回到原来的位置，大大提高了作业效率。无缆遥控吊具省去了在集装箱机械上吊具与母机之间的动力和通信传输用的垂直电缆，这种新开发的无电缆吊具，将集装箱机械在起升和小车运动时吊具上架上两组滑轮的旋转动能转化为液压能和电能，使吊具上形成一个蓄能式动力源。该蓄能式动力源除了能为吊具上的所有动作提供动力外，还能为遥控装置、电磁阀、信号灯等提供电源。吊具和起重机之间信号通信采用遥控来实现。

3.5 其他集装装备

3.5.1 集装袋

1. 集装袋的概念

集装袋又称柔性集装袋、吨装袋和太空袋等，英文翻译多种。FIBC，是集装单元器具的一种，配以起重机或叉车，就可以实现集装单元化运输，它适用于装运大宗散状粉粒状物料。集装袋是一种柔性运输包装容器，广泛用于食品、粮谷、医药、化工和矿产品等粉状、颗粒、块状物品的运输包装，发达的国家普遍使用集装袋作为运输、仓储的包装产品。

2. 集装袋的特点

集装袋是采用聚烯烃树脂经拉丝织造工艺，再经涂膜后裁切成大小不等的筒状或片状基材，然后按设计要求将基材缝制成圆形或方形的袋状产品。集装袋是一种柔性运输包装容器，具有塑料的轻便、柔软、耐酸碱腐蚀及防潮、不渗漏的优异性能。在结构上具有足够的强度，并具有牢固安全，集装、集卸操作方便，适应机械化作业的特点。

集装袋主要有下列特点。

（1）容量大，装卸快，比常规纸袋包装提高工效十几倍以上，能极大提高装卸效率。

（2）运输方便，集装袋上有专用吊环，便于起重设备吊运、装料和卸料。

（3）占用空间少。空袋可折叠，体积小，满袋容量大，比小袋包装节省空间。

(4) 使用寿命长,可反复使用。集装袋是由强度很高的材料制成,经久耐用,只要不破裂,就能回收再使用。

(5) 能有效地保护产品。集装袋材料有防雨、不透水性能,填满后置于室外也能防潮。

(6) 包装范围广。只要是粉粒状产品,集装袋几乎都能装运。

3. 集装袋的结构

集装袋一般由进料口、出料口、顶缝、吊带、袋体、边缝、加强部、腰箍和底缝等组成,如图3-21所示。集装袋载重量一般在1～3吨,较大的载重量对集装袋的要求也就相应更高,其安全系数,即产品最大承受能力与额定设计荷载之间的比值一般要达到5～6倍。因为达到5倍以上安全系数的集装袋,四个吊环中的两个或两个吊环中的一个必然有额定荷载2.5倍以上的拉力性能,即使两根吊带断开,集装袋整体也不会有问题。

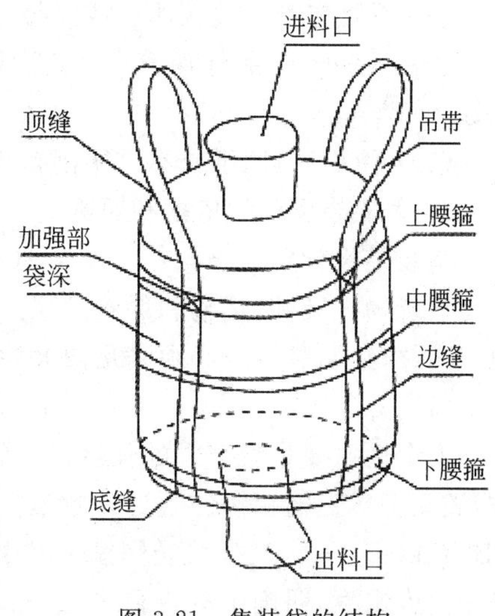

图3-21　集装袋的结构

吊带在与袋体连接时,有顶吊、底吊和侧吊等形式,要通过缝线连接,所以缝线也相当重要。集装袋需要采用加强缝纫法,普通缝纫只对折缝两次,加强缝纫采用对折、车缝两次再加绞边,使集装袋更加牢固。如果装运粉末物品,还需要在缝合处加防漏设计。边缝的抗拉强度,必须达到基布强度的67%以上;底缝的抗拉强度,必须达到基布强度的42%以上;缝制要求平直,无脱针断线、无浮线、吊针,起针和落针处回针不少于三针,吊带长度要等量,搭缝处要均匀平直。

为加强集装袋的高强度,基布要求平直挺括,无明显瑕疵,裁剪必须无散丝。集装袋腰箍强度要达到基布强度的2倍以上,腰箍必须缝在吊带外部,增强吊带受力强度,有边缝的袋体必须缝制在任一吊带下增强边缝强度。

4. 集装袋的分类与使用

1) 集装袋的分类

集装袋大致可做如下分类。

(1) 按袋子形状分:主要有圆筒形和方形。

(2) 按制袋材料分:主要有涂胶布、树脂加工布、交织布和复合材料等集装袋。

(3) 按卸料口分:可分有卸料口和无卸料口集装袋两种。

(4) 按使用次数分:可分一次性使用和多次性使用集装袋两种。

(5) 按装卸方式分:主要有顶部吊装、底部吊装、侧面吊装、铲车式和托盘式等。

(6) 按制袋方法分:可分为用黏合剂黏合的和缝制的集装袋。

2) 集装袋的使用

集装袋在装卸运输作业中的注意事项。

(1) 在吊装作业中不要站立在集装袋的下面。

(2) 请将吊钩挂在吊带或吊绳的中央部位,不要斜吊、单面吊或斜拉吊集装袋。

(3) 作业中不要与其他物品摩擦,不要钩挂或碰撞集装吨袋。

(4) 不要将吊带向外侧反向拉扯。

(5) 集装袋使用叉车作业时,请不要使叉子接触或扎到袋体,防止扎破集装袋。

(6) 在车间搬运时,尽量使用托盘,避免用吊钩钩挂吨袋,一面晃动一面搬运。

(7) 在装货、卸货和堆放时都要保持集装袋直立。

(8) 不要将集装袋在地上或混凝土上拖行。

(9) 不得已在室外保管时,集装袋应放在货架上,并一定要用不透明棚布严实地盖好。

(10) 使用后,用纸或不透明棚布将集装袋包好,存入在通风处。

3) 集装袋设计的依据和原则

集装袋设计要严格执行 GB/T 10454—2000 国家标准。集装袋作为出口包装,要保证出口货物在装卸、运输和保管过程中有效地保护装载物品,安全完好地将货物运至目的地。因此,集装袋设计必须满足四大要点,即安全性、保管性、使用性和密封性。

(1) 安全性

安全性主要指集装袋的强度。在设计时要考虑包装容积、盛载物重量和包装单位个数,还要考虑运输距离的远近和搬运次数的多少,以及采用何种运输工具和运输方法。在 GB/T 10454—2000 集装袋国家标准中,严格规定了集装袋基布和吊带技术指标要求,从安全角度出发,明确了集装袋结构全部为底吊结构。其安全系数必须达到 1.6。

(2) 保管性

应根据用户的使用条件,合理地选用材料,合理地配比。塑料制品在阳光暴晒下的抗老化能力是目前比较关注的问题,也是集装袋在实际使用过程中经常遇到的问题。在生产过程中注意抗紫剂的使用以及材料的选择。

(3) 使用性

在设计集装袋时,要充分考虑客户使用集装袋的具体方式和方法,如提吊、运输方式和装载物料性能等。另外,还要考虑是否为食品包装,要考虑对所包食品无毒、无害。

(4) 密封性

包装物料不同,密封要求不同。如粉料或有毒物品、怕受污染的物品对密封性能要求非常严格,容易受潮或霉变的物料对气密性也有特殊的要求。所以在设计集装袋时,注意考虑基布覆膜工艺和缝制工艺对密封性的影响。

3.5.2 仓库(储)笼

仓库(储)笼是目前国内外生产制造业、超市零售业普遍采用的一种物流容器,它被广泛用于原料、半成品及成品的暂存、运输、分类整理与存入。仓库(储)笼也是种特殊的包装形式,具有和托盘类似的作用,但其钢材料和网状、立体的结构特点决定其既可做立体的装卸、存储、运输工具,又可做物流周转箱使用,还可做售货工具;其功用已经深入到生产、流通、消费诸领域,经历了暂存、包装、装卸搬运、储存、运输等环节,贯穿于物流的全过程。

仓库(储)笼是目前国内外生产制造厂商、超市零售企业普遍采用的一种物流产品。仓库(储)笼安装、装货、取货、叠合简便灵活，易于操作，可实现仓储的立体化。适合于用叉车、吊车、行车、升降机、台车、液压托盘车装卸、搬运和堆高，省时省力。

1. 仓库(储)笼的优点

(1) 仓储管理合理化：规格统一、容量固定，存放一目了然，便于库存清点，并可单独分层小量卸取存料，避免翻仓的麻烦。

(2) 节约空间：使用堆高机、升降机、吊机，可堆积四层高，产生立体化储存效果，不用时，可折叠堆积，只及原来使用空间的 20%。

(3) 作业一元化：配合堆高机、吊车、台车、升降机、油压拖板车或其他运输设备的使用，自原料进厂开始，无论经过几次加工，至成品完成储存于仓库，最后送至客户手中，皆可利用仓库(储)笼。不仅可以减少搬运中发生的损坏，而且也能节省大量的人工成本费用。

(4) 使用方便：本容器为折叠式特殊设计，操作简单、安全，折叠与展开轻巧，不占空间，应用范围大、使用寿命长。

(5) 坚固耐用：本容器结构坚固，是使用强力钢条电焊而成，底部以 U 形槽焊接补强，配以特殊脚架，使作业更安全、迅速。

2. 仓库(储)笼的结构特点

仓库(储)笼的结构特点如下。

(1) 多点焊接，保证仓库(储)笼坚固耐用。

(2) 折弯型金属把手，把握自然。

(3) 螺旋形铰链，使仓库(储)笼在不用时可以折叠，减少占用空间。

(4) 底部采用 U 形钢补强，保证仓库(储)笼的承载能力。

(5) 金属辅强结构，保证仓库(储)笼在相互堆叠时的强度。

(6) 特殊脚部结构，可使仓库(储)笼自身堆高稳定。

本章小结

在物流作业过程中使用集装器具可以极大地提高物流作业效率，但必须注意集装器具的使用必须保证有一定的辅助条件，形成一个相互配合的作业系统才能充分地发挥集装器具的作用。托盘是集装器具的典型代表，具有多种形式和较宽广的适用范围，要提高托盘的使用效率就要对托盘的性能参数进行细致的分析，并有针对性地提出适合实际物流作业需要的解决方案。集装箱是大型物流集装设备，集装箱性能优越，方便实现多式联运，是未来物流发展的主要方向。集装箱的标准化程度比较高，作业形式相对比较固定，需要大量的辅助设备来协助完成作业。

复 习 思 考

一、填空题

1. 集装单元化的基本原则是(　　)、(　　)、(　　)和(　　)。

2. 物流(　　)是指物流系统各标准尺寸的最小公约尺寸。

3. 我国集装箱的重量系列采用(　　)、(　　)(　　)、(　　)四种。

4. 滚轮箱式托盘大多用于一般杂货的配送，装货面的大小为(　　)，最大装载量为(　　)。

5. 根据 ISO 6780《联运通用平托盘主要尺寸及公差》的规定，现有托盘分(　　)系列。

二、判断题

1. 集装箱是用于集装、堆放、搬运和运输，放置单元负荷物品的水平平台装置。(　　)

2. 集装设备模数是在物流基础模数尺寸的基础上推导出的各种集装设备的标准尺寸，以此尺寸作为设计集装设备长、宽、高三维尺寸的依据。(　　)

3. 1954 年国际标准化组织(ISO)在汉堡会议上公布了两种集装箱的标准规格系列。(　　)

4. 我国现行的国家标准《系列 1 集装箱分类、尺寸和定额质量》(GB/T 1413—1998)中，5 吨、10 吨集装箱主要用于国内运输，20 吨、30 吨主要用于国际运输。(　　)

5. 正反交错式码垛是在同一层中，不同列的货物以 45°角垂直码放，而奇数层和偶数层之间成 180°进行堆码的方式。(　　)

6. 旋转交错式码垛。一种风车型的堆码形式，在各层中改变货物的方向进行堆码，每层相邻两个货体成 90°，上下两层间的码放又相差 90°。(　　)

7. 集装袋是一种柔性运输包装容器，具有塑料的轻便、柔软、耐酸碱腐蚀及防潮、不渗漏的优异性能。(　　)

8. 仓库(储)笼是目前国内外生产制造业、超市零售业普遍采用的一种物流容器，它被广泛用于原料、半成品及成品的暂存、运输、分类整理与存入。(　　)

9. 仓库(储)笼是目前国内外生产制造厂商、超市零售企业普遍采用的一种物流产品。(　　)

10. 仓库(储)笼不适合于用叉车、吊车、行车、升降机、台车、液压托盘车装卸、搬运和堆高。(　　)

三、选择题

1. (　　)集装箱是侧壁、端壁和箱门等主要部件能很方便地折叠起来，反复使用时可再次撑开的一种集装箱。

A. 固定式　　B. 折叠式　　C. 内柱式　　D. 外柱式

2. (　　)是在台架式集装箱上再简化而只保留底板的一种特殊结构的集装箱。

A. 平台集装箱　　B. 柱式集装箱　　C. 罐式集装箱　　D. 台架式集装箱

3.（　　）是指为了物流系统化、合理化和标准化，以数值关系表示的物流系统各种因素尺寸的标准。

A. 集装基础模数　　B. 物流模数

C. 物流建筑基础模数　　D. 运输基础模数

4. 集装箱上还必须拥有一些允许其在各国间通行的牌照，称为（　　）。

A. 作业标记　　B. 自选标记

C. 流通标记　　D. 通行标记

5. 码盘的长度和宽度，除以托盘长度和宽度作为基数外，还必须考虑码盘前后和左右的（　　）。

A. 对齐　　B. 凸出部分

C. 凹进部分　　D. 超出部分

四、简答题

1. 什么是集装单元化？
2. 集装箱装卸专用机械有哪些？
3. 物流作业中使用托盘的优势包括哪些？
4. 简述托盘的主要类型。
5. 简述托盘的集装方法。

五、案例分析题

轨道式集装箱龙门起重机装卸工艺方案

采用轨道式集装箱龙门起重机作为堆场主要机械的一种工艺方案，其工艺流程包括两种类型。一种是卸船时用集装箱装卸桥将集装箱从船上卸到码头前沿的集装箱拖挂车上，然后拖到堆场，采用轨道式集装箱龙门起重机进行堆码；装船时相反，在堆场上用轨道式集装箱龙门起重机将集装箱装到集装箱拖挂车上，然后拖到码头前沿，用装卸桥把集装箱装船。另一种则是在船与堆场之间不使用水平搬运机械，而是由集装箱装卸桥与轨道式集装箱龙门起重机直接转运。轨道式集装箱龙门起重机将悬臂伸至集装箱装卸桥的内伸距的下方，接力式地将集装箱转送至堆场或进行铁路装卸。

轨道式集装箱龙门起重机装卸工艺方案的优点在于其可靠性好，机械完好率高，维修费用低，能耗省，装卸成本低，跨度大，堆层高，便于铁路装卸，场地利用率高，易实现堆场装卸作业自动化。

由于堆场集装箱的存放位置和装卸位置以及轨道式集装箱龙门起重机的操作位置较为容易确定，所以，轨道式集装箱龙门起重机是容易实现自动化控制的一个机种。通过对装卸及操作位置设置坐标系统，并由计算机系统对起重机的起升以及大车和小车行走机构的驱动装置的坐标系统进行自动控制，可实现装卸作业自动化。

轨道式集装箱龙门起重机装卸工艺方案的缺点是轨道式集装箱龙门起重机只能沿轨道运行，不便在堆场之间转移，因而其机动性较轮胎式集装箱龙门起重机差，作业范围受到限制，轨道式龙门起重机之间相互无法协调作业。另外，由于堆存引大，相应的翻箱率也会增大，该方案初次投资也较高。

轨道式集装箱龙门起重机装卸工艺方案虽然初次投资高，但由于其完好率高，维修费用低，在所有方案中其堆场利用率最高，单位面积堆箱数最多，特别适用于寒冷地带内燃机启动有困难的地区。从经营管理和实现自动化方面考虑，轨道式集装箱龙门起重机装卸方案适用于在吞吐量较大(大于 1×105TEU/y)，但陆域面积较小并且是两个以上集装箱连续泊位的集装箱码头采用，如中国香港的葵涌码头。在堆箱作业时，应该尽量注意降低翻箱率，降低装卸成本，提高效益。

资料来源：王海兰. 物流设施与设备管理[M]. 北京：中国人民大学出版社，2011.

问题：

(1) 说明轨道式集装箱龙门起重机装卸需要考虑的主要因素。

(2) 总结使用轨道式集装箱龙门起重机进行装卸的特点。

实　训

【实训项目】

托盘堆垛实验。

【实训目的】

(1) 掌握托盘堆垛的基本方法。

(2) 学会托盘应用的评价方法。

【实训内容】

(1) 对比不同类型的箱子在同一托盘上采用不同堆垛方法对效果的影响。

(2) 对比不同种类的托盘对同一种箱子堆垛作业的影响。

(3) 对比分析不同种类的堆垛方法对托盘稳定性的影响。

(4) 分析使用不同种类的稳定措施的效果。

(5) 利用入库作业以及增加重物的方法说明托盘使用过程中的其他影响因素。

【实验器材】

(1) 两种不同规格的塑料托盘各一个，两种不同种类的纸质箱子若干，两种不同种类的塑料箱子若干。

(2) 地牛一个，横木条若干，塑料薄膜一捆。

(3) 高度不同的两层货架一组，重物若干。

【实验步骤】

(1) 首先选择小规格的塑料托盘和一种纸质箱子，利用不同的方式进行堆垛，观察不同种类的堆垛对托盘利用率的影响，然后更换不同种类的箱子重复进行堆垛实验，分析箱子的尺寸对堆垛效果的影响。

(2) 将堆垛完成的托盘置于地牛之上，然后拉动地牛通过布有横木条的道路，看搬运的效果，然后对堆垛的方案进行调整。

(3) 通过将塑料薄膜裹包以及置于箱子接触面的方法提高堆垛的稳定性，并重新进行稳定性测试实验。

(4) 在空箱状态下尽可能地将箱子堆高，将堆垛好的托盘放置在货架一层，考虑堆垛高度和货架的高度之间的对应关系。

(5) 在堆垛过程中将箱子放置重物，再做稳定性实验，观察实验的效果，说明箱子自身质量的影响。

(6) 在保持箱体稳定的情况下，增加重物的质量，观察对下层箱子的影响，并总结对堆垛的影响。

(7) 将不同种类的箱子在一个托盘上进行放置，对应采用的拼盘策略进行分析。

第 4 章

仓储技术与装备

【知识目标】

(1) 掌握仓库的分类、功能和作用。
(2) 掌握货架技术与装备,货架分类、功能、特点和用途。
(3) 掌握自动化立体仓库的基本构成、分类及优缺点。
(4) 了解堆垛设备、堆垛机器人机构、性能参数。
(5) 了解站台设计的原则和形式。

【能力目标】

(1) 能够根据实际应用条件选择合理的仓储技术与装备。
(2) 能够解决仓储技术与装备在使用中出现的简单问题。

中国香港机场货运中心

中国香港机场货运中心是比较现代化的综合性货运中心。如在其 1 号货站,货运管理部对需要入库的货物按标准打包。打好包的货物放到货架车上,通过货架车推到一列摆开的进出口,在计算机中输入指令,货架车就自动进入轨道,运送到六层楼高的除了货架车通道就是布满货架的库房,自动进入指定的仓位。需从库房提取的货物,也是通过计算机的指令,货物就自动从进出口输送出来。巨型的货架则用高 3 米宽 7 米的升降机操运到仓库的货架。搬动货物主要用叉车、拖车,看不到人工搬运。

资料来源:程捍东. 物流设施与设备[M]. 青岛:中国海洋大学出版社,2010.

思考分析:

为什么说中国香港机场货运中心是比较现代化的综合性货运中心?

4.1 仓储装备

4.1.1 仓储装备的概念和特点

1. 仓储装备的概念

仓储装备是指仓库进行生产作业和辅助生产作业,以及保证仓库及作业安全所必需的各种机械设备的总称。要完成仓储的基本任务，企业应根据存储货物的周转量大小、储备时间的长短、储备货物的种类及有关的自然条件，广泛运用先进的仓储技术，合理配置仓储机械设备，为有效进行仓库作业创造条件。常见的仓储装备有仓库、货架设备、堆垛机械设备、月台及其他设备。

仓储装备是有效实现仓储作业的技术保证，是企业仓储能力大小的直接反映。科学有效地运用仓储装备，加强仓储装备的管理，是保证仓库高效、低耗、灵活运行的关键。

仓储装备的种类很多，为使其发挥最佳的经济效益，必须进行合理的选择配置和管理·使用，应选择和配置最经济、合理、实用、先进的技术设备。除此之外，还要求每一类设备工作安全可靠，无论在何种作业条件下，都应具有良好的运行稳定性。

2. 仓储装备的特点

仓储装备是完成货物进库、出库和储存的装备。从仓储装备的作业过程来看，仓储装备具有起重、装卸、搬运、储存和堆码的功能，例如，货架具有货物存放功能，堆垛起重机具有起重装卸功能等。尽管仓储装备从外形到功能差别很大，但都是在特定的作业环境中为完成特定的作业而设计的，因而具有一些共同的特点，主要表现在以下几个方面。

1）搬运质量要求高

由于仓储装备主要用于货物的移动和起升，一般在企业内部使用，因此其作业范围相对较小，对货物的搬运质量要求高，在搬运中应对货物采取必要的保护措施，减少对货物的损伤，而对搬运速度的要求相对比较低。

2）线路比较固定

由于仓储作业地点比较集中，且运输线路的布局受到作业场地设施的限制比较多，特别是出入库作业等仓储作业形式比较常见，因此货物作业线路相对比较固定。

3）专业化程度高

仓储作业由一系列实现特定功能的作业环节或工序组成，如装卸、搬运、堆垛等，单个工序的功能较单一，而工序之间的功能差别一般较大，使用通用机械很难达到作业要求。为了提高工作效率，仓储装备的专业化程度越来越高，导致仓储装备的种类规格较多，给设计仓储作业系统和选择仓储装备带来了一定的困难。

4）标准化程度高

一方面，商品流通各环节对商品的外观和包装提出了标准化要求；另一方面，商品包装的标准化也促进了物流设备（包括仓储装备）的标准化进程。同时，仓储作业中机械运动的重复性和专业性较高，为仓储装备的标准化工作带来了有利条件，采用标准化设计可以实现各个作业环节的无缝衔接，提高作业效率。

5）机械化、自动化程度高

随着条形码技术、光学字符识别技术、磁编码识别技术、无线电频率识别技术、自动称重技术和计数技术的广泛应用，现代仓储装备的自动化程度得到了大幅度提高。仓储作业已经逐渐淘汰了手工作业，取而代之的是大型、高效的自动化仓储装备。

6）节约性和经济性要求高

仓储过程作为流通领域或企业物流的必不可少的环节，对实现商品的价值起到了极其重要的作用，常作为商品成本的一部分加以考虑。因此，为控制仓储成本，在设计和选用仓储装备时，必须考虑其节约性和经济性。

7）环保要求高

由于工作环境的特殊性，我们必须严格控制仓储装备对环境的污染程度，如对噪声、废气排放的控制。

8）安全要求高

在仓储作业过程中，由于要在复杂的环境和有限的空间内保证人员、设备和货物的安全，因此对仓储装备的安全性能要求很高。

4.1.2 仓库的概念和分类

1. 仓库的概念

仓库，一般是指以库房、货场及其他设施、装置为劳动手段的，对商品、货物、物资进行收进、整理、储存、保管和分发等工作的场所。

2. 仓库的分类

仓库的种类多种多样，形态结构各异，服务范围存在较大差异。以不同的标准对仓库进行分类，研究不同种类仓库的特征，从而为不同货物、不同企业选择合适的仓库提供依据。

根据不同的分类标准，仓库有多种分类方式。

1）按仓库用途分类

仓库按照它在商品流通过程中所起的作用可以分为以下几种。

（1）采购供应仓库。采购供应仓库主要用于集中储存从生产部门收购的和供国际间进出口的商品，一般这一类的仓库库场设在商品生产比较集中的大中城市或商品运输枢纽的所在地。

（2）批发仓库。批发仓库主要是用于储存从采购供应库场调进或在当地收购的商品，这一类仓库一般贴近商品销售市场，规模同采购供应仓库相比一般要小一些，它既从事批发供货，也从事拆零供货业务。

（3）零售仓库。零售仓库主要用于为商业零售业做短期储货，一般是提供店面销售，零售仓库的规模较小，所储存物资周转越快。

（4）储备仓库。这类仓库一般由国家设置，以保管国家应急的储备物资和战备物资。货物在这类仓库中储存时间一般比较长，并且储存的物资会定期更新，以保证物资的质量。

（5）中转仓库。中转仓库处于货物运输系统的中间环节，存放那些等待转运的货物，一般货物在此仅做临时停放，这一类仓库一般设置在公路、铁路的场站和水路运输的港口码头附近，以方便货物在此等待装运。

（6）加工仓库。后面在讲仓库的功能时会讲到仓库的加工延迟功能，一般具有产品加工能力的仓库被称为加工仓库。

（7）保税仓库。保税仓库是指为国际贸易的需要，设置在一国国土之上，但在海关关境以外的仓库。外国企业的货物可以免税进出这类仓库而办理海关申报手续，而且经过批准后，可以在保税仓库内对货物进行加工、存储等作业。

2）按保管货物的特性分类

（1）原材料仓库。原材料仓库是用来储存生产所用的原材料的，这类仓库一般比较大。

（2）产品仓库。产品仓库的作用是存放已经完成的产品，但这些产品还没有进入流通区域，这种仓库一般是附属于产品生产工厂。

（3）保温、冷藏、恒温恒湿仓库。用于存放保温、冷藏或恒温恒湿的物品。具备制冷设备，并有良好的保温隔热性能以保持所需的温度。如图 4-1 所示。

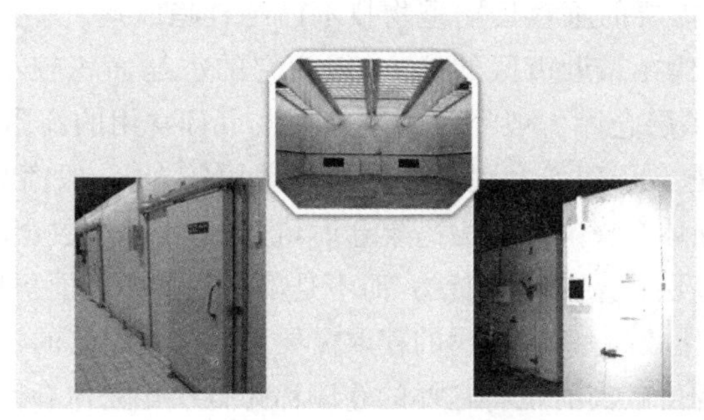

图 4-1　冷藏仓库

（4）恒温仓库。恒温仓库和冷藏仓库一样也是用来储存对于储藏温度有要求的产品。

（5）危险品仓库。用于保管危险物品，并能对危险品起一定的防护作用。如图 4-2 所示。

（6）气调仓库。用于存放要求控制库内氧气和二氧化碳浓度的物品。如图 4-3 所示。

图 4-2　危险品仓库

图 4-3　气调仓库

3）按仓库的构造分类

（1）单层仓库。单层仓库是最常见的，也是使用最广泛的一种仓库建筑类型，它的主要特点如下。

① 单层仓库设计简单，所需投资较少。

② 由于仓库只有一层，因此在仓库内搬运、装卸货物比较方便。

③ 各种附属设备（如通风设备、供水和供电等）的安装、使用和维护都比较方便。

④ 由于只有一层，仓库全部的地面承压能力都比较强。

(2) 多层仓库。如图 4-4 所示。多层仓库一般占地面积较小，它一般建在人口稠密、土地使用价格较高的地区，由于是多层结构，因此货物一般是使用垂直输送设备来搬运货物，总结起来，多层仓库有以下几个特点。

① 多层仓库可适用于各种不同的使用要求，例如可以将办公室和库房分处两层，在整个仓库布局方面比较灵活。

② 分层结构将库房和其他部门自然进行隔离，有利于库房的安全和防火。

③ 多层仓库作业需要的垂直运输重物技术已经日趋成熟。

④ 多层仓库一般建在靠近市区的地方，因为它的占地面积较小，建筑成本可以控制在有效范围内，所以，多层仓库一般经常用来储存城市日常用的高附加值的小型商品。使用多层仓库存在的问题在于建筑和使用中的维护费用较大，一般商品的存放成本较高。

(3) 立体仓库。立体仓库又被称为高架仓库，它也是一种单层仓库，但同一般的单层仓库的不同在于它利用高层货架来储存货物，而不是简单地将货物堆积在库房地面上，在立体仓库中，由于货架一般比较高，所以货物的存取需要采用与之配套的机械化、自动化设备，一般在存取设备自动化程度较高时也将这样的仓库称为自动化立体仓库。如图 4-5 所示。

图 4-4 多层仓库

图 4-5 立体仓库

(4) 筒仓。筒仓就是用于存放散装的小颗粒或粉末状货物的封闭式仓库，一般这种仓库被置于高架上，例如筒仓经常用来储存粮食、水泥和化肥等。如图 4-6 所示。

(5) 露天堆场。露天堆场是用于在露天堆放货物的场所，一般堆放大宗原材料或者不怕受潮的货物。如图 4-7 所示。

图 4-6 筒仓

图 4-7 露天堆场

4）按建筑材料的不同分类

根据仓库使用的建筑材料的不同，可以将仓库分为钢筋混凝土仓库、钢质仓库和砖石仓库等。

5）按仓库所处位置分类

根据仓库所处的地理位置，可以分为码头仓库、内陆仓库等，这是根据仓库的地理位置赋予仓库的特性来进行的分类。

6）按仓库的管理体制分类

根据仓库隶属关系的不同，可以分为以下两类。

（1）自用仓库。自用仓库就是指某个企业建立的供自己使用的仓库，这种仓库一般由企业自己进行管理。如图4-8所示。

（2）公用仓库。这是一种专业从事仓储经营管理的、面向社会的、独立于其他企业的仓库。如图4-9所示。

图4-8　自用仓库

图4-9　公用仓库

一般自用仓库称为第一或第二方物流仓库，而公用仓库被称为第三方物流仓库。

4.1.3　仓库的功能和作用

1. 储存和保管功能

仓库具有一定的空间，用于储存物品，并根据储存物品的特性配备相应的设备，以保持储存物品的完好性。例如，储存挥发性溶剂的仓库，必须设有通风设备，以防止空气中挥发性物质含量过高而引起爆炸。储存精密仪器的仓库，需防潮、防尘和恒温，因此，应设立空调、恒温等设备。在仓库作业时，还有一个基本要求，就是防止搬运和堆放时碰坏、压坏物品。从而要求搬运器具和操作方法的不断改进和完善，使仓库真正起到储存和保管的作用。

2. 调节供需的功能

创造物质的时间效用是物流的两大基本职能之一，物流的这一职能是由物流系统的仓库来完成的。现代化大生产的形式多种多样，从生产和消费的连续来看，每种产品都有不同的特点，有些产品的生产是均衡的，而消费是不均衡的，还有一些产品生产是不均衡的，而消费却是均衡不断地进行的。要使生产和消费协调起来，这就需要仓库来起“蓄水池”的调节作用。

3. 调节货物运输能力

各种运输工具的运输能力是不一样的。船舶的运输能力很大,海运船一般是万吨级,内河船舶也有几百吨至几千吨的。火车的运输能力较小,每节车皮能装运 30~60 吨,一列火车的运量最多达几千吨。汽车的运输能力很小,一般每辆车装 4~10 吨。它们之间的运输衔接是很困难的,这种运输能力的差异也是通过仓库进行调节和衔接的。

4. 流通配送加工的功能

现代仓库的功能已处在由保管型向流通型转变的过程之中,即仓库由储存、保管货物的中心向流通、销售的中心转变。仓库不仅要有储存、保管货物的设备,而且还要增加分拣、配套、捆绑、流通加工和信息处理等设置。这样既扩大了仓库的经营范围,提高了物质的综合利用率,又方便了消费,提高了服务质量。

5. 信息传递功能

随着以上功能的改变,导致了仓库对信息传递的要求。在处理仓库活动有关的各项事务时,需要依靠计算机和互联网,通过电子数据交换和条形码技术来提高仓储物品信息的传输速度,及时而又准确地了解仓储信息,如仓库利用水平、进出库的频率、仓库的运输情况、顾客的需求以及仓库人员的配置等。

6. 产品生命周期的支持功能

所谓产品的生命周期,就是指从人们对产品的需求开始,到产品淘汰报废的全部生命历程。如一些过时设备已经停止生产了,但还有用户正在使用,生产厂家就必须预存一些零配件以供这些设备维护之用。可见现代物流包括了产品从“生”到“死”的整个生产、流通和服务的过程。因此,仓储系统应对产品生命周期提供支持。

4.1.4 仓库的主要性能指标

通常评价仓库的主要性能指标有以下几个。

1. 库容量

库容量是指仓库内除去必要的通道和间隙后所能堆放物品的最大数量。

在规划和设计仓库时先要明确库容量。库容量可用“吨”、“米”或“货物单元”表示,即以仓库使用面积(平方米)乘以单位面积储存定额(吨/平方米)。库容量大小取决于面积大小及单位面积承载货物重量的能力以及货物的安全能力,能反映仓库的最大能力,是流通生产力衡量的重要参数。

2. 出入库频率

出入库频率表示仓库出入库货物的频繁程度,它的大小决定了仓库内搬运设备的参数和数量,出入库频率可用“吨/h”或“托盘/h”表示。理论上,入库、出库频率和数量一致时,可使库容量为最小值,频繁出入库,需增加托运设备的能力,投资增加。所以应在出入库频率之间恰当选择,以寻求经济最优化方案。

库容量和出入库频率是仓库最重要的两个性能指标。

3. 库容量利用系数

库容量利用系数是平均库容量与最大库容量之比。由于这是一个随机变动的量,一般取它的平均值作为考核指标。

4. 库存周转次数

库存周转次数是年入(出)库存总量与平均库存量之比,反映仓库动态情况,是生产型仓库和流通型仓库的重要指标。在年出入库总量一定的情况下,该系数越大,库存周转次数越多,说明资金周转越快,经济效益越高,能用较小的仓库完成较大的任务。一些经营好的仓库可以达到每年24次以上,即不到半个月就周转一次。但是对于储备型仓库,库存周转次数不是一个重要指标,出库速度更为重要。

评价仓库的经营效率的主要指标就是库容量利用系数和库存周转次数。

5. 单位面积的库容量

单位面积的库容量是总库容量与仓库占地面积之比。在土地紧缺、征用费用高的地方,这是一个很重要的经济指标。

6. 全员平均劳动生产率

全员平均劳动生产率是仓库全年出入库总量与仓库总人数之比,通常它与仓库的机械化程度相关。

7. 装卸作业机械化程度

装卸作业机械化程度是指用装卸机械装卸货物的作业量与总的装卸作业量之比。

8. 机械设备的利用系数

机械设备的利用系数是机械设备的全年平均小时搬运量与额定小时搬运量之比。用这个系数可以评估机械设备系统配置的合理性。

4.1.5 自动化立体仓库

1. 自动化立体仓库概述

自动存/取系统(automated storage/retrieval system,AS/RS)是指不用人工直接处理,能自动存储和取出物料的系统。自动化仓库技术是集立体仓库规划、管理、机械和电气于一体,是一门综合性的技术。

自动仓储系统是采用高层货架储存货物,用起重、装卸和运输机械设备进行货物出库和入库作业的系统,所以又称为自动化立体仓库系统或高层货架仓库。它具有空间利用率高、入出库能力强、不需人工处理、计算机控制生产和作业管理的特点。储存单元货物的货架一般采用几层、十几层甚至几十层,用相应的物料搬运设备进行货物出库和入库作业,充分利用空间储存货物,所以也被形象地称为立体仓库,如图4-10所示。

2. 自动化立体仓库的优缺点

1) 自动化立体仓库的主要优点

(1) 极大地增加了仓库高度,减少了占地面积,空间利用率高。目前,世界上最高的立体仓库可达40多米,容量多达30万个货位。

(2) 仓库作业全部实现机械化和自动化,一方面能大大节省人力,减少劳动力费用的支出;另一方面能大大提高作业效率。

(3) 采用计算机进行仓储管理,可以方便地做到"先进先出",并可防止货物自然老化、变质和生锈,也能避免货物的丢失。

(4) 货位集中,便于控制与管理,特别是使用电子计算机,不但能够实现作业的自动

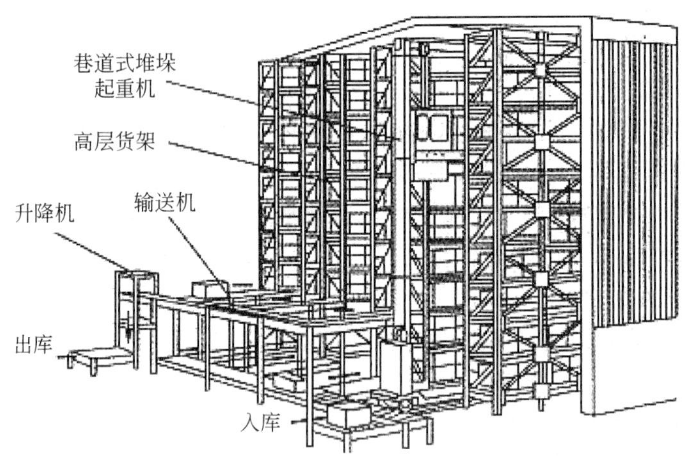

图 4-10 自动化立体仓库

控制,而且能够进行信息处理。

(5) 能更好地适应黑暗、低温和有毒等特殊环境的要求。例如,胶片厂把胶片卷轴存放在自动化立体仓库里,在完全黑暗的条件下,通过计算机控制可以实现胶片卷轴的自动出入库。

(6) 采用托盘或货箱存储货物,货物的破损率显著降低。

2) 自动化立体仓库的主要缺点

(1) 由于自动化立体仓库的结构比较复杂,配套设备也比较多,所以需要的基建和设备的投资也比较大。

(2) 货架安装精度要求高,施工比较困难,而且工期相应较长。

(3) 存储弹性小,难以应付高峰的需求。

(4) 对可存储的货物品种有一定限制,需要单独设立存储系统用于存放长、大、笨重的货物以及要求特殊保管条件的货物。

(5) 操作、维护和保养要求高,仓库管理和技术人员需经过专门培训,系统出现故障时难以自行解决,需要供应商的技术支持,这就增强了对供应商的依赖性。

(6) 对建库前的工艺设计要求高,在投产使用时要严格按照工艺作业。

3. 自动化立体仓库的构成

自动化立体仓库主要由以下设施设备组成。

1) 土建及公用工程设施

(1) 库房。库存容量和货架规格是库房设计的主要依据。

(2) 消防系统。对于自动化立体仓库而言,由于库房规模大,存储的货物和设备较多且密度大,而仓库的管理和操作人员较少,所以仓库内一般都采用自动消防系统。传感器时刻监测仓库温度、湿度与烟雾,发现危险时自动发出报警信号,自动灭火,也可人工强制灭火。

(3) 照明系统。由日常照明、维修照明和应急照明三个部分组成。

(4) 动力系统。主要设备有动力配电箱、动力电缆、控制电缆、稳压设备和隔离设备等。

(5) 通风及采暖系统。根据储存物品要求，仓库可采用通风和采暖设备，特别是储存有害气体的仓库要安装通风机，将有害气体排出室外。

(6) 其他设施。如排水设施、避雷接地设施和环境保护设施等。

2) 机械设备

(1) 货架。货架的材料一般选用钢材，钢货架的优点是构件尺寸小，制作方便，安装建设周期短，而且可以提高仓库的库容利用率。自动化立体仓库的货架一般都分隔成一个个的单元格，单元格是用于存放托盘或直接存放货物的。

(2) 货箱与托盘。货箱和托盘的基本功能是装小件的货物，以便于叉车和堆垛机的叉取与存放。采用货箱和托盘存放货物可以提高货物装卸和存取的效率。

(3) 堆垛机。堆垛机是自动化立体仓库中最重要的设备，它是随自动化立体仓库的出现而发展起来的专用起重机。巷道机可在高层货架间的巷道内来回运动，其升降平台可做上下运动，升降平台上的货物存取装置可将货物存入货格或从货格中取出。

(4) 周边搬运设备。搬运设备一般是由电力来驱动，由自动或手动控制，把货物从一处移到另一处。这类设备包括输送机、自动导向车等，设备形式可以是单机、双轨、地面的、空中的、一维运行(即沿水平直线或垂直直线运行)、二维运行和三维运行等。其作用是配合巷道机完成货物的输送、转移和分拣等作业。在仓库内的主要搬运系统因故停止工作时，周边设备还可以发挥其作用，使作业继续进行。

3) 电气与电子设备

(1) 检测装置。检测装置是用于检测各种作业设备的物理参数和相应的化学参数，通过对检测数据的判断和处理可为系统决策提供最佳依据，以保证系统安全可靠地运行。

(2) 信息识别设备。在自动化立体仓库中，这种设备必不可少，它是用于采集货物的品名、类别、货号、数量、等级、目的地、生产厂和货物地址等物流信息。这类设备通常采用条形码、磁条、光学字符和射频等识别技术。

(3) 控制装置。自动化立体仓库内所配备的各种存取设备和输送设备必须具有控制装置，以实现自动化运转。这类控制装置包括普通开关、继电器、微处理器、单片机和可编程序控制器等。

(4) 监控及调度设备。监控及调度设备主要负责协调系统中各部分的运行，它是自动化立体仓库的信息枢纽，在整个系统中举足轻重。

(5) 计算机管理系统。计算机管理系统用于进行仓库的账目管理和作业管理，并可与企业的管理系统交换信息。

(6) 数据通信设备。自动化立体仓库是一个构造复杂的自动化系统，它由众多的子系统组成。各系统、各设备之间需要进行大量的信息交换以完成规定的任务，因此需要大量的数据通信设备作为信息传递的媒介，这类设备包括电缆、远红外光、光纤和电磁波等。

(7) 大屏幕显示器。这是为了仓库内的工作人员操作方便，便于观察设备情况而设置的。

4.2 货架技术

4.2.1 货架的概念、作用及分类

1. 货架的概念

货架是指用支架、隔板或托架组成的立体储存物品的设施。合理使用货架可有效改善仓储的功能，促进机械化和自动化的实现。

2. 货架的作用

(1) 货架是一种立体结构，可以充分利用仓库空间，提高仓库容量利用率，扩大仓库储存能力。

(2) 仓库货架上的货物一目了然，便于清点、划分和计量等管理工作，货物存取方便，可以做到先进先出和流畅的库存周转。

(3) 存入货架中的货物互不挤压，物资损耗小，可完整保证物资本身的功能，减少货物在储存环节中的可能损失。

(4) 承重力大，不易变形，连接可靠，拆装容易，多样化，能满足大批量货物、品种繁多的储存与集中管理需要，配合机械搬运工具，做到储存与搬运工作井然有序。

(5) 为保证储存货物的质量，可以采取防潮、防尘、防盗和防破坏等措施，以提高物资储存质量。

(6) 很多新型货架的结构及功能有利于实现仓库的机械化和自动化，满足现代化企业低成本、低损耗和高效率的物流供应链管理需要。

3. 货架的分类

货架的分类见表 4-1。

表 4-1 货架的分类

序 号	分类标准	具体类型
1	按货架的发展分类	传统式货架(如层架、层格式货架、抽屉式货架、橱柜式货架、U形架、栅架、悬臂架等)
		新型货架(如旋转式货架、移动式货架、装配式货架、驶入驶出式货架、调节式货架、托盘货架、高层货架、阁楼式货架、重力式货架等)
2	按货架的适用性分类	通用货架和专用货架
3	按货架的制造材料分类	钢货架、木制货架、钢木合制货架等
4	按货架的封闭程度分类	敞开式货架、半封闭式货架、封闭式货架等
5	按结构特点分类	层架、层格架、橱架、抽屉架、悬臂架、三脚架、栅型架等
6	按货架的可动性分类	固定式货架、移动式货架、旋转式货架、组合货架、可调式货架、流动储存货架等
7	按货架结构分类	分为整体结构式和分体结构式

续表

序　号	分类标准	具体类型
8	按货架的载货方式分类	分为悬臂式货架、橱柜式货架、棚板式货架
9	按货架的构造分类	分为组合可拆卸式货架和固定式货架
10	按货架高度分类	可分为低层货架、中层货架和高层货架
11	按货架承载量分类	可分为重型货架、中型货架和轻型货架

4.2.2　常用货架的特点及用途

常用的货架包括层架、重力式货架、托盘式货架、悬臂式货架、驶入式货架、移动式货架、阁楼式货架和旋转式货架。

1. 层架

1）层架的结构及种类

层架是由主柱、横梁和层板构成，架子本身分为数层，层间用于存放货物，如图 4-11 所示。层架应用广泛，种类繁多，一般可进一步划分。

（1）按层架存放货物的重量级，可将层架分为重型层架、中型层架和轻型层架三种。

（2）按照其结构特点分类，分为层格式（图 4-12）和抽屉式（图 4-13）。

图 4-11　层架

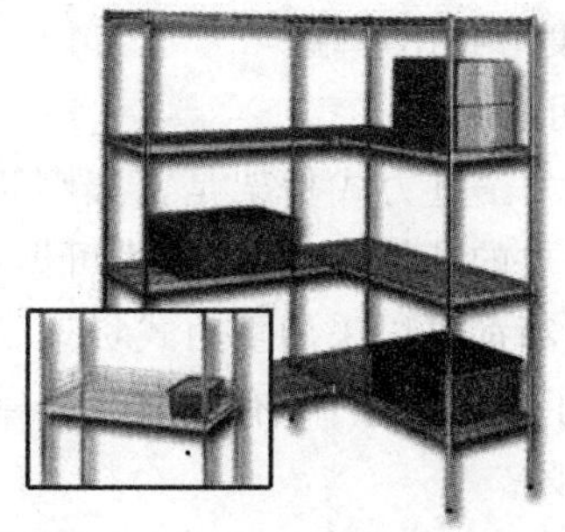

图 4-12　层格式

图 4-13　抽屉式

（3）按货架封闭程度，可将层架分为开放型、半开放型、金属网型和前挡板型若干种。

2）层架的特点及用途

层架的尺寸规格可在很大范围内变动，具有结构简单、省料和适用性强等特点，便于货物的收发，可实现仓库的现代化管理，改善仓库的功能，增加仓储面积，保全货物不易受损。但存放物资数量有限，是人工作业仓库的主要储存设备。轻型层架多用于小批量、零星收发的小件物资的储存，主要是人工进行装货、取货操作，规格尺寸及承载能力都和人的搬运能力相适应，高度一般在 2.4 米以下，厚度在 0.5 米以下，承载能力在 150 千克以下。

中型和重型货架要配合叉车和堆高设备等工具储存大件、重型物资，以实现货物的快速存取，所以其应用领域广泛。

2. 重力式货架

1）重力式货架的结构及种类

重力式货架又称自重力货架或流动式货架，如图 4-14 所示。它与层架从正面看基本相似，但是，进深比一般层架要深很多，在横梁上安上滚筒式轨道，轨道呈 3°～5°倾斜。托盘货物用叉车搬运至货架进货口，货物由高的一端存入，滑至低端，从低端取出。货物滑动过程中，滑道上设置有阻尼器，控制货物滑行速度保持在安全范围内。在低端取货时，货物利用自身重力自动下滑，托盘从进货口自动滑行至另一端的取货口，直到滑道的出库端或碰上滑道上已有货物单元停住为止。位于滑道出库端的第一个货物单元取走后，后面的货物单元继续在重力作用下依次向出库端移动一个货位。

图 4-14　重力式货架

根据滑道的滑动原理和结构不同，重力式货架分为滚道式、气囊式和气膜式三种。为了防止货物在滑动的过程中与前面或端挡的货物发生冲击和碰撞，滚道式滑道是每隔一定距离会安装一个限速器，降低货物滑行速度，在出货端还装置停止器，以保证出货作业的顺利进行。而气囊式和气膜式滑道是通过脉冲式充气与放气，使货物在滑道上滑动或停止，保证货物能以平稳的速度滑到出库端。

2）重力式货架的特点及用途

（1）单位库房面积存储量大。重力式货架是密集型货架的一种，能够大规模密集存放货物。与移动式货架密集存放的功能相比，其规模可做得很大，从 1 千克以下的轻体小件物到集装托盘乃至小型集装箱都可以采用重力式货架。

由于密集程度很高，减少了通道数量，可有效节约仓库的面积。由普通货架改为重力货架后，仓库面积可节省近 50%。

（2）固定了出入库位置，减少了出入库工具的运行距离。采用普通货架出入库时，搬运工具如叉车、作业车需要在通道中穿行，易出差错且工具运行线路难以规划，运行距离也长，采用重力货架后，叉车运行距离可缩短 1/3。

（3）由于入库作业和出库作业完全分离，两种作业可各自向专业化、高效率方向发展，而且在出入库时，工具不互相交叉，不互相干扰，事故率降低，安全性增加。

（4）重力式货架一个流道一般只存放一种货品，适合先进先出作业，尤其适用于有一定质保期、不宜长期积压的货物，因而符合仓库管理现代化的要求。

（5）重力式货架和一般货架比，大大缩小了作业面，有利于进行拣选活动。

（6）缺点是重力式货架建造费用较高，施工期较长。

基于上述特点，重力式货架主要应用在需大量储存货物或有拣选作业要求的场合。

3. 托盘式货架

1）托盘式货架的结构及种类

托盘式货架以储存单元化托盘货物，配以巷道式堆垛机及叉车等其他储运机械进行作业。高层货架多采用整体式结构，一般是由型钢焊接的货架片，通过水平、垂直拉杆以及横梁等构件连接起来。其侧面间隙需要考虑在原始位置货物的停放精度、堆垛机的停位精度、堆垛机及货架的安装精度等。目前都采用自由组合方式，易于拆卸和移动，可按物品堆码的高度，任意调整横梁位置，又可称为可调式托盘货架。如图 4-15 所示。

2）托盘式货架的特点及用途

托盘式货架结构简单，可以自行进行各种组合，有利于货物保管，减少货损，费用经济。出入库可做到先进先出，装载不同货物的时候可以立体存放，库容利用率高，有效配合叉车装卸，极大地提高作业效率。一般来说，一个托盘占一个货位，存取作业的时候，较高托盘货架要使用堆垛起重机工作，较低货位可使用叉车工作，实现机械化存取作业，既提高了工作效率，也有利于实现仓库计算机管理和控制。

4. 悬臂式货架

1）悬臂式货架的结构及种类

悬臂式货架又称悬臂式长形料架，由 3～4 格塔形悬臂和纵梁相连而成，由在立柱上装设外悬杆臂构成，如图 4-16 所示。悬臂式货架一般采用金属材料或专用型材立柱制造，设计背拉增加稳定性，配有高强度悬臂(悬臂有单面和双面两种)，适合于存放钢管、型钢或板材等长形的物品。若要放置圆形物品，在臂端要安装挡杆以防止货物滑落。根据承载能力，悬臂式货架可分为轻量型、中量型和重量型三种。

图 4-15　托盘式货架

图 4-16　悬臂式货架

2）悬臂式货架的特点及用途

悬臂式货架具有结构轻巧、载重能力好和空间利用率高等特点，其空间利用率在 35％～50％，特别适合空间小、高度低的库房。因为悬臂式货架高度受限，一般在 6 米以下。悬臂式货架管理方便，视野宽阔，能使用叉距较宽的搬运设备。悬臂式货架与普通搁板式货架相比，利用率更高，但一般只适合人力存取操作，不适合机械化作业。常用于建材生产工厂、家具、汽车制造商的长物料、板材、环形物料和不规则的货物存储。

5. 驶入式货架

1）驶入式货架的结构及分类

驶入式货架又称通廊式货架或贯通式货架，是一种不以通道分隔的、连续性的整栋式货架。托盘按深度方向存放,如图 4-17 所示。这种货架采用钢制结构,钢柱上有向外伸出的水平突出构件,当托盘送入时,突出的构件将托盘底部的两个边托住,使托盘起到横梁的作用。托盘按深度方向存放,一个紧接着一个,货物存取从货架同一侧进出,先存后取或后存先取。叉车可方便地驶入货架中间存取货物,所以被称为驶入式货架。当货架上没有货物时,货架正面便形成了无横梁状态,形成通道,方便叉车等作业车辆出入。

2) 驶入式货架的特点及用途

驶入式货架是叉车直接驶入货架进行作业,货架的配置方式可以是两组驶入式货架背对背安置或单一组靠着墙壁,叉车的进出使用相同的巷道。叉车与货架成垂直方向,货品入库时,要先卸载在最里面的货架托盘上,出库时按照由外向内的顺序取货,因此货物做不到先进先出。驶入式货架投资成本相对较低,存储密度大,对地面与空间的利用率较高。

6. 移动式货架

1) 移动式货架的结构及种类

移动式货架是在货架底部安装滚轮,并在仓库地面上安装导轨,使之可以整体移动的货架,如图 4-18 所示。移动式货架仅需设一条通道,是空间利用率较高的一种货架。货架安装于底座之上,底座沿导轨运行,通过链轮传动系统使每排货架移动。

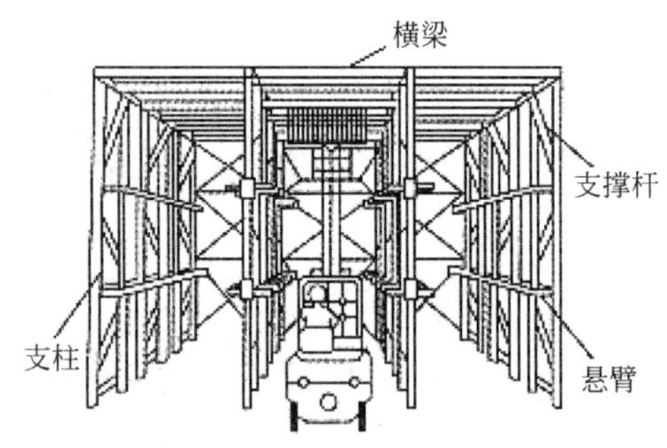

图 4-17 驶入式货架

图 4-18 移动式货架

2) 移动式货架的特点及用途

移动式货架平时密集排列在一起,存取货物时,通过手动或电力驱动装置,使货架沿轨道水平移动,形成作业通道,便于人工或机械存取作业。适合少样多量的低频度保管。移动式货架可直接存取每一种货物,不受先进先出的限制。但是移动式货架机电装置较多,维护相对比较困难,而且轨道需要埋在地表,不适合后期改造仓库,建造成本较高。这种货架较适合档案馆、资料室、图书馆、药库、银行和冷库等场所。

7. 阁楼式货架

1) 阁楼式货架的结构及种类

阁楼式货架是在厂房地面面积有限的情形下,利用钢梁和金属板在原有储区建造阁楼,如图 4-19 所示。利用货架支撑上层楼板,将原有的平房仓库设计成多楼层(通常为 2～3层)的仓库,每个楼层可放置不同种类的货架,能充分利用空间,节约库房面积。阁楼式货架可设有楼梯和货物提升电机等，用于货物的提升和输送。阁楼式货架适用于库房较高、货物轻小、人工存取和储货量大的仓库，广泛应用于汽车、电子和机械等领域。

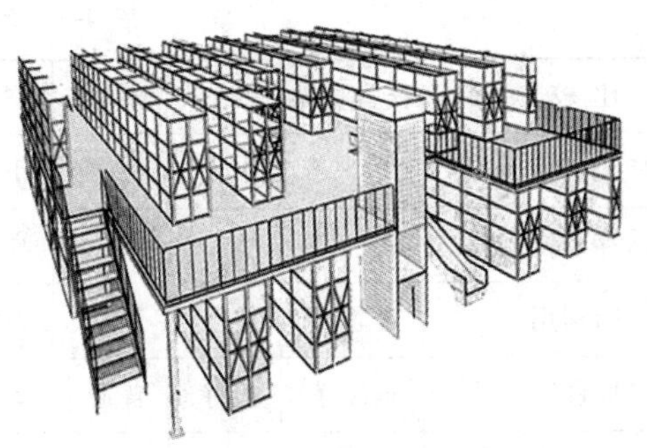
图 4-19 阁楼式货架

2）阁楼式货架的特点及用途

阁楼式货架是在已有的仓库场地上建造阁楼，可以有效增加空间利用率。阁楼式货架主要用于存放储存期较长的中小件货物，特别适合场地有限但需要存放物品品种很多的仓库。阁楼式货架的缺点是存取作业效率低，上层不适合重型搬运设备行走。

8. 旋转式货架

旋转式货架又称回转式货架，它是为适应目前生产及生活资料由少品种、大批量向多品种、小批量发展趋势而发展起来的一类现代化保管储存货架。这种货架的出现可以解决由于货物品种的迅猛增加所带来的拣选作业工作量大、劳动强度高和系统日益复杂的问题。

按照货物的拣选方式，可以把货架归纳为以下两种：一是货物存放在固定的货架内，供操作者进行取货；二是货架可以水平、垂直和立体方向回转，货物随货架移动到操作者面前，而后被操作者选取。旋转式货架属于后一种。

旋转式货架在存取货物时可用微机控制，也可用控制盘控制，根据下达的货格指令，该货格以最近的距离自动旋转至拣货点停止。这种货架存储密度大，货架间不设通道，与固定式货架比，可节省占地面积30%～50%。

4.2.3 货架的选择

1. 选用货架时应考虑的因素

（1）物品特性。物品的尺寸大小、外形包装等将会影响储存单位的选用；物品的重量直接影响选用何种强度的货架。

（2）存取性。一般较高的储存密度是以牺牲物品一定的存取性为代价。在选用货架的形式时，需对各种因素折中，统筹考虑。

（3）出入库量。出入库量高低是选用储放设备形式时应考虑的重点。如某些形式的货架虽有很好的储存密度，但出入库量却不高，适合于低频度的作业。

（4）搬运设备。货架的存取作业是以搬运设备来完成的。因此选用货架时应一并考虑搬运设备。如货架通道宽度，直接影响到堆高机的形式，另外尚须考虑举升高度及举升能力。

（5）厂房架构。梁下有效高度、梁柱位置会影响货架的配置。地板承受的强度、平整度也与货架的设计、安装有关。另外必须考虑防火设施和照明设施。

2. 各类货架特性比较表

各种货架特性比较及储存设备的入出库频度分别见表4-2及表4-3。

表 4-2　各类货架特性比较

比 较 项 目	托盘货架	窄道式	倍深式	驶入式	驶出式	流动式	后推式	移动式	自动仓储
货架占用面积	大	中大	中	小	小	小	中	小	小
储存密度	低	中	中	高	高	高	中	高	高
空间利用	普通	佳	佳	很好	很好	非常好	佳	非常好	很好
存取性	非常好	很好	普通	差	差	普通	普通	好	非常好
先进先出	可	可	不可	不可	可	可	不可	可	可
通道数	多	多	中	少	少	少	少	少	多
单位纵深储位数	1	1	2	最多 15	最多 10	最多 15	最多 5	1	2
托盘高度/米	6	15	10	10	10	10	10	10	10～20
入出库能力	中	中	中小	小	小	大	小	小	大

表 4-3　储存设备的入出库频度

比 较 项 目	托盘货架	窄道式	倍深式	驶入式	驶出式	流动式	后推式	移动式	自动仓储
货架占用面积	大	中大	中	小	小	小	中	小	小
储存密度	低	中	中	高	高	高	中	高	高
空间利用	普通	佳	佳	很好	很好	非常好	佳	非常好	很好
存取性	非常好	很好	普通	差	差	普通	普通	好	非常好
先进先出	可	可	不可	不可	可	可	不可	可	可
通道数	多	多	中	少	少	少	少	少	多
单位纵深储位数	1	1	2	最多 15	最多 10	最多 15	最多 5	1	2
托盘高度/米	6	15	10	10	10	10	10	10	10～20
入出库能力	中	中	中小	小	小	大	小	小	大

4.3　堆垛机械装备

4.3.1　堆垛机械的概念、分类和特点

1. 堆垛机械的概念

自动化立体仓库作为现代化物流中的重要组成部分，是一种多层存放货物的高架仓库系统，主要由多排高层货架、巷道、若干台巷道堆垛机、出入库输送设备、自动控制与管理系统所组成。巷道堆垛机及出入库辅助设备能够在计算机管理下自动完成货物的出入

库作业、对货物进行自动化管理，实施综合库房管理并与上级管理系统联网，实现管理现代化，是企业实现现代化管理的重要手段。堆垛起重机在立体库中的作业情况如图 4-20 所示。

图 4-20　堆垛起重机作业图

堆垛机的额定载重量一般为几十千克到几吨，其中 0.5 吨的使用最多。它的行走速度一般为 4～120 米/min，提升速度一般为 3～30 米/min。

2. 堆垛机械的分类

堆垛机械种类比较复杂，分类方式较多，主要分类形式如下。

(1) 按照有无导轨进行分类。按照有无导轨可以将堆垛机械分为有轨堆垛起重机和无轨堆垛起重机两大类，如表 4-4 所示。

表 4-4　有轨巷道堆垛起重机与无轨巷道堆垛起重机性能比较

设备名称	巷道宽度	作业高度	作业灵活性	自动化程度
无轨巷道堆垛起重机	中	5～12 米	可服务于两个以上的巷道，并完成高架区外的作业	可以手动、半自动、自动以及远程集中控制
有轨巷道堆垛起重机	最小	>12 米	只能在高层货架巷道内作业，必须配备出入库设备	可以手动、半自动、自动以及远程集中控制

无轨堆垛起重机又称高架叉车，使用灵活机动，但是作业面积大，并不适合在大型自动化立体仓库中使用，目前应用比较广泛的是有轨巷道的堆垛起重机设备。

(2) 按照高度不同进行分类。根据作业高度，堆垛起重机可分为低层型、中层型和高层型，如表 4-5 所示。

表 4-5　堆垛起重机高度分类表

设备类型	作业高度	应用范围
低层型	<5 米	分体式高层货架仓库及简易立体仓库
中层型	5～15 米	贯通式货架的中型仓库
高层型	>15 米	一体式的高层货架仓库

(3) 按照结构不同进行分类。根据结构不同，堆垛起重机可分为桥式堆垛起重机和巷道堆垛起重机。

3. 堆垛机械的特点

(1) 节约库存占地面积，提高储存空间利用率。堆垛机械的一般作业高度为 20 米左右，而且作业巷道宽度只有普通叉车的一半，可以有效地提高仓储空间的利用率。

(2) 提高劳动效率，降低劳动强度。在立体化仓库中普遍使用托盘集装作业，因此堆垛机械主要使用于大宗的集装货物作业，这就要求堆垛机械具有很大的起重量，一般都在

0.5 吨以上，极大地减少了人工作业，降低了作业强度。

(3) 提高库房作业管理水平。为了满足自动化立体仓库大批量、多品种的频繁作业，要求堆垛机械具有较高的自动化应用水平，采用计算机集中控制作业，以提高作业的自动化程度，可以使用配套的 WMS 管理软件，可随时进行库存盘点、打印报表，提高库房作业管理水平。

(4) 加快货物储存的周转速度。堆垛机械一般应用于大型的自动化立体仓库中，因此要求具有较高的作业速度，以满足频繁而快速的出入库要求，否则将无法体现自动化立体仓库的优势。其走行速度一般在 4～120 米/分钟，提升速度一般在 3～30 米/分钟。

(5) 降低货物破损率。堆垛机械定位精度高，具有多项保护功能，可以降低货物的破损率。

(6) 改善工作环境，保证安全操作。全自动的作业环境，降低了作业危险。

(7) 计算机自动分配货位，便于库存物品的及时准确提取。结合使用储位管理控制系统，可以进行货位的优化管理，提高利用效率。

4.3.2 桥式堆垛起重机

1. 概念

桥式堆垛起重机是一种集成货物存取和搬运作业的堆垛机械，可以整体沿立体仓库上方的固定导轨运行，为多条巷道提供作业服务，具有活动范围大的特点。安装在桥架上的小车可以沿巷道运行，小车上的回转平台可以实现货叉的对位操作，辅以立柱的上下移动就可以实现货物的存取作业，具体结构如图 4-21 所示。

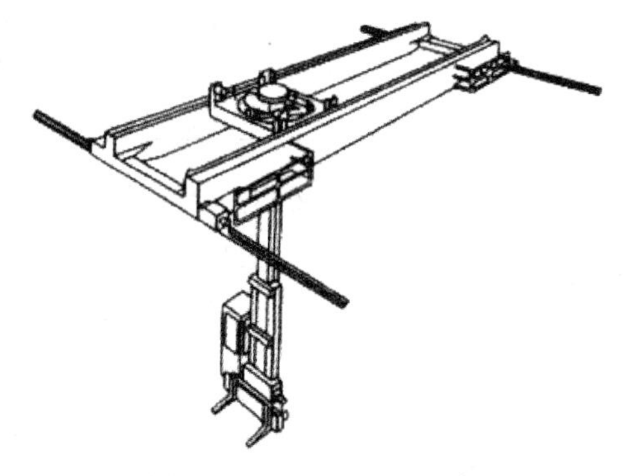

图 4-21 桥式堆垛起重机

受到自身结构的限制，桥式堆垛起重机的作业高度不能过高，否则将无法保证立柱等部件工作状态下的稳定性，因此主要适合于 12 米以下中等跨度的仓库使用；由于桥式堆垛起重机作业操作较为复杂，因此巷道的宽度要求比较大，目前主要应用于笨重和长大件物料的搬运和堆垛作业中。

2. 主要性能参数

(1) 额定起重量。额定起重量是指桥式堆垛起重机允许叉取的最大物料重量，此重量包含货叉等存取装置的重量。额定起重量受到作业环境的多个因素影响，是衡量桥式堆垛机性能的主要参数。

(2) 小车运行速度。桥式堆垛起重机具有多个方向的运动，其中小车运行最大速度是指在额定起重量下，小车在桥架上运行时所能达到的最大速度，小车的运行速度直接影响作业效率。最大起升高度是指在额定起重量、货物起升到最高位置时，货叉水平段的上表面距地面的垂直距离，最大起升高度决定了货架的高度。最大回转速度是指在额定起重量下，回转平台回转时所能达到的最大速度。

(3) 巷道宽度。巷道宽度是指满足各项作业要求的巷道最小宽度，主要受到货物的几何尺寸、货叉的长度等因素的影响，巷道宽度直接影响着仓储空间的布局。

(4) 货叉下挠度。货叉下挠度是指在额定起重量下，货叉上升到最大高度时，货叉最前端弯下的距离，这一参数反映货叉抵抗变形的能力，货叉下挠度过大会影响货物在运行过程中的稳定性，它与货叉的材料、结构形式以及加工货叉的热处理工艺有关。

4.3.3 有轨巷道堆垛起重机

目前，广泛应用的堆垛机械主要是有轨巷道堆垛起重机。有轨巷道堆垛起重机是用在立体仓库中负荷单元的存取搬运设备，它可以在高层货架之间穿梭运行，如图 4-22 所示。

1. 有轨巷道堆垛起重机的组成

有轨巷道堆垛机在作业过程中通过整机的沿导轨的水平运行、载货平台沿机架的垂直运行以及货叉的伸缩运行实现工作位置的三维变化，其基本结构大致分为机架、起升机构、货叉伸缩机构、电气控制设备以及安全保护装置等几个主要组成部分。如图 4-23 所示。

图 4-22　有轨巷道堆垛起重机使用情况图

图 4-23　有轨巷道堆垛起重机组成

1) 机架

机架是由立柱、上横梁、下横梁组成的长方形结构框架，是整机的承载构件。机架一般都是由高强度的金属材质构成，因此也称为金属结构。机架沿导轨运行，为防止框架倾倒，在上横梁上装有导向轮。机架上安装有起升机构，其立柱内侧安装升降导轨，使载货台平稳地升降。机架后部和两侧安装有运行终端限位开关等部件，以保证有轨堆垛起重机在设定范围内工作。

根据机架结构的不同，将有轨巷道堆垛起重机分为双立柱和单立柱有轨巷道堆垛起重机两种。

2) 起升机构

起升机构用以驱动载货台垂直升降。起升机构主要由驱动装置、传动装置以及配重块等附属部件组成。驱动装置普遍使用电动机，而传动装置则可以选用链条式传动、钢丝绳传动等多种方式。链条式传动装置由电机减速器、驱动链轮、升降链条、配重块等组成。

电机减速机通过驱动链轮带动升降链轮旋转，升降链轮再通过升降链条带动载货台上下运动，链轮传动装置具有传动功率大的特点，而采用钢丝绳等柔性传动装置，则具有质量轻、结构紧凑、工作安全、噪声小的特点。

3）货叉伸缩机构

货叉是有轨巷道堆垛超重机存取货物的执行机构，而货叉伸缩机构控制货叉存取货物。货叉一般采用三节式机构，以在不工作时减少自身长度，以降低巷道宽度，下叉固定在载货台上，中叉和上叉可以向左右伸出。为了使货叉伸缩到位，保证准确存取货物，在货叉上装有机械定位装置和电气定位感应开关组成的双重定位保护装置，还有检测货叉是否回到原位的中位感应条和接近开关，实现货叉位置的精确控制。

4）电气控制设备

电气装置是由电动驱动装置和自动控制装置组成，完成有轨巷道堆垛起重机的走行、升降、货叉的伸缩等全部动作的控制。有轨巷道堆垛起重机一般由交流电动机驱动，可以采用变频器进行驱动。目前使用的运行控制设备主要是可编程逻辑控制器(PLC)。

5）安全保护装置

安全保护装置可以为有轨巷道堆垛起重机提供一定的安全保证，如各个机构的行程限制装置、起升过载保护装置等。有轨巷道堆垛起重机上设置了对货架上货位、入出库位置上的货物检测传感器，以确认货位或入出库位置上的货物情况；为防止货物尺寸与即将入库货位的尺寸不符，堆垛机上设置了货物尺寸检测传感器，以提高堆垛起重机的运行安全性。

2. 有轨巷道堆垛起重机分类

按现行机械行业标准，有轨巷道堆垛机分类方式多种多样，如按支承方式、用途、控制方式、结构、运行轨迹等分类。但无论何种类型的堆垛机，一般都由水平行走机构、起升机构、载货台及货叉机构、机架和电气设备等基本部分组成。在目前立体仓库应用中，堆垛机最常见的是按结构形式和运行轨迹分类。

1）按照结构形式分类

从结构形式上区别，目前立体仓库中堆垛机有双立柱结构和单立柱结构。

(1) 双立柱堆垛机。双立柱结构的堆垛机机架由两根立柱和上横梁、下横梁组成一个长方形框架。立柱形式有方管和圆管。方管兼做起升导轨，圆管附加起升导轨。双立柱堆垛机的最大优点就是强度和刚性都比较好，并且运行平稳。一般对于起重高度较高、起重量较大和水平运行速度高的立体仓库堆垛机多采用双立柱结构。双立柱堆垛机的起升机构普遍采用链条传动，由电机减速机驱动链轮转动，通过链条牵引载货台沿立柱或起升机导轨做升降运动。由于链条牵引载货台或配重装置受空间尺寸限制，传动和布置较复杂，但定位较准确。

(2) 单立柱堆垛机。单立柱结构的堆垛机机架由一根立柱和下横梁组成。立柱多采用较大的 H 型钢或焊接制作，立柱上附加导轨。整机重量较轻，消耗材料少，因此制造成本相对较低，但刚性稍差。载货台及货物对立柱的偏心作用以及行走、制动时产生的水平惯性力作用，使单立柱堆垛机在使用上有局限性，不适于起重重量大和水平运行速度高的堆垛机。单立柱堆垛机的起升结构普遍采用钢丝绳传动，由电机减速机驱动卷筒转动，通过钢丝绳牵引载货台沿立柱或起升钢轨做升降运动。单立柱堆垛对钢丝绳传动和布置相对容易，但定位准确性稍差。

2）按照运动轨迹分类

堆垛机水平驱动装置一般安装在堆垛机下横梁上，通过电机减速机驱动车轮转动，使堆垛机沿水平方向运行。此种地面驱动方式使用最为普遍。一般采用两个承重车轮，沿铺设在地面上的轨道（通常叫作地轨）运行。通过下部两组水平轮沿轨道运行导向，在堆垛机顶部两组导向轮沿上轨道（通常叫作天轨）运行辅助导向。按其运行轨迹形式不同，有轨堆垛机分为直线运行型堆垛机和曲线运行型堆垛机。

3）有轨巷道堆垛起重机的技术参数

堆垛机作为立体仓库中重要的运输设备，其各项技术参数的选用，将直接影响到整座立体仓库的运行效率和经济效益。合理选择各项参数，将大大提高整个系统的运行效率和经济效益。我国现阶段立体仓库中，在堆垛机技术参数的选用上，与世界先进水平相比，存在较大的差别。

（1）堆垛机的速度参数。与堆垛机的速度有关的参数，主要指水平运行速度、起升速度和货叉伸缩速度。这三项参数的高低直接关系到出入库频率的高低。

（2）堆垛机的尺寸参数。堆垛机的尺寸参数较多，如起升高度、下降深度、整机全长、最低货位极限高度等。其中最低货位极限高度，即货叉上表面从最低一层货格的低位到地轨安装水平面的垂直距离。该参数涉及合理利用有效空间，增加库容量，也是评价堆垛机设计水平的标准之一。目前，国内立体仓库堆垛机的最低货位极限高度普遍偏高。

（3）堆垛机的货叉下挠度。货叉下挠度是堆垛机的一项非常重要的性能参数，直接关系到堆垛机能否正常工作。因结构形式、材料及加工热处理工艺的限制，同等状况下，国内立体堆垛机的货叉下挠度要比国外的大 20%～30%。改进货叉结构，合理选材，提高工艺手段，是减少货叉下挠度、保证堆垛机工作性能的重要措施。

（4）堆垛机的噪声。堆垛机在高速运行和升降中，特别是在同时进行时，由于车轮与轨道摩擦和提升链条或钢丝绳的振动、摩擦等，将产生较大的噪声。标准中规定，堆垛机在工作时，其噪声值不高于 84 dB。目前立体仓库实际应用表明，对于行走速度不超过 80 米/min 的还可以保证，超过 100 米/min 的则一般难以保证。

3. 有轨巷道堆垛起重机的型号参数说明

有轨巷道堆垛起重机的型号主要包括五个部分，分别是机架形式、货叉类型、行走速度级别、起升高度和载重量，具体内容如表 4-6 所示。

表 4-6　有轨巷道堆垛起重机的型号参数说明

型号参数内容	字 母 含 义
机架形式	D：双立柱；S：单立柱
货叉类型	P：板叉型；F：指叉型
行走速度级别	H：高速水平行走；M：中速水平行走；L：低速水平行走
起升高度	单位：米
载重量	单位：千克

例如,SPH-10-500 属于单立柱、板车货叉型、高速水平行走堆垛起重机,其水平行走速度为 125~180 米/min,起升高度为 10 米,最大载重量为 500 千克。

4.3.4 机器人的构成和作业特点

1. 机器人的构成

机器人主要是由机械执行机构和控制系统构成。机械执行机构是由安装在机体上的若干个回转(或移动)关节与杆件相互连接构成的多自由度主动机构构成,可以模拟人的手臂或者肢体功能,它可由操作者或者控制装置控制完成各种任务。图 4-24 所示为机器人机械执行结构。

图 4-24 机器人机械执行机构

机械机构基本上是由机体、臂部、腕部和末端执行器组成。机体是机器人的主要承载部件,同时可以执行水平回转指令,以调整前端臂部的位置,而且可以安装驱动装置和其他部件。臂部用于支撑腕部,同时可以执行摆转指令,以调整末端执行器的空间位置和姿态,臂部可以分为大臂和小臂,以增加机器人的操作灵活性。腕部将末端执行器和臂部连接在一起,并可以支撑和调整末端执行器的姿态。

控制系统可以实现机器人姿态、速度和加速度等工作参数的调整,控制系统应具有良好的人机交互功能,使操作人员可以方便地根据控制指令下达工作任务;同时控制系统应具有记忆功能,存储已经设定的工作任务,调出执行即可自动运行。

此外,为了使机器人能够适应外界环境变化,还可以安装必要的传感器检测设备,如检测机器人自身状态以及抓取物体的形状、物理性质,检测周围环境中是否存在障碍物等。

2. 机器人的作业特点

由于机器人是典型的机械自动化设备,因此其作业具有以下特点。

(1) 功能多样。机器人的用途非常广泛,可以非常快速、准确地实现货物的空间位置转移,因此可以完成搬运、装卸、组装等多项作业活动,实现物流作业中的分拣、堆垛操作。

(2) 适应性好。机器人的操作对象并没有严格的限定,当产品的品种和规格发生变化时,只需要重新编制控制程序,就可以适应新的使用要求,而无须对其他方面进行修改,具有良好的适应性。

(3) 效率高。机器人的工作速度比较快,可以实现连续不间断工作,工作效率比较高。

(4) 操作精度高。机器人的操作控制精确,其位置误差基本处于毫米级以下,准确性非常好,如堆垛机器人可以将不同外形尺寸的包装货物,整齐地、自动地码(或拆)在托盘上,可以充分利用托盘的面积和码堆物料的稳定性,机器人还配有物料码垛顺序、排列设定器,功能全面,使用起来非常方便。

3. 机器人的主要技术参数

1）额定负载

额定负载是指在规定性能范围内，末端执行机构所能承受的许用负载值，额定负载值和机器人的运行速度以及抓取对象的性质有关。一些特殊类型的机器人如抓取片状货物的机器人，不能单纯地考虑额定负载，还要考虑到货物的形状和尺寸。

2）自由度

自由度是指机器人的各个运动部件在三维空间坐标轴上所具有的独立运动的可能状态，每个可能状态为一个自由度，如腕部的回转就是一个自由度。机器人的自由度越多，其动作就越灵活，适应性越强，机械结构和控制系统也会越复杂。一般情况下，机器人具有 3～5 个自由度即可满足使用上的要求。同时，每个自由度都会有其动作范围，决定了机器人操作机的工作空间形状和大小。目前的堆垛机器人普遍采用垂直多关节型机器人，它是由立柱、大小手臂和手爪组成。立柱与大臂间形成肩关节，大臂与小臂之间形成肘关节，小臂与手爪之间形成腕关节。这种机器人动作灵活，工作范围大，占地面积小，通用性强，作业速度快。

3）运行速度

机器人的运行速度是指机器人各个自由度的极限速度，与机器人的负载情况、定位精度等参数有密切关系，同时也直接影响机器人的运动周期。目前，机器人的最大运行速度在 1500 毫米/s 以下，最大回转速度在 1200 毫米/s 以下。

4）精度

精度包括位姿精度、位姿重复性、轨距精度和轨迹重复性等。位姿精度是指机器人的实际工作位置和姿态与控制指令的目标位置和姿态之间的偏差。位姿重复性是指重复进行同一工作时能够达到同一位姿的准确程度。轨距精度是指机器人实际运行轨迹与指令目标轨迹之间的偏差。轨迹重复性是指重复同一工作轨迹时能够达到的一致程度。机器人的位姿、轨迹精度高说明机器人的控制精度比较好，重复性好说明机器人工作稳定。精度与机器人的位置控制方式、运动部件的制造精度、抓取的重量和运动速度有密切的关系。

5）程序编制与存储容量

程序编制与存储容量是指机器人的用于存储相关控制信息的存储器容量，存储容量大，表明机器人的记忆性强，能够适应各种作业环境，并且从事复杂作业的能力强。

4. 堆垛起重机器人的物流应用

1）码垛作业

码垛作业是机器人按照一定的码垛规律将包装箱规则置于托盘上，形成集装作业单元的过程，为充分利用托盘的面积，并保证码堆物料的稳定性，机器人具有物料码垛顺序、排列设定器，可以根据预定的程序完成码垛作业。

2）作业衔接

机器人可以根据载货台上货箱的位置和尺寸进行识别，确定货物的性质，并采取合理的装卡方法进行搬运，并送至下一工序的指定位置，此类机器人目前应用并不广泛，只是作为大型综合仓库的辅助搬运手段出现，可以实现不同作业之间的合理衔接。

4.4 月台技术及其他设备

4.4.1 线路和站台

1. 线路

仓储设备需要与外界进行货物的交换，因此需要搭建起合理的货物交互接口，实现货物的快速转移和仓库相接的线路基本要求是能满足进出货运量的要求，不造成拥挤阻塞。

(1) 铁道专用线简称专用线，是与铁路网相接的专供仓库使用的线路。

大量进出货的集散型仓库，一般依靠专用线将仓库与外界沟通，煤炭、水泥、油类、金属材料配送型仓库或配送中心，也往往依靠专用线解决大量进货的问题。

(2) 汽车线和公路干线相接的汽车线路，可以深入到仓库内部甚至库房中。一般进出货量不太大的仓库往往靠汽车线与外界相连。

在生产企业的大型成品库中，是靠铁路线及汽车线向外运出货。一般流通仓库，铁路线与进货区相连而汽车线与出货区相连。现代仓库，在汽车大型化的前提下，很多不设铁路线，尤其在大城市内的仓库，主要依靠公路线与外界相接。

2. 站台

站台也称为月台，站台设备就是连接仓储空间与交通运输设备的接口设备，是和仓库相连的线路或者进入仓库内部的线路以及线路与仓库的连接点。它是货物进出仓库的必经之路，直接影响着仓库的正常运行。如果站台无法满足仓库进出货物量的要求，就会造成仓库的拥挤和堵塞。

站台的基本作用是：车辆停靠处、装卸货物处、暂存处，利用站台能方便地将货物装进车辆中或从车辆中取出，实现物流网络中线与节点的衔接转换。

1) 站台的主要形式

(1) 高站台。站台高度与车辆箱底高度一样，一旦车辆停靠后，车辆货台与站台处于同一水平面，有利于使用作业车辆进行水平装卸，使装卸合理化。其车厢底部与火车站台水平，叉车能较为方便地装卸货物，如图 4-25 所示。

(2) 低站台。站台高度与地面高度一样，也就是指站台和仓库地面在同一水平线。低站台有利于站台和仓库之间的货物搬运，但是站台和车辆之间的装卸作业不如高站台方便，为克服车辆和站台的间距和高度差，通常还需要使用一些升降设备，如图 4-26 所示。

图 4-25 高站台

图 4-26 低站台

2）站台高度的设定

在一个库区内可考虑停靠车辆的种类，有若干不同高度的停靠位置，也可考虑车中平均高度，尽可能缩小货车车厢底板与站台的高度差，以达到提高作业效率的目的。

在仓库中，进出货车种类可能很多，因而即使考虑不同高度的站台，也很难使全部车辆与站台相接。要克服车辆与月台间的间距和高度差，一般站台为作业安全与方便起见，常见有下列三种设施。

（1）可移动式楔块

可移动式楔块又叫竖板，当装卸货品时可放置于卡车或拖车的车轮旁固定，以避免装卸货期间由于车轮意外地滚动而可能造成的危险。

（2）升降平台

最安全也最有弹性的卸货辅助器应属于升降平台，而升降平台分为卡车升降平台及码头升降平台两种。当配送车到达时，就卡车升降平台而言，可提高或降低车子后轮，使车底板高度与月台一致，从而方便装卸货；若就码头升降平台而言，则可调整码头平台高度来配合配送车车底板的高度，因而两者有异曲同工的效果。

（3）车尾附升降台

它是装置于配送车尾部的特殊平台。当装卸货时，可运用此平台将货物装上卡车或卸至月台。车尾附升降台可延伸至月台，也可倾斜放至地面，其设计有多种样式，适于无月台设施的物流中心或零售点的装卸货使用。

4.4.2　装卸平台

装卸平台又称站台调整板、登车桥，是目前应用最为普遍的站台装卸接泊设备。装卸平台一般安装在站台上，可以调节自身的高度，从而实现货车和站台的有效链接，装卸平台搭设在车辆与建筑物之间，以调整车辆底部与地面的高度差。如图 4-27 所示。

图 4-27　装卸平台

装卸平台的性能可以通过载重量和调节幅度来进行评价，载重量是指在正常工作条件下站台上的最大承载货物重量，一般是指动载荷，其中，最常见的是动载荷为 6 吨和 10 吨两种规格，它们可以基本满足叉车的装卸作业要求。不同的物流作业条件下可以通过调节站台高度来适应运输工具的要求，实现两者之间的无缝对接，最常见的装卸平台调节幅度是低于站台 300 毫米到高于站台高度 300 毫米。

装卸平台有三种形式：手动机械式、电动液压式、前伸式舌片电动液压式。

1. 手动机械式

手动机械式装卸平台完全不需电力，板台提升依靠人力和弹簧机构助力来实现，舌片依靠联动机构翻起。手动机械式装卸平台操作简便容易，机械式结构耐用持久，适用于使用频率较低的仓库站台，且投资较省。但与电动液压式相比，其安全性较差。

2. 电动液压式

电动液压式装卸平台为一键式操作，为物流装卸作业提供了安全、耐久、高效率的保障。电动液压式操作简便、快捷；电动液压的稳定性保证了设备长久的使用寿命；维护工作也较少。

3. 前伸式舌片电动液压式

此种装卸平台与电动液压式所不同的是其舌片并非翻转式，而是液压前伸式。翻转式舌片为 400 毫米，而前伸式舌片前伸幅度则达到 500 毫米或 1000 毫米，可以满足从侧边搭接货车的作业需求；也使对于相同的装卸平台作业长度，所需的固定部分和预留坑进深可缩小，即站台的纵深可缩小，这对于站台区域尺寸较小或节约土建很有帮助。由于采用前伸式舌片，在搭接货车时可以方便地调节舌片长度到合适的位置，可以适应卡车满装等特殊状况。该类型站台设备更重要的是在低温或恒温库，装卸平台往往会被设计于工业滑升门内，操作时，较长的舌片就显得很必要、很实用。电动液压式装卸平台如图 4-28 所示。

图 4-28 电动液压式装卸平台

选择装卸平台通常基于以下一些基本条件。

(1) 建筑物设计、交通密度、车辆型号、基座高度以及装卸设备。工业建筑的装货场地类型各异，提供的装卸平台也有多种内设装置可供选择。

(2) 常见的装卸平台有翻转搭接板的电控液压型，但只允许在车辆侧面装卸。伸缩式搭接板可以搭设在由车辆难以靠近装卸斜面而增大的间隙中间。此外，如果车辆或集装箱的空间全部占用，由于悬臂位置可以改变，所以采用可伸缩悬臂式平台具有一定的优势。

(3) 电控液压装卸平台适用于装卸场地上的车厢高度各异的车辆以及交通相对繁忙的场所。自动装卸平台是带有两侧台面的电动液压平台。

(4) 手动平台适用于装卸平台不常用或不能提供电力的场所。

4.4.3 站台接泊板

1. 站台接泊板简介

站台接泊板，如图 4-29 所示，又称站台平衡桥板，指用手动翻转或折叠的方式将平台与货车接泊，是一种较简单的站台装卸衔接设备。它的承重一般为 4 吨，适应电动托盘车加上 2 吨货物。翻转式站台接泊板的操作原理是用手动推杆配合渐进式扭力弹簧或气弹簧操作，有固定式和滑轨式两种，主要应用于工厂或其他场合如载重较小、使用频率较低，或需要移动接泊设备的场合。折叠式站台接泊板是一种轻型的站台调整设备，只需用手提起、旋转 90°放下即可，使用及安装都很方便。它主要应用于调整站台与卡车间较小的高度差，如低温库统一的厢式车队就可选用该设备。

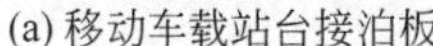

(a) 移动车载站台接泊板

(b) 固定式接泊板

图 4-29　站台接泊板

2. 剪式升降平台

剪式升降平台彻底克服了高低点间的落差，提升高度可从地面直至集装箱高度，在作业过程中，作业面一直保持水平。其承重可以从 0.5 吨到 15 吨或更大，适合较为特殊的装卸作业。剪式升降平台可以直接装于预留坑使用平台与地面齐平或装于站台预留坑内，使之与站台齐平。剪式升降平台直接装入站台，不使用时与站台齐平，车辆能够正常通行，如图 4-30 所示。

3. 移动式登车桥

移动式登车桥，如图 4-31 所示。它应用于无装卸站台或装卸位置不固定以及装卸场地狭小等场合，以方便叉车等搬运车辆直接进入货车进行装卸，大大提高工作效率。可以采用手动液压操纵，无须其他动力，几乎不需要任何维修。在使用中可把轮胎收起离地，需移动时放下轮胎，用人力或叉车牵引即可变换场地，方便快捷。登车桥前端的两支撑脚可承重 25 吨，与货台连接处有一活页搭板，搬动车辆进出更顺畅。移动式登车桥承重与装卸平台一样有 6 吨和 10 吨两种形式。

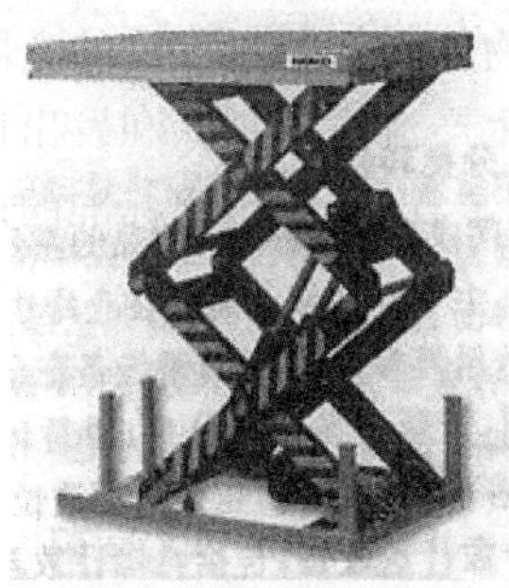

图 4-30　剪式升降平台

图 4-31　移动式登车桥

4.4.4　计量设备

1. 计量设备的概念、分类和特点

计量设备是利用机械原理或者电测原理对物品的重量、长度、数量、容积等量值进行度量的器材、仪器的总称。由于仓储作业需要在仓库中使用的计量装置很多，如入库作业需要获得货物重量、数量等参数，因此计量设备在仓储作业中应用非常广泛。

根据计量物理量的不同，计量设备可以分为：重量计量设备，包括各种磅秤、地重衡、轨道衡、电子秤；流体容积计量设备，包括液面液位计、流量计；长度计量设备，包括检尺器、长度计量仪；个数计量设备，包括自动计数器、自动计数显示装置。在仓库内接收、分发等作业中，最广泛使用的是重量计量设备。重量计量设备是统计货物进出量、储存量的基础，也是计算仓库损耗量、作业能力与作业效率的基础。重量计量设备按结构原理，可分为机械秤、电控机械秤以及电子秤等多种类型。

2. 主要计量设备的运用

1）地磅

地磅也被称为汽车衡，是厂矿、商家等用于大宗货物计量的主要称重设备。电子汽车衡标准配置主要由承重传力机构（秤体）、高精度称重传感器、称重显示仪表三大主件组成，由此即可完成汽车衡基本的称重功能，也可根据不同用户的要求，选配打印机、大屏幕显示器、电脑管理系统以满足更高层次的数据管理及传输的需要。

2）电子轨道衡

电子轨道衡，如图 4-32 所示，是采用桥式称重传感器作为重量转换元件，可对符合国家铁路运营要求的四轴货车进行联挂或单车动态计量。它具有计量准确、自动显示重量、自动记录称重结果的功能，可为散装物料的装车计量提供有效的自动控制与管理。

图 4-32 电子轨道衡

3）电子秤

电子秤是集现代传感器技术、电子技术和计算机技术为一体的电子称量装置，由称重传感器、A/D 转换电路、单片机电路、显示电路、键盘电路、通信接口电路、稳压电源电路等电路组成。

4）自动检重秤

自动检重秤是一种对不连续成件载荷进行自动称量的衡器。自动检重秤能够按照预先设定的区限值对被称物体的重量进行检验。当被称物体重量超过允许的上限值和下限值时，会自动检测出超差的物体，并且能够自动将其从生产流程中剔除和发出声光报警信号。为了提高效率，有些类型的自动检重秤添加了移出装置，将不符合标准的产品移出自动生产线外，进行进一步处理，如图 4-33 所示。

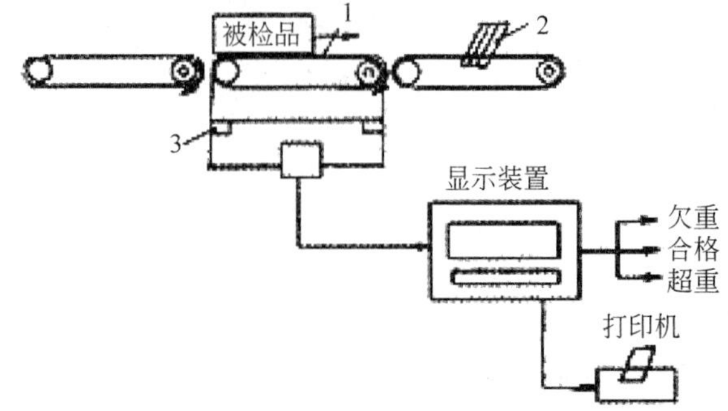

1—输送机 2—移出装置 3—称重传感器

图 4-33 自动检重秤原理框图

5）电子吊秤

电子吊秤，如图4-34所示，是集吊装和称量为一体的计量装置，由吊挂件、高密度传感器和A/D转换器及显示器组成，可与各种起重设备配套使用。电子吊秤是一种悬挂式电子秤，要求使用场合必须有电葫芦，一般用于钢铁厂、卷板厂、炼钢厂、桥梁厂、重型机械厂、码头等场合。

图4-34 电子吊秤

6）皮带秤

皮带秤是一种比较传统的计量设备，由于它结构简单、对物料输送设备没有任何影响、安装比较方便、日常维护量小且不需要辅助动力，所以深受用户欢迎，并已在各行各业中得到普遍应用，是各种粉状、颗粒状和小块物料连续输送皮带机的理想计量设备。

皮带秤适应各种皮带宽度、托辊形式（平型和槽型）和皮带速度，可以在皮带动态运行条件下完成称重，因此称重效率高。皮带秤如图4-35所示。

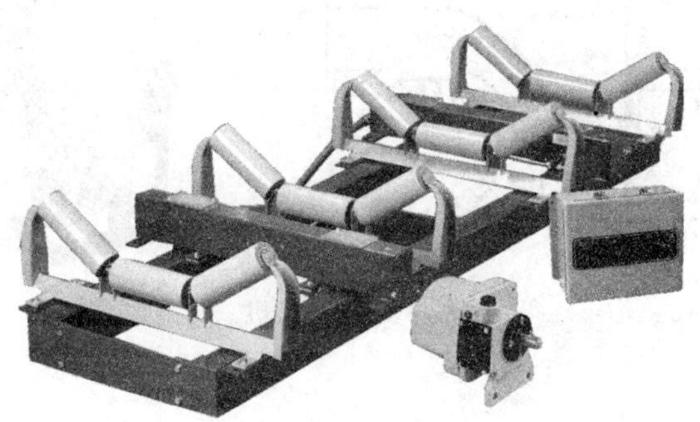

图4-35 皮带秤

4.4.5 仓储保管养护设备

仓储保管养护是根据商品自身的自然属性及商品在储存期间质量变化规律对仓库内储存的商品进行保管与维护，以创造适宜的商品储存条件，维护商品在储存期的安全，保护商品的质量，降低商品的损耗。而要做好这些工作，离不开仓储保管养护设备。

仓储保管养护设备是指在仓库中完成商品保管养护作业所需要的各种机械设备。根据商品保管养护的种类和性质，仓储保管养护设备常分为温度湿度测量与控制设备，如通风机、去湿机、空气幕和冷冻机等；除锈机械，如板材除锈机、管材内外壁除锈机和槽钢除锈机等。

1. 测湿仪器

在进行商品保养时，只有通过准确的测量，求得库房内外空气湿度的具体量值，才能采取可靠的措施来控制仓库湿度，常见的测湿仪器有以下四种。

（1）干湿球湿度传感器。

（2）自动干湿湿度计。

（3）氯化锂电阻式测湿传感器。

（4）氯化锂露点式相对湿度计。

2. 去湿机

（1）空气去湿机。空气去湿机的工作原理是利用制冷装置，将潮湿空气冷却到露点温度以下，使水汽凝结成水滴被排出；被冷却干燥的空气再送入仓库内。这种不断循环排除大量水分后，即可使室内空气的相对湿度不断下降。

（2）氯化钙动态除湿器。氯化钙动态除湿器是在通风机的强制作用下，使含湿量大的空气通过氯化钙吸湿层，以降低空气中水分的一种装置。

（3）氯化锂转轮除湿机。氯化锂转轮除湿机是利用嵌固在石棉纸上的氯化锂晶体做吸湿剂的。

3. 通风机

通风机是将发动机的机械能转换为其他的动能和压力能的机械设备，是对仓库湿度进行控制的设备，如图 4-36 所示。

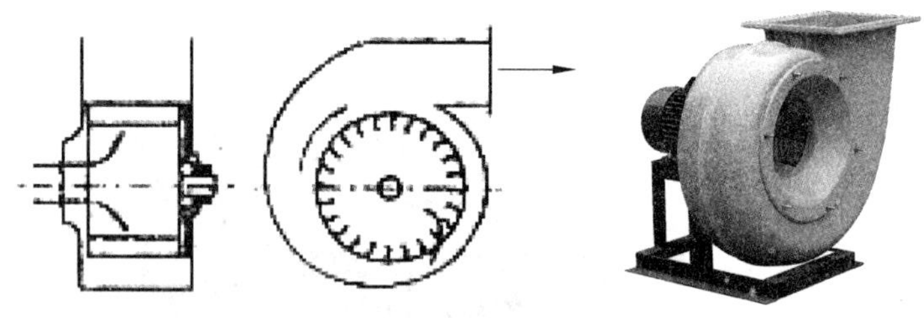

图 4-36 通风机

4. 除锈机

除锈机是指对储存的金属商品进行除锈作业的机械设备，它主要是利用机械力去冲击、摩擦和敲打金属以除去表面的锈层和污物。除锈机的种类很多，主要有板材除锈机、管材内外壁除锈机和槽钢除锈机。

5. 空气幕

空气幕是利用条缝形空气分布器，喷射出一定温度和速度的幕状气流，用于封闭建筑物大门，减少或隔绝外部气流的侵入，以维持室内或某一工作区域内一定的气象条件。空气幕常称为风幕。

4.4.6 仓储安全消防设备

仓库既是商品的集聚地，又是仓储作业的劳动场所，具有较大的商品储存量和各种各样的仓储设备，稍有疏忽就可能发生盗窃、火灾事故，造成严重的损失。因此，按照科学的方法，加强仓储的安全消防管理，确保设备、人员和商品的安全，这对避免损失、保证商品周转和供应工作的顺利进行有着重要的意义。

安全消防设备是指用于仓库防盗防火的各种安全消防器材、工具的总称。按照其用途，安全消防设备常分为防盗报警传感器，火灾自动报警设备，灭火器，自动喷水灭火设备，消防车、消防梯、消防水泵，给、蓄、泵水设备等。

1. 防盗报警传感器

防盗窃和防破坏是确保仓库安全的重要工作之一，而要做好这项工作需要用防盗报警系统。防盗报警系统主要由防盗报警传感器和防盗报警控制器构成，前者设在保护现场，用来对被监视目标进行探测；后者放在值班室，主要接受传感器送来的盗情信息，进行声、光报警。

2. 火灾自动报警设备

火灾自动报警设备主要由火灾探测器和火灾报警器组成。探测器装在需要监视的现场，报警器装在有人看守的值班室。两者之间用导线或无线方式进行连接。

火灾探测器是组成各种火灾报警系统的重要器件，它是利用一些敏感元件和电子线路，将火灾初期的各种物理和化学参数转换成电信号，然后送给报警器的一类特殊传感器。火灾探测器主要有以下四种。

1）感烟探测器

根据火灾时产生烟雾的特点，利用烟雾检测元件检测发出火警信号。它是世界上应用较普遍、数量较多的探测器，可以探测 70%以上的火灾，有离子感烟探测器、光电式感烟探测器和红外激光式感烟探测器。

2）感温探测器

根据火灾时温度升高的特点，利用温度检测元件检测并发出火警信号，有定温式、差动式和定温差动式等。

3）火焰探测器

火焰探测器是一种响应火灾发出的电磁辐射的火灾探测器，对快速反应火灾(如易燃、可燃液体火灾等)能及时响应，是对这类火灾早期通报的理想探测器，如图 4-37 所示。

4）可燃气体探测器

可燃气体探测器利用气敏半导体元件，检测空气中可燃气体的浓度并发出报警信号，如图 4-38 所示。

图 4-37　灭火探测器

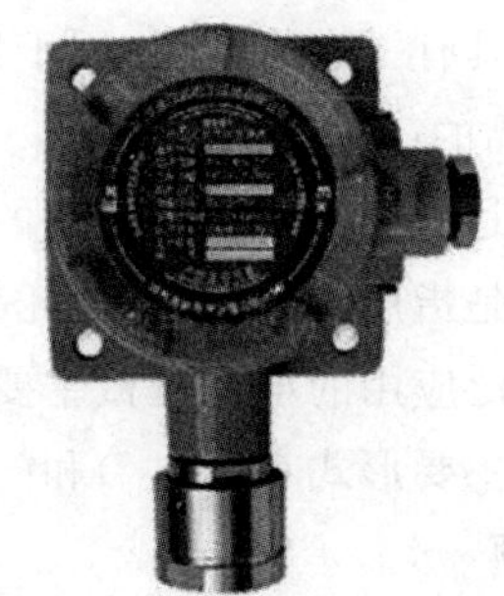

图 4-38　可燃气体探测器

3. 灭火器

灭火器是扑救初起火灾的重要消防器材，它轻便灵活、实用，是仓库消防中较理想的第一线灭火工具。

灭火器就其外形而言结构基本相似，主要由筒体和器头组成。灭火器筒体为一柱状球形头圆筒，由钢板卷筒焊接或拉伸成圆筒焊接而成；二氧化碳灭火器筒体由无缝钢管焖头制成。筒体用以盛装灭火剂。灭火器的器头是操作机构，其性能直接影响灭火器的使用效能，由保险装置、起动装置、安全装置、压力反应装置和密封装置等组成，如图 4-39 所示。

图 4-39 灭火器

本章小结

本章介绍了有关仓储设施与设备方面的基本概念和知识，主要包括仓库、货架、自动化立体仓库和站台的概念。重点讲述了仓库的分类、功能和作用，仓库中常用货架的种类、特点及用途，自动化立体仓库的基本构成、分类及优缺点；介绍了站台设计的原则和形式，常见的仓储计量设备、仓储养护设备和仓储安全消防设备等。

复习思考

一、填空题

1. （　　）具有一定的空间，用于储存物品，并根据储存物品的特性配备相应的设备，以保持储存物品的（　　）。

2. （　　）是指仓库内除去必要的通道和间隙后所能堆放物品的最大数量。

3. （　　）是指用支架、隔板或托架组成的立体储存物品的设施。

4. 目前广泛应用的堆垛机械主要是（　　）堆垛起重机。

5. 站台的主要形式有（　　）和（　　）两种。

二、判断题

1. 保税仓库是指为国际贸易的需要，设置在一国国土之上，但在海关关境以外的仓库。（　　）

2. 保温仓库用于存放要求控制库内氧气和二氧化碳浓度的物品。（　　）

3. 自营仓库是一种专业从事仓储经营管理的、面向社会的、独立于其他企业的仓库。（　　）

4. 出入库频率可用“吨/h”或“托盘/h”表示。（　　）

5. 重力货架以储存单元化托盘货物，配以巷道式堆垛机及叉车等其他储运机械进行

作业。　(　　)

6. 驶入式货架又称为通廊式货架或贯通式货架，是一种不以通道分隔的、连续性的整栋式货架。　(　　)

7. 堆垛机的额定载重量一般为几十千克到几吨，其中 1.5 吨的使用最多。　(　　)

8. 机架是由立柱、上横梁、下横梁组成的长方形结构框架，是整机的承载构件。　(　　)

9. 升降平台又称站台调整板、登车桥，是目前应用最为普遍的站台装卸接泊设备。　(　　)

10. 电子秤是一种对不连续成件载荷进行自动称量的衡器。　(　　)

三、选择题

1. (　　)是用于在露天堆放货物的场所，一般堆放大宗原材料或者不怕受潮的货物。

A. 露天堆场　　B. 简仓　　C. 筒仓　　D. 货场

2. 悬臂式货架具有结构轻巧、载重能力好和空间利用率高等特点，其空间利用率在(　　)，特别适合空间小、高度低的库房。

A. 15％～30％　　B. 20％～40％　　C. 25％～45％　　D. 35％～50％

3. 最常见的装卸平台调节幅度是低于站台(　　)到高于站台高度 300 毫米。

A. 100 毫米　　B. 200 毫米　　C. 300 毫米　　D. 400 毫米

4. (　　)是厂矿、商家等用于大宗货物计量的主要称重设备。

A. 地磅　　B. 轨道衡　　C. 电子秤　　D. 自动秤

5. 火灾自动报警设备主要由火灾探测器和火灾(　　)组成。

A. 灭火器　　B. 报警器　　C. 火焰探测器　　D. 感烟探测器

四、简答题

1. 仓库的作用及功能是什么？
2. 货架的作用和功能有哪些？
3. 桥式堆垛起重机主要性能参数有哪些？
4. 装卸平台有哪几种形式？
5. 仓储养护设备有哪些？

五、案例分析题

学研社的自动化立体仓

位于日本东京和平岛流通基地内的学研社以出版和销售杂志、书籍为主，兼营与教育相关的教学器材、教材、体育用品、文具、玩具等。随着销售量的急剧上升，学研社总公司为日本 4000 多家特约销售店服务，每天的物流量高达 1 万吨左右。

为适用迅速发展的业务需要，该公司曾几次改进仓储进出库作业方式。1964 年公司决定将传统的仓库改建为仓储配送中心，引进托盘化作业、传送带包装拣货等，为现代装卸搬运、仓储保管打下了基础。1974 年公司采用了自动化立体仓库技术，商品出入库作业全部实现自动化，并将计算机用于库存管理和编制出库作业路线图等。近年来，公司为提升服务，节省成本，开发了新一代仓储、配送信息网络系统。

学研社的书籍、教材类均属多品种、少批量，规格、形状、尺寸各异的商品。该类入库商品在4楼卸车码盘验收后暂时保管，其后打包成标准包装进入作业线。零星出库商品用纸箱重力式货架移动，等待拣选，然后根据运输用标签进行拣选。拣选商品中的标准包装贴上标签进入自动分拣系统。传送带全长430米，水平搬运，并从4楼向1楼的垂直搬运带出货，送往高速自动分拣系统。经激光扫描器扫描，自动阅读标签上的条形码，自动分拣到指定的分拣滑道。每天的处理能力约为300吨。

杂志类属少品种、大批量，规格、形状、尺寸基本统一的商品。该类入库商品在1楼收货、验货，热缩包装集装化后装载在托盘上，暂时储存在托盘重力式货架上保管。部分存放在2楼重力式货架的杂志，得到补货指令，便自动通过垂直输送机运到1楼出库。根据出库的信息，商品自动地被拣选，计算机系统打印出配送用的标签，自动粘贴在纸箱上。在1楼的出货站台，一旦汽车到达，出货商品由水平输送机等自动送到出货处装车。而零星商品在3楼拣货、配货后，由垂直输送机向1楼运送出货，一天的出货量300吨。

信息来源：http://wenku.baidu.com/view/2 1 75bfea5ef7baOd4a733bee.html.

问题：

(1) 该公司的商品是如何分区分类储存的？

(2) 若确保商品质量安全，在货位选择时应注意哪些问题？

实　训

【实训项目】

自动立体化仓库的出入库能力计算。

【实训目的】

(1) 掌握自动立体化仓库的基本组成和功能特点。

(2) 能够分析自动立体化仓库的作业时间构成，并计算其出入库能力。

【实训内容】

通过观察自动立体化仓库的运作(或者通过视频录像)，掌握自动立体化仓库的出入库作业流程。

【实验器材】

自动立体化仓库设备一套，应选择出入库操作分布与两侧形式的自动立体化仓库(可以利用视频录像代替)；计时设备。

【实验步骤】

(1) 测量自动立体化仓库的基本几何尺寸，主要包括高层货架的长度、宽度、高度等数值。

(2) 观察自动立体化仓库的整个作业流程，进行及时记录，并将整个作业流程进行分解。

(3) 进行历史出入库记录的统计，分析订单时序，特别是出入库操作交叉进行时对出入库作业时间的影响。

第 5 章

装卸技术与装备

【知识目标】

(1) 了解装卸技术与装备的基本特点和主要作业形式。
(2) 掌握起重机械的基本特点和适用范围。
(3) 熟悉大宗散货运输的装卸方法。
(4) 掌握装卸起重装备的配置与管理。

【能力目标】

(1) 能够根据装卸作业的特点选择合理的装卸设备。
(2) 结合装卸技术以及作业需求制定合理的装卸作业流程。

新型集装箱吊具

目前,世界上主要的吊具制造商推出了所谓的智能吊具,即在吊具上安装专门的PLC装置来控制吊具运动及对整个吊具进行在线动态监控。在吊具上配置有一套伸缩自动定位系统,专门用于吊具伸缩梁的准确定位,即在吊具受到外力冲击导致伸缩梁位置偏移时,能自动地调节吊具的长度,使伸缩梁回到原来的位置,大大提高了作业效率。无缆遥控吊具省去了在集装箱机械上吊具与母机之间的动力和通信传输用的垂直电缆,这种新开发的无电缆吊具,将集装箱机械在起升和小车运动时吊具上架上两组滑轮的旋转动能转化为液压能和电能,使吊具上形成一个蓄能式动力源。该蓄能式动力源除了能为吊具上的所有动作提供动力外,还能为遥控装置、电磁阀、信号灯等提供电源。吊具和起重机之间的信号通信采用遥控来实现。

资料来源:万联网.

思考分析:

新型集装箱吊具有哪些好处?

5.1 装卸技术与装备概述

5.1.1 装卸作业概述

1. 装卸作业的概念

所谓装卸，是指物品在指定地点以人力或机械载入或卸出运输工具的作业过程，具体来说，它是指在物流过程中对物品进行装卸货、搬运移送、堆垛拆垛、放置取出、分拣配货等作业，它往往与搬运结合在一起。

装卸活动的基本动作包括装车(船)、卸车(船)、堆垛、入库、出库以及连接上述各项动作的短程输送，是随运输和保管等活动而产生的必要活动。

在物流过程中，装卸活动是不断出现和反复进行的，它出现的频率高于其他各项物流活动，每次装卸活动都要花费很长时间，所以往往成为决定物流速度的关键。装卸活动所消耗的人力也很多，所以装卸费用在物流成本中所占的比重也较高。以我国为例，铁路运输的始发和到达的装卸作业费大致占运费的20%左右，船运占40%左右。因此，为了降低物流费用，装卸是个重要环节。此外，进行装卸操作时往往需要接触货物，因此，这是在物流过程中造成货物破损、散失、损耗、混合等损失的主要环节。

2. 装卸作业的特点

(1) 装卸是附属性、伴生性的活动。装卸是物流每一项活动开始及结束时必然发生的活动，因装卸搬运而有时常被人忽视，有时被看作其他操作时不可缺少的组成部分。例如，一般而言的“汽车运输”，就实际包含了相随的装卸搬运，仓库中泛指的保管活动也含有装卸搬运活动。

(2) 装卸是支持、保障性活动。装卸搬运的附属性不能理解成被动的，实际上，装卸搬运在其他物流活动中起决定性作用。装卸搬运会影响其他物流活动的质量和速度，例如，装车不当，会引起运输过程中的损失；卸放不当，会引起货物转换成下一步运动的困难。许多物流活动在有效的装卸搬运支持下，才能实现高水平。

(3) 装卸是衔接性的活动。在任何其他物流活动互相过渡时，都是以装卸搬运来衔接，因而，装卸搬运往往成为整个物流的“瓶颈”，是物流各功能之间能否形成有机联系和紧密衔接的关键，而这又是一个系统的关键。建立一个有效的物流系统，关键要看这一衔接是否有效。比较先进的系统物流方式——联合运输方式就是着力解决这种衔接而实现的。

3. 装卸的分类

1) 按装卸搬运施行的物流设施、设备对象分类

以此可分为仓库装卸、铁路装卸、港口装卸、汽车装卸和飞机装卸等。

(1) 仓库装卸配合出库、入库和维护保养等活动进行，并且以堆垛、上架和取货等操作为主。

(2) 铁路装卸是对火车车皮的装进及卸出，特点是一次作业就实现一车皮的装进或卸出，很少有像仓库装卸时出现的整装零卸或零装整卸的情况。

(3) 港口装卸包括码头前沿的装船，也包括后方的支持性装卸运，有的港口装卸还采用小船在码头与大船之间“过驳”的办法，因而其装卸的流程较为复杂，往往经过几次的装卸及搬运作业才能最后实现船与陆地之间货物过渡的目的。

(4) 汽车装卸一般一次装卸批量不大，由于汽车的灵活性，可以减少或根本减去搬运活动，而直接、单纯利用装卸作业达到车与物流设施之间货物过渡的目的。

(5) 飞机装卸由于安检流程复杂，通常要经过多次的装卸及搬运作业才能最后实现航空与陆地之间货物过渡的目的。

2) 按装卸搬运的机械及机械作业方式分类

(1) “吊上吊下”方式。采用各种起重机械从货物上部起吊，依靠起吊装置的垂直移动实现装卸，并在吊车运行的范围内或回转的范围内实现搬运或依靠搬运车辆实现小搬运。由于吊起及放下属于垂直运动，这种装卸方式属垂直装卸。

(2) “叉上叉下”方式。采用叉车从货物底部托起货物，并依靠叉车的运动进行货物位移，搬运完全靠叉车本身，货物可不经中途落地直接放置到目的处。这种方式垂直运动不大而主要是水平运动，属水平装卸方式。

(3) “滚上滚下”方式。它主要是指港口装卸的一种水平装卸方式。利用叉车或半挂车、汽车承载货物，连同车辆一起开上船，到达目的地后再从船上开下，称“滚上滚下”方式。

利用叉车的“滚上滚下”方式，在船上卸货后，叉车必须离船，利用半挂车、平车或汽车，则托车将半挂车、平车拖拉至船上后，拖车开下离船而载货车辆连同货物一起运到目的地，再原车开下或拖车上船拖拉半挂车、平车开下。“滚上滚下”方式需要有专门的船舶，对码头也有不同要求，这种专门的船舶称“滚装船”。

(4) “移上移下”方式。它是在两车之间(如火车及汽车)进行靠接，然后利用各种方式，不使货物垂直运动，而靠水平移动从一个车辆上推移到另一车辆上，称“移上移下”方式。

“移上移下”方式需要使两种车辆水平靠接，因此，对站台或车辆货台需进行改变，并配合移动工具实现这种装卸。

(5) 散装散卸方式。这种方式是对散装物进行装卸，一般从装点直到卸点，中间不再落地，这是集装卸与搬运于一体的装卸方式。

3) 按装卸搬运的作业特点分类

(1) 连续装卸。主要是同种大批量散装或小件杂货通过连续输送机械，连续不断地进行作业，中间无停顿，货间无间隔。在装卸量较大、装卸对象固定和货物对象不易形成大包装的情况下适合采取这一方式。

(2) 间歇装卸。这种方式有较强的机动性，装卸地点可在较大范围内变动，主要适用于货流不固定的各种货物，尤其适于包装货物、大件货物，散粒货物也可采取此种方式。

4. 装卸搬运的作用

装卸搬运活动在整个物流过程中占有很重要的位置。一方面，物流过程各环节之间以及同一环节不同活动之间，都是以装卸作业有机结合起来的，从而使物品在各环节、各种活动中处于连续运动；另一方面，各种不同的运输方式之所以能联合运输，也是由于装卸搬运才使其形成。装卸搬运是物流活动得以进行的必要条件,在全部物流活动中占有重要地位,发挥着重要作用。

1）装卸搬运直接影响物流质量

因为装卸搬运是使货物产生垂直和水平方向上的位移,货物在移动过程中受到各种外力作用,如振动、撞击和挤压等,容易使货物包装和货物本身受损,如损坏、变形、破碎、散失和流溢等,装卸搬运损失在物流费用中占有一定的比重。

2）装卸搬运直接影响物流效率

物流效率主要表现为运输效率和仓储效率。在货物运输过程中,完成一次运输循环所需的时间,在发运地的装车时间和在目的地的卸车时间占有不小的比重,特别是在短途运输中,装卸车时间所占比重更大,有时甚至超过运输工具运行时间,所以缩短装卸搬运时间,对加速车船和货物周转具有重要作用。在仓储活动中,装卸搬运效率对货物的收发速度和货物周转速度产生直接影响。

3）装卸搬运直接影响物流安全

由于物流活动是物的实体的流动,在物流活动中确保劳动者、劳动手段和劳动对象安全非常重要。装卸搬运特别是装卸作业,货物要发生垂直位移,不安全因素比较多。实践表明,物流活动中发生的各种货物破失事故、设备损坏事故和人身伤亡事故等,相当一部分是在装卸过程中发生的。特别是一些危险品,在装卸过程中如违反操作规程进行野蛮装卸,很容易造成燃烧、爆炸等重大事故。

4）装卸搬运直接影响物流成本

装卸搬运是劳动力借助于劳动手段作用于劳动对象的生产活动。为了进行此项活动,必须配备足够的装卸搬运人员和装卸搬运设备。由于装卸搬运作业量较大,它往往是货物运量和库存量的若干倍,所以所需装卸搬运人员和设备数量也比较大,即要有较多的活动和物化劳动的投入,这些劳动消耗要计入物流成本,如能减少用于装卸搬运的劳动消耗,就可以降低物流成本。

5. 装卸搬运合理化

装卸搬运作业合理化应采取一些合理化的措施。

1）防止和消除无效作业

所谓无效作业,是指在装卸作业活动中超出必要的装卸、搬运量的作业。显然,防止和消除无效作业对装卸作业的经济效益有重要作用。为了有效地防止和消除无效作业,可从以下几个方面入手。

(1) 尽量减少装卸次数。要使装卸次数降低到最小,要避免没有物流效果的装卸作业。

(2) 提高被装卸物料的纯度。物料的纯度指物料中含有水分、杂质与物料本身使用无关的物质的多少。物料的纯度越高,则装卸作业的有效程度越高;反之,则无效作业就会增多。

(3) 包装要适宜。包装是物流中不可缺少的辅助作业手段。包装的轻型化、简单化和实用化会不同程度地减少作用于包装上的无效劳动。

(4) 缩短搬运作业的距离。物料在装卸、搬运当中,要实现水平和垂直两个方向的位移，选择最短的路线完成这一活动，就可避免超越这一最短路线以上的无效劳动。

2）提高装卸搬运的灵活性

所谓装卸搬运的灵活性，是指在装卸作业中的物料进行装卸作业的难易程度。所以，在堆放货物时，事先要考虑到物料装卸作业的方便性。

3）实现装卸作业的省力化

装卸搬运使物料发生垂直和水平位移，必须通过做功才能实现，要尽力实现装卸作业的省力化。

(1) 在装卸作业中应尽可能地消除重力的不利影响。在有条件的情况下利用重力进行装卸，可减轻劳动强度和能量的消耗。将设有动力的小型运输带(板)斜放在货车、卡车或站台上进行装卸，使物料在倾斜的输送带(板)上移动，这种装卸就是靠重力的水平分力完成的。在搬运作业中，不用手搬，而是把物资放在1台车上，由器具承担物体的重量，人们只要克服滚动阻力，使物料水平移动，这无疑是十分省力的。

(2) 利用重力式移动货架也是一种利用重力进行省力化的装卸方式之一。重力式货架的每层格均有一定的倾斜度，利用货箱或托盘可自己沿着倾斜的货架层板自己滑到输送机械上。为了使物料滑动的阻力越小越好，通常货架表面均处理得十分光滑，或者在货架层上装有滚轮，也有在承重物资的货箱或托盘下装上滚轮，这样将滑动摩擦变为滚动摩擦，物料移动时所受到的阻力会更小。

4）合理组织设备，提高作业的机械化水平

物资装卸搬运设备运用组织是以完成装卸任务为目的，并以提高装卸设备的生产率、装卸质量和降低装卸搬运作业成本为中心的技术组织活动。它包括下列内容。

(1) 确定装卸任务量。根据物流计划、经济合同、装卸作业不均衡程度、装卸次数和装卸车时限等，来确定作业现场年度、季度、月、旬、日平均装卸任务量。装卸任务量有事先确定的因素，也有临时变动的可能。因此，要合理地运用装卸设备，就必须把计划任务量与实际装卸作业量两者之间的差距缩小到最低水平。同时，装卸作业组织工作还要把装卸作业的物资对象的品种、数量、规格、质量指标以及搬运距离尽可能地做出详细的规划。

(2) 根据装卸任务和装卸设备的生产率，确定装卸搬运设备需用的台数和技术特征。

(3) 根据装卸任务、装卸设备生产率和需用台数，编制装卸作业进度计划。它通常包括装卸搬运设备的作业时间表、作业顺序和负荷情况等详细内容。

(4) 下达装卸搬运进度计划，安排劳动力和作业班次。

(5) 统计和分析装卸作业成果，评价装卸搬运作业的经济效益。

随着生产力的发展，装卸搬运的机械化程度将不断提高。此外，由于装卸搬运的机械化能把工人从繁重的体力劳动中解放出来。尤其对于危险品的装卸作业，机械化能保证人和货物的安全，也是装卸搬运机械化程度不断得以提高的动力。

5.1.2 装卸装备

1. 装卸装备的概念

装卸装备是指用来搬移、升降和装卸货物的机械。它是物流机械设备中重要的机械设备。它不仅用于完成船舶与车辆货物的装卸,而且又完成库场货物的堆码、拆垛、运输以及舱内、车内、库内货物的起重输送和搬运。

装卸搬运机械是实现装卸搬运作业机械化的基础。装卸搬运是在货物运输、储存等过程中随同发生的作业,贯穿于物流作业的始末。装卸搬运工作的好坏,直接影响到物流的效率和效益。在装卸搬运作业中,要不断反复进行装、搬、卸操作,这些都靠装卸搬运机械有效地衔接,可见,合理配置和应用装卸搬运机械,安全、迅速、优质地完成货物装卸、搬运和码垛等作业任务,是实现装卸搬运机械化、提高物流现代化的一项重要内容。

2. 装卸搬运设备的作用

装卸搬运机械是装卸搬运作业的重要技术设备。大力推广和应用装卸搬运机械,不断更新装卸搬运设备和实现现代化管理,对于加快现代化物流发展和促进国民经济发展,均有着十分重要的作用。

(1) 提高装卸效率,节约劳动力,减轻装卸工人的劳动强度,改善劳动条件。

(2) 缩短作业时间,加速车辆周转,加快货物的送达和发出。

(3) 提高装卸质量,保证货物的完整和运输安全。特别是长大笨重货物的装卸,依靠人力,一方面难以完成;另一方面保证不了装卸质量,容易发生货物损坏或偏载,危及行车安全。采用机械作业,则可避免这种情况发生。

(4) 降低装卸搬运作业成本。装卸搬运机械的应用,势必会提高装卸搬运作业效率,而效率提高会使每吨货物摊到的作业费用相应减少,从而使作业成本降低。

(5) 充分利用货位,加速货位周转,减少货物堆码的场地面积。采用机械作业,堆码高度大,装卸搬运速度快,可以及时腾空货位。因此,可以减少场地面积。

5.1.3 装卸搬运设备分类及管理

1. 装卸搬运设备的分类

装卸搬运机械所装卸搬运的货物,来源广,种类繁多,外形和特点各不相同,如箱装货物、袋装货物、桶装货物、散货、易燃易爆及剧毒品等。为了适应各类货物的装卸搬运和满足装卸搬运过程中各个不同环节的不同要求,各种装卸搬运机械应运而生。目前,装卸搬运机械的机型和种类已达数千种,而且各国仍在不断研制新机种、新机型。

装卸搬运机械种类很多,分类方法也很多,为了运用和管理方便,常按以下方法进行分类。

1) 按主要用途或结构特征进行分类

可分为起重机械、连续运输机械、装卸搬运车辆和专用装卸搬运机械。其中,专用装卸搬运机械是指带专用取物装置的装卸搬运机械,如托盘专用装卸搬运机械、集装箱专用装卸搬运机械、船舶专用装卸搬运机械和分拣专用机械等。

2) 按作业性质进行分类

可分为装卸机械、搬运机械及装卸搬运机械三类。有些装卸搬运机械功能比较单一,只满足装卸或搬运一个功能,这种单一作业功能的机械结构简单,专业化作业能力较强,因而作业效率高,作业成本低,但使用上受局限。由于其功能单一,作业前后需要烦琐的衔接,会降低整个系统的效率。单一装卸功能的机械有手动葫芦、固定式起重机等。单一搬运功能机械主要有各种搬运车、带式输送机等。装卸、搬运两种功能兼有的机械可将两种作业操作合二为一，因而有较好的效果。这种机械有叉车、跨运车、车站用的龙门起重机和气力装卸输送机械等。

3）按装卸搬运货物的种类进行分类

（1）长大笨重货物的装卸搬运机械。长大笨重货物通常指大型机电设备、各种钢材、大型钢梁、原木和混凝土构件等，具有长、大、重、结构和形状复杂的特点。这类货物的装卸搬运作业通常采用轨行式起重机和自行式起重机两种，轨行式起重机有龙门式起重机、桥式起重机和轨道起重机；自行式起重机有汽车起重机、轮胎起重机和履带起重机等。在长大笨重货物运量较大并且货流稳定的货场、仓库，一般配备轨行式起重机；在运量不大或作业地点经常变化时，一般配备自行式起重机。

（2）散装货物的装卸搬运机械。散装货物通常是指成堆搬运不计件的货物，如煤、焦炭、沙子、白灰和矿石等。散装货物一般采用抓斗起重机、装卸机、链斗装车机和输送机等进行机械装车；机械卸车主要用链斗式卸车机、螺旋式卸车机和抓斗起重机等。散装货物搬运主要用输送机。

（3）成件包装货物的装卸搬运机械。成件包装货物一般是指怕湿、怕晒和需要在仓库内存放并且多用棚车装运的货物，如日用百货、五金器材等。这种货物包装方式很多，主要有箱装、筐装、桶装、袋装和捆装等。该类货物一般采用叉车，并配以托盘进行装卸搬运作业，还可以使用牵引车和挂车、带式输送机等解决成件包装货物的搬运问题。

（4）集装箱货物装卸搬运机械。1 吨集装箱一般选用 1 吨内燃叉车或电瓶叉车作业。5 吨及其以上集装箱采用龙门起重机或旋转起重机进行装卸作业，还可采用叉车、集装箱跨运车、集装箱牵引车和集装箱搬运车等。

2. 装卸搬运管理

随着物流现代化的不断发展，装卸搬运机械将会得到更为广泛的应用。从装卸搬运机械发展趋势来看，发展多类型和专用的装卸搬运机械来适应货物的装卸搬运作业要求是今后装卸搬运机械的发展方向。为了科学使用好、管理好装卸搬运机械，实现装卸搬运机械作业，可采取如下措施。

（1）全面规划，合理布局，按需配置装卸搬运机械设备。

（2）建立一套行之有效的装卸搬运机械运用、维修和管理制度，并通过采用新技术、新材料和新设备，逐步实现装卸搬运机械的系列化、标准化和通用化。

（3）建立装卸搬运技术系统，增大装卸搬运机械作业范围，提高机械化作业比重。

（4）做好各种装卸搬运机械的配套工作，实现一机多能。

5.2　装卸起重技术与装备

5.2.1　起重装备概述

1. 概念

起重装备是用来从事起重和搬运、做循环间歇运动的机械，用来垂直升降货物或者兼做货物的水平移动以满足货物的装运、转载等作业要求。它对减轻劳动强度，降低运输成本，提高工作效率，加快车、船周转，实现装卸搬运机械化起着十分重要的作用，在交通运输行业得到广泛应用。

2. 起重装备的特点

起重装备一般完成一个起升运动及一个或几个水平运动。起重设备的种类不同，其构造和工作原理也不相同，但是各类起重机械的工作特性基本相同。

它的工作程序是：吊钩抓取货物，提升后完成一个或数个动作，将货物运移到卸载地点，然后返程准备下一次动作（称为一个工作循环）。完成一个工作循环后，再进行下一次的工作循环。每一个工作循环中都包括载货和空返行程。因此，起重机械是一种间歇动作的机械，具有间歇、重复的特点。在工作中，它的各工作机构经常处于反复启动、制动的状态，而稳定运动的时间相对于其他机械而言则较短暂。起重装备以装卸为主要功能，搬运的能力较差，搬运距离很短。大部分起重机械机体移动困难，因而通用性不强，往往是港口、车站、仓库、物流中心等处的固定设备，同时，起重装备的作业方式是从货物上部起吊，因而作业需要的空间高度较大。

3. 分类

起重装备有很多的种类，按照不同的标准，可对起重设备进行不同的分类。

1）按照起重装备的综合特征分类

可分为轻小型起重机械、桥式起重机、臂架类起重机、堆垛类起重机和升降机五类。

（1）轻小型起重机械包括千斤顶、手扳葫芦、手拉葫芦和电动葫芦。

（2）桥式起重机包括悬挂梁式起重机、通用桥式起重机、龙门起重机（又分为轨道龙门起重机和轮胎龙门起重机）、装卸桥（又分为抓斗装卸桥、集装箱装卸桥和多用途装卸桥）和缆索起重机。

（3）臂架类起重机包括桅杆起重机、甲板起重机、固定旋转臂式起重机、流动起重机（又包括汽车起重机、轮胎起重机、履带起重机）、门座起重机（又包括港口门座起重机、水工门座起重机、船台起重机、安装门座起重机、多用途门座起重机）和浮式起重机六种。

（4）堆垛类起重机包括桥式堆垛机、巷道式堆垛机、堆垛叉车及装卸堆垛机器人等。

（5）升降机包括剪叉式升降机、套缸式升降机、铝合金（立柱）式升降机、曲臂式升降机（折臂式的更新换代）和链条式升降机（电梯、货梯）。

2）根据起重机的主体装备分类

（1）按起重机取物装置分类：分为吊钩起重机、抓斗起重机、电磁起重机、吊钩抓斗起重机、吊钩电磁起重机、抓斗电磁起重机、吊钩抓斗电磁起重机、集装箱起重机和集装箱吊钩起重机。

（2）按起重机用途分类：分为通用吊钩起重机、堆垛起重机、装卸起重机、专用起重机（又分为抓斗装卸桥、集装箱装卸桥和集装箱龙门起重机）、多用途起重机和其他用途起重机。

（3）按起重机使用场合分类：分为港口起重机、船上起重机、货场起重机、仓库起重机、随车起重机、车间起重机、建筑起重机和其他场合起重机。

（4）按起重机运行方式分类：分为固定式起重机（又分为桅杆起重机、缆索起重机、固定门座式起重机、固定塔式起重机和液压顶升装置)、拖运式起重机(又分为拖运塔式起重机和拖运桅杆起重机)、运行式起重机(分为流动式起重机和轨道式起重机,前者包括汽车起重机、轮胎起重机和履带起重机,后者包括桥式起重机、龙门起重机、装卸桥、塔式起重机、门座起重机和铁路起重机)。

(5) 按起重机特殊条件分类:分为防腐起重机、防爆起重机、绝缘起重机和慢速起重机四类。

(6) 按起重机起升机构分类:分为起重小车式起重机和牵引式起重机两大类。

5.2.2　起重装备的组成

1. 起重机械的组成

起重机械主要由驱动装置、工作机构和金属结构三大部分组成。

1) 驱动装置

起重机械驱动装置用来驱动各工作机构动作的动力设备。它是起重机械的重要组成部分,在很大程度上决定着起重机械的工作性能和构造特征。

2) 工作机构

起重机械工作机构是实现升降及运移货物的机构,它有起升、运行、变幅和回转四大机构。起升机构是用来升降货物的机构,是起重机械最基本的机构;运行机构是用来实现起重机械或起重小车沿固定轨道或路面行走的机构;变幅机构是依靠臂架或小车运行的方式使吊具移动而改变幅度的机构;回转机构是使起重机械回转部分在水平面内绕回转中心转动的机构。任何一种起重机械,无论其形式如何,其机构部分都是由作为基本机构的起升机构与其他三个机构的不同组合,如桥式起重机具有起升和运行机构(大车、小车运行机构);轮胎起重机和门座起重机具有起升、运行、变幅和回转四大机构。

3) 金属结构

金属结构是起重机械的基本骨架。它主要用来布置和安装起重机械的驱动装置和机构部分,承受各种载荷并将载荷传递给起重机构的支承基础。起重机械的主要金属结构有臂架、门架、桥架和人字架等。起重机械除了以上三大部分以外,为了使起重机械工作安全可靠,需要装设一些安全保护装置。例如,为了防止起重机械吊重过载而损坏,需装有起重限制器或重力矩限制器;为了防止起重机械行至终点或两台机械相碰发生事故,需要装设行程限位器、缓冲器;为了防止露天工作的起重机械被风吹动滑行,需装设防风抗滑装置等。

2. 起重机械的技术性能参数

起重机械的技术性能参数是表征起重机械主要性能特征的技术经济指标,是起重机械正确选用的技术依据。

1) 起重量

起重机起吊重物的质量值称为起重量,起重量的一般衡量单位为千克(kg)或吨(t),可分为额定起重量、最大起重量、总起重量、有效起重量等。起重量的数值对装卸生产率和起重机自重都有很大影响。起重量选得过小,不能满足装卸作业的要求;过大会造成基建投资的浪费。在选用起重量时,应使其符合我国起重机械起重量的系列标准规定,并要充分考虑实际需要。

（1）额定起重量。额定起重量指起重机能吊起的物料连同可分吊具或属具（如抓斗、电磁吸盘、平衡梁等）质量的总和。起重机标牌上标定的起重量，通常都是指额定起重量。

（2）总起重量。总起重量指起重机能吊起的物料连同可分吊具和长期固定在起重机上的吊具和属具（包括吊钩、滑轮组、起重钢丝绳以及在起重小车以下的其他起吊物）的质量总和。

（3）有效起重量。有效起重量是指起重机能吊起的物料的净质量。

2）幅度和跨度

幅度是指臂架类起重机回转中心线到取物装置中心线之间的水平距离，跨度是指桥式类起重机大车运行轨道中心线之间的水平距离；幅度以及跨度反映的是起重机械的工作范围。

小贴士

起重量与跨度的关系

额定起重量随着幅度的加大而减小。轮胎式和履带式起重机的名义起重量吨级（即起重机铭牌上标定的起重量）通常是以最大额定起重量表示的。最大额定起重量指基本臂处于最小幅度时所起吊重物的最大质量。

3）起重力矩

起重机的工作幅度与相应于该幅度下的起重量的乘积称为起重力矩，它综合起重量与幅度两个因素的参数，能比较全面和确切地反映起重机的起重能力。

4）起升高度

起升高度是指起重机工作场地面或起重机运行轨道顶面到取物装置上极限位置之间的垂直距离。对于要求取物装置深入到地面或轨道顶面以下工作的起重机，其起升总高度应为取物装置上极限和下极限位置之间的垂直距离，即地面或轨顶以上的起升高度和地面或轨顶以下的下降深度之和，起升高度的单位为米（m）。对于动臂起重机，当吊臂长度一定时，起升高度随幅度的减少而增加。

5）工作速度

工程起重机的工作速度主要包括卷扬、变幅、回转和行走的速度。对伸缩臂式起重机，还包括吊臂伸缩速度，当起重量一定时，工作速度高，生产率也高。但是，由于受到惯性、驱动功率和结构强度等因素的限制，工作速度不应过高。工作速度的影响因素如下。

（1）作业环境。作业环境要根据起重机所服务对象的作业要求考虑。如主要用于港口码头和料场装卸作业的起重机，为了提高装卸货物及材料的生产率，一般要求工作速度快。对于建筑安装工程使用的起重机，则要求吊装平稳性好，其工作速度相应要低些。

（2）运动行程。如果工作行程比较短，那么选择较高的工作速度就不经济，无法在工作状态下体现出速度的优势。

（3）设备特性。起重机工作速度的选择与机型有关。如大起重量的起重机，主要解决重件吊装问题，工作并不频繁，工作速度不是主要问题。这种情况下，为了降低驱动功率，减少动力载荷和增加工作平稳性，一般速度取得较低。

6）生产率

生产率是指起重机械在规定的工作条件下连续作业时，单位时间内装卸货物的质量。生产率是表明起重机装卸搬运能力的综合性指标，与起重机的起重量、机构工作速度、工作行程、货物的种类、工作条件、生产组织以及操作熟练程度等因素有关。

7）轨距和基距

轨距一般是指臂架类有轨运行式起重机运行轨道中心线之间的水平距离或桥架类起重机、起重小车运行轨道中心线之间的水平距离，单位采用米。轨距主要根据起重机使用现场的具体条件、起重小车上机构布置的具体需要以及起重机整体稳定性要求等确定。

基距一般是指起重机或起重小车运行轨道一侧两支承点中心线之间的距离，单位为米。当起重机或起重小车运行轨道一侧只装有两只车轮时，基距就是车轮的轮距；当起重机或起重小车一侧装有均衡梁装置时，基距就是下横梁与最大均衡梁连接铰轴之间的距离。基距主要根据机构布置和起重机的整体稳定性要求来确定。

8）轮压

轮压一般是指起重机或起重小车的一只车轮对运行轨道（或地面）的压力，单位 N 或者 kN。轮压分为两种，即起重机轮压和起重小车轮压。起重机在工作状态下，满载起动或者制动、起重臂或起重小车处于最不利的工作位置、露天工作的起重机承受最大风压时所具有的轮压，称为起重机工作状态的最大轮压，与此同时，相对应的存在着起重机工作状态的最小轮压。轮压是起重机的一个重要参数，它影响着起重机或起重小车运行机构的设计、桥架门架的结构设计以及起重机轨道基础的建筑费用投资。对于在原有轨道基础上添设起重机的设计，其最大轮压值必须控制在原有轨道基础承载能力所允许的范围内。

9）工作级别

起重机械的工作级别是反映起重机械工作繁忙程度和载荷轻重程度的参数，是考虑起重量和时间的利用程度以及工作循环次数的起重机械特性。为了使起重机械具有先进的技术经济指标，保证其安全可靠，经久耐用，在设计和选用起重机械时必须考虑工作级别。

起重机械的工作级别包括起重机工作级别、金属结构工作级别和机构工作级别三部分。

（1）起重机工作级别。它是指起重机整机的工作级别，按起重机的利用等级 U0～U9 和载荷状况 Q1～Q4 划分，见表 5-1 和表 5-2，可分为 A1～A8 共八个级别。

表 5-1　起重机的利用等级

利用等级	总的工作循环次数	附　注
U0	1.6×10^4	不经常使用
U1	3.2×10^4	
U2	6.3×10^4	
U3	1.25×10^5	

续表

利用等级	总的工作循环次数	附注
U4	2.5×10^5	经常轻闲地使用
U5	5×10^5	经常中等地使用
U6	1×10^6	不经常繁忙地使用
U7 U8 U9	2×10^6 4×10^6 $>4\times10^6$	繁忙地使用

表 5-2 起重机工作级别

载荷状态	名义载荷谱系数	利用等级									
		U0	U1	U2	U3	U4	U5	U6	U7	U8	U9
轻级(Q1)	0.125			A1	A2	A3	A4	A5	A6	A7	A8
中级(Q2)	0.25		A1	A2	A3	A4	A5	A6	A7	A8	
重级(Q3)	0.5	A1	A2	A3	A4	A5	A6	A7	A8		
特重级(Q4)	1.0	A2	A3	A4	A5	A6	A7	A8			

(2) 金属结构工作级别。它是根据结构的应力循环等级和应力状态分为八级：A1～A8。

(3) 机构工作级别。它是反映机构工作繁忙程度和承受载荷的轻重程度，按机构的利用等级 T0～T9 和载荷状态 L1～L4 来划分，可分为 M1～M8 共八个级别。

5.2.3 常见的几种起重装备

1. 桥式起重机概述

桥式起重机是横架于车间、仓库及露天堆场的上方，用来吊运各种货物的机械设备，通常称为“桥吊”、“天车”或“行车”。它放置在固定的两排钢筋混凝土栈桥上，可沿栈桥上的轨道做纵向运移，起重小车可在桥架上的小车轨道上做横向移动。这样，吊钩、抓斗就可以在一个长方体(起升高度×跨度×走行线长度)的空间内任意位置上做升降、搬运物件的运动。桥式起重机是拥有量最大和使用量最广泛的一种轨道运行式起重机，其数量约占各种起重机总数量的 60%～80%，额定起重量从几吨到几百吨。它一般用吊钩、抓斗或电磁盘来装卸货物，最基本的类型是通用吊钩桥式起重机，其他类型的桥式起重机基本上是在通用吊钩桥式起重机的基础上派生出来的。如图 5-1 所示。

图 5-1 桥式起重机

2. 门座起重机

门座起重机又称门机，是有轨运行的臂架

型移动式起重机。在现代的港口、车站库场装卸设备中，门座起重机占据着重要的地位，其主要原因是它具有较好的工作性能和独特的优越结构。门座起重机的额定起重能力范围很宽，额定起重范围一般在 5～100 吨，造船用门座起重机的起重量范围则更大，现已达到 150～250 吨。门座起重机的工作机械具有较高的运动速度，起升速度可达 70 米/min，变幅速度可达 55 米/min。使用效率高，每昼夜可工作 22 小时，台时效率也很高，一般能达 100 吨/h 以上。同时，它的结构是立体的，不用多占码头、货场的面积，具有高大的门架和较长距离的伸臂，因而具有较大的起升高度和工作幅度，能满足港口码头船舶和车辆的机械化装卸、转载以及充分使用场地的要求。此外，还具有高速灵活、安全可靠的装卸能力，对提高装卸生产率、减轻劳动强度都具有重大的意义。但门座起重机也有它的缺点，如造价高，需用钢材多，需要较大的电力供给，一般轮压较大，需要坚固的地基，附属设备也较多。

3. 龙门起重机

龙门起重机又称龙门吊或门式起重机，它是由支承在两条刚性或一刚一柔支腿上的主梁构成的门形框架得名，其外形结构如图 5-2 所示。

图 5-2　龙门起重机

它的起重小车在主梁的轨道上行走，而整机则沿着地面轨道行走，为了增加作业面积，主梁两端可以具有外伸悬臂。悬臂长度是龙门起重机的支腿中心线至悬臂部分最外端的距离。当起重小车运行至悬臂最外端时，吊钩中心至支腿中心线之间的距离称有效悬臂长度，有效悬臂长度小于悬臂长度，这是因为：第一，起重小车不可能运行到悬臂最外端，要留有一定的安全距离；第二，起重小车自身有一定长度，一般卷筒安置在小车的中部，卷筒中心线到小车外侧也有一定距离。龙门起重机的横向(沿主梁方向)作业范围是由跨度决定的。

龙门起重机具有场地利用率高、作业范围大、适应面广和通过性强等特点，在库场、车站、港口和码头等场所，担负着生产、装卸和安装等作业过程中的货物装卸搬运任务，是企业生产经营活动中实现机械化和自动化的重要生产力。龙门起重机运用十分普遍，其使用数量仅次于桥式起重机。

小贴士

多用途门座起重机

多用途门座起重机是通用门座起重机的一种变性产品。它的基本构造和通用门座起重机一样具有起升、变幅、旋转、运行四大机构。现代多用途门座起重机装卸效率高、升降速度可微调、起制动平稳、更换属具方便，同时具有良好的安全保护系统，作为一种现代的门座起重机，它可进行集装箱、杂货、散货的装卸作业，也可装设电磁吸盘，用来装卸废钢铁。多用途门座起重机用在码头前沿、中转站货物等进行集装箱或其他货物的装卸和堆码作业。

4. 装卸桥

装卸桥是龙门起重机的另一种形式，通常把跨度大于35米、起重量不大于40吨的龙门起重机称为装卸桥。装卸桥取物装置以双绳抓斗或其他专用吊具为主，主要用在大型散堆货场装卸和搬运散货。通常以生产率来衡量和选择装卸桥。其起升和小车运行是工作性机构，速度较高，大车运行机构是非工作性机构，速度相对较低。

装卸桥与龙门起重机的不同点是它的跨度大，用抓斗做取物装置，工作速度快，效率高，一般生产率达500～1000吨/时。由于跨度大，其支腿有一个是绞接的。

装卸桥的结构方式有桁架式和箱型两种，采用桁架结构可减少整机自身质量，而采用箱型结构则便于制造。

抓斗装卸桥是目前国内外广泛使用的一种大型散货装卸机械，矿石、煤炭和散粮等货物大多都由抓斗装卸桥装卸。

5. 臂架类起重机

臂架类起重机由行走、起升、变幅、旋转机构组成。通过臂架的俯仰、绕垂直轴线回转配合升降运行可在一个圆柱形空间范围内起重和搬运。臂架类起重机动作灵活，满足装卸要求。

臂架类起重机种类繁多，按其工作形式可分为固定式、移动式和浮动式。

(1) 固定式臂架起重机直接安装在码头或库场的墩座上，只能原地工作。其中有的臂架只能俯仰不能回转，有的既可俯仰又可回转。

(2) 移动式起重机可沿轨道或地面上运行，主要有轮胎起重机、门座起重机、汽车起重机、履带起重机等。其中轮胎起重机和门座起重机在港口用得很普遍。汽车起重机行驶性能接近于汽车，它的机动性好，适用于分散的装卸地点，但其装卸生产率较低，不能吊货运行或采用双绳抓斗装卸散货，因而在港口的应用不是很普遍。

履带起重机运行速度较低，而爬坡能力较强，和地面接触面积大，可在松软地面上工作，但对路面有破坏作用，所以一般只用在港口后方货场上。

(3) 浮式起重机是安装在专用平底船的臂架起重机，广泛用于海、河港口的装卸及建港工作。

6. 吊具

起重设备在工作状态下需要吊钩、抓斗等吊具作为辅助工作，完成起重作业。按起重机取物装置的类型，起重机主要可以分为吊钩起重机、抓斗起重机、电磁起重机以及集装箱起重机四种类型，此外还有防爆起重机、绝缘起重机、抓斗吊钩起重机、电磁吊钩起重机、三用起重机等类型。

1) 吊钩

吊钩是起重机械中最常见的一种吊具，是直接和重物相连接的部位。吊钩常借助于滑轮组等部件悬挂在起升机构的钢丝绳上，吊钩按形状分为单钩和双钩，按制造方法分为锻造吊钩和叠片式吊钩。吊钩要求具有较高的安全性，要求吊钩固定可靠、没有裂纹、表面光洁、转动灵活。吊钩危险断面磨损不超过原尺寸的5%，还有最重要的就是上面防脱钩的保险装置要完好，在起吊的过程中是绝对不允许重物脱开的。

吊钩制造简单、使用方便，但受力情况不好，大多用在起重量为80吨以下的工作场合，起重量大时常采用受力对称的双钩。叠片式吊钩由数片切割成形的钢板铆接而成，个别板材出现裂纹时整个吊钩不会破坏，安全性较好，但自重较大，大多用在大起重量或吊运钢水盛桶的起重机上。吊钩在作业过程中常受冲击，须采用韧性好的优质碳素钢制造。

2）抓斗

抓斗是靠颚板开闭抓取和卸出散状物料的吊具。抓斗根据操作特点一般可分为双绳抓斗、单绳抓斗和马达抓斗，最常用的是双绳抓斗。

3）马达抓斗

马达抓斗本身带有闭合机构，它的样式繁多，常用的是马达抓斗。马达抓斗是把标准的电动葫芦装到抓斗上作为开闭机构。由于马达抓斗在闭合时不再像四绳抓斗那样受闭合绳向上的拉力，抓斗自重全部都起挖掘作用，因抓取能力大，最适用于抓取矿石等难抓的物料。

小贴士

微型电动葫芦

微型电动葫芦又名民用电动葫芦，能适用于各种场合起重 1000 千克以下的物质，特别适用于高层楼房的住户，能方便地从楼下吊起较重的生活用品，并适用于各种场合吊卸小件货物。微型电动葫芦结构简单、安装方便、小巧玲珑，且用单相电作为动力源，用途十分广泛。这种新型电动葫芦被广泛应用于机械制造、电子、汽车、造船、工件总装以及高新技术工业区等现代化工业的生产线、流水线、装配机、物流输送等场合。对在仓库、码头、配料、吊篮和空间较窄小的工作场地作业，更能显示出它的优良品质，是定柱式、墙壁式旋臂起重机的最佳配套产品。

（1）双绳抓斗

双绳抓斗有支持绳和开闭绳，分别绕在支持机构和开闭机构的卷筒上。双绳抓斗主要是与桥式起重机、港机、铰车配套使用，广泛应用于港口、电厂、码头、化工等，抓取各类松散的堆积物，如对矿石、煤、炉渣等进行装车、卸车、轻堆、加料等作业。双绳抓斗可以利用双卷筒铰车进行控制，其中一组卷筒引一支钢丝绳做支持使用，另一组引出一支做开闭使用。抓斗张开后，落到该物上，收拢开闭钢丝绳，钢丝绳拉动横梁，使两颚板闭合，斗里装满物料，起升支持钢丝绳吊起抓斗，经行车送到卸料场地，支持钢丝绳不动，松下开闭绳使抓斗张开，卸下所抓取的物料。

（2）单绳抓斗

单绳抓斗支持绳和开闭绳用同一根钢丝绳。通过特殊锁扣装置使钢丝绳轮流起到支持和开闭的作用。单绳抓斗的卷绕机结构较简单，但生产率低，大量装卸作业时很少采用。

抓斗根据被抓取物料的堆积密度又分为轻型（如抓取谷物）、中型（如抓取砂砾）和重型（如抓取铁矿石）三类；按颚板数分为双颚板抓斗和多颚板抓斗，最常用的是双颚板抓斗。对于大块矿石、铁屑和废钢等宜采用多颚板抓斗，因为它具有多爪、切口尖的特点，易于插入料堆，可得到较好的抓取效果。

5.3 大宗散货装卸技术与装备

5.3.1 大宗散货装卸机械系统

大宗散货装卸机械系统主要指对不加包装而成堆堆放的各种块状、料状和粉状等散货(如矿石、粮食等),进行装卸搬运的机械系统。

1. **袋式装车机**

袋式装车机如图5-3所示,主要由中间卸袋机构和特殊端部溜槽及胶带机组成。袋装粉体经包袋机成袋后,经过称量装置和辊道输送机送到胶带输送机上,再根据装车情况由分袋器和特殊端部溜槽,将袋送到不同的装车机上,然后由装车机直接装到汽车上。

图5-3 袋式装车机

袋式装车机的胶带机和分袋器的运行和动作由包装车间集中控制。目前,国内许多厂家都采用人工装车,其缺点是劳动强度大、装车人员多、效率低、粉体装袋后需在厂内多次倒运,而袋车机则完全克服了上述缺点,为生产厂家带来可观的经济效益。目前袋式装车机在水泥行业应用较多。

2. **螺旋卸车机**

螺旋卸车机如图5-4所示,主要应用于煤等散装货物的快速卸车,减少车辆滞留时间。螺旋卸车机也广泛应用于煤炭、冶金、化工、建材等行业进行煤炭、砂子、石灰等散状物料的卸车作业。螺旋卸车机主要由大车行走机构、螺旋起升机构、螺旋旋转机构、电气控制系统及钢结构组成,具有跨双道线卸车的能力。螺旋旋转机构是完成卸车功能的最基本机构,通过螺旋体的旋转,螺旋叶片迅速将车厢内的物料向两侧推出;大车行走机构用于平时的整机行走和工作时的水平进给;起升机构可将螺旋旋转机构侧向折起、落下和工作时垂直进给。通过以上机构,螺旋体具备了旋转运动、水平进给和垂直进给运动,因而可实现连续高效的机械化卸煤作业。

图5-4 螺旋卸车机

常用的螺旋卸车机有桥型和门型两种。桥式螺旋卸车机主要用于库内或车间内的卸车作业;门式螺旋卸车机有的可跨越单个或多个车辆,有的两边有倾斜带式输送机,可在平地料场进行卸料和堆料作业。

3. 翻车机

翻车机卸车线是具有机械化自动化的、高效低耗的一种大型卸车作业的专用设备，可翻卸铁路敞车所装载的散粒物料，广泛应用于火力发电厂、港口、冶金、煤炭焦化等大型现代化企业。翻车机卸车系统一般由翻车机、拨车机（重车调车机）、迁车台、推车机等单机设备组成。

1）翻车机系统

翻车机系统是由执行机构、拨车机、迁车台以及推车机组成。

（1）执行机构

执行机构是翻车机系统的核心，一般为 C 型，如图 5-5 所示。

翻车机的作用是翻卸定位于其上装有物料的铁路敞车，也是和铁路敞车最密切相关的设备，它的性能优劣直接关系到作业效率以及和铁路敞车匹配的程度。

（2）拨车机

拨车机是翻车机卸车线成套辅助设备之一，用来拨送多种铁路敞车，并使其在规定的位置上定位，以便翻车机完成翻卸作业。拨车机是实现翻车机系统高效自动化的关键设备，目前已在码头、电厂、钢厂、焦化厂等大型企业散装物料输送系统上获得广泛应用。

（3）迁车台

迁车台如图 5-6 所示，是折返式翻车机卸车线中的辅助设备，将正常卸料的车辆从重车线移送至空车线上的设备。

图 5-5　C 型翻车机

图 5-6　迁车台

（4）推车机

推车机是翻车机卸车线成套设备中的辅助设备之一，用来与迁车台配合作业。当迁车台运载已翻卸完的敞车进入空车线后，推车机把敞车推出迁车台，并在空车线集结成列。

2）翻车机类型

翻车机主要有侧倾式和转子式两种类型。

（1）侧倾式翻车机

侧倾式翻车机主要由偏心回转平台、压紧装置和回转驱动机构等组成。当车厢被送进旋转平台后，压紧装置压紧车体，回转平台旋转将散货卸到侧面的漏斗里。由于偏心布置，翻转轴线位于车辆上方，整机质量大，工作线速度较高，因而功率消耗也较大。但它所需要的压紧力较小，也不需要深基础。

(2) 转子式翻车机

转子式翻车机主要由转子、支承平台、压紧装置、回转驱动机构和托辊装置组成。当车辆被送进转子内的支撑平台时，压紧装置压紧车体，转子回转将散货卸到下面的漏斗里，由于质量较小，功率消耗小。但其压紧力较大，并需要较深的基础。

5.3.2 斗轮堆取料机类设备

斗轮堆取料机类设备包括取料机、堆料机、混匀取料机、混匀堆料机、门式堆取料机等。使用最多的是堆取料机，其原因是此类设备功能较齐全，可满足大多数条件下的需要。上述各种设备的基本功能是向料场堆料，或从料场取料。其中堆取料机具有堆取功能，取料机、堆料机只有取料或堆料功能，混匀取料机与混匀堆料机除具有取料与堆料功能外还具有均化功能，以满足用户对物料均化的要求。

1. 斗轮堆取料机类设备基本类型

斗轮堆取料机是利用斗轮连续取料，用机上的带式输送机连续堆料的有轨式装卸机械。它是散状物料(散料)储料场内的专用机械，是在斗轮挖掘机的基础上演变而来的，可与卸车(船)机、带式输送机、装船(车)机组成储料场运输机械化系统，生产能力每小时可达1万多吨。斗轮堆取料机的作业有很强的规律性，易实现自动化。控制方式有手动、半自动和自动等。斗轮堆取料机按结构分力臂架型和桥架式两类。有的设备只具有取料一种功能，称斗轮取料机。

1) 臂架型斗轮堆取料机

臂架型斗轮堆取料机如图5-7所示，有堆料和取料两种作业方式。堆料由带式输送机运来的散料经尾车卸至臂架上的带式输送机，从臂架前端抛卸至料场。通过整机的运行，臂架的回转、俯仰可使料堆形成梯形断面的整齐形状。取料是通过臂架回转和斗轮旋转连续实现的。物料经卸料板卸至反向运行的臂架带式输送机上，再经机器中心处下面的漏斗卸至料场带式输送机运走。通过整机的运行，臂架的回转、俯仰，可使斗轮将储料堆的物料取尽。

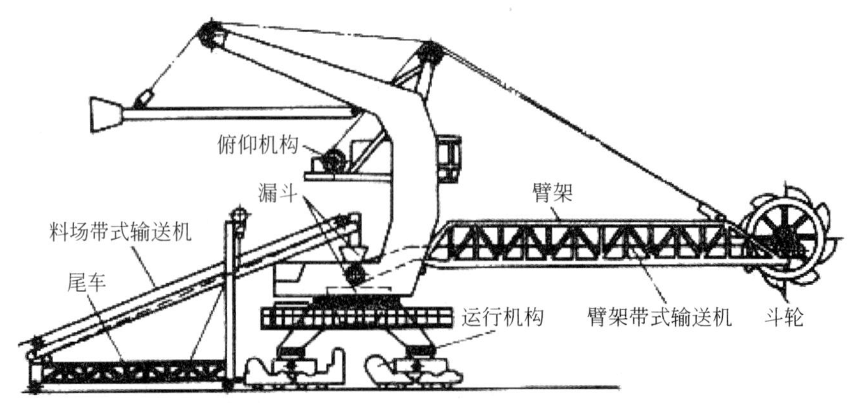

图5-7 臂架型斗轮堆取料机结构

臂架型斗轮堆取料机由斗轮机构、回转机构、臂架带式输送机、尾车、俯仰与运行机构组成。

(1) 斗轮机构。斗轮机构如图 5-8 所示，是取料的工作机构，包括斗轮及驱动装置。斗轮分无格式、半格式和有格式三种。

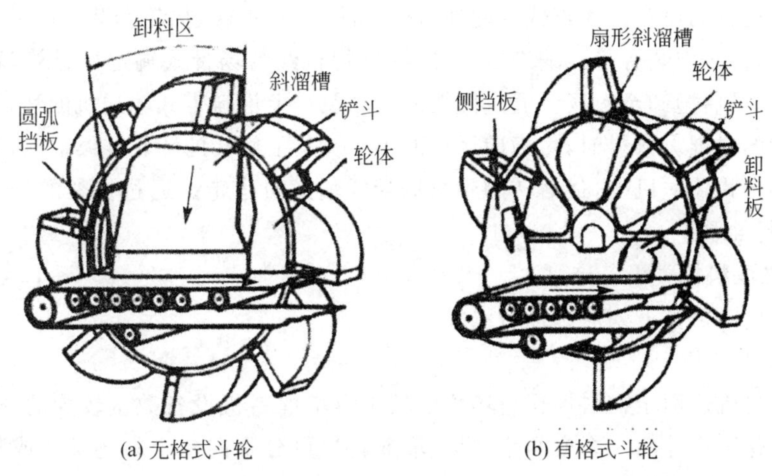

图 5-8　斗轮机构简图

无格式斗轮的铲斗没有斗底，在非卸料区内用固定在臂架上的圆弧挡板堵住斗中散料，散料在圆弧挡板上滑移。在卸料区内没有圆弧挡板而有一个固定的斜溜槽。当铲斗随轮体旋转至卸料区时，斗中物料在自重作用下经斜溜槽滑到带式输送机上。它的卸料区间大，因而斗轮转速较高，可提高作业能力，能卸较黏物料。半格式斗轮的结构与无格式相似，只是将斗壁向斗轮中心延伸一段，使圆弧挡板与轮体之间的距离加大，以减少在圆弧挡板与轮体间发生卡料的可能性。有格式斗轮的每个铲斗的斗底是一个扇形斜溜槽，在非卸料区却有固定不动的侧挡板。当铲斗随轮体旋转至一定高度后，斗中散料开始沿扇形斜溜槽向斗轮中心滑动，铲斗到达卸料区后，由于没有侧挡板阻挡，散料经斜溜槽、卸料板滑到带式输送机上。有格式斗轮卸料慢，需较大的斗轮直径，但不会产生卡料现象，适用于坚硬物料。三种斗轮中以无格式应用最多。斗轮的传动方式有机械与液压两种，一般不需调速。

(2) 回转机构。回转机构由回转支承和驱动装置两部分组成，用以使臂架左右回转。为保证臂架在任意位置时斗铲都能装满，回转速度要求在 0.01～0.2r/min 的范围内按一定规律实现自动无级调节。大多用直流电动机或液压驱动。

(3) 臂架带式输送机。臂架带式输送机供输送物料之用。在堆料、取料作业时，输送带需正反向运行。

(4) 尾车。尾车是将料场带式输送机与斗轮堆取料机联系在一起的机构。料场带式输送机的输送带绕过尾车机架上的两个滚筒，呈 S 形走向，以便在堆料时把物料由料场带式输送机转运到斗轮堆取料机上去。

(5) 俯仰机构和运行机构。两者均与门座起重机中相应的机构相似。

2）桥架式斗轮堆取料机

桥架式斗轮堆取料机按桥架形式又分为门式和桥式两种。

门式斗轮堆取料机有一个门形的金属构架和一个可升降的桥架。门架横梁上有一条固定的和一条可移动且可双向运行的堆料带式输送机，在门架一侧的料场带式输送机线上设有随门架运行的尾车。无格式斗轮通过圆形滚道、支承轮、挡轮套装在可沿升降桥架运行的小车上，桥架内装有带式输送机。堆料时，物料经料场带式输送机、尾车转至堆料带式输送机上，最后抛卸至料场。通过门架的移动及其上堆料带式输送机的运行，使物料形成一定形状的料堆。取料时，由横向运行的小车及其上旋转的斗轮连续取料，物料在卸料区卸到桥架带式输送机上，最后转卸到料场带式输送机运走。通过桥架的升降和门架的运行，可将料堆取尽。

2. 斗轮堆取料机类设备选型

在实际选用时可按下列原则进行选择。

1）斗轮堆取料机

斗轮堆取料机适用于物料堆积料场数量较少及堆取料机设备数量较少的条件，如发电厂、水泥厂、化工厂等的一个或两个料场，堆取料机可分别向两个料场堆料或从两个料场取料。一台或两台堆取料机可对所有相邻料场进行堆料与取料作业，但此时设备作业率较低。在料场数量较多，如三个或四个以上料场时也可选用堆取料机。相对于取料机与堆料机，堆取料机的设备成本要高一些。

2）取料机与堆料机

取料机与堆料机适用于大型码头项目。在大型散货料场的地面皮带运输机工艺流程中设计成单一的流程，即堆料流程或取料流程。一般同一料场相邻的两个设备一个是堆料机，另一个是取料机。对同一料场或不同料场这两台设备可同时进行取料与堆料，如堆料机用于卸火车，同时取料机用于装船。对大多数电厂用户可采用堆料机卸火车，同时取料机取料上煤。对大型码头项目可以设计成取料机比堆料机多一台的布置。对一些电厂也可采用一台堆料机和两台取料机的布置，此时三台设备可在两个料场同时工作。

3）混匀取料机与混匀堆料机

混匀取料机与混匀堆料机顾名思义就是既有正常的堆料与取料功能，也有均化功能，主要用于钢铁企业、水泥行业、对电厂的原料进行均化处理等。

4）门式斗轮堆取料机

门式斗轮堆取料机的机构是由门式主框架机构将整个设备连接到一起。轨道间距通常在35米以上。其尾车的堆取料变换有两种方式：一种是采用安装在活动梁一端的圆环变换尾车前部相对于活动梁的位置；另一种是采用尾车自行或电动推杆的方式变换尾车相对于活动梁的位置，当改变活动梁的高度位置时尾车前部随着活动梁一起运动。门式堆取具有取料过程效率高、操作容易等特点。

5）根据运送能力选用设备

堆取料机的功能就是堆料与取料，而在实际的运行过程中堆取料机是散料输送系统的始端或末端。最常用的工艺流程有以下三种。

(1) 翻车机卸车→皮带机系统→堆取料机堆料到料场→堆取料机取料→皮带机系统→电厂配煤仓。

(2) 翻车机卸车→皮带机系统→堆取料机堆料到料场→堆取料机取料→皮带机系统→装船机装船。

(3) 卸船机卸船→皮带机系统→堆取料机堆料到料场→堆取料机取料→皮带机系统→装火车系统装车。

在选用设备时根据需要的始端或末端的输送能力来选取。

5.4　装卸起重装备配置与管理

5.4.1　装卸起重装备的合理配置

1. 起重装备选择

合理选择和使用起重装备，是提高装卸效率、降低装卸搬运成本的重要环节。装卸搬运机械化程度可分为三个等级。

一级是用简单的装卸器具。如图 5-9 所示。

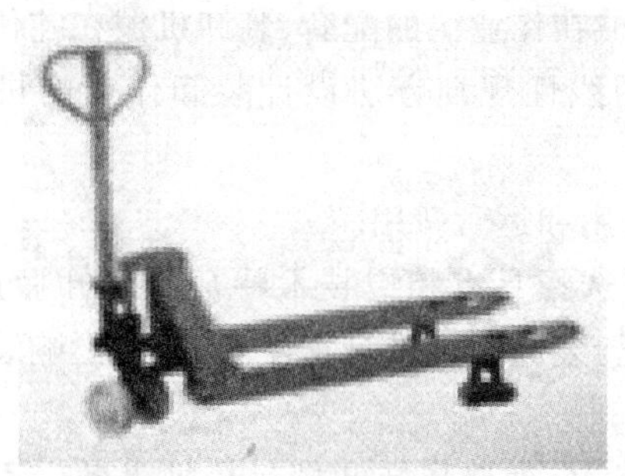

图 5-9　一级用简单的装卸器

二级是使用专用的高效率机具。如图 5-10 所示。

图 5-10　二级高效率机具

三级是依靠电脑控制实行自动化、无人化操作。如图 5-11 所示。

不同的货物、不同的运输场所，需要的装卸搬运机械不尽相同。合理选择装卸搬运机械，无论是在降低装卸搬运费用上，还是在提高装卸搬运效率上，都具有十分重要的意义。

图 5-11　三级自动化无人化操作

2. **选择装卸起重装备应考虑的因素**

(1) 装卸搬运机械的选择要与物流量相吻合。

应力求做到机械作业能力与现场作业量之间形成最佳的配合状态。机械作业能力大于现场作业量会造成生产能力过剩及经济损失，而机械作业能力小于现场作业量则会使物流受阻。

影响物流现场装卸作业量的因素很多，主要有吞吐量，堆码、搬倒作业量，装卸作业的高峰量等。

(2) 装卸搬运机械的选择要考虑其配套性。

装卸机械的合理配套，是提高装卸效率、降低装卸费用的重要因素。这里要考虑的是装卸机械在生产作业区的衔接，即各种装卸机械在作业区的配套、装卸机械在吨位上的配套，以及装卸机械在作业时间上的衔接。可用线性规划方法设计装卸作业的机械配套方案。

(3) 装卸搬运机械的选择要考虑其购置费用和运营费用。

应根据不同类物品的装卸搬运要求，合理选择具有相应技术特征的装卸搬运设备。各种货物的单件规格、物理化学性能、包装情况、装卸搬运难易程度等，都是影响装卸搬运机械选择的因素。

还应根据物流过程输送和储存作业的特点，合理选择装卸搬运机械设备。不同的运输方式具有不同的作业特点，选择装卸搬运机械时要与之相适应；不同的储存方式，也需要不同的装卸搬运机械与之相配合。

不同的运输方式，对装卸搬运机械的选择具有特殊要求。例如，铁路、船、车、飞机的货物装卸搬运多数是在特定的设施内，使用特殊的机械进行或采用集装方式进行，以求得高效率。对散装物、流体货物、钢材等特殊货物进行大量的、连续装卸时，应分别采用各种专用装卸搬运机械进行作业。卡车的装卸作业有多种情况，如在物流设施内外、卡车终端站、配送中心等。所以，装卸搬运机械的选择不尽相同。

选择好装卸搬运机械设备以后，还要对装卸搬运机械的运行进行合理组织。针对影响设备生产率的各种因素，采取相应措施提高设备的生产率，以发挥装卸搬运机械设备的效率。

3. **装卸起重装备的数量配置**

仓库有较高的装卸装备配置系数。配置系数可按下式计算：

$$K = \frac{Q_c}{Q_t}$$

式中：K ——仓储设备配置系数，一般取 $K=0.5\sim0.8$；

Q_c——仓储机械设备能力，即设备能完成的物流量；

Q_t——仓储过程总物流量。

通常情况下，当 $K>0.7$ 时，表明机械化作业程度高；$K=0.5\sim0.7$ 时，表明机械化作业程度中等；$K<0.5$ 时，表明机械化作业程度低。

在为仓库等配置机械设备时，可以根据仓库等的要求预先规定一个 K 值（即要求达到的机械化作业程度），来计算设备需完成的物流量，从而进行设备的配置计算。

机械设备数量配置，可用下列公式计算：

$$Z=\sum_{i=1}^{m}Z_i$$

式中：Z ——仓库内机械设备总台数；

m ——机械设备类型数；

Z_i ——第 i 类机械设备数。

$$Z_i=\frac{Q_{ci}}{(Q_e\beta\eta\delta\tau)_i}$$

式中：Q_{ci}——第 i 类机械计划完成的物流量；

Q_e ——设备的额定起（载）重量；

β ——起重系数，即平均一次吊装或搬运的重量与 Q_e 的比值；

η ——单位工作小时平均吊装或搬运次数，由运行距离、运行速度以及所需辅助时间确定；

δ ——时间利用系数，即设备年平均工作小时与 t 的比值；

τ ——年日历工作小时，一班制取 7 小时乘以工作日数。

机械设备能力的评价参数 β、η、δ 值应根据作业场所的性质、物品的种类以及机械设备类型进行实测确定。

总物流量 Q_t 可由下式计算：

$$Q_t=\sum_{i=1}^{n}Q_{ti}=\sum_{i=1}^{n}(H_i\alpha_i)$$

式中：n ——作业场所的数量；

H_i——i 个场所的年吞吐量；

α_i ——i 个场所的倒搬系数，根据物品的重复搬运次数确定，无二次搬运 $\alpha_i=1$。

机械设备计划完成的总物流量，可用总物流量 Q_t 乘以设备配置系数 K 求得。

$$Q_{ci}=KQ_t$$

计算某种机械设备时，Q_{ci} 可由 Q_c 分配决定。

5.4.2　装卸起重装备的管理

1. 对司机的要求

(1) 起重机司机专门训练，经有关部门考核合格，发给合格证，方准上岗操作，严禁无证人员操作起重设备。

(2) 进行起重作业前，起重机司机必须检查各部分装置是否正常，钢缆是否符合安全规定，制定器、液压装置和安全装置是否齐全、可靠、灵敏，严禁起重机各工作部件带病运行。

(3) 起重机司机必须与指挥人员密切配合，服从指挥人员的信号指挥。操作前必须先鸣喇叭。如发现指挥信号不清或错误时，司机有权拒绝执行；工作中，司机对任何人发出的紧急停车信号必须立即服从，待消除不安全因素后方能继续工作。

2. 工作要求

(1) 起重机只能垂直吊起载荷，严禁拖拽尚未离地的载荷，要避免侧载。

(2) 起重机在进行满负荷起吊时，禁止同时用两种或两种以上的操作动作。起重吊臂的左右旋转角度都不能超过45°，严禁斜吊、拉吊和快速升降。严禁吊拔埋入地面的物件，严禁强行吊拉吸贴于地面的面积较大的物体。

(3) 起重机在带电线路附近工作时，应与其保持安全距离，雨雾天气时安全距离应加大至1.5倍以上。起重机在输电线路下通过时，必须将吊臂放下。

(4) 起重机严禁超载使用，如果用两台起重机同时起吊一重物，必须服从专人的统一指挥，两机的升降速度要保持一致，其物件的重量不得超过两机所允许的总起重量的75%。绑扎吊索时，要注意负荷的分配，每车分担的负荷不能超过所允许最大起重量的80%。

(5) 起重机在工作时，吊钩与滑轮之间应保持一定的距离，防止卷扬过限把钢缆拉断或吊臂后翻。在吊臂全伸，变幅至最大仰角，吊钩降至最低位置时，卷扬滚筒上的钢缆应至少保留3匝以上。

(6) 起重机在工作时吊臂仰角不得小于30°，起重机在吊有载荷的情况下应尽量避免吊臂变幅，绝对禁止在吊荷停稳妥前变换操作杆。

5.4.3 装卸起重装备的安全管理技术

1. 起重装卸设备安全技术

(1) 对露天工作的起重机，为防止风力过大时起重机被吹倒或移动而发生事故，要求起重机上设置有夹轨器或锚固等防风装置。

(2) 为防止由于司机疏忽或机构故障使起重机吊钩翻过卷筒，导致钢丝绳被拉断、吊钩和吊物坠落或挤坏滑轮装置等事故发生，起重机上要求装设起升高度限位器，又称为过卷扬限位器。

(3) 为防止起重机超负荷，起重机上要求装设重量限制器，它是一种能使起重机不至于超负荷运转的保险装置。当起重机所吊重物超过额定重量时，它能自动切断卷扬机构上的动力，以防止事故发生。

(4) 用吊索捆绑货物时，应牢固可靠，吊索间夹角不应太大，一般不超过120°。多根吊索合力的作用线必须通过货物的重心，以保证吊运过程中货物的平稳性。

(5) 对起重机的钢丝绳应每天进行日常检查，要特别注意钢丝绳端部在机械上的固定连接和穿绕平衡滑轮的位置。钢丝绳应保持良好的润滑状态，对起重机的钢丝绳每月至少两次加注润滑剂。钢丝绳在使用中因机械损伤、化学腐蚀、热力辐射等原因会造成性能降低，当出现下列情况之一时，钢丝绳应报废。

① 钢丝绳直径减少达7%时。

② 钢丝径向磨损或腐蚀量超过原直径的40%时。

③ 交互捻钢丝绳的断丝数达到钢丝绳钢丝总数的10%，同向捻钢丝绳断丝数达到钢丝总数的5%。

④ 外观检查发现下列情况：麻芯外露、明显腐蚀、打死结、外层钢丝呈笼形状态、波浪变形的幅度不小于钢丝绳直径的3/4、绳股挤出、绳径局部增大、严重扭结、受热辐射或电弧作用使钢丝绳外表面出现可识别的颜色。

(6) 起重机是一种间歇工作的机械，各机械运行中的制动、调速或限速及货物的悬空支持都靠制动器来完成，所以制动器的工作可靠性将直接影响起重作业的安全。正常使用的起重机每班都要对制动器进行检查。制动器的零件，有以下情况之一就应报废：裂纹、制动带摩擦垫片厚度磨损达原厚度的50%、弹簧出现塑性变形、小轴或轴孔直径磨损达到原直径的5%。

(7) 动臂式起重机回转支承基准面的倾斜度不得大于1°。特别是轮式起重机更要注意支腿的水平度和松动情况。

(8) 轮胎式起重机可带负载做短距离行走，但负载要降低为额定起重量的2/3，离地高度不应超过0.5米，地面坡度不能大于5°。且行走要缓慢，一般不得超过5千米/小时。

2. 起重机的电气安全技术

(1) 电气元件应与起重机的机构特性、工况条件和环境条件相适应。在额定条件下工作时，其温升不应超过额定允许值。

(2) 室外工作的起重机，电线应敷设在金属管中，金属管须经防腐处理。

如果用金属线槽或金属软管代替，必须有良好的防雨及防腐性能；室内工作的起重机，电线应敷设于线槽或金属管中，也可直接敷设，但在有机械损伤、化学腐蚀或油污侵蚀的地方，应有防护措施；不同机构、不同电压等级及交流与直流的导线，穿管时应分开，照明线应单独敷设。

(3) 起重机应有指示总电源分合状态的信号，必要时还应设置故障信号或报警信号。信号指示应设置在司机或有关人员视力、听力可及的地点。桥式起重机大车滑线端的端梁下面，应设置防护板，以防止吊具或钢丝绳与滑线意外接触。

(4) 起重机主电路及控制电路对地绝缘电阻一般不小于0.5MΩ，潮湿环境不小于0.25MΩ(用500V兆欧表在常温下测量)。

(5) 为减小起重设备漏电时造成的触电危险，起重机的金属结构及所有电气设备的金属外壳、管槽、电缆金属外皮和变压器低压侧均应有可靠接地。

在轨道上工作的起重机一般可通过车轮和轨道接地。起重机轨道的接地电阻和一般起重机上任何一点的接地电阻均不得大于4Ω。严禁用接地线做载流零线。

本章小结

装卸设备是实现较小范围货物转移的硬件设施基础，功能多样，包括起重器械、传输机械等。装卸起重机械是一种间歇式、可循环运动的物流机械，以实现货物垂直升降为主，搬运功能为辅。大宗散装货物的装卸可以采用专用设备，如装车机、翻车机等，可以极大地提高作业效率。起重机司机必须要经过专门训练，按规范要求安全操作。

叉车是物流领域装卸搬运设备中应用最广泛的一种设备。叉车除了使用货叉以外，还可配备其他取物装置，对散货和多种规格品种货物进行装卸作业。在物流作业过程中，人力车辆的作业也占有一定的比重。手推车是一种以人力为动力，水平输送物料的搬运设备。在难以实现机械化作业的场所，手推车是机械化作业的补充。自动导向搬运车是物流系统的重要搬运设备，随着工厂自动化、计算机集成系统技术和物流业的发展，自动导向搬运车得到了广泛的应用。

复习思考

一、填空题

1. 装卸活动的基本动作包括(　　)、(　　)、(　　)、(　　)、(　　)以及连接上述各项动作的短程输送，是随运输和保管等活动而产生的必要活动。

2. 起重机械主要由(　　)、(　　)、(　　)三大部分组成。

3. 装卸桥是龙门起重机的另一种形式，通常把跨度大于(　　)、起重量不大于(　　)的龙门起重机称为装卸桥。

4. (　　)有支持绳和开闭绳，分别绕在支持机构和开闭机构的卷筒上。

5. 桥架式斗轮堆取料机按桥架形式又分为(　　)和(　　)两种。

二、判断题

1. 在物流过程中，装卸活动是不断出现和反复进行的，它出现的频率高于其他各项物流活动，每次装卸活动都要花费很长时间，所以往往成为决定物流速度的关键。(　　)

2. “叉上叉下”方式，主要是指港口装卸的一种水平装卸方式。(　　)

3. 连续装卸主要是同种大批量散装或小件杂货通过连续输送机械，连续不断地进行作业，中间无停顿，货间无间隔。(　　)

4. 重型起重机械包括千斤顶、手扳葫芦、手拉葫芦和电动葫芦。(　　)

5. 臂架类起重机包括桥式堆垛机、巷道式堆垛机、堆垛叉车及装卸堆垛机器人等。(　　)

6. 工程起重机的工作速度主要包括卷扬、变幅、回转和行走的速度。(　　)

7. 生产率是指起重机械在规定的工作条件下连续作业时，单位时间内装卸货物的质量。(　　)

8. 桥式斗轮堆取料机有一个门形的金属构架和一个可升降的桥架。(　　)

9. 起重机只能垂直吊起载荷，严禁拖拽尚未离地的载荷，要避免侧载。(　　)

10. 起重机轨道的接地电阻和一般起重机上任何一点的接地电阻均不得大于 5Ω。（　　）

三、选择题

1. （　　）活动的基本动作包括装车（船）、卸车（船）、堆垛、入库、出库以及连接上述各项动作的短程输送，是随运输和保管等活动而产生的必要活动。

   A. 搬运　　B. 起吊　　C. 装卸　　D. 运送

2. 起重机械工作机构是实现升降及运移货物的机构，它有起升、运行、（　　）和回转四大机构。

   A. 变幅　　B. 前移　　C. 后退　　D. 旋转

3. （　　）主要应用于煤等散装货物的快速卸车，减少车辆滞留时间。

   A. 袋式卸车　　B. 螺旋卸车　　C. 垂直卸车　　D. 水平卸车

4. （　　）是翻车机卸车线成套设备中的辅助设备之一，用来与迁车台配合作业。

   A. 推车机　　B. 迁车台　　C. 拨车机　　D. 翻车机

5. 用吊索捆绑货物时，应牢固可靠，吊索间夹角不应太大，一般不超过（　　）。

   A. 60°　　B. 90°　　C. 100°　　D. 120°

四、简答题

1. 起重机的主要技术参数有哪些？各表示什么含义？
2. 何为装卸桥？装卸桥在性能上有何特点？
3. 采用简单臂架在带载变幅时会出现什么问题？如何解决？
4. 简述动臂式起重机的基本组成及工作原理。
5. 起重机械的主要安全装置有哪些？各起什么作用？

五、案例分析题

联华便利物流中心装卸搬运系统分析

联华公司创建于 1991 年 5 月，是上海首家发展连锁经营的商业公司。经过 11 年的发展，已成为中国最大的连锁商业企业，连续三年位居全国零售业第一。联华公司的快速发展离不开高效、便捷的物流配送中心的大力支持。目前，联华共有 4 个配送中心，分别是 2 个常温配送中心、1 个便利物流中心、1 个生鲜加工配送中心，总面积达七万余平方米。

联华便利物流中心总面积 8000 平方米，由 4 层楼的复式结构组成。为实现货物的装卸搬运，配置的主要装卸搬运机械设备为：电动叉车 8 辆、手动托盘搬运车 20 辆、垂直升降机 2 台、笼车 1000 辆、辊道输送机 5 台、数字拣选设备 2400 套。在装卸搬运时，操作过程如下：对来货卸下后，把其装在托盘上，由手动叉车将货物搬运至入库运载处，入库运载装置上升，将货物送上入库输送带。当接到向第一层搬送指示的托盘经过升降机平台时，不再需要上下搬运，直接从当前位置经过一层的入库输送带自动分配到一层入库区等待入库；接到向二层至四层搬送指示的托盘，将由托盘垂直升降机自动传输到所需楼层。当升降机到达指定楼层时，由各层的入库输送带自动搬送货物至入库区。货物下平台时，叉车从输送带上取下托盘入库。出库时，根据订单进行拣选配货，拣选后的出库货物用笼车装载，由各层平台通过笼车垂直输送机送至一层的出货区，装入相应的运输车上。

先进实用的装卸搬运系统为联华公司的发展提供了强大的支持，使联华便利物流运作能力和效率大大提高。

信息来源：http://wlgl.wfe.cn/News—View.asp? NewsID=224&zc=177.

问题：

(1) 简述联华便利物流中心的作业流程。

(2) 根据联华便利物流中心的装卸搬运系统的运行，分析提高物流中心设备的运行效率的关键因素是什么？

实　　训

【实训项目】

起重设备实验。

【实训目的】

(1) 掌握起重设备的基本结构。

(2) 熟悉起重设备的技术性能参数、操作规程和管理。

【实训内容】

(1) 通过调节工作机构实现升降、运行、变幅和回转速度，了解起重设备的基本结构和特点。

(2) 通过更换不同的起重对象并改变起重设备的工作状态，熟悉起重设备的主要特点。

【实验步骤】

(1) 首先观察起重设备的基本结构，绘制起重设备的基本结构图。

(2) 调节幅度和跨度，分析其作用。

(3) 实验不同的货物，测试不同货物的起重系数。

第 6 章

搬运技术与装备

【知识目标】

(1) 掌握搬运技术与装备的基本特点和类型。

(2) 掌握叉车作业的基本特点和技术特征。

(3) 自动导引搬运车的技术特点和作业规划方式。

(4) 掌握小型物流车的选用原则。

【能力目标】

(1) 能够根据物流作业的实际特点选择合理的叉车类型和叉车属具。

(2) 能够根据作业要求制定合理的自动导引搬运车作业流程。

叉车事故原因分析

事故经过：2013 年 12 月 7 日，选煤厂跳汰机改造工程正如期进行。按照工作程序要求，跳汰机新旧机体的搬运任务由叉车(8 吨)司机潘某带领机修工李某负责用叉车完成。上午 11 点 05 分左右，按预定安排，叉车司机潘某在李某配合下，将一件跳汰机新机体(重 5.7 吨)运送至行车吊装口下方，以便新机安装。当叉车运行至离吊装口 2 米的一段斜坡路段时，由于重心不稳，机体歪斜倒向一侧，机修工李某躲闪不及，被歪倒的工件挤断右臂，叉车车窗受损、前叉弯曲。事故原因如下。

1. 直接原因

潘某同李某用叉车运输超大物件时，图省事，没有将工件可靠固定，导致工件歪斜伤人，是造成此次事故的直接原因。

2. 主要原因

(1) 潘某、李某在叉车运行至离吊装口 2 米的一段斜坡路段时，没有对工件稳定性进行检查，不能及时发现安全隐患。

(2) 李某在监护作业时，没有采取其他防歪倒措施，并未观察好退路，造成站位不当，工件歪倒时躲闪不及受伤。

(3) 施工负责人魏某安排工作时没有布置相应的安全防范措施，可预见性安全隐患没有做到位，且没有在现场统一协调指挥，安全管理有漏洞。

3. 间接原因

（1）职工潘某、李某自保、互保、联保意识差，没有及时发现安全隐患并提醒李某注意安全并及时制止其危险行为。

（2）选煤厂对职工安全管理、安全教育、技术管理培训力度不够，职工安全意识薄弱，自保、互保、联保意识差，工作麻痹大意。

信息来源：http.//china.findlaw.cn/jiaotongshigu/jtsgal/jtsgal/45358.html.

思考分析：

选煤厂应采取哪些防范措施杜绝叉车安全事故的发生？

6.1 叉车搬运技术

6.1.1 概述

1. 搬运作业

搬运是指在同一场所内，对物品进行空间移动的作业过程，即将不同形态的散装、包装或整体的原料、半成品或成品，在平面或垂直方向加以提起、放下或移动；可能要运送，也可能要重新摆置物料，而使货品能适时、适量移至适当的位置或场所存放。搬运活动的主要目的包括以下几个方面。

（1）提高生产力。顺畅的搬运系统能够消除瓶颈，以维持及确保生产水准，有效利用人力，减少设备闲置。

（2）降低搬运成本。良好的搬运可以减少每位职工及每单位货品的搬运成本，并减少延迟、损坏及浪费现象发生的次数。

（3）提高库存周转率，以降低存货成本。有效率的搬运可加速货品移动及缩减搬运距离，进而减少总作业时间，使存货存置成本及其他相关成本都得以降低。

（4）改善工作环境，增加人员、货品搬运安全。良好的搬运系统能使工作环境大为改善，不但能保证物品搬运的安全，减少保险费率，且能提高员工的工作情绪。

（5）提高产品品质。良好的搬运可以减少产品的毁损，使产品品质水准提升，减少客户抱怨。

搬运活动的改善在考虑货品搬运成本时，有两个很重要的基本原则：距离的原则，即距离越短，移动越经济；数量的原则，即移动的数量越多，每单位移动成本越低。

因此，搬运工作的改善，可针对搬运的对象、搬运的距离、搬运的空间、搬运的时间以及搬运的手段展开。

由于物料搬运在生产领域各个生产环节中起着相互连接与转换的作用，使生产能连续、正常地进行，因此，物料搬运系统的合理与否，将直接影响生产率和企业的经济效益。如加工工业，物料在各工位之间都要依靠各种搬运设备进行移动；如果没有搬运环节，则无法进行生产。因此，物料搬运是生产工艺过程中的自然组成部分，是直接生产不可缺少的保障系统。近年来，国内外普遍倾向于把物料搬运作为生产的有机组成部分。据调查，我国机械加工厂生产1吨产品，需要进行252吨次的物料搬运。其成本为加工成本的15.5%。由此可见，改善物料搬运作业，可以取得明显的经济效益。

同样，在物流中心内货物的流转离不开装卸搬运。装卸搬运的费用占总费用的1/3。

物料搬运与运输、储存不同。运输是解决物料空间距离，储存是解决时间距离，而物料搬运既没有改变物料的空间价值，又没有改变物料的时间价值，因而，往往不引起重视。可是一旦忽略了这个环节，轻则造成生产混乱，重则造成生产停顿。所以，物料搬运在生产领域里具有“闸门”和“咽喉”的作用。

2. 物料搬运特点

物料搬运作业可以归纳出如下特点。

(1) 具有“伴生”(伴随产生)和“起讫”性。因为物料搬运的目的总是与物流的其他环节密不可分(有时甚至视为其他环节的组成部分)，不是为了搬运而搬运，如运输、储存、包装等环节，一般都以装卸搬运为起始点和终结点。因此与其他环节相比，它具有“伴生”和“起讫”性的特点。

(2) 具有“保障”和“服务”性。物料搬运保障了生产中其他环节作业的顺利进行，在搬运过程中不消耗原材料，不排放废弃物，不大量占用流动资金，不产生有形产品，因此具有提供劳务性质的特点。

(3) 具有“闸门”和“咽喉”的作用。因为物料搬运制约着生产领域其他环节的业务活动，如果这个环节处理不好，整个生产系统将处于瘫痪状态。

(4) 具有作业的均衡性与稳定性。均衡性是生产的基本原则，所以物料搬运作业基本上是均衡、平稳、连续的。而且作业对象仅限于企业内部，相对稳定，若有变化也有一定规律。

实现搬运离不开搬运装备。最常用的物料搬运装备就是叉车。

6.1.2 叉车的概念和特点

1. 叉车的概念

叉式装卸车简称叉车，又名铲车，是指用货叉或其他工作装置自行装卸货物的起升车辆，属于物料搬运机械。

叉车起源于20世纪初，在第二次世界大战之后开始被广泛使用。现在，叉车已经逐渐向系列化、专业化方向发展。日本、美国的产量最高，欧洲其次。

叉车在装卸搬运机械中应用最为广泛，一般应用于车站、港口、机场、工厂、仓库等场所，是机械化装卸、堆垛和短距离运输的高效设备。叉车不仅可以将货物进行垂直堆码，而且还可以将货物进行水平运输。

叉车的主要技术参数是额定载重量和最大起升高度。叉车不但工效高，而且换装方便，近年来发展较快，已广泛采用的可换装的工作装置有30多种。例如，换装侧夹装置可搬运油桶、捆包；换装串杆装置可搬运钢卷、水泥管；换装起重臂、吊钩可吊装各种重物；换装铲斗可装卸搬运散料等。叉车机动灵活，适应性好，作业效率高，应用叉车可实现装卸搬运作业的机械化，减少货物破损，提高仓库容积的利用率和作业安全程度，故而被广泛采用。

小看板

这是叉车吗?

从叉车的定义来看,叉车的主要功能是装卸和搬运,"车"字强调的是运输功能,"叉"字强调的是货架的起降功能,图 6-1 所示的物流装备具有上述特性,符合叉车的基本定义,属于一种手动叉车设备。

图 6-1 一种搬运设备

2. 叉车的特点

在物流装卸搬运作业过程中,叉车在港口和其他起重运输机械一样,能够减轻装卸搬运工人的劳动强度,提高装卸搬运效率,缩短船舶与车辆在港停留时间,降低成本。不仅如此,叉车还具有以下特点。

(1) 机械化程度高。叉车是装卸搬运一体化的设备,取物方便,有效提高效率,减少工人的体力劳动。

(2) 通用性好。在物流的各个领域叉车都有所应用,比如港口码头、火车站、汽车站场都要使用叉车进行装卸搬运作业,与此同时,辅以托盘一起使用,还能大大提高作业效率,节约劳动力。

(3) 机动灵活性好。叉车的外形体积小、重量轻,能够非常灵活地穿梭于作业区域内,而且很多情况下无法使用其他起重运输机械时,叉车仍可以任意调度。

(4) 能够提高仓库容积的利用率。叉车的堆码高度可以达到 3~5 米。

(5) 有利于开展托盘成组运输和集装箱运输。

6.1.3 叉车的类型

叉车按其动力装置不同,可以分为电瓶叉车和内燃叉车;按其结构和用途不同,可以分为平衡重式、插腿式、前移式、侧叉式、跨车以及其他特种叉车等。

1. 平衡重式叉车

平衡重式叉车,如图 6-2 所示。它用内燃机或电池作为动力,是叉车中应用最广泛的形式,大约占叉车总数的 4/5。其特点是车体本身较重、依靠自身重量与货叉上的货物量相平衡,防止叉车装货后向前倾翻。为了保持叉车的纵向稳定性,在车体尾部配有平衡

图 6-2 平衡重式叉车

量。这种叉车操作简单、机动性好、效率高。

2. 插腿式叉车

插腿式叉车，如图 6-3 所示。它的特点是叉车前方带有小轮子的支腿能与货叉一起伸入货板叉货，然后由货叉提升货物。由于货物中心位于前后车轮所包围的底面积之内，叉车的稳定性好。插腿式叉车一般采用蓄电池做能源，起重量在 2 吨以下。

图 6-3　插腿式叉车

3. 前移式叉车

前移式叉车，如图 6-4 所示。它的货叉可沿叉车纵向前后移动。取货、卸货时，货叉伸出，叉货后带货移动时，货叉退回到接近车体的位置，因此叉车行驶时的稳定性好。

图 6-4　前移式叉车

前移式叉车一般以蓄电池做动力，起重量在 3 吨以下。前移式叉车的车身小，重量轻，转弯半径小，机动性好，不需要专门在货堆之间留出空处，前轮可以做得很大。由于其运行速度很慢，因此主要用于室内和狭窄的通道内装卸搬运作业。

4. 侧面式叉车

侧面式叉车，如图 6-5 所示。它的门架和货叉分布在车体的侧面，侧面还有一个货物台，当货叉取货物时，货叉沿门架上升到大于货物台的高度后，门架沿导轨缩回，降下货叉，货物便放在叉车的货物台上。侧面式叉车主要用于搬运长大件货物，且多以柴油机驱动，最大起重量为40吨。

图 6-5 侧面式叉车

5. 跨车

跨车即跨运车，如图6-6所示。它是由门形车架和带抱叉的提升架组成的搬运机械。一般以内燃机驱动，起重量在10～50吨。在作业时，门形车架跨在货物上由抱叉托起货物，进行搬运和码垛。在港口，跨车可用来搬运和堆码钢材、木材和集装箱等。

图 6-6 跨车

由于跨车起重量大，运行速度较快，装卸快，甚至可以做到不停车装载，但跨车本身重量集中在上部，重心高，空车行走时稳定性较差，要求有良好的地面条件。

除了上述介绍的几种叉车外，还有低位拣选叉车、高位拣选叉车、固定平台搬运车、集装箱叉车等。

6. 堆高车

目前，堆高车设备的发展非常迅速，除了最常见的手动堆高车外，还有半自动堆高车、全自动堆高车和前移式堆高车。手动堆高车是利用人力推拉运行的简易式叉车，这种装卸搬运设备主要用于工厂车间和仓库内部，装卸效率不高，但是需要堆垛的场合。

6.1.4 叉车的基本结构组成

虽然不同的叉车在结构上有一定的差异，但其基本结构一般都由动力装置、起重工作装置、叉车底盘(包括传动系统、转向系统、制动系统、行驶系统)和电气设备组成。

1. 动力装置

动力装置的作用是为叉车的各工作机构提供动力源，保证叉车工作装置装卸货物和叉车正常运行所需要的动力。目前市场上常见的叉车动力装置的基本形式有内燃机式和电动式。

2. 起重工作装置

起重工作装置是完成起升、降落、门架倾斜等功能的工作装置，主要由工作装置和液压控制系统组成。

(1) 工作装置。叉车的工作装置用于完成货物的叉取、卸放、升降、堆码等作业，由门架(包括外门架和内门架)、叉架、货叉、链条和导向滑轮等组成。

(2) 液压控制系统。液压控制系统的作用是控制叉车工作装置，实现货物的起升、降落和门架倾斜。

液压传动系统主要由油泵、工作油缸、油箱、油管、滤清器以及各种阀门等组成。油泵是将动力装置的机械能转换成液压能的部件；油缸是将液压能转换成机械能的部件；各种阀门如安全阀、分配阀、节流阀是控制液体的压力、流量和流动方向的液压元件；油箱、油管和滤清器是储存、输送和滤清液压油的部件。通过这些机构实现液压油路不同的工作循环，从而满足叉车各项功能的要求。

3. 叉车底盘

叉车底盘是决定叉车各种性能的主要组成部分，主要由传动系统、转向系统、制动系统和行驶系统组成。

(1) 传动系统的作用是将动力装置发出的动力高效、经济和可靠地传给驱动车轮。为了能适应叉车行驶的要求，传动系必须具有改变速度、改变扭矩和改变行驶方向等功能。

(2) 转向系统的作用是控制叉车运行方向。叉车多在仓库、货场等场地狭窄、货物堆放很多的地方进行作业。叉车在行驶中需要频繁地进行左、右转向，要求转向系统动作灵活，操作省力。叉车的转向系统有机械式、液压助力式和全液压式转向三种基本结构类型。转向方式的选择决定于转向桥负荷的大小，而转向桥负荷与叉车的起重量和自重有关，一般起重量在 1 吨以下的都采用构造简单的机械式转向，起重量大于 2 吨的叉车，为操纵轻便，多数采用液压助力转向或全液压转向。

① 机械式转向系统一般由转向器和转向传动机构组成。转向器的作用是增大方向盘传递到转向臂的力，并改变力的传递方向。转向传动机构的作用是把转向器所传出的力传递给转向车轮，使其偏转而实现叉车的转向。

② 液压助力式转向系统与机械式转向机构的主要区别是增加了一个液压转向助力器，因而，司机只需很小的力就可进行操纵，实现转向。

③ 全液压式转向系统与机械式、液压助力转向系统的不同之处在于从转向器开始到转向梯形机构之间完全用液压元件代替了机械连接，因而，操纵轻便，安装容易，重量轻，体积小，便于总体布局。

(3) 制动系统的作用是使叉车能够迅速地减速或停车，并使叉车能够稳定地停放在适当的地方。叉车的制动系统一般包括两套独立的制动装置，即行车制动装置和驻车制动装置。行车制动装置保证叉车在行驶过程中适当减速或停车，它的每个车轮都装有车轮制动器，其操纵装置可分为机械式、液压式和气压式。驻车制动装置保证叉车原地停驻，并有助于在坡道上起步。驻车制动系统还可在紧急制动时与行车制动系统同时使用，或当行车制动系统失灵时紧急使用。

(4) 行驶系统的作用是将叉车各部分组装成一体，承受并传递作用在叉车车轮和路面间的力和力矩，缓和路面对叉车的冲击和震动。叉车的行驶系统通常由车桥、车架、车轮和悬架等部分组成。

4. 电气设备

电气设备包括发电设备和用电设备，主要由发电机、启动机、蓄电池、灯光、音响、仪表等组成。

6.1.5 叉车的使用性能

1. 叉车的装卸性

装卸性是指叉车的起重能力和装卸快慢的性能。装卸性能的好坏对叉车的生产率有着直接的影响。一般来说，叉车的起重量大、载荷中心距大，工作速度高，则装卸性能就好。

2. 叉车的牵引性

它是表示叉车行驶和加速快慢、牵引力和爬坡能力大小等方面的性能。一般来说，叉车起步快、加速能力强、爬坡能力大、牵引力大，则牵引性好。

3. 叉车的稳定性

它是指在作业过程中抵抗倾翻的能力，是保证叉车工作安全的重要指标。叉车的稳定性分为纵向稳定性和横向稳定性。平衡重式叉车由于货物重力及惯性力的作用有可能向前纵向倾翻，转弯时的离心力可能使叉车横向倾翻。而对于已制成的叉车来说，叉车的稳定性主要取决于使用状况，因此，为保证叉车的安全作业，必须遵守叉车的操作规程，科学地进行作业，保证叉车具有良好的稳定性。

4. 叉车的制动性能

它表示叉车在行驶中根据要求降低车速及停车的性能。制动性能关系着叉车的工作安全性，通常以在一定行驶速度下制动距离大小来衡量。制动距离小，则制动性能好。

我国的内燃平衡重式叉车标准对于制动性能做了如下规定：如果采用脚制动，叉车车速为每小时 20 千米，空载运行时，紧急制动的制动距离不大于 6 米；叉车在车速为每小时 10 千米、满载运行时，紧急制动的制动距离不大于 3 米。如果采用手制动(驻车制动)，空载行驶时能在 20%的下坡上停住，满载行驶时能在 15%的上坡上停住。

5. 机动性

它表示叉车机动灵活的性能。最小转弯半径越小、直角交叉通道宽度越小、直角堆垛通道宽度越小，则叉车的机动性越好。

6. 通过性

通过性是指叉车克服道路障碍而通过各种不良路面的能力。叉车的外形尺寸小、轮压小、离地间隙大、驱动轮牵引力大，则叉车的通过性好。

7. 经济性

叉车的经济性是指叉车的全寿命周期费用最小，包括叉车的购置费用和营运费用，在选择叉车时，应充分考虑其性价比。

广角镜

国内市场的叉车品牌及选择标准

目前国内市场上的叉车品牌，从国产到进口有几十种。

国产品牌：中力、宜科、梯佑、巨盾、龙工、合力、安叉、杭州、瑞创叉车、大连、山河智能、巨鲸、湖南叉车、广州、吉鑫祥、台励福、靖江、柳工、住力、靖江宝骊、天津叉车、洛阳一拖、上力重工、玉柴叉车、合肥搬易通、湖南衡力等。

进口品牌：慕克(德国)、林德(德国)、海斯特(美国)、丰田(日本)、永恒力(德国)、BT(瑞典，后被日本丰田公司收购，但保留其品牌)、小松(日本)、TCM(日本)、力至优(日本)、尼桑(日本)、现代(韩国)、斗山大宇(韩国)、皇冠(美国)、OM(意大利)、OPK(日本)、日产(日本)、三菱(日本)等。NACCO(纳科)、MIT＝Cat、CROWN(港台地区中文商标为皇冠、大陆商标名为科朗)为美国本土销量最高的三名品牌，海斯特于1989年被NACCO收购。

合资品牌：威士海、如意、诺力。

先初步确定几个品牌作为考虑的范围，然后综合评估。在初选阶段，一般把以下几个方面作为初选的标准。

(1) 产品质量和信誉。

(2) 该品牌的售后保障能力如何，在企业所在地或附近有无服务网点。

(3) 企业已用品牌的产品质量和服务。

(4) 选择的品牌需要与企业的定位相一致。

经初选完成后，对各品牌的综合评估包括品牌、产品质量、价格、服务能力等。

6.1.6 叉车的主要性能参数

叉车的技术参数是指反映叉车技术性能的基本参数，是选择叉车的主要依据。叉车的主要技术参数如下。

1. 载荷中心距

载荷中心距是指叉车设计规定的标准载荷中心到货叉垂直段前臂之间的距离。

2. 额定起重量

额定起重量是指货物的重心处于载荷中心距以内时，允许叉车举起的最大重量。如果货物的重心超出了载荷中心距，为了保证叉车的稳定性，叉车的最大起重量需要减小。货物重心超出载荷中心距越远，最大起重量越小。额定起重量还与货物的起升高度有关，货物起升越高，额定起重量就越小。

3. 最大起升高度

最大起升高度是指在额定起重量、门架垂直和货物起升到最高位置时，货叉水平段的上表面距地面的垂直距离。

4. 最大起升速度

最大起升速度是指额定起重量、门架垂直和货物起升的最大速度。

5. 门架倾角

门架倾角是指叉车在平坦、坚实的路面上，门架相对垂直位置向前或向后的最大倾角。门架前倾的目的是便于货叉取货，门架后倾的目的是防止叉车载货行驶时货物从货叉上滑落。一般叉车门架的前倾角和后倾角分别为6°和12°。

6. 满载最高行驶速度

满载最高行驶速度是指叉车在平直、干硬的路面上满载行驶时所能达到的最高车速。由于叉车工作环境的限制，没有必要具备太高的行驶速度。一般情况下，内燃叉车的最高运行车速是20～27千米/小时，库内作业的最高运行车速是14～18千米/小时。

7. 满载最大爬坡度

满载最大爬坡度是指叉车在良好的干硬路面上，能够爬上的最大坡度。由于叉车一般在比较平坦的场地上作业，所以对最大爬坡度的要求不高。一般情况下，内燃叉车的最大爬坡度为20%～30%。

8. 最小转弯半径

最小转弯半径是指叉车在空载低速行驶、打满方向盘即转向轮处于最大偏转角时，瞬时转向中心距叉车纵向中心线的距离。

9. 直角通道最小宽度

直角通道最小宽度是指可供叉车往返行驶的、成直角相交的通道的最小理论宽度。直角通道最小宽度越小，叉车的机动性越好，库场的利用率就越高。

10. 堆垛通道最小宽度

堆垛通道最小宽度是指叉车在正常作业时，通道的最小理论宽度。叉车的正常作业是指叉车在通道内直线运行，并且要做90°转向进行取货。

11. 回转通道最小宽度

回转通道最小宽度是指可供叉车调头行驶的直线通道的最小理论宽度。

12. 叉车的最大高度和宽度

叉车的最大高度和宽度这一参数决定了叉车能否进入仓库、集装箱、船和车厢内部进行作业。

13. 最小离地间隙

最小离地间隙是指在叉车轮压正常时，叉车最低点距地面的距离。离地间隙越大，则通过性能越好，但离地间隙太大会影响叉车的稳定性。

14. 叉车的稳定性

叉车的稳定性是指在作业过程中抵抗倾翻的能力，是保证叉车工作安全的重要指标。叉车的稳定性分为纵向稳定性和横向稳定性。平衡重式叉车由于货物重力及惯性力的作用有可能向前纵向倾翻，转弯时的离心力可能使叉车横向倾翻。

小贴士

一种新型专利货叉

该新型专利货叉包括货叉、设置在货叉表面上的楔槽和嵌在楔槽中的防滑耐磨条。它的有益效果有两个方面：一是可以增大货叉与货物的接触摩擦力，防止出现货物意外滑落；二是增强货叉与货物接触面的柔韧性，在一定程度上可以实现防护所装卸货物的目的。如图 6-7 所示。

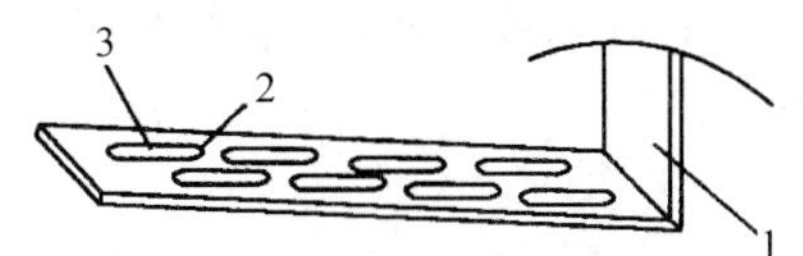

1—货叉　2—表面上的楔槽　3—防滑耐磨条

图 6-7　新型专利货叉

6.1.7　叉车的型号与选用

1. 叉车型号

叉车种类多样，为了更好地说明各种叉车的特性，需要建立标准的叉车型号编码系统，一般叉车型号由以下几部分组成。

(1) 叉车代号。用叉车的汉语拼音第一个字母 C 表示。

(2) 结构形式。字母 P 表示平衡重式，字母 C 表示侧叉式，字母 Q 表示前移式，字母 B 表示低速起升高度插腿式，字母 T 表示插入插腿式，字母 Z 表示跨入式插腿式，字母 X 表示集装箱叉车，字母 K 表示通常跨车，字母 KX 表示集装箱跨车，字母 KM 表示龙门跨车。

(3) 动力类型。汽油机用字母 Q 表示，柴油机用字母 C 表示，液态石油气用字母 Y 表示。

(4) 传动形式。不标字母表示机械传动，动压传动采用字母 D 表示，静压传动采用字母 J 表示。

(5) 主参数。以额定起重量乘以 10 表示。

(6) 改进代号。按汉语拼音字母顺序表示。

2. 叉车的选用

叉车的种类很多，形式规格各异，为了充分发挥叉车的使用价值，应综合考虑各种影响因素。

1) 叉车类型的选择

在室内(包括仓库、车间等)作业，为了减少空气污染和噪声，一般选用电动式叉车为宜；在室外作业，特别是在场地道路不是很平坦的情况下，选用内燃式叉车较好。三种内燃式叉车中柴油叉车使用较普遍，若没有特殊要求，一般均选择柴油叉车。少量北方用户考虑到冬天温度低、发动机不易启动等特点，为了便于发动机启动而选择汽油叉车，但随着直喷式柴油机在叉车上的使用，解决了冬季发动机启动困难的问题，因此汽油叉车在国内叉车市场的销量将会越来越少。另外，随着国家对空气污染的限制，环保要求越来越高，选用液化石油气叉车作为室外作业的用户也日渐增多，并将成为一种发展趋势。

2) 传动方式的选择

在内燃式叉车的三种传动方式中，目前国内用户选用最多的是机械传动叉车和液力传动叉车，静压传动叉车由于价格高、使用维护要求高、排除故障困难、维修成本高等原因，一般用户均不选用。通常对于工作不连续、每日工作时间不长(5h 以内)的情况，机械传动叉车便能满足使用要求。对于连续工作,工作频繁,负荷重以及两班制、三班制作业,为了提高工作效率,减轻叉车驾驶员的劳动强度,一般选用液力传动叉车较好。随着液力传动叉车可靠性的提高,由于其具有无级变速,操作省力、方便及工作效率高等优点,选用液力叉车的用户会有所增多。

3) 叉车动力的选择

当前国内一些主要叉车企业,如杭叉工程机械股份有限公司,为了适应广大用户的不同需要,在每种内燃叉车上均配置有多种国产和进口的发动机供用户选择,这些发动机不但有国产和进口之别,还有发动机功率大小的不同。对于一般用户可选用国产发动机配置的叉车,它价格比较便宜,维修服务比较方便。对于工作繁重、工作时间较长的用户,可选用进口发动机,以减少故障率,提高其可靠性。对于工况特别繁重、工作环境也特别恶劣的用户,建议选用大功率的进口发动机。

4) 叉车属具的选择

由于装卸货物的多样性,叉车除用货叉叉取货物外,还配有各种叉车属具(如料斗、吊钩、前移叉、油桶夹及纸卷夹等)供用户选择。目前叉车属具已有数百种,有国产的,也有从美国、德国和意大利进口的叉车属具,均可配装在国产叉车上,用户可根据叉车属具手册和样本进行选择。

6.2 自动导引搬运车

6.2.1 自动导引搬运车(AGV)的概念与使用特点

1. 自动导引搬运车的概念

自动导引搬运车(automated guided vehicle,AGV)又称无人搬运车。我国国家标准《物流术语》中,对 AGV 的定义为:装有自动导引装置、安全保护装置以及各种物料移载功能的搬运设备。

AGV 是一种以电力为动力,装有非接触导向装置的无人驾驶自动化车辆。它的主要功能表现为能在计算机监控下,按路径规划和作业要求,使小车较为精确地行走并停靠到指定地点,完成一系列作业功能。

2. 自动导引搬运车的使用特点

(1) 运行路线设定灵活。AGV 的运行路线可以由地面管理站来设定,也可以由车上的输入键盘等设定,既可以沿某一环路运行,也可以在两个或多个站点之间往复行驶。由于运行路线是可以设定的,所以在输送不同产品的情况下无须改变输送设备或厂房设备。

(2) 具有检知和避开障碍物的技能。AGV 车体装有红外或超声探测装置,遇障碍或两车接近时自动报警并停车。

(3) 智能化与自动化。AGV 具有自动探索最近的路径等机能,而且 AGV 一般配备有装卸机构,可以与其他物流设备自动接口,实现货物和物料装卸与搬运全过程自动化。

(4) 可沿多条路径进行。运行不局限于一个或几个回路,而是整个系统内的各条线路。它具有前进、后退、侧行和斜行等功能,同时还可以以车体平面内的一点为轴线旋转。

(5) 与计算机控制的全自动化生产装配系统有机地相连。地面站由于采用了计算机管理，所以很方便地提供与自动存取、数控设备和自动装配等系统的接口。

(6) 环境保护。AGV依靠自带的蓄电池提供动力，运行过程中无噪声、无污染，可以应用在许多工作环境要求清洁的场所。

6.2.2　自动导引搬运车的分类

1. 按照导引方式的不同分类

按照导引方式不同，可以分为电磁感应导引、激光导引、惯性导航导引、光带感应导引、磁力感应导引、直接坐标导引技术、图像识别导引技术、GPS导航技术和超声波导引搬运车等。

1) 电磁感应导引

电磁感应导引是使用最早、最多的一种导引方式。在地板内埋入密封电磁线，由交流频率发生器输入形成环路，产生一个同心圆磁场；AGV上装设感应线圈，可以检测磁场强度偏移量，实现导引，如图6-8所示。采用电磁感应导引的优点是：埋线隐蔽，不易污染和破损；易于控制和通信；抗声光干扰；成本低。缺点是：路径难改，复杂交叉路径、楼上有钢筋地板难以实现。

2) 激光导引

激光导引是在AGV行驶路径的周围安装位置精确的激光反射板，AGV通过发射激光束，同时采集由反射板反射的激光束来确定其当前的位置和方向，并通过连续的三角几何运算来实现AGV的导引，如图6-9所示。此项技术最大的优点是：AGV定位精确；地面无须其他定位设施；行驶路径可灵活多变，能够适合多种现场环境。它是目前国外许多AGV生产厂家优先采用的先进导引方式。

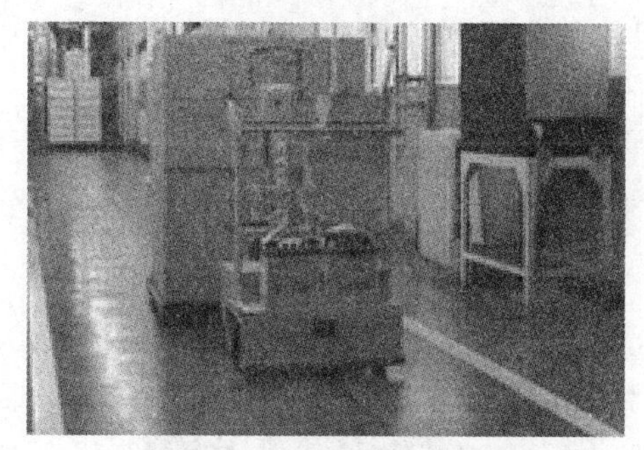

图6-8　电磁感应导引原理图

图6-9　激光导引原理图

3) 惯性导航导引

惯性导航是在AGV上安装陀螺仪，在行驶区域的地面上安装定位块，AGV可通过对陀螺仪偏差信号的计算及地面定位块信号的采集来确定自身的位置和方向，从而实现导引。

4) 光带感应导引

在AGV的行驶路径上涂漆或粘贴色带，通过对摄像机采入的色带图像信号进行简单处理而实现导引，其灵活性比较好，地面路线设置简单易行，但对色带的污染和机械磨损十分敏感，对环境要求过高，导引可靠性较差，且很难实现精确定位。如图 6-10 所示。

5）磁力感应导引

磁力感应导引是在路面上贴满磁带替代在地面下埋设金属线，通过磁感应信号实现导引，其灵活性比较好，改变路径或扩充较容易，但易受环路周围金属物质的干扰，对磁带的机械损伤极为敏感，因此导引的可靠性较差，如图 6-11 所示。

图 6-10 光带感应导引图

图 6-11 磁力感应导引图

6）直接坐标导引技术

用定位块将 AGV 的行驶区域分成若干坐标小区域，通过对小区域的计数实现导引，一般有光电式（将坐标小区域以两种颜色划分，通过光电器件计数）和电磁式（将坐标小区域以金属块或磁块划分，通过电磁感应器件计数）两种形式。其优点是可以实现路径的修改，导引的可靠性好，对环境无特别要求。缺点是地面测量安装复杂，工作量大，导引精度和定位精度较低，且无法满足复杂路径的要求，如图 6-12 所示。

7）图像识别导引技术

对 AGV 行驶区域的环境进行图像识别，实现智能行驶，这是一种具有巨大潜力的导引技术，此项技术已被少数国家的军方采用，但将其应用到 AGV 上还只停留在研究中，目前还未出现采用此类技术的实用型 AGV，如图 6-13 所示。

图 6-12 直接坐标导引技术原理图

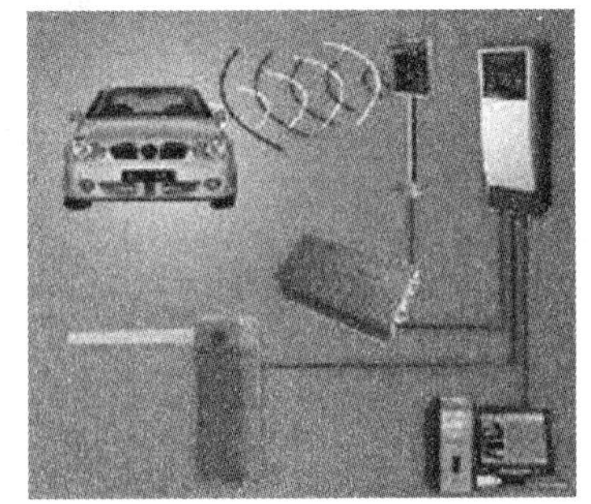

图 6-13 图像识别导引技术原理图

8）GPS 导航技术

GPS 导航技术是通过卫星对非固定路面系统中的控制对象进行跟踪和制导，通常用于室外远距离的跟踪和指导，其精度取决于卫星在空中的固定精度和数量以及空驶对象周围环境等因素。目前此项技术还在发展和完善，没有实际运用到 AGV 系统中。

9）超声波导引

超声波导引用于垂直面导向，如墙壁和屏障，可使其绕过临时障碍，用于类似走廊的环境，如图 6-14 所示。目前市场上还没有此技术应用。

图 6-14　超声波导引原理图

2. 按照移载方式的不同分类

按照移载方式不同分类，AGV 可分为侧叉式移载、叉车式移载、推挽式移载、辊道输送机式移载、链式输送机移载、升降台移载和机械手移载等，如图 6-15 所示。

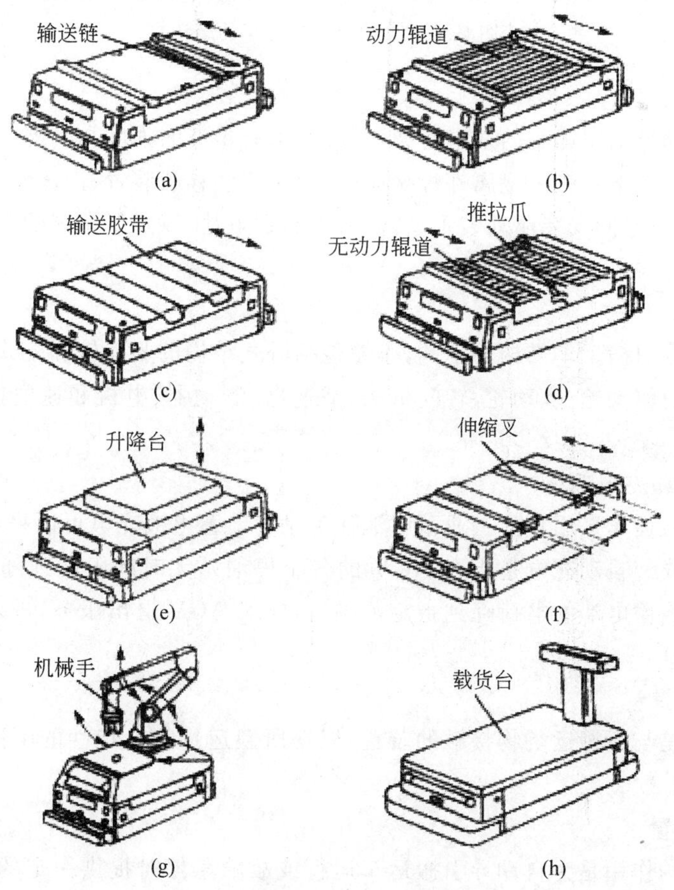

图 6-15　自动导引搬运车的移载方式

6.2.3 自动导引搬运车的结构

自动导引搬运车的结构组成，如图 6-16 所示。

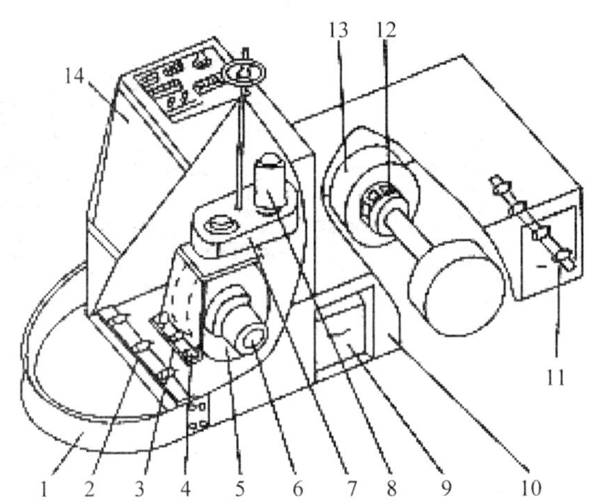

1—安全挡圈 2—认址线圈 3—失灵控制线圈 4—导向探测器 5—转向轮 6—驱动电机 7—转向机构
8—导向伺服电机 9—蓄电池 10—车架 12—制动器 13—驱动车轮 14—车上控制器

图 6-16 自动导引搬运车的结构

1. 车体

车体即自动导引搬运车的基本骨架，车架要求有足够的强度和刚度，以满足车体运行和加速的需要。车架一般由金属件焊接而成，用于安装移载装置、液压装置、电控系统、按键和显示屏，板下空间安装驱动装置、转向装置和蓄电池，以降低车体的重心，使运行更加平稳。

2. 车轮

根据自动导引搬运车结构的不同，车轮包括卧式结构的驱动轮和立式结构的驱动轮。驱动机构一般由驱动轮、从动轮、转向机构、减速器、制动器、电机和速度控制器组成。车轮形式有 3 轮、4 轮、6 轮及多轮等。

3. 蓄电池和充电系统

自动导引搬运车采用直流工业蓄电池作为动力。蓄电池充电可以采用自动充电和交换电池两种形式。自动充电是指在 AGV 的各个停泊站无时间限制地随时充电；交换电池式充电是指当蓄电池的电荷降到指定范围后，要求 AGV 退出服务，进入指定的充电区进行充电。

4. 移载装置

移载装置是与所搬运货物接触的装置，根据所搬运货物及特性的不同所采用的移载装置也不同。

5. 安全装置

安全装置的作用是为自动导引搬运车运行或故障急停时提供一定的安全保证，主要包括缓冲器、接近检测装置和紧急停车按钮等。

6. 信息传输及处理装置

信息传输及处理装置的功能是对AGV进行监控，监控AGV所处的地面状态，包括手动控制、安全装置启动、蓄电池状态、转向和驱动电机的控制情况。将车上控制器的监控信息与地面控制器所发出的信息进行传递，以达到控制AGV运行的目的。

7. 车载控制系统

AGV在结构上类似于有人驾驶，不过它的行驶只是在车载微计算机的控制下完成的。对目的地和道路的选择是通过编程或上位机控来实现的。因此，车载控制系统是AGV的核心控制部分，一般由处理器、操作面板等构成。处理器可采用PLC，便于AGV的功能扩展。操作面板的功能主要是在AGV调试时输入指令，并显示有关信息，车载控制系统把车的各个部分有机地联系在一起，它不仅控制整个车的运行，还通过通信系统接收地面管理站传来的各种指令，不断地把车的所处位置、运行状况等信息返回给地面站。同时，还负责车的自身故障诊断。

6.2.4 自动导引搬运车的运行调度

AGV地面控制系统，即AGV上位控制系统，是AGV系统的核心。其主要功能是对AGV系统中的多台AGV进行任务管理、车辆管理、交通管理及通信管理等。

1. 任务管理

任务管理类似计算机操作系统的进程管理，它提供对AGV地面控制程序的解释执行环境；提供根据任务优先级和启动时间的调度运行；提供对任务的各种操作如启动、停止、取消和优先级控制等。

2. 车辆管理

车辆管理是AGV管理的核心模块，它根据物料搬运任务的请求，分配调度AGV执行任务，根据设定的优化控制原则，计算AGV的最优行走路径，并控制指挥AGV的行走过程，判定AGV的状态，及时下达装卸货和充电命令。

3. 交通管理

交通管理是根据AGV的物理尺寸大小、运行状态和路径状况，提供AGV互相自动避让的措施，同时避免车辆互相等待的死锁方法和出现死锁的解除方法。AGV的交通管理主要有行走段分配和死锁报告功能。

4. 通信管理

通信管理提供AGV地面控制系统与AGV单机、地面监控系统、地面IO设备、车辆仿真系统及上位计算机的通信功能。与AGV间通信使用无线电通信方式，需要建立一个无线网络，AGV只与地面系统进行双向通信，AGV间不进行通信，地面控制系统采用轮询式和多台AGV通信；与地面监控系统、车辆仿真系统和上位计算机的通信使用TCP/IP通信。

6.2.5 自动导引搬运车的主要技术参数

自动导引搬运车的技术参数是指反映其技术性能的基本参数，是选择自动导引搬运车的主要依据。自动导引搬运车的主要技术参数如下。

(1) 额定载重量。额定载重量是指自动导引搬运车所能承载的最大重量(千克),反映了AGV的有效承载能力与牵引能力,可以按照额定载重量将AGV分为重型、中型、轻型和微型。

(2) 装载对象尺寸。装载对象尺寸是指搬运对象的最大几何尺寸。

(3) 自重。自重是指自动导引搬运车与电池加起来的总重量。

(4) 车体尺寸。车体尺寸即车体的外形尺寸,这一尺寸应该与所承载货物的尺寸和作业场地相适应。

(5) 停位精度。停位精度是指自动导引搬运车作业结束时所处的位置与程序设定的位置之间所差的距离,目前一般都可以达到±5毫米。

(6) 最小转弯半径。最小转弯半径是指自动导引搬运车在空载低速行驶、偏转程度最大时,瞬时转向中心距自动导引搬运车纵向中心线的距离。

(7) 运行速度。运行速度是指自动导引搬运车在额定载重量下行驶的最大速度,也包括AGV前进、反向、转弯和接近等的速度。

(8) 电池电压。电池电压有两种规格,分别为24V和48V。

(9) 蓄电池容量。蓄电池容量可以用正常工作状态下小车连续工作的时间来表示。

(10) 工作周期。工作周期是指自动导引搬运车完成一次工作循环所需的时间。

(11) 运载类别。运载类别是指自动导引搬运车可以操作的运载对象类型,包括托盘、周转箱等多种类型。

(12) 行走精度。行走精度是指相对导向线路的左右偏差、转弯时或分线时的左右偏差等。AGV的行走精度一般为±10毫米。

6.3 小型物流搬运车

1. 手推车的概念和特点

手推车是一种以人力为主,在路面上水平运输物料的搬运车,具有结构轻巧灵活、易操作、回转半径小、适合短距离使用的特点。手推车属于人力作业车辆,在物流作业过程中,人力车辆的作业也占有一定的比重,主要是考虑到人力车辆的作业灵活性和机动性。比如小规模的偶发式物流作业,可以使用人力车辆来完成,同时,对于作业比较复杂的现场,如建筑工地,受到空间限制,人力车辆的使用也很频繁。

使用手动人力搬运车辆时一般应考虑搬运对象的性质,重点考虑重量、形状、数量以及运输距离、路面情况等参数,同时要考虑搬运作业所要求的效率,一般适合单件重量300千克以下,水平搬运距离50米以下,搬运速度30米/min以下的搬运作业,如果对搬运的效率要求不高,可适当放宽要求。如图6-17所示。

图6-17 手推车

2. 手推车的分类

一般手推车没有提升能力,所以一般承载能力在 500 千克以下。手推车系列以其用途及负荷能力来分类,一般分为二轮手推车、多轮手推车及物流笼车三类。

1) 二轮手推车

二轮手推车基本上可分为东方型与西方型两类。东方型[图 6-18(a)]结构架具有弧状或平的横板,轮子在外侧,用来搬运混装的货物非常有用,如桶子、袋子、箱子或其他货物。西方型[图 6-18(b)]结构架平行,轮子在内侧,手把呈弧状。可配合货车搬运及用于火车站。

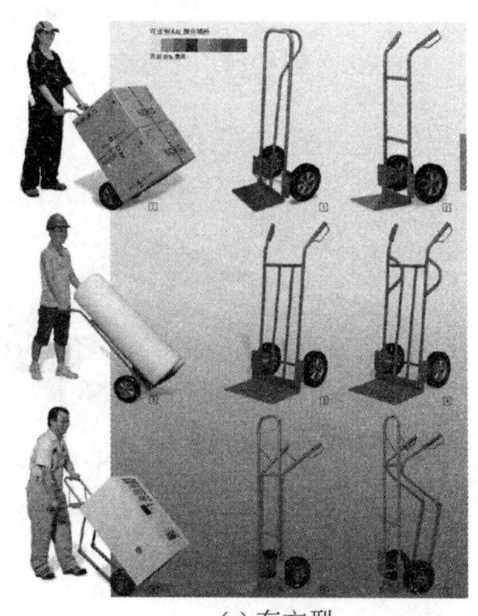

(a) 东方型

(b) 西方型

图 6-18 二轮手推车

2) 多轮手推车

依用途及负荷不同,有不同尺寸及设计方式,可为木制或金属制。按脚轮布置及用途方面的差异来区分有下列几种常用形式。

(1) 按脚轮的使用方式分

有平置式和平衡式两大类型,常用的有下列三种。

① 脚轮平置式。一端为两固定脚轮,另一端为两活动旋转脚轮,或有附有煞车的活动旋转脚轮。手推车高度较低,适用于轻度及中度负荷。

② 脚轮平衡式(图 6-19)。四轮均为旋转脚轮,灵活度很高,适用于轻度负荷。

③ 六脚轮平衡式。两固定脚轮在中间,两端各有两旋转脚轮,适用于一般中重负荷的需求。

(2) 按用途分

① 立体多层式(图 6-20)。为增加物品盛放的空间及存取方便性,把传统单板台面改成多层式台面设计,这种手推车常供拣货使用。

② 折叠式(图 6-21)。为方便携带,手推车的推杆常设计成可折叠方式,这种推车因

使用方便,收藏容易,故普及率高。

图 6-19 脚轮平衡式

图 6-20 立体多层式手推车

图 6-21 折叠式手推车

③ 升降式(图 6-22)。搬运体积较小、重量较重的金属制品或人工搬运吃力的搬运场合中,由于场地的限制而无法使用堆高机时便可采用可升降式手推车。这种推车除了装有升降台面来供承载物升降外,其轮子多采用耐压且附有煞车定位的车轮以供准确定位。

④ 附梯式(图 6-23)。在物流中心,手推车大多以拣货作业中使用最广,而拣货作业常因货架高度的限制而需爬高取物,故有些手推车旁附有梯子以方便取物。

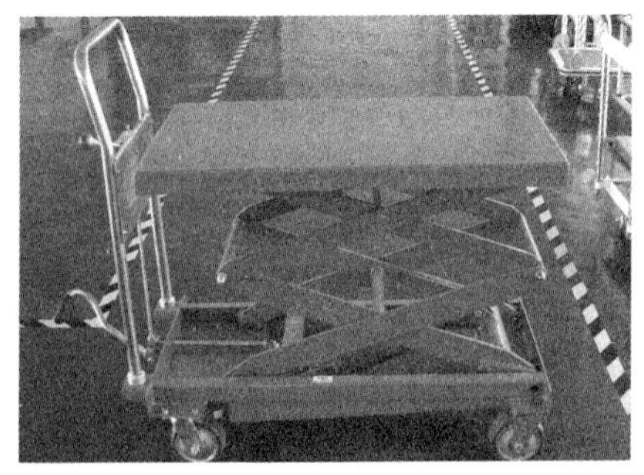

图 6-22 升降式手推车

图 6-23 附梯式手推车

(3) 手推车的规格尺寸

手推车制造厂家众多,规格不一。配送中心常用的手推车形式与规格尺寸如图 6-24

所示，详细尺寸可从手推车制造商处取得。

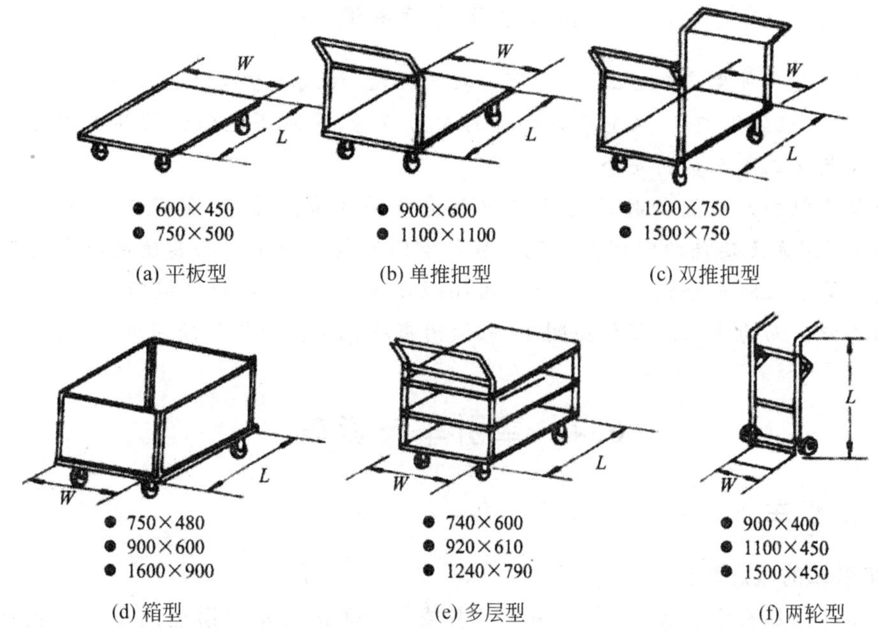

图 6-24　常用手推车规格尺寸（$L \cdot W$）

3）物流台车

物流台车又称载物台车、物流笼车，它装卸速度快，既便于机械化搬运，又宜于短距离的人力移动，可实现规模生产，节省人力，降低成本，使用寿命长；与周转箱等物流容器配合使用，可实现单元化管理，它的置物空间大，折叠收藏不占空间；使用物流台车时流程明确，运送轻便灵活，附标示牌，明确流程作业，操作简单；适用于企业工序间的物流搬运；也可在工厂或配送中心装上货物运到商店，直接作为商品货架的一部分。如图 6-25 所示。

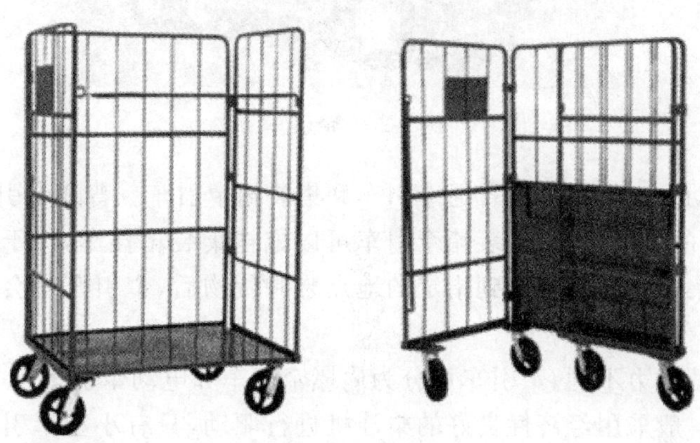

图 6-25　物流台车

小看板

物流台车的新用途

物流台车是一种生产搬运工具，它可以在平托盘、柱式托盘或网箱托盘的底部装上脚轮而成，既便于机械化搬运，又宜于短距离的人力移动，同时还能保证物品在搬运过程中不受损坏及确保工作人员的安全。

物流笼车以加大放置物品的空间及可折叠收藏为考虑重点，故笼车高度一般高于1450毫米，利用向上延伸的空间来达到放置物空间的最大使用。而其使用场合大都为配送出货前的集货及随车全程运送用，故采用高强度焊接架构，表面经镀锌处理再油漆，以增长使用寿命。而为了让流程作业明了，一般附有标记位置以提供使用者标记用。

6.4 牵引车与货车

6.4.1 牵引车

1. 牵引车的概念和作用

牵引车是指具有牵引装置，专门用于牵引载货挂车进行水平搬运的车辆。牵引车没有取物装置和载货平台，不能装卸货物，也不能单独搬运货物，需要辅助装载货物的拖车才能完成作业。使用牵引车实现了货物的装载和运输的分离，提高了作业的效率，可以在作业现场灵活地调配运力，牵引车如图6-26所示。

图6-26 牵引车

牵引车根据动力大小可分为普通牵引车和集装箱牵引车。普通牵引车可以拖挂平板车，用于装卸区内的水平搬运；集装箱牵引车可以拖挂集装箱挂车，用于长距离搬运集装箱。当平板车或集装箱挂车被拖到指定的地点装卸货物后，牵引车就会拖开这些挂车与其他的挂车结合。

根据所提供的动力不同，牵引车可分为内燃牵引车和电动牵引车。

内燃牵引车一般采用经济性良好的柴油机进行驱动，只有小型牵引车才采用汽油机进行驱动。内燃牵引车的底盘结构形式与普通汽车类似，主要用于室外的牵引作业。电动牵引车采用蓄电池和直流电动机进行驱动，主要用于室内的牵引作业。

2. **牵引车的技术参数**

牵引车的主要技术参数如下。

(1) 额定牵引力。牵引车的额定牵引力是在场地平整等额定工作条件下所能输出的最大牵引力，一般的牵引车最大牵引力可以达到 20 kN。

(2) 运行速度。牵引车的最大运行速度是在额定工作条件下的直线行驶速度，目前部分牵引车可以接近 40 千米/h。

(3) 最小转弯半径。最小转弯半径是指在平坦的硬路面上，牵引车空载低速前进并以最大转向角转弯时车体最外侧所划出轨迹的半径。牵引车的最小转弯半径值越小代表叉车运行越灵活，可以适应货场多变的作业环境，最小转弯半径与车体的几何尺寸等性能参数有关。

6.4.2　货车的概念及分类

1. **货车的概念**

货车又称载货汽车、载重汽车、卡车，是一种主要为用来运送各种货物或牵引全挂车而设计和装备的商用车辆。据统计，货车的最经济运输距离是 300 千米以内，可以说，也是一种短距离的运输车辆。

2. **货车的分类**

不同类型的载货汽车所应用的场合是不同的。从载货汽车的型号来看，微型和轻型货车主要用于室内的集货、配货和宅配运输；中型货车主要用于室内运输；重型货车主要用于长距离的干线运输。对于不同货箱形式的载货汽车应根据货物的品种及规格进行恰当的选用。因此需要建立货车的分类体系。

(1) 按照货车功能分类。载货车按照货车的功能可以分为专用型和通用型货车，专用型货车是指专门从事某一种类货物运输的货车，如混凝土运输车。

(2) 按照载重量分类。载货汽车按照汽车本身的重量不同可分为微型货车、轻型货车、中型货车和重型货车。具体数据如表 6-1 所示。

表 6-1　载货汽车的类型

载货汽车类型	微　型	轻　型	中　型	重　型
汽车的最大总重量/吨	≤1.8	1.8～6	6～14	≥14

(3) 按照货箱分类。载货汽车按照货箱形式进行分类，可分为拦板式货车、自卸式货车、厢式货车、罐式货车、平台式货车、篷式货车及牵引或半牵引式货车。

6.4.3　货车的主要性能参数

1. **厂定最大总质量**

厂定最大总质量也称为货车总质量，是指货车装备齐全、按照规定满载货物和乘客，并包括驾驶员在内的货车的总质量。

2. **尺寸参数**

货车的尺寸参数是反映货车外形的重要依据。其中外廓尺寸包括货车的长、宽和高，货车的外轮廓尺寸将影响货车的道路通过能力。前悬和后悬分别指前后两段到前后轴之间的距离，轴距是指相邻两轴的水平距离，而轮距是指同一轴上两个轮胎中心线的距离，如为双轮胎，则指双轮胎之间中心线的距离。

3. 运行性能参数

(1) 最高车速。最高车速是指货车在平坦的公路上所能达到的最大速度。最高车速的大小，直接影响着物流作业的效率。

(2) 百千米耗油量。百千米耗油量是指货车在公路上行驶100千米的平均燃料消耗量。在整个物流活动中，运输所占的物流费用比例是很大的一部分，要想降低物流费用，必须将运输费用降下来，降低运输费用的手段之一是降低货车的耗油量。

(3) 一定车速下的制动距离。一定车速下的制动距离是指在一定车速下货车制动后所能行走的距离。它反映货车的安全性能。

6.4.4 货车的使用性能

货车的使用性能是指货车在一定使用条件下所具有的工作能力，主要包括动力性、通过性、制动性、操纵性、稳定性、燃料经济性和行驶平顺性，这些是评价和选用货车时不可缺少的指标。

1. 货车的动力性

货车的动力性是货车最基本、最重要的性能，主要由货车的最高车速、加速时间、最大爬坡度来评价，它受货车的总质量、发动机的特性、主传动比、变速器的挡数、货车的车型和使用条件等因素影响。

2. 货车的通过性

货车的通过性是指货车在一定条件下，能以足够高的车速通过各种路段和克服各种障碍的能力。货车的通过性首先考虑接近角和离去角，其中接近角是指通过货车最前端最低处所作的前轮切线与地面相交的角度，离去角是指通过货车最后端最低处所作的后轮切线与地面相交的角度，货车的接近角和离去角影响货车通过障碍物的能力。在垂直高度上，要着重考虑离地间隙，即在货车满载时，货车最低点距地面的距离。对于非直线形道路要考虑到最小转弯半径，即在货车转弯时，当方向盘转角最大时，转弯中心距货车外侧车轮轨迹的最小距离。最后需要考虑到最大爬坡度，它是指货车满载时的最大爬坡能力。

3. 货车的操纵性和稳定性

货车的操纵性是指货车能够正确地响应驾驶员操作指令的能力，货车的稳定性是指货车受到外界干扰后保持稳定行驶的能力。

4. 燃料经济性和行驶平顺性

(1) 货车燃油经济性

货车燃油经济性是汽车的一个重要性能，货车燃油经济性一般用耗油量或油行程来表示。耗油量是指汽车满载时单位行驶里程所需燃油体积。我国和欧洲都用行驶百公里消耗的燃油数(L)来表示，即L/100千米；油行程是指汽车满载时，单位体积燃油所能行驶的里程，美国就是用每加仑燃油能行驶的里程数来表示，即mile/gal(英里/加仑)。前一种表示法，数值越小，燃油经济性越好；后一种表示法，数值越大，燃油经济性越好（换算关系：1加仑＝4.546 L，1英里＝1.609千米）。汽油的燃油经济性指标与发动机的特性和汽车的自重、车速及各种运动阻力如空气阻力、滚动阻力和爬坡阻力等大小、传动系的效率及减速比等都有关系，因而在数值上往往与实际情况有差别。

(2) 货车行驶平顺性

货车行驶平顺性是指货车在行驶中对路面不平的降震程度。汽车在一定的速度范围内行驶时，能够保证驾驶员不会因车身震动而引起不舒适和疲劳的感觉，以及保持运送货物完整无损的性能。汽车在坏路面上行驶时，其平均技术速度不仅取决于汽车的动力性，而且还受行驶平顺性的限制。驾驶员为了保证行驶安全和货物完好，只得降低行驶速度，从而使运输生产率降低。选用货车时要选择平顺性能好的货车，可以提高货车运输效率。

6.4.5　货车的选用

在物流领域，用途最广泛的是箱式货车。箱式货车结构简单、利用率高、适应性强，是货车车型中产量最大的一种。但是，随着运送货物种类的增加，对其他类型的货车的需求量也在逐渐增加。

1. 货车类型的选用

如运送煤、矿石需选用自卸货车；运送石油制品、易燃的化工原料需选用罐式货车或化工原料专用车；对于运送长件货物，需选用长车厢的普通载货货车；对于需要防尘、防雨的货物运输，需选用具有相应功能的箱式货车。对于一般的运输企业或运输业者，由于运输货物的种类和规格的不确定性，其配备的主要车型是中吨位的普通载货货车和相应吨位的挂车。

2. 货车运载量的选择

货车的载重量要与使用的需求相匹配，目前小批量、多批次、多品种的货物运输越来越多，已经成为现代物流的必然发展趋势，能源价格不断上涨，因此单纯地追求大运载量是不经济的。

本章小结

叉车被称为万能工具，具有非常广泛的用途，叉车的合理选用需要结合实际的使用条件，综合地考虑多个参数。

自动导引运输车是典型的柔性化运输设备，可以实现现代化的物流作业，但是需要合理设计业务流程，实现路径优化，以提高工作效率。

人工车辆仍然具有不可替代的优势，牵引车辆实现了装载与运输分离，也是提高效率的保障，因此在选用搬运车辆时要重视效果的综合评价。

货车是重要的搬运工具，灵活性强，具有多种类型，可以满足多种货运要求。

复习思考

一、填空题

1. 叉车起源于(　　),在“(　　)”之后开始被广泛使用。

2. (　　)主要用于搬运长大件货物,且多以柴油机驱动,最大起重量为40吨。

3. (　　)是一种以电力为动力,装有非接触导向装置的无人驾驶自动化车辆。

4. 一般手推车没有提升能力,所以一般承载能力在(　　)以下。

5. (　　)是指具有牵引装置,专门用于牵引载货挂车进行水平搬运的车辆。

二、判断题

1. 叉车的主要技术参数是额定载重量和最大起升高度。(　　)

2. 叉车的堆码高度可以达到7～10米。(　　)

3. 叉车的通用性是指叉车的全寿命周期费用最小。(　　)

4. AGV车体装有红外或超声探测装置,遇障碍或两车接近时自动报警并停车。(　　)

5. 自动导引搬运车采用交流电作为动力。(　　)

6. 激光感应导引是使用最早、最多的一种引导方式。(　　)

7. 手推车系列以其用途及负荷能力来分类,一般分为二轮手推车、多轮手推车及物流笼车三类。(　　)

8. 牵引车的额定牵引力是在场地平整等额定工作条件下所能输出的最大牵引力,一般的牵引车最大牵引力可以达到40 kN。(　　)

9. 最高车速是指货车在平坦的公路上所能达到的最大速度。最高车速的大小,直接影响着物流作业的效率。(　　)

10. 货车的通过性是指货车在一定条件下,能以足够高的车速通过各种路段和克服各种障碍的能力。(　　)

三、选择题

1. 按照性能和功用,叉车分为很多种,其中应用最为广泛的是(　　)。

A. 平衡重式叉车　　B. 插腿式叉车

C. 前移式叉车　　D. 高位拣选式叉车

2. (　　)是由门形车架和带抱叉的提升架组成的搬运机械。

A. 跨车　　B. 装卸桥　　C. 电子衡　　D. 堆高车

3. (　　)依靠自带的蓄电池提供动力,运行过程中无噪声、无污染,可以应用在许多工作环境要求清洁的场所。

A. 叉车　　B. 跨车　　C. AGV　　D. 堆高机

4. (　　)结构架具有弧状或平的横板,轮子在外侧,用来搬运混装的货物非常有用,如桶子、袋子、箱子或其他货物。

A. 西方型　　B. 南方型　　C. 北方型　　D. 东方型

5. 百千米耗油量是指货车在公路上行驶(　　)的平均燃料消耗量。

A. 100 千米　　B. 200 千米　　C. 300 千米　　D. 400 千米

四、简答题

1. 搬运车辆主要类型有哪些？

2. 叉车的主要用途是什么？

3. 自动导引搬运车有哪些导引方式以及主要特点？

4. 牵引车的作用是什么？有哪些主要类型？

5. 货车的选用需要考虑哪些因素？

五、案例分析题

中国叉车市场特点及趋势分析

叉车是港口、码头、车站、仓库和企业的最基本装卸搬运设备，因其有很强的通用性、机动性，有装卸、搬运双重功能以及和各种叉车附件配合可变成专用性很强的搬运作业工具，因而市场发展潜力巨大。

从产业周期的角度分析：在全球范围内，叉车产品和叉车产业都处于成熟期，从国内情况来看，叉车产品和叉车产业处于发展期，产品技术仍需要继续完善，产品使用范围和使用量尚未得到足够拓展，市场经济环境下的产业自然调整仍处于初级阶段，用户使用意识和企业研发意识、能力相对落后。与日本、欧美等国家和地区市场相比，目前中国是世界唯一对叉车需求量保持持续旺盛增长的地区。

叉车产业的成长主要受到以下几个因素的影响：一是国家经济发展水平，二是工业化程度，三是国家经济增长的动力源分布，四是社会的叉车使用意识。其中第三点有必要进一步解释：比如 20 世纪 90 年代初，国家经济增长几乎完全取决于基建投资拉动，因此其他工程机械产品都在短期内得到了飞速发展，唯独叉车起色不大。原因是，虽然当时的繁荣对叉车行业发展起到了一定的推动作用，但是各经济领域的发展很不均衡，而叉车的应用领域非常广泛，因此局部的繁荣对叉车产业发展促进不大。同样，在国家进行经济宏观调控时，对叉车行业影响也不大。2005 年全国各地的叉车销售仍在不断增长，相对其他行业而言，叉车产业的发展要稳定很多。

目前，中国叉车行业竞争激烈，行业的集中度进一步提高，叉车的价格又分为三档，第一档是国际知名企业因技术领先、质量可靠，同样吨位的叉车是国产叉车价格的 1.5～4 倍；第二档是国内引进技术的叉车品牌，同样吨位的产品价格高于国产叉车的 20%左右；第三档就是量大面广的国产叉车。

关于叉车市场发展趋势，可以和物流的发展联系在一起。物流配送现代化是企业未来发展的方向，它们对叉车的需求量较大。国内从政府到企业对物流的重视和物流业的逐步升温，对叉车市场需求量有较大的刺激作用。尤其是企业对物流作业效率越来越重视以及中国物流搬运集装运输的迅速发展，必将进一步刺激叉车市场需求，需求量将逐年增加，中档叉车市场竞争将激烈，销售量将猛增，国内企业仍然是中档叉车的主导力量，国内高端叉车市场仍由少数外资企业主导，电瓶叉车市场需要将迅速增加，这主要得益于各个生产厂家技术的不断进步。未来，叉车产品的外形会有很大的改变，造型更加美观，规模生产、零部件专业化生产和装配流水线作业将显现出一定的优势，在新材料、新工艺方面会有新的革命，并部分取代传统工艺。

科技含量高的叉车是今后发展的趋势，高安全性、高可靠性和使用性能好的高水平产品，装备先进电子技术的机电一体化的大型叉车，向专业化、标准化、系列化方向发展的变形产品等，将有更好的市场前景。

资料来源：蒋祖星，孟初阳. 物流设施与设备[M]. 北京：机械工业出版社，2009.

问题：

(1) 总结我国的叉车发展趋势以及对物流作业的影响。

(2) 通过对叉车发展趋势的分析，总结叉车在选用过程中应考虑的主要因素。

实　训

【实训项目】

叉车实验。

【实训目的】

(1) 掌握叉车的基本性能。

(2) 掌握叉车型仓库的设计方法。

【实训内容】

(1) 通过观察叉车的实际操作，掌握叉车性能的评价方法。

(2) 根据叉车的性能进行叉车型立体仓库巷道宽度等技术参数的选择并绘制平面图。

【实验步骤】

(1) 在静止状态下测量叉车的几何尺寸，在运行状态下测量叉车的转弯半径、运行速度、起升速度、起升高度等运行参数，并建立叉车的使用性能表。

(2) 利用两排货架搭建起巷道，让叉车完成两侧货架上的取货作业，总结叉车操作时需要的最小巷道宽度；结合高层货架实际测量叉车所能达到的最大高度，并说明采用托盘对仓库的要求，包括货架自身的几何尺寸、托盘的尺寸以及需要提升的作业高度。

第 7 章

流通加工技术与装备

【知识目标】

(1) 理解流通加工技术与装备的基本概念和各种类型的流通加工技术。

(2) 理解不同类型的包装机械设备功能,常用设备的基本组成和用途。

(3) 理解包装自动生产线的概念、分类和典型的包装自动生产线。

(4) 熟悉典型混凝土机械、剪板机、木锯机、玻璃切割机等设备的基本组成和结构、特点。

(5) 掌握包装技术。

【能力目标】

(1) 能够根据实际需要进行物流包装技术与装备的选用。

(2) 懂得各类流通加工装备的功用、适用场合。

(3) 灵活运用所学知识解决实际问题。

阿 迪 达 斯

阿迪达斯公司在美国有一家超级市场,设立了组合式鞋店,摆放着不是做好了的鞋,而是做鞋用的半成品,款式花色多样,有6种鞋跟、8种鞋底,均为塑料制造的,鞋面的颜色以黑白为主,搭带的颜色有80种,款式有百余种,顾客进来可任意挑选自己所喜欢的各个部位,交给职员当场进行组合。只要10分钟,一双崭新的鞋便唾手可得。

这家鞋店昼夜营业,职员技术熟练,鞋子的售价与成批制造的价格差不多,有的还稍便宜些。所以顾客络绎不绝,销售金额比邻近的鞋店多十倍。

(资料来源:万联网)

思考分析:

阿迪达斯公司流通加工经验给我们什么启示?

7.1 流通加工技术与装备概述

7.1.1 流通加工概述

1. 流通加工概念

流通加工是对物品从生产地到使用地的过程中，根据需要施加包装、分割、计量、分拣、刷标志、拴标签、组装等简单作业的总称。

流通加工设备是指在流通加工活动中所使用的各种机械设备和工具。流通加工机械设备的加工对象是进入流通过程的商品，它是通过改变或完善流通对象的原有形态来实现生产与消费的桥梁和纽带作用。

【资料】

流通加工设备应用

流通加工大都是对物品进行浅层次的初级加工，如将钢板按用户要求切割成块，将散装的食用油灌装成小桶装，散装的大米袋装，或将货物贴上商标，所有这些，除部分手工操作外，大部分都要借助于机械加工设备。按照加工方式的不同，可以将流通加工设备大致分为以下几种：包装机械、切割机械、搅拌机械、称重设备等。

2. 流通加工的分类

从流通加工的任务上看，流通加工大多是对物品进行较为简单的多规格、多用户、小批量的初级加工，其中大部分需要借助机械加工设备，而且流通领域物品的种类繁多，因此，流通加工设备的类型也很多。按照流通加工的对象的不同性质可分为以下几种。

1）食品的流通加工

流通加工最多的是食品加工。为了便于保存，提高流通效率，食品的流通加工是重要的加工环节，如鱼和肉类的冷冻、生奶酪的冷藏、将冷冻的鱼肉磨碎及食品加工、生鲜食品的原包装、大米的自动包装以及上市牛奶的灭菌和摇匀。

2）消费资料的流通加工

消费资料的流通加工是以服务顾客、促进销售为目的，如衣料的标识和印记商标、粘贴标价、安装做广告用的幕墙、家具等的组装、地毯剪接等。

3）生产资料的流通加工

生产资料的流通加工类型很多，根据不同的加工对象，采用不同的流通加工机械。具有代表性的生产资料的流通加工有钢铁、水泥、木材的加工，这种加工以适应顾客需求的变化、服务顾客为目的。

3. 流通加工的作用

通过流通加工改变和完善物品原有的形态，将生产与消费联系起来，促进了消费、维护了产品质量、提高了物流效率。利用流通加工机械设备进行流通加工的作用主要体现在以下几个方面。

1）可以提高原材料利用率

利用流通加工环节进行集中下料，是将生产厂或供应商直接运来的简单规格产品按使用部门的要求进行下料。例如，将钢板进行剪板、切裁；钢筋或圆钢裁制成毛坯；木材加工成各种长度及大小的木板、木方等。集中下料可以优材优用、小材大用、合理套裁，有很好的技术经济效果。北京、济南、丹东等城市对平板玻璃进行流通加工（集中裁制、开片供应），玻璃利用率从 60％左右提高到 85％～95％。

2）可以进行初级加工，方便用户

用量小或临时需要的使用单位，缺乏进行高效率初级加工的能力，依靠流通加工可使使用单位省去进行初级加工的投资、设备及人力，从而搞活供应，方便了用户。目前发展较快的初级加工有将水泥加工成生混凝土，将原木或板方材加工成门窗，进行冷拉钢筋及冲制异型零件、钢板预处理、整形、打孔等加工。

3）提高加工效率及设备利用率

由于建立集中加工点，因此可以采用效率高、技术先进、加工量大的专门机具和设备。这样做既提高了加工质量，也提高了设备利用率，还提高了加工效率，其结果是降低了加工费用及原材料成本。例如，一般的使用部门在对钢板下料时，采用气割的方法留出较大的加工余量，不但出材率低，而且由于热加工容易改变钢的组织，加工质量也不好。集中加工后可设置高效率的剪切设备，在一定程度上防止了上述缺点。

4）充分发挥各种输送手段的最高效率

流通加工环节将实物的流通分成两个阶段。一般来说，由于流通加工环节设置在消费地，因此，从生产厂到流通加工这第一阶段输送距离长，而从流通加工到消费环节的第二阶段距离短。第一阶段是在数量有限的生产厂与流通加工点之间进行定点，直达、大批量的远距离输送，因此，可以采用船舶、火车等大量输送的手段；第二阶段则是利用汽车和其他小型车辆来输送经过流通加工后的多规格、小批量、多用户的产品。这样可以充分发挥各种输送手段的最高效率，加快输送速度，节省运力运费。

5）改变功能，提高收益

在流通过程中进行一些改变产品某些功能的简单加工，其目的除上述几点外还在于提高产品销售的经济效益。例如，内地的许多制成品（如洋娃娃玩具、时装、轻工纺织产品、工艺美术品等）在深圳进行简单的装潢加工，改变了产品外观功能，仅此一项就可使产品售价提高 20％以上。所以，在物流领域中，流通加工可以成为高附加价值的活动。这种高附加价值的形成，主要是着眼于满足用户的需要、提高服务功能而取得的，是贯彻物流战略思想的表现，是一种低投入、高产出的加工形式。

7.1.2　流通加工技术

1. 钢板的流通加工技术

钢板剪板加工是在固定地点设置剪板机进行下料加工，或设置各种切割设备将大规格钢板裁小或切裁成毛坯，降低销售起点，便利用户。例如我国某县设置的剪板厂，其业务就是专门对进口卷板进行剪板加工，然后将小规格钢板进行销售。

对于使用钢板的用户来说，大、中型企业由于消耗批量大，可设专门的剪板及下料加工设备,按生产需要进行剪板、下料加工。但是,对于使用量不大的企业和多数中小型企业来说,单独设置剪板、下料的设备有设备闲置时间长、人员浪费大、不容易采用先进方法的缺点,钢板的剪板及下料加工可以有效地解决上述弊端。

2. 木材的流通加工技术

常用的木材流通加工技术主要有以下几种。

(1) 木材防腐加工技术。木材防腐通常采用木材本身的天然耐腐性、物理保管和化学保管等方法。

(2) 木材滞火加工技术。将木材用特殊的化学药剂进行处理,提高其耐火性,使之不易燃烧。

(3) 木材强化与软化加工技术。木材强化是指用物理或化学或两者兼有的方法处理木材,使处理剂沉积填充于细胞壁内,或与木材组分发生交联,从而使木材密度增大、强度提高的处理过程。软化处理是使木材具有暂时的塑性,以便使弯曲和压缩木材等塑性加工得以进行,然后在变形状态下干燥,以恢复木材原有的刚性和强度。

3. 水泥的流通加工技术

常用的水泥加工技术主要有以下几种。

(1) 水泥的熟料输送到使用地后磨制成水泥。在需要长途运入水泥的地区,变运入成品水泥为运进熟料这种半成品,在该地区的流通加工点(磨细工厂)磨细,并根据当地资源和实际需要掺入混合材料及外加剂,制成不同品种及标号的水泥供应给当地用户,这是水泥流通加工的重要形式之一。

(2) 集中搅拌供应商品混凝土,改变以粉状水泥供给用户、由用户在建筑工地现制现拌混凝土的传统使用方法,而将粉状水泥输送到使用地区的流通加工点,在那里搅拌成生混凝土,然后供给各个工地或小型构件厂使用。

商品混凝土又称预拌混凝土,这种清洁、环保的商品混凝土是国家重点倡导的建筑新技术之一,被喻为建筑业生产方式的“绿色革命”。建筑工程使用商品混凝土有三大优点:一是减少了现场搅拌混凝土产生的大量粉尘、噪声污染;二是以工业化方式生产的商品混凝土计量精确,搅拌均匀,质量比现场搅拌的更稳定;三是生产企业在生产商品混凝土时全部采用散装水泥,省掉了包装用的纸袋,有利于节约能源。这种技术在有效净化城市空气的同时也大大提高了建筑施工的效率,受到群众和环保部门的好评。

4. 煤炭的流通加工技术

煤炭及其他燃料通常使用的流通加工技术主要有以下几种。

(1) 除矸石加工。这是以提高煤炭纯度为目的的加工形式。一般而言,煤炭中混入的矸石有一定的发热量,混入一些矸石是允许的,也是经济的。但是,有时则不允许煤炭混入矸石,如运力十分紧张的地区要求充分利用运力,多运“纯物质”,少运矸石。在这种情况下,可以采用除矸的流通加工排除矸石。

(2) 煤浆加工。这是为了管道输送煤浆进行的加工。煤炭的运输主要采用运输工具载运方法,运输中损失较大,且容易发生火灾。采用管道运输是近代兴起的一种先进技术。目前,某些发达国家已开始投入运用,有些企业内部也采用这一方法进行燃料输送。在流通的起始环节将煤炭磨成细粉,再用水调和成浆状,使其具备了流动性,可以像其他流体一样进行管道输送。这种方式不与现有的运输系统争夺运力，输送连续、稳定而且快速，是一种经济的运输。

(3) 配煤加工。在使用地设置集中加工点，将各种煤及其他发热物质按不同配方进行掺配加工，生产出各种不同发热量的燃料，称为配煤加工。这种加工方式可以按需要发热量生产和供应燃料，既防止热能浪费、大材小用的情况出现，也防止发热量过小、不能满足使用要求的情况出现。

(4) 天然气、石油气等气体的液化加工。由于气体输送、保存都比较困难，天然气及石油气往往只能就地使用，如果当地资源充足而使用不完，往往就地燃烧掉，造成浪费和污染。尽管可以采用管道输送气体，但因投资大、输送距离有限，也受到制约。在产出地将天然气或石油气压缩到临界压力之上，使之由气体变成液体，就可以用容器装运，使用时机动性也较大。

5. 生鲜食品的流通加工技术

生鲜食品通常使用的流通加工技术主要有以下几种。

(1) 冷冻加工。为解决鲜肉、鲜鱼在流通中的保鲜及搬运装卸问题，采取低温冻结的加工方式。例如，水产品的保鲜技术就是应用物理、化学、生物等手段对原料进行处理，从而保持或尽量保持其原有的新鲜程度。水产品的新鲜度下降，主要是酶、微生物的作用，以及氧化、水解等化学反应的结果。要想保持鲜度或减缓腐败速度，可以采用一些措施，如使酶钝化，使微生物失活，以及使各种化学反应速度变慢甚至停止等。目前，实际应用的水产品的保鲜技术有低温保鲜、高压保鲜、辐照保鲜、气调保鲜、化学保鲜、生物保鲜等，这些保鲜技术基本可以保持原有水产品的属性。如果将保鲜概念的外延扩大，还可以包括脱水保鲜、密闭加热保鲜等多种方法。

(2) 精制加工。农、牧、副、渔等产品的精制加工是指在产地或销售地设置加工点，去除无用部分，甚至进行切分、洗净、分装等加工。这种加工不但大大方便了购买者，还可以对加工的淘汰物进行综合利用。比如，鱼类的精制加工所剔除的内脏可以制成某些药物或饲料，鱼鳞可以制高级黏合剂，头尾可以制鱼粉等；蔬菜的加工剩余物可以制饲料、肥料等。

(3) 分选、分装加工。果类、瓜类、谷物、棉毛原料等农副产品的规格、质量差别较大，在此种情形下为获得一定规格的产品，采取的人工或机械分选的方式加工被称为分选加工。许多生鲜食品零售起点较低，但为保证高效输送出厂，包装则较大，也有一些是采用集装运输方式运达销售地区。为了便于销售，在销售地区按所要求的零售起点进行新的包装，即大包装改小、散装改小包装、运输包装改为销售包装，这种方式被称为分装加工。

6. 机械产品及零配件的流通加工技术

机械产品及零配件的流通加工技术主要有以下几种。

(1) 组装加工。为解决储运问题，降低储运费用，可采用半成品(部件)高容量包装出厂，在消费地拆箱组装的加工方式。组装一般由流通部门进行，组装之后随即进行销售。例如，多年以来自行车及机电设备储运难度大，主要原因是不易进行包装，进行防护包装的成本过高，而且运输装载困难，装载效率低，流通损失严重。但是，这些货物有一个共同特点，即装配较简单，装配技术要求不高，主要功能已在生产中形成，装配后不需进行复杂检测及调试，所以可以进行组装加工。

(2) 石棉橡胶板的开张成型加工。按用户所需垫塞物体的尺寸裁制好以后进行供应，不但方便用户使用及储运，而且可以安排套裁，提高利用率，减少边角余料损失，降低成本。这种流通加工套裁的地点一般设在使用地区，由供应部门组织。

7. 平板玻璃的流通加工技术

平板玻璃的"集中套裁、开片供应"是重要的流通加工方式，可以提高平板玻璃的使用率，促进平板玻璃包装方式的改革，有利于玻璃生产厂简化规格、按单品种大批量生产。

7.1.3 流通加工装备

1. 流通加工装备的概念

流通加工装备是完成流通加工任务的专用机械设备。流通加工机械通过对流通中的商品进行加工，改变或完善商品的原有形态来实现生产与消费的"桥梁和纽带"作用。

2. 流通加工装备的分类

(1) 按加工物资的类型、要求和加工方法分类，可分为剪裁机、折弯机、拔丝机、钻孔机、组装机和分装机等。

(2) 按服务对象不同分类，可分为裹包集包设备、外包装配合设备、印贴条形码标签设备、拆箱设备和称重设备等。

(3) 按不同的标准分类，可以分为剪切加工设备、开木下料设备和冷冻加工设备等。

与流通加工相关的设备主要有贴标机、封箱机和热收缩包装机等几种。

① 贴标机。在流通加工作业中，贴标签作业是较多的一种，以自动化层次而言可分为手工、半自动和全自动三种。在自动贴标机中，可分为接触式和非接触式两种，接触式贴标机必须是商品与贴标机接触才能贴标，而非接触式则是贴标机与商品没有接触的状态下贴标，是利用空气喷射的力量将标签贴在商品上。在物流中心的作业中，以半自动的贴标机为最多，因为物流中心大部分贴标签作业是属于多种少量的情形，当然也有少种多量的商品，且其量大，适合于自动化的设备，如图 7-1 和图 7-2 所示。

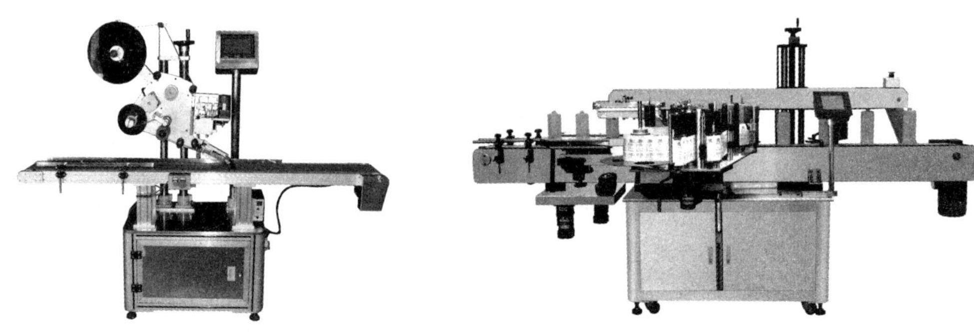

图 7-1 平面贴标机　　图 7-2 双面贴标机

② 封箱机。封箱作业是指在流通加工完成，把商品放入纸箱后的一个封上箱口的作业，以自动化层次而言，可分为人工方式、半自动方式和全自动方式三种。目前的流通加工大部分采用人工方式，数量较多的可以考虑全自动方式，如图 7-3 和图 7-4 所示。

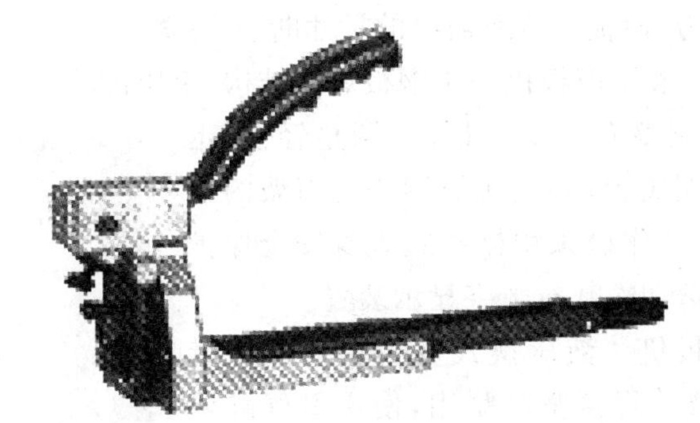

图 7-3　手动封箱机

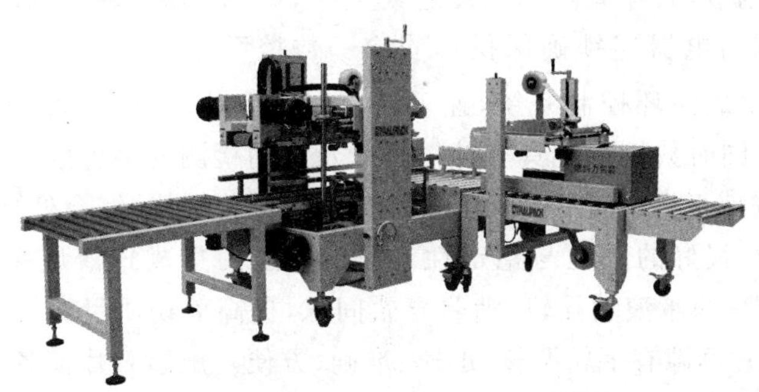

图 7-4　全自动封箱机

③ 热收缩包装机。热收缩包装机在流通加工作业中是最普通的一种，而且也是属于机型较多的设备，一般而言，热收缩包装机由收缩膜封切机和烤炉两部分构成。以其封切方式的不同，大致可分为四面封、三面封、L 型封及一面封等，因此，机器设备的选择主要是参考货品包装的数量来确定。目前在流通加工中，使用半自动或手动的比较多，因为在物流中大都是多种少量的情况，如图 7-5 所示。

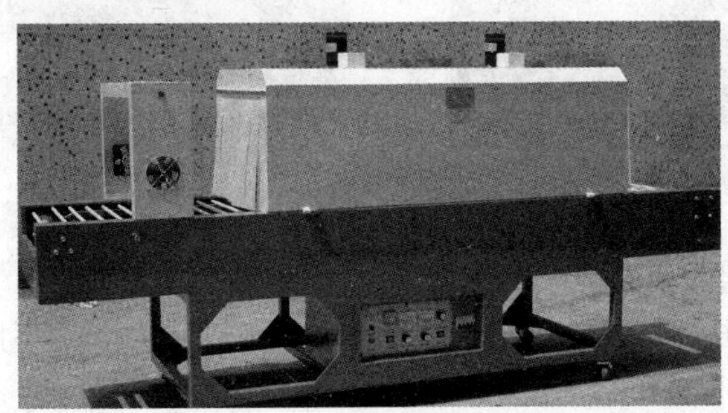

图 7-5　热收缩包装机

3. 常用的流通加工装备

1）剪板机

剪板机是在各种板材的流通加工中应用比较广泛的一种剪切设备，可用于板料或卷料的剪裁。剪板机连接运动的上刀片和固定的下刀片，采用合理的刀片间隙，对各种厚度的金属板材施加剪切力，使板材按所需要的尺寸断裂、分离。

（1）液压剪板机。液压剪板机采用钢板焊接结构，液压传动，蓄能器回程，操作方便，性能可靠。刃口间隙调整有指示牌指示，调整轻便、迅速。设有灯光对线照明装置，并能无级调节上刀架的行程量，如图7-6所示。工作区采用栅栏式人身安全保护装置。后挡料尺寸及剪切次数有数字显示装置。

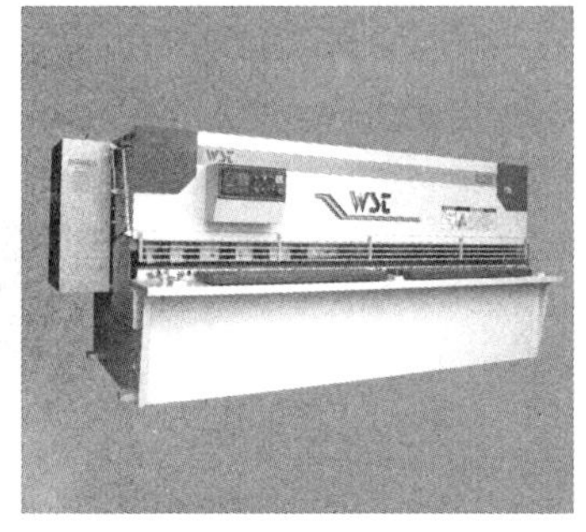

图7-6 液压剪板机

（2）液压摆式剪板机。液压摆式剪板机为液压传动、摆式刀架。机架整体焊接坚固耐用，使用氮气缸回程，平稳、迅速。具有无级调节行程的功能，上下刀片刃口间隙用手柄调节，刀片间隙均匀度容易调整，如图7-7所示。防护栅与电器连锁确保操作安全。数控系统与位置编码器组成闭环控制系统，速度快、精度高、稳定性好，能精确地保证后挡料位移尺寸的精度，同时数控系统具有补偿功能及自动检测的多种附加功能。

（3）液压闸式剪板机。液压闸式剪板机为全钢焊接结构，综合处理（振动时效、热处理）消除内应力，有很好的刚性与稳定性。采用先进的集成式液压系统，可靠性好，如图7-8所示。采用三只承滚动导轨，消除导轨间隙，提高剪切质量。机动后挡料，手动微调，数字显示。刀片间隙有手轮调整，迅速、准确、方便。矩形刀片使各个刃口均可使用，使用寿命长。剪切角可调，减少板料扭曲变形。上刀架采用内倾结构，便于落料，并能提高工作的精度。具有分段剪切功能。

图7-7 数控液压摆式剪板机

图7-8 液压闸式剪板机

剪板机在使用过程中的注意事项如下。

① 开动剪板机机器做空转若干循环，确保在正常情况下，试剪不同厚度板料，由薄至厚，确保用户熟悉剪板机性能。

② 试剪时，针对不同板厚必须调对不同刀片间隙，若不调对相应的刀片间隙，则会影响刀片耐用度。

③ 在剪切过程中打开剪板机压力表开关，观察油路压力值，不得为剪超规定材料面提高压力，造成机器损坏。

④ 操作时声音平衡，剪板机如有杂音，应停车检查。

⑤ 剪板机操作时油箱提高温度低于60℃，超过时关机休息。

2）卷板机

卷板机一般具备预弯和卷圆两种功能，广泛应用于装潢、化工、金属结构、输入输油管道及机械制造行业，是金属薄板弯曲成型的理想设备，如图7-9所示。

3）折弯机

折弯机主要是为锻压机床、压力机、折弯机、制药机和印刷机等的折弯、校直而设计的专用产品，如图7-10所示。

图7-9 卷板机

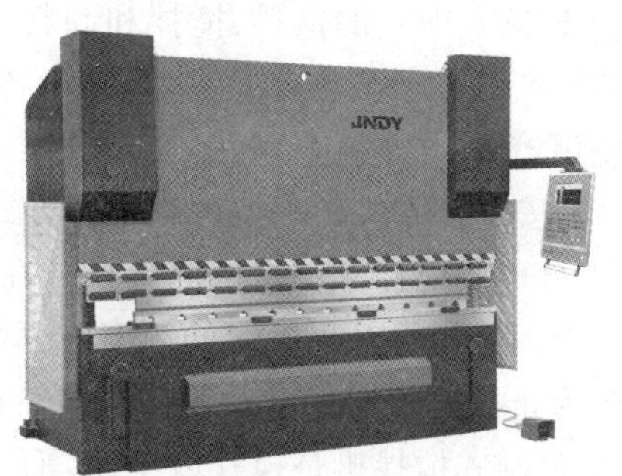

图7-10 折弯机

4）校平机

校平机主要用于将不同规格的卷料，经过开卷、校平、剪切成为所需长度和宽度的平整板材，如图7-11所示。它可加工各种冷轧和热轧卷板、硅钢板、不锈板、彩板、铝板及电镀后或涂装后的各类金属板材。

5）切割机

在现代工业制造领域中，切割是应用量很大、应用面广泛的基础工艺之一，尤其是在工程机械制造行业，切割工作量占有很大的比重，切割的效率和质量将直接影响生产的效率和质量。近年来，国内外切割技术取得了突破性进展，从单一的氧乙炔火焰切割发展成为新型工业燃气火焰切割、等离子弧切割、激光切割和水射流切割等多能源、多种工艺方法在内的现代化切割技术，与此同时，又将现代化控制技术与切割技术相结合，研究开发出新一代的全自动切割设备，如图7-12所示。

图7-11 校平机

图7-12 切割机

6）混凝土搅拌机

混凝土搅拌机主要用来生产和运输高品质的混凝土，在工程建设中起到了很大的作用。水泥混凝土搅拌机的用途就是机械化地拌制水泥混凝土，其种类较多，分类方法和特点如下。

（1）按作业方式来分类。按作业方式分有循环作业式和连续作业式两种。

① 循环作业式的供料、搅拌和卸料。三道工序是按一定的时间间隔周期进行的，即按份拌制。由于拌制的各种物料都经过准确的称量，故搅拌质量好，目前大多采用此种类型的作业方式。

② 连续作业式的供料、搅拌和卸料。三道工序是在一个较长的筒体内连续进行的。虽然其生产率较循环作业式高，但由于各料的配合比、搅拌时间难以控制，故搅拌质量差，目前使用较少。

（2）按搅拌方式来分类。按搅拌方式分有自落式搅拌机和强制式搅拌机两种。

① 自落式搅拌机就是把混合料放在一个旋转的搅拌鼓内，随着搅拌鼓的旋转，鼓内的叶片把混合料提升到一定的高度，然后靠自重自由撒落下来，这样周而复始地进行，直至拌匀为止。这种搅拌机一般拌制塑性和半塑性混凝土。

② 强制式搅拌机是搅拌鼓不动，而由鼓内旋转轴上均置的叶片强制搅拌，这种搅拌机拌制质量好、生产效率高，但动力消耗大，且叶片磨损快，一般适用于拌制干硬性混凝土。

（3）按装置方式来分类。按装置方式分有固定式和移动式两种。

① 固定式搅拌机是安装在预先准备好的基础上，整机不能移动，它的体积大、生产效率高，多用于搅拌楼或搅拌站。

② 移动式搅拌机本身有行驶车轮，且体积小、重量轻，故机动性能好，应用于中小型临时工程。

（4）按出料方式来分类。按出料方式分为倾翻式和非倾翻式两种：倾翻式靠搅拌鼓倾翻卸料，而非倾翻式靠搅拌鼓反转卸料。

（5）按搅拌鼓的形状不同来分类。按搅拌鼓的形状不同，有梨型、鼓筒型、双锥形、圆盘立轴式和圆槽卧轴式。前三种是自落式搅拌，后两种为强制式搅拌，目前国内较少使用。

（6）按搅拌容量来分类。按搅拌容量分有大型（出料容量 1000～3000L）、中型（出料容量 300～500L）和小型（出料容量 50～250L）。

7）木屑机

木屑机又叫木材粉碎机，属于木材粉碎系列设备之一，如图 7-13 所示。它是生产木粉（锯末）的一种专用设备，广泛用于造纸、食用菌、机制木炭、刨花板、锯末板、高密度板和中纤板等工业生产的备料工段和单一的木粉（锯末）生产基地，切削原料主要是原木、树枝。进料分水平和倾斜两种方式，出料也有上出料和下出料两种方式。

图 7-13　木屑机

工作原理：采用刀片切割和高速气流冲击、碰撞双重粉碎功能于一体，并能同时完成微料分选加工工序。在刀片切割粉碎过程中，转子产生高速气流，随刀片切割方向旋转，物料在气流中加速，并反复冲击使物料同时受到双重粉碎，加速物料的粉碎率。

7.2　包装技术与装备

7.2.1　包装技术

1. 防霉防腐包装技术

由有机物构成的物品在日常的环境条件下容易受潮，容易受霉腐微生物的污染而产生霉物，从而腐烂、变质，使物品的质量受到损害。一些机械、电工、仪器、仪表类的产品如果表面长霉，不但影响其外观，还会导致机能故障，加快金属产品的腐蚀速度。防霉防腐包装可使被包装物品处在能抑制霉腐微生物滋生的特定环境中，以保证被包装物品的质量，并延长保存期限。

在流通过程中，商品不但种类、规格、数量繁多，而且要经过许多环节。在商品流通的各环节中都有被霉腐微生物污染的可能，如果周围有适宜的环境条件，商品就会生霉变质。因此，为了保护商品安全地流通，必须对易霉腐商品进行防霉防腐包装。当前防霉防腐包装技术主要有以下几种：化学药剂防霉防腐包装技术、气相防霉防腐包装技术、气调防霉防腐包装技术、低温冷藏防霉防腐包装技术、干燥防霉防腐包装技术、电离辐射防霉防腐包装技术，以及紫外线、微波、远红外线和高频电场防霉防腐包装技术。

2. 防潮包装技术

在流通过程中，产品不可避免地要受到环境中的潮气侵袭，严重受潮将会导致内装物变质和失效，空气湿度的变化已经成为引起商品质量变化的重要因素。防潮包装就是采用具有一定隔绝水蒸气能力的防潮材料对产品进行包封，使产品不受外界湿度变化的影响，同时使包装内的相对湿度满足产品的要求，保证产品的质量。防潮包装具有防止易吸潮的产品潮解变质，防止含有水分的食品、果品等脱水变质，防止食品、纤维制品、皮革等受潮霉变，防止金属及其制品锈蚀等作用。

一般的防潮包装方法有两类：一类是为了防止被包装的含水产品失去水分，保证产品的性能稳定，采用具有一定透湿度的防潮包装材料进行包装；另一类是为了防止被包装物品增加水分影响物品质量，在包装容器内装入一定数量的干燥剂，吸收包装内的水分和从包装外渗进来的水分，以减缓包装内湿度的上升速度并延长防潮包装的有效期。

3. 防虫害包装技术

在流通过程中，商品要在仓库中储存，而仓储商品受到的主要危害之一是仓库的害虫，简称仓虫。仓虫不仅蛀蚀动植物性商品和包装物，破坏商品的组织结构，使商品出现孔洞甚至破碎，而且在新陈代谢中排泄污物污损商品，影响商品的质量和外观。因此，需要对一些易被虫蛀蚀的商品进行防止虫害的包装。

防虫害包装技术通过利用各种物理因素或化学药剂作用于害虫的肌体，破坏害虫的生理机能和肌体结构及生存条件，杀死害虫或抑制害虫繁殖，以达到防虫害的目的。通常采用在包装中放入有一定霉性和臭味的驱虫药物的方法，利用药物挥发的气体驱除和杀灭各种害虫。

4. 防震包装技术

防震包装又称缓冲包装，在各种包装方法中占有重要地位。产品从生产出来到开始使用，要经过一系列的保管、堆放、运输和装卸过程，置于一定的环境之中。在任何环境中都会有力作用于产品之上，并可能使产品发生机械性损坏。为了防止产品遭受破坏，就要设法减小外力的影响。防震包装是指为了减缓内装物受到的冲击和振动，保护其免受损坏而采取一定防护措施的包装。

防震包装的作用主要是减小冲击和振动对被包装物品的影响。防震包装综合考虑了冲击和振动的影响，所用材料叫防震缓冲材料或防震材料、缓冲材料。防震包装方法依所选用的防震材料性质和物品的形状、特性而不同。

5. 收缩包装与拉伸包装技术

收缩包装是用可热收缩的塑料薄膜裹包物品或包装件的一种包装方法，拉伸包装是用可拉伸的塑料薄膜在常温和张力下对物品或包装件进行裹包的包装方法。收缩薄膜的常用制造方法分为片状和筒状两类。收缩包装的作业工序一般分两步：首先是预包装，用收缩薄膜将物品包装起来，热封必要的缝；然后是热收缩，将预包装购物品放到热收缩设备中加热。拉伸包装的包装用途可分为用于销售的包装和用于运输的包装两类。

6. 防锈包装技术

大气锈蚀是空气中的氧、水蒸气及其他有害气体等作用于金属表面引起电化学作用的结果。如果使金属表面与引起大气锈蚀的各种因素隔绝(即将金属表面保护起来)，就可以达到防止大气锈蚀的目的。防锈包装就是根据这一原理将金属涂封、包裹以防止锈蚀的。防锈包装是为了防止温度、湿度、氧气、二氧化碳、二氧化硫、盐分、尘埃等导致金属或合金类内装物变色和腐蚀而采取的防护措施和方法。

防锈包装的作业工序包括清洗、干燥、防锈处理与包装等步骤。在选择确定合适的防锈包装时，要特别注意将制品的特点与防锈剂的特性结合起来考虑。应该就金属制品特点(组分、形状、结构和加工精度)、防锈保护程度和期限、处理的难易程度和方法、使用时清除防锈材料的难易程度和方法、防锈处理完毕后包装的要求和经济性等方面做出综合分析。

7. 保鲜保质包装技术

在物流过程中，为了延长产品生命周期，保证质量，必须采取的一系列保护措施和方法即保鲜保质包装方法。常用的保鲜保质包装技术主要有充气包装、真空包装、收缩包装、脱氧包装、泡罩包装及贴体包装。

8. 危险品包装技术

根据不同的危险性，我国交通运输及公安消防部门将危险品分为十大类，即爆炸性物品、氧化剂、压缩气体和液化气体、自燃物品、遇水燃烧物品、易燃液体、易燃固体、毒害品、腐蚀性物品、放射性物品。对于这些危险品，在物流过程中要分别采用特殊包装技术方法予以防护。常见的危险品包装技术主要有防毒包装、防蚀包装和防燃防爆包装。

9. 防水包装技术

防水包装是指为了防止因水侵入包装件而影响内装物的质量，采取一定防护措施的包装。比如，用防水材料衬垫包装容器内侧，或在包装容器外部涂刷防水材料等。一般来说，防水包装也是防潮、防霉、防锈等包装的基本条件，但通常不能相互替代。

10. 防伪包装技术

防伪包装是指借助包装来防止商品在流通与转移过程中被人为窃取、调换和假冒的技术与方法。在包装中，有许多技术可以用于商品的防伪包装，因而防伪包装技术多种多样，有的复杂，有的简单，有的新颖，有的传统。这些技术的优劣很难以一个通用的标准来衡量，目前常用的有条形码技术、激光光刻技术、激光全息图像技术、油墨技术、印刷技术、破坏性防伪技术等。

11. 固定缓冲包装技术

在装卸、运输和仓储的过程中，为了防止冲击、振动、堆码等外因对内装物造成机械性破坏，需要将内装物固定在容器内以缓冲外力，实施这种保护的包装产品与包装制品共同形成一个销售单元。

7.2.2　物流包装装备

1. 包装装备的概念

根据国际标准化组织制定的包装机械国际标准和我国制定的包装机械有关国家标准(GB/T 4122.1—2008，GB/T 4122.2—1996)，包装装备即包装机械设备，是指完成全部或部分包装过程的一类机器。包装过程包括充填、裹包、封口等主要包装工序以及与其相关的前后工序，如清洗、干燥、杀菌、计量、成型、标记、紧固、多件集合、集装组装、拆卸及其他辅助工序。根据包装装备的功能，可以分为充填、灌装、封口、裹包、捆扎、贴标等多种机械。

小贴士

包装机械设备组成分类

包装机械设备属于自动机范畴，随着新型包装机械设备不断涌现，它的种类越来越多，结构也越来越复杂，因此很难将它们的组成进行准确分类，一般根据工作原理和结构性能共同点不同，将包装机械设备组成分为八部分：包装材料的整理与供送系统、被包装物品的计量与供送系统、主传送系统、包装执行机构、成品输出机构、动力机与传送系统、控制系统和机身。

2. 充填机械

充填机械是将精确数量的产品充填到各种包装容器中的机械。它适用于包装粉状、颗粒状的固态物品。半自动充填机如图 7-14 所示。

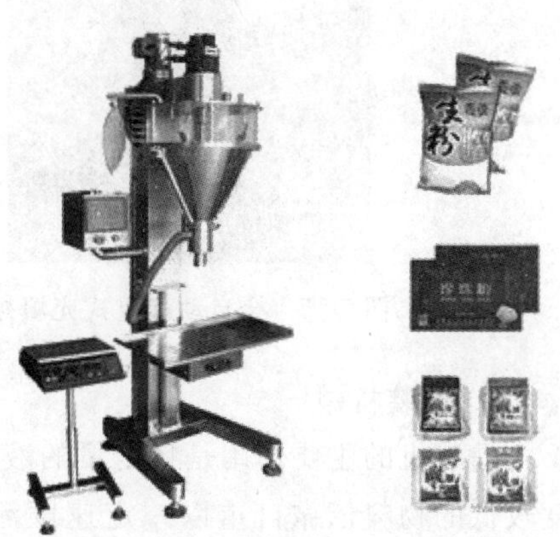

图 7-14　粉状充填机

1) 充填机械的分类

实际生产中，由于产品的状态、性质及所要求的计量精确度等因素各不相同，因此对于不同的物料，所用的充填方式也各有不同。按照计量方式的不同，可以分为容积式充填机械、计数式充填机械和称重式充填机械。按充填物的物理状态，充填机械可分为料粉充填机械、颗粒物料充填机械、膏状物料充填机械和块状物料充填机械。按充填功能不同，充填机械可分为制袋充填机械、成型充填机械和仅具有充填功能的充填机械等。

2）常用的充填机械

（1）容积式充填机械

根据物料容积计量的方式不同。容积式充填机可分为固定式量杯充填机、可调容量式充填机、气流式充填机、柱塞式充填机、螺杆式充填机、计量泵式充填机、插管式充填机、料位式充填机、定时充填机等。容积式充填机适合于干料或稠状流体物料的充填。它的特点是结构简单、计量速度快、造价低，但计量精度较低。因此，它适用于价格比较便宜的物品的包装作业。

（2）称重式充填机械

称重式充填机是将产品按预定质量充填到包装容器内的机器。由于容积式充填机计量精度不高，对一些流动性差、比重变化较大或易结块物料的包装，往往效果就显得更差。因此，人们对计量精度要求较高的各类物料的包装，就采用称重式充填机。

称重式充填机包括单秤斗称重充填机、无秤斗称重充填机、多秤斗称重充填机、电子组合称重充填机、连续式称重充填机等。全自动称重式充填机如图 7-15 所示。

（3）计数充填机

计数定量的方法分为两大类：一类是被包装物品具有一定规则的整齐排列，计数机构常见的有长度、容积、堆积等几种计数形式；另一类是从混乱的被包装物品的集合体中直接取出一定个数，常用的有转盘、转鼓、推板等形式，主要用于颗粒状、块状物品的计数。长度计数充填机如图 7-16 所示。

图 7-15　全自动称重式充填机

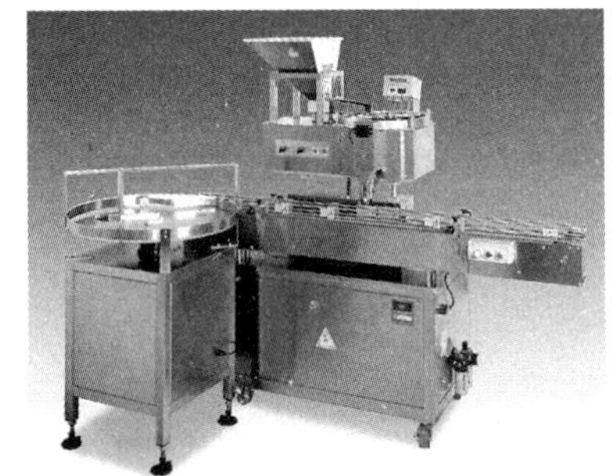

图 7-16　长度计数充填机

3. 灌装机械

灌装机的主要作用是将定量的液体物料充填入包装容器内。该类型机不仅可以使黏度较低的物料依靠自重以一定速度流动，也可以使某些黏稠物料依靠压力以一定速度流动。

1）灌装机的基本组成

灌装机的类型繁多，但其结构主要由包装容器的供送装置、灌装物料的供送装置、灌装阀三部分组成。

包装容器供送装置的作用主要是将容器间隔地送至灌装工位，待灌装后，再将瓶子送出灌装机。

灌装物料供送装置的作用主要是将物料提供给灌装阀，再灌装入包装容器。常压供料装置是在常压下利用物料的重力向处于低位的灌装阀流送，物料装在处于高位的储液箱中，这种供料装置主要用于低黏度、流动性好的物料，如牛奶、墨水、酱油、醋等。对于中等黏度、流动性不好的物料，如果酱、牙膏、洗发膏等，它们在重力作用下难以自流，这就必须施加机械压力使其流动，利用活塞或柱塞的往复运动来压送液料。真空供料装置需先将包装容器（如瓶子）抽成真空，然后进行灌装。

灌装机的供瓶部分是将瓶子间隔地送至灌装工位，待灌装后切断供料装置。灌装阀的作用是根据灌装工艺要求切断或沟通液室、气室和待灌容器之间液料流通的通道，是灌装机进行灌装的关键部件。不同的灌装方式采用不同的灌装阀，相应地有常压灌装阀、压力灌装阀、真空灌装阀、等压灌装阀。

2）常见的灌装机

（1）膏状灌装机

膏状灌装机，如图 7-17 所示，主要用于灌装膏状产品，由环形液室、拨瓶星轮、分件供送螺杆、中心进液管、进气管、灌装阀等组成。

工作时，洗净的瓶子由分件供送螺杆和拨瓶星轮送到托瓶台上，瓶子上升后瓶口与灌装阀紧密接触，进行等压灌装，灌装结束后，由拨瓶星轮将瓶子送到压盖机上。

（2）液体灌装机

液体灌装机主要用于洗涤液、糖浆、果汁、食油、乳剂、农药等溶液、黏液、乳液的定量灌装。CF-100 型多头活塞式多功能自动灌装机如图 7-18 所示。

图 7-17　膏状灌装机

图 7-18　GF-100 型多头活塞式多功能自动灌装机

（3）颗粒灌装机

颗粒灌装机是专门进行各种颗粒物的灌装，它采用单相调速电动机配棘轮机构进行传动，所有接触灌装品的部分均用符合食用卫生标准的“316”不锈钢制成。根据不同需要，用户可随时、任意调整灌装数量和灌装速度。颗粒灌装机使用广泛，是食品、医药、化工等各行业颗粒灌装最理想的更新换代产品。

4. 封口机械

封口机械的作用主要是在包装容器内盛装产品后，为了使产品得以密封保存，保持产品质量，避免产品流失，对容器进行封口。封口机械适合于用任意材料制成的包装容器的封口，容器内可以盛装任意物品，但由于包装容器的形态及物理性能各不相同，因此，所采用的封口形式及封口装置也不一样。

1）封口机的分类和特点

按照封口方式的不同，封口机可分为以下几种类型。

（1）热压式封口机。热压式封口机即采用加热加压的方式封闭包装容器的机器，所使用的加热元件有加热板、加热环带、加热辊等。

（2）熔焊式封口机。熔焊式封口机即通过加热使包装容器封口处熔融而将包装容器封闭的机器，常用的加热方式有超声波、电磁感应和热辐射等。

（3）缝合式封口机。缝合式封口机即使用缝线缝合包装容器的机器，多用于麻袋、布袋、复合编织袋等的封口。

（4）卷边式封口机。卷边式封口机即用滚轮将金属盖与包装容器开口处相互卷曲勾合以封闭包装容器的机器。卷边式封口机又称封罐机，是罐头食品生产过程中的重要机械设备之一。

（5）滚压式封口机。滚压式封口机即指用滚轮滚压金属盖使之变形以封闭包装容器的机器。

（6）旋合式封口机。旋合式封口机即指通过旋转封口器材以封闭包装容器的机器。封口器材通常是带有螺纹的瓶盖或带有向内卷曲的盖爪的罐盖，以旋拧的方式旋紧在带有螺纹的瓶口或罐口上。

（7）结扎式封口机。结扎式封口机即使用线绳等结扎材料封闭包装容器的机器。

2）常见封口机

（1）手压式封口机。手压式封口机是常用且简单的封口机，其封合方法一般采用热板加压封合或脉冲电加热封合。这类封口机多为袖珍型，造型美观、重量轻、占地小，适于放在桌上或柜台上使用。它由手柄、压臂、电热带、指示灯、定时旋钮等元件组成。该机不用电源开关，使用时只要把交流电源线插头插入插座，根据封接材料的热封性能和厚度，调节定时器旋钮，确定加热时间，然后将塑料袋口放在封接面上，按下手柄，指示灯亮，电路自动控制。

加热时间到后指示灯熄灭，电源被自动切断，1～2 秒后放开手柄，即完成塑料袋的封口。

（2）脚踏式封口机。脚踏式封口机与手压式封口机的热封原理基本相同，其显著的不同之处是采用脚踏的方式拉下压板。操作时双手握袋，轻踩踏板，瞬间通电完成封口，既方便，封口效果又好。该类封口机可采用双面加热，以减小热板接触面与薄膜封接面间的温差，提高封接速度和封口质量。有的还配有印字装置，在封口的同时可以打印出生产日期、重量、价格等。有些脚踏式封口机的工作台面可以任意倾斜，以适应封接包装液体或粉状物料的塑料袋。

(3) 落地式自动封口机。落地式自动封口机主要由环带式热压封口器、传送装置、电气控制装置和落地支架等几部分组成。环带式热压封口器是完成塑料薄膜袋封口的主要部件，它的全部元件安装在一个箱形结构的框架上，整个装置固定在落地支架的后部。

(4) 卧式自动封口机。卧式自动封口机的工作原理及结构形式与落地式封口机基本相同，不同之处是卧式封口机没有落地支架。卧式封口机体积较小，可放在桌上、柜台上或其他工作台上使用，主要用于包装体积小的干燥物品。

(5) 立式自动封口机。立式自动封口机的工作原理与落地式封口机基本相同，主要区别是在落地式自动封口机中环带式热压封口器的带轮轴是水平安放的，而在立式自动封口机中，其带轮轴则是垂直安放的。这样可使包装袋直立在输送带上运行并进行封口，因此这种封口机可以用于内装物不能平放的(如液体、黏稠体)包装袋的封口。

(6) 超声波封口机。超声波封口机是一种投资费用较大，适应薄膜种类较多的热封设备。它常用于封焊塑料软管、铝塑复合管等较厚的材料，对于厚度不匀的材料也能取得较好的封口效果。

(7) 自动缝合机。自动缝合机主要由缝纫机头、线挑、机头支架、备用支架、输送带、脚踏开关等部件组成。某些自动缝合机在机头支架上相对安装两个机头，一旦发生故障，转动支架即可更换机头，以免延误生产。可以在备用支架的上方安装一台称重装置，即可得到一个完整的称重兼封口设备。输送带的高度可以调整，以适应不同高度的袋子。自动缝合机可用于缝合较重的包装袋，输送带的速度可调，能与各种包装生产线匹配，完成封口工作。

(8) 半自动手扳热排封口机。半自动手扳热排封口机首先热排，即封口前，加热罐头瓶及内装物，使瓶内空气密度减小，趁热封口，冷却后形成真空的工艺方法。工作时，将已装罐加盖的罐头瓶置于旋转压头与托罐盘之间；踏下脚踏板，通过拉杆(链条)、转臂使压轮与压头一起下降，压头紧压罐头瓶并带动它旋转；手扳把手通过偏心作用使滚轮径向接触瓶盖完成头道、二道封口工序。放开把手，滚轮在弹簧力作用下离开瓶盖复位；松开脚踏板，压头上升复位；完成一次封口工作循环。半自动手扳热排封口机结构简单、价格便宜，但封口前需将罐头中心温度加热至 80℃，致使操作环境条件恶劣，破瓶率较高，真空度波动范围较大。

(9) 半自动旋合式封口机。半自动旋合式封口机能对带瓶肩的罐头瓶进行真空封口。对瓶身与瓶口直径相差 10 毫米以上的罐头瓶，封口时的密封容积由罐头瓶与机器共同形成，称为半密封，并靠摩擦力防止封口时罐头瓶旋转；当瓶身与瓶口直径的差值在 10 毫米以下时，封口时则需将罐头瓶置于机器的密封容积之中，称为全密封，并需要夹持瓶身，防止封口时转动。该机工作时将已灌装加盖的罐头瓶置于托盘上的导筒内，踩下脚踏板，旋阀打开，进气缸与真空管路接通，由真空气缸活塞推动托盘连同罐头瓶一起上升，与机头形成密封容积，此时真空气阀打开使密封腔接通真空源，对罐头瓶抽真空，并利用真空负压驱使夹盖气筒、旋盖气筒(全密封式还有夹瓶气筒)分别动作，完成旋合式封口，随即放松脚踏板，各部件自动复位，由人工取出封好的罐头瓶，完成一个工作循环。如

图 7-19 所示。

5. **裹包机械**

用挠性包装材料进行全部或局部裹包产品的包装设备统称为裹包机械。裹包机械是包装机械设备行业中最重要的组成部分之一。

1) 裹包机械的分类及特点

裹包机械种类繁多,功能结构各异,按包装成品的形态可分为全裹包机和半裹包机。按裹包方式则可分为折叠式裹包机、接缝式裹包机、覆盖式裹包机、扭结式裹包机、拉伸式裹包机、缠绕式裹包机、贴体包装机、收缩包装机等。

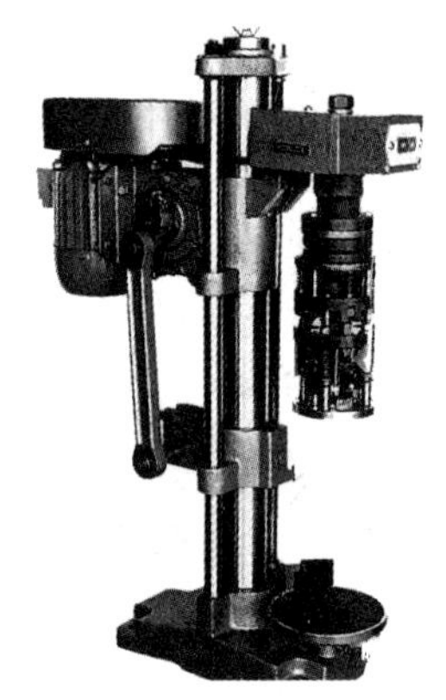

图 7-19　半自动旋合式封口机

裹包机械的共同特点是用薄型挠性包装材料(如玻璃纸、塑料膜、黏膜、各类复合膜、拉伸膜、收缩膜等)将一个或多个固态物品进行裹包,广泛用于食品、烟草、药品、日用化工品、音像制品等产品的包裹。其种类繁多、功能各异,因而裹包机械的结构较为复杂,其调整、维修需要一定的技术水平。

2) 常见裹包机

(1) 悬臂式拉伸薄膜缠绕裹包机。悬臂式拉伸薄膜缠绕裹包机可自动进料、上膜、缠绕、切膜、贴膜、出料、仓储等,实现无人操作,采用 PLC 可编程控制器及人机对话触摸屏,能自动警示、自动故障报警等。

(2) 接缝式裹包机。接缝式裹包机的进料填充部分由等间距推料器构成的封闭链环组成,工作时做匀速直线运动,将被包装物品按包装周期规律地送入成型器,完成裹包动作。

接缝式裹包机适合于各类固定形状物品的单件或多件的连续枕形包装。根据不同的包装要求,可进行普通包装、带托盘包装、无托盘集合包装等。所用的包装材料可以是各类复合膜,也可以是 PE、PVC 等热收缩单膜。目前,接缝式裹包机已广泛应用于流通中不同物品的包装。在选用时关键要根据自身产品的包装装潢特征来选取合适的包装机,还要考虑包装机生产能力、尺寸规格、企业环境条件以及性能价格比。

6. **贴标机械**

贴标机的主要作用是采用黏结剂将标签贴在包装件或产品上。

1) 贴标机的组成

贴标机基本由供标装置、取标装置、打印装置、涂胶装置及连锁装置等几部分组成。供标装置的作用主要是在贴标过程中将标签纸按一定的工艺要求进行供送。它通常由标仓和推标装置所组成。

取标装置根据取标方式不同有真空式、摩擦式、尖爪式等不同形式。

打印装置主要是在贴标过程中在标签上打印产品批号、出厂日期、有效日期等数码,根据打印的方式不同有滚印式和打击式两种。

涂胶装置有多种,其作用主要是将适量的黏结剂涂抹在标签的背面或取标执行机构上，它主要包括上胶、涂胶和胶量调节等装置。连锁装置设置的主要目的是保证贴标效能和工作的可靠性，可实现“无标不打印”、“无标不涂胶”，一般有机械式和电气式两种。

2）常见贴标机

RG1001型自动双面贴标机采用了机电一体化的技术，选用大力矩步进电机驱动、光电控制装置、电源保护装置等先进系统，因此具有启动缓冲功能、整体灵敏度高、低速扭矩大、速度稳定、工作电压稳定、抗干扰能力强等技术特点，保证了贴标准确、稳定、可靠、高效。它主要适用于制药、食品、轻工、日化等行业的圆形塑料瓶、玻璃瓶等或类似物体的贴标。该机能自动完成分瓶、送标带、同步分离标签、标贴和自动打印批号，字迹清晰，如图7-20所示。

图7-20 自动双面贴标机

7. 捆扎机械

捆扎机械是利用带状或绳状捆扎材料将一个或多个包件紧扎在一起的机器，属于外包装设备。利用机器捆扎替代传统的手工捆扎，不仅可以加固包件，减少体积，便于装卸保管，确保运输安全，更重要的是可大大降低捆扎劳动强度，提高功效。

小贴士

捆扎机的结构

捆扎机是实现包装机械化、自动化必不可少的设备，由于包装件的大小、形状及捆扎要求不一样，捆扎机类型较多，但各种类型捆扎机的结构基本相似，主要由导轨与机架、送带机构、收带紧带机构、封接机构和控制系统组成。捆扎机械品种多样，在选用时一般主要考虑以下因素：包件批量、包件尺寸、维修能力和捆扎材料。

捆扎机械广泛用于食品、医药、五金、化工、服装、邮政等行业，适用于纸箱打包、纸张打包、包裹信函打包、药箱打包、轻工业打包、五金工具打包、陶瓷制品打包、汽车配件打包、日化用品打包、文体用品打包、器材打包等各种大小货物的自动打包捆扎。

8. 贴标机械

贴标机械主要用于两面贴标机用途，适用于医药、食品、润滑油、化妆品等行业的产品两个对应表面进行贴标签。目前市面上提供了多种贴标机械，主要有扁瓶贴标机、单面贴标机、侧面贴标机、洗发水瓶贴标机、不干胶贴标机、自动贴标机、广州贴标机、全自动贴标机、广东贴标机、两面贴标机等。

9. 封箱机械

封箱机械具有自动封箱、自动捆扎、光电感应、精确无误、自动输送、自动转向等功能，可调节打包距离。

10. 喷码机

喷码机广泛应用于食品、饮料、化工、建材、制药和塑胶等行业，可根据需要喷印中文、英文、数字、日期、批号等信息。图 7-21 为激光喷码机示意图。

7.2.3 包装自动生产线概述

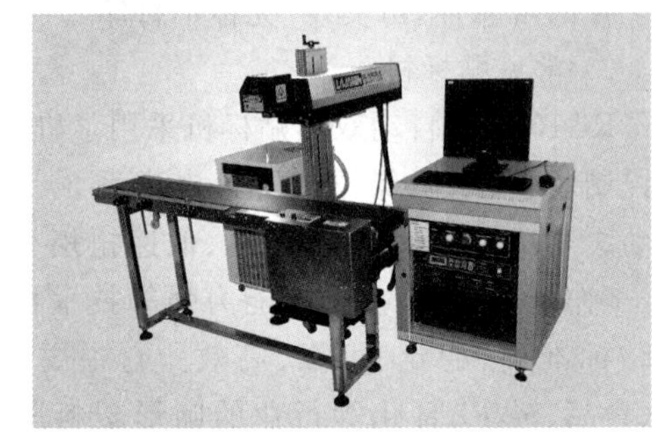
图 7-21　激光喷码机

1. 包装自动生产线的概念

包装自动生产线是按包装的工艺过程，将自动包装机和有关辅助设备用输送装置连接起来，再配以必要的自动检测、控制、调整补偿装置及自动供送料装置，成为具有独立控制能力，同时能使被包装物品与包装材料、包装辅助材料、包装容器等按预定的包装要求和工艺顺序，完成商品包装全过程的工作系统。

应用包装自动生产线可以大大提高劳动生产率，提高包装产品质量，改善劳动条件，降低工人劳动强度，减少占地面积，降低包装产品成本。包装自动生产线特别适用于少品种、大批量的产品包装，是包装工业发展的方向。

2. 包装自动生产线的分类

1）按包装机排列形式分类

（1）串联自动包装线。各包装机按工艺流程单台顺序连接，各单机生产节拍相同。

（2）并联自动包装线。为平衡生产节拍，提高生产能力，将相同包装机分成数组，共同完成同一包装操作。在此类自动线中间一般需设置一些换向或合流装置。

（3）混联自动包装线。在一条包装自动线上，同时采用串联和并联两种连接形式，主要是为平衡各包装机的生产节拍，一般该自动包装线较长，机器数量较多，因此输送、换向、分流、合流装置种类繁杂。

2）按包装机之间的联系特征分类

（1）刚性自动包装线。各包装机间用输送装置直接连接起来，以一定的生产节拍运行。但如果其中一台设备发生故障停车，将引起全线停车。

（2）柔性自动包装线。各包装机之间均连有储料器，由储料器对后续包装机供料。如果某台设备发生故障，不会因此而影响其他机器的工作，故生产效率高，但投资较大。

（3）半柔性自动包装线。将全自动线分成若干区段，对不宜出现故障的地方则不设储料器，提高其“刚性”；对经常出现故障的地方则设置储料器，提高其“柔性”。因此，既保证了生产效率，投资又不会过大。

3. 典型包装生产线

1）酒类灌装自动工厂

成垛的空酒瓶由汽车运到工厂入口，由卸垛机卸下排成单行送到卸瓶机处，由卸瓶机将空瓶吊出放到传送带上，空托盘被输送到堆垛机。空的塑料箱被送至洗箱机，经洗净后再运行到装箱机以装内销酒；如果用的是纸箱，则将加工好的纸箱送到另一台装箱机以装外销酒。空瓶经洗瓶机、排列机、灌装机、封口机、检液机、贴标机等完成清洗、灌装贴标后，被分送到外销与内销装箱机处装箱。对外销的纸箱还要经过封箱。产品装箱后，被输送到储存输送设备，经分类机把不同品种的产品分别储存在不同的部位。然后，储存输送设备将同类产品送出到堆垛机。堆积好的托盘经收缩包装机包裹结实后，送入自动仓库存放。汽车在出口处按订货从自动仓库运出。如图 7-22 所示。

2）听装自动生产线

听装自动生产线，如图 7-23 所示，适用于各种粉末状、超细粉末状或粉粒状的物料，如米粉、奶粉、营养食品、固体饮料、食品添加剂、粉末味精、食盐、调味品、碳粉、化工原料等。高度灵活性的设备配置可以满足不同规格不同用户的专业需要，完善的自动控制系统可以确保流水线中每一个环节都处于监控状态，高精度伺服电机驱动的螺杆充填计量系统可以精确地控制每次下料的重量。

图 7-22　酒类灌装自动工厂示意图

图 7-23　听装生产线

3）药品包装生产线

药品包装生产线，如图 7-24 所示，包括铝塑泡罩包装机、多功能装盒机、热收缩薄膜包装机、自动称重秤及装箱机等几部分，它用于完成对药品铝塑泡罩包装→泡罩板装盒→成品盒的动态称量→成品盒的捆扎式热收缩薄膜包装→装箱等一系列工作，从而实现药品包装的自动化生产，将人为差错降到最低限度，有效防止药品在包装过程中受到污染和质量下降，保证药品的包装生产过程完全符合《药品生产质量管理规范》——GMP 的要求。

图 7-24　药品包装生产线

7.3　冷链技术与装备

7.3.1　冷链概述

冷链是以保证冷藏冷冻类物品品质为目的，以保持低温环境为核心要求的供应链系统。

1. 冷链的定义

冷链是指易腐食品从产地收购之后，在产品加工、储藏、运输、分销和零售，直到消费者手中，其各个环节始终处于产品所必需的低温环境下，以保证食品质量安全，减少损耗，防止污染的特殊供应链系统。因此，冷链系统建设要求把所涉及的生产、运输、销售、经济和技术性等各种问题集中起来考虑，协调相互间的关系，以确保易腐物品在加工、运输和销售过程中的安全，它是具有高科技含量的一项低温系统工程。

2. 冷链所适用的食品范围

初级农产品：蔬菜、水果；肉、禽、蛋；水产品；花卉产品。

加工食品：速冻食品；禽、肉、水产等包装熟食；冰淇淋和奶制品；快餐原料。

特殊商品：各类针剂、药品。

3. 食品冷链的构成

食品冷链由冷冻加工、冷冻储藏、冷藏运输及配送、冷冻销售四个方面构成。

1）冷冻加工

冷冻加工包括肉禽类、鱼类和蛋类的冷却与冻结，以及在低温状态下的加工作业过程；也包括果蔬的预冷、各种速冻食品和奶制品的低温加工等。在这个环节上主要涉及的冷链装备有冷却、冻结装置和速冻装置。

2）冷冻储藏

冷冻储藏包括食品的冷却储藏和冻结储藏，以及水果、蔬菜等食品的气调储藏，它是保证食品在储存和加工过程中的低温保鲜环境。在此环节主要涉及各类冷藏库/加工间、冷藏柜、冻结柜及家用冰箱等。

3）冷藏运输及配送

冷藏运输及配送包括食品的中长途运输及短途配送等物流环节的低温状态。它主要涉及铁路冷藏车、冷藏汽车、冷藏船和冷藏集装箱等低温运输工具。在冷藏运输过程中，温度波动是引起食品品质下降的主要原因之一，所以运输工具应具有良好性能，在保持规定低温的同时，更要保持稳定的温度，远途运输尤其重要。

4）冷冻销售

冷冻销售包括各种冷链食品进入批发零售环节的冷冻储藏和销售，它由生产厂家、批发商和零售商共同完成。随着大中城市各类连锁超市的快速发展，各种连锁超市正在成为冷链食品的主要销售渠道，在这些零售终端中，大量使用了冷藏/冻陈列柜和储藏库，由此逐渐成为完整的食品冷链中不可或缺的重要环节。

4. 冷链的特点

1）管理产地严格

对食品类产品的产地进行严格管理、追踪，对于特定的商品需要追溯原产地。

2）对温度的控制

冷库对温度控制严格，冷冻库要求在－10℃～30℃，冷藏库要求在－5℃～5℃。在整个冷库管理的过程中，需要严格控制温度的变化。现在有些企业已经开始使用带有温度传感器的 RF 进行全程温度控制。

3）出入库作业要求高

由于冷库的特殊性质，导致商品出入库要求较高。为保证冷库的温度，不建议多频次出货，出库时间一般固定在一个时间段内；对业务频繁的冷库，定期需要封库，以保证库房的温度；对特殊要求商品要进行速冻或解冻处理，才可以进行出入库业务。

4）自动化设备利用率低

由于需要低温，造成大部分设备应用受到影响，因此，在冷库中见到的自动化设备很少。

7.3.2　冷链物流技术

1. 冷链物流概述

冷链物流泛指冷藏冷冻类物品在生产、储藏运输、销售，到消费前的各个环节中始终处于规定的低温环境下，以保证物品质量和性能的一项系统工程。它是随着科学技术的进步、制冷技术的发展而建立起来的，是以冷冻工艺学为基础、以制冷技术为手段的低温物流过程。

冷链物流应遵循“3T 原则”：产品最终质量取决于载冷链的储藏与流通的时间(time)、温度(temperature)和产品耐藏性(tolerance)。

“3T 原则”指出了冷藏食品品质保持所允许的时间和产品温度之间存在的关系。由于冷藏食品在流通中因时间-温度的经历而引起的品质降低的累积和不可逆性，因此，对不同的产品品种和不同的品质要求都有相应的产品控制和储藏时间的技术经济指标。

2. 冷链物流的分类

冷链物流按温度划分为超低温、冷冻、冰温、冷藏和恒温五种，按冷链物品划分为肉、水产品、果蔬、冷饮、奶产品、速冻食品、医药和其他特殊物品八种类型。

3. 冷链运输

冷链运输是指在运输全过程中，无论是装卸搬运、变更运输方式还是更换包装设备等环节，都使所运输货物始终保持一定温度的运输。

冷链运输方式可以是公路运输、水路运输、铁路运输和航空运输，也可以是多种运输方式组成的综合运输方式。冷链运输是冷链物流的一个重要环节，冷链运输成本高，而且包含了较复杂的移动制冷技术和保温箱制造技术，冷链运输管理包含更多的风险和不确定性。

冷链运输过程必须依靠冷冻或冷藏等专用车辆进行，冷冻或冷藏专用车辆除了需要有一班货车相同的车体与机械之外，必须额外在车上设置冷冻或冷藏与保温设备。在运输过程中要特别注意必须是连续的冷藏，因为微生物活动和呼吸作用都随着温度的升高而加强，如果运输中各环节不能保证连续冷藏的条件，那么货物就有可能在这个环节中开始腐烂变质。在运输时，应该根据货物的种类、运送季节、运送距离和运送地方确定运输方法。在运输过程中，尽量组织“门到门”的直达运输，提高运输速度，温度要符合规定。为保持冷冻货物的冷藏温度，可紧密堆码，但水果、蔬菜等需要通风散热的货物，必须在货件之间保留一定的空隙，以确保货物的完好。

冷链运输要求在中长途运输及短途配送等运输环节的低温状态。它主要涉及铁路冷藏车、冷藏汽车、冷藏船和冷藏集装箱等低温运输工具。在冷藏运输过程中，温度波动是引起货物品质下降的主要原因之一，所以运输工具应具有良好性能，在保持规定低温的同时，更要保持稳定的温度，远途运输尤其重要。

7.3.3 冷链物流装备

冷链的主要装备有冷库、冷藏箱、蓄冷箱(柜)和冷藏运输工具等。

1. 冷库

冷库是指利用降温设施创造适宜的湿度和低温条件的仓库，又称冷藏库。它是加工、储存农畜产品的场所，能摆脱气候的影响，延长农畜产品的储存保鲜期限，以调节市场供应。冷库应建筑在交通方便、水电供应来源可靠的地方，库址周围应有良好的环境卫生条件，尽量避开工矿企业的有害气体、烟雾、粉尘以及来自传染病院等的污染源。

1) 冷库的组成

冷库主要由库体、制冷系统、冷却系统、控制系统和辅助系统几个部分组成。

(1) 库体。主要保证储藏物与外界隔热、隔潮，并分隔各个工作区域，对于大型冷库有冷加工间、预冷间、冻结间、冷藏间、制冰间、穿堂、站台和电梯间等。

(2) 制冷系统。主要用于提供冷库冷量，保证库内温度和湿度。根据冷库温度的不同，制冷系统也不同，通常如果冷库温度高于－30℃，则使用单级压缩制冷系统；冷库温度低于－30℃高于－60℃，则使用两级压缩制冷系统或复叠制冷系统；冷库温度低于－80℃一般要用复叠制冷系统。

(3) 冷却系统。主要用于冷却制冷系统的散热，包括：①空气冷却系统，制冷系统直接采用空气冷却，它的系统简单，操作方便，适用于缺水的地区和小型冷库。②冷却水系统主要由冷却塔、水泵和冷却水管道组成，它的冷却效果好，但是系统复杂，操作麻烦，要求对冷却水系统要经常定期进行清洗，以保证冷却水系统的传热效果。冷却水系统大部分用于大型冷库。③蒸发冷却系统，是将制冷系统的冷凝器直接与冷却塔结合，冷却水直接喷淋到冷凝器上进行蒸发冷却，它的冷却效果好，但是系统复杂，要求冷凝器直接安装在室外，所以对系统的运行、维护保养工作要求更高。

(4) 控制系统。主要对冷库温度、湿度的控制和制冷系统、冷却系统等的控制，保证冷库安全、正常地运行。随着技术的发展，目前计算机和网络技术已逐步应用到冷库的控制中。

(5) 辅助系统。主要包括冷库操作间、机房等，对于大型冷库还要有动力车间、配电房、锅炉房、化验室、水泵房、仓库和水处理等场所。

2) 冷库的分类

(1) 按结构形式分

① 土建冷库。这是目前建造较多的一种冷库，可建成单层或多层。这类冷库的主体结构和地下荷重结构都用钢筋混凝土，其维护结构的墙体都采用砖砌而成。

② 装配式冷库(活动冷库)。这类冷库的主体结构(柱、梁、屋顶)都采用轻钢结构，其围护结构的墙体使用预制的复合隔热板组合而成。隔热材料采用硬质聚氨酯泡塑料和硬质聚苯乙烯泡沫塑料等。此类冷库还可称为组合式冷库、组合冷库、拼装式冷库或装配式

活动冷库。此类冷库还可细分为玻璃钢装配式冷库、玻璃钢活动冷库、不锈钢活动冷库和彩钢装配式活动冷库等。

(2) 按使用性质分

① 生产性冷库。它们主要建在食品产地附近、货源较集中的地区和渔业基地，通常是作为鱼类加工厂、肉类加工厂、禽蛋加工厂、蔬菜加工厂和各类食品加工厂等企业的一个重要组成部分。这类冷库配有相应的屠宰车间、理鱼间和整理间，设有较大的冷却、冻结能力和一定的冷藏容量，食品在此进行冷加工后经过短期储存即运往销售地区，直接出口或运至分配性冷藏库做长期的储藏。

② 分配性冷库。它们主要建在大中城市、人口较多的工矿区和水陆交通枢纽，专门储藏经过冷加工的食品，以供调节淡旺季节、提供外贸出口和做长期储备之用。它的特点是冷藏容量大并考虑多品种食品的储藏，其冻结能力较小，仅用于长距离调入冻结食品在运输过程中软化部分的再冻及当地小批量生鲜食品的冻结。

③ 零售性冷库。这类冷库一般建在工矿企业或城市大型副食品店、菜场内，供临时储存零售食品之用，其特点是库容量小、储存期短，其库温则随使用要求不同而异。在库体结构上，大多采用装配式组合冷库。

(3) 按规模大小分

① 大型冷库。此类冷库冷藏容量在 10 000 吨以上，生产性冷库的冻结能力在 120～160 吨/天范围内，分配性冷库的冻结能力在 40～80 吨/天范围内。

② 中型冷库。此类冷库冷藏容量在 1000～10 000 吨范围内，生产性冷库的冻结能力在 40～120 吨/天范围内，分配性冷库的冻结能力在 20～60 吨/天范围内。

③ 小型冷库(小冷库)。此类冷库的冻结能力在 1000 吨以下，生产性冷库的冻结能力在 20～40 吨/天范围内，分配性冷库的冻结能力在 20 吨/天以下。

(4) 按冷库制冷设备选用工质分，冷库可分为以下几类。

① 氨冷库。此类冷库制冷系统使用氨作为制冷剂。

② 氟利昂冷库。此类冷库制冷系统使用氟利昂作为制冷剂。

(5) 按使用库温要求分

① 高温冷库。L 级－5℃～5℃，主要用来储藏果蔬、蛋类、药材和木材保鲜、干燥等。高温冷库又称冷却库，库温一般控制在不低于食品汁液的冻结温度。冷却库或冷却间的保持温度通常在 0℃左右，并以冷风机进行吹风冷却。

② 中温冷库。D 级－18℃～－10℃，主要用来储藏肉类、水产品及适合该温度范围的产品。

③ 低温冷库。J 级－28℃～－23℃，又称冻结库、冷冻冷库，一般库温在－30℃～－20℃，通过冷风机或专用冻结装置来实现对食品的冻结。

④ 超低温冷库。其温度≤－30℃，主要用来速冻食品及工业试验、医疗等特殊用途。

⑤ 冷藏冷库，即冷却或冻结后食品的储藏库。它把不同温度的冷却食品和冻结食品在不同温度的冷藏间和冻结间内做短期或长期的储存，通常冷却食品的冷藏间保持库温 2℃～4℃，主要用于储存果、蔬和乳、蛋等食品；冻结食品的冷藏间的保持库温为－25℃～－18℃，用于储存鱼及家禽肉等。

⑥ 速冻冷库,又叫隧道冷库、速冻隧道冷库,用于食品快速冻结。

(6) 按使用结构材料及档次分,冷库可分为高档冷库、低档冷库、玻璃钢冷库、彩钢冷库和不锈钢冷库。

(7) 按使用储藏特点分

① 超市冷库。超市用来储藏零售食品的小型冷库。

② 恒温冷库。对储藏物品的温度、湿度有精确要求的冷库,包括恒温恒湿冷库。

③ 气调冷库。气调保鲜库是目前国内外较为先进的果蔬保鲜冷库。它既能调节库内的温度、湿度,又能控制库内的氧气、二氧化碳等气体的含量,使库内果蔬处于休眠状态,出库后仍保持原有品质。所谓气调保鲜就是通过气体调节方法,达到保鲜的效果。气体调节就是将空气中的氧气浓度由21%降到3%~5%,即保鲜库是在高温冷库的基础上加上一套气调系统,利用温度和控制氧含量两个方面的共同作用,以达到抑制果蔬采后呼吸状态。它包括气调保鲜冷库、气调冷库。

(8) 按储藏物品分

按储藏物品不同可分为药品冷库、食品冷库、水果冷库、蔬菜冷库和茶叶冷库等。

2. 冷藏箱

(1) 疫苗冷藏箱。疫苗冷藏箱是指为保证疫苗从疫苗生产企业到接种单位运转过程中的质量而装备的储存、运输冷藏设施、设备。适用于医用采样、取样,生物制剂低温冷藏运输、血液运输等。

(2) 血液冷藏箱。血液冷藏箱主要用于防疫疫苗、试剂运输保冷和血液制品的冷藏保温。

(3) 医药冷藏运输箱。医药冷藏运输箱是普通医疗药物的保温运输工具。

(4) 干冰运输箱。干冰运输箱广泛应用于干冰制造、储存和配送等各个领域。

3. 蓄冷箱(柜)

蓄冷箱(柜)由保温箱体和蓄冷盒组成。保温箱起保温作用,蓄冷盒可以提供几小时或几十小时的冷源。适用于速冻、冷藏食品、快餐、海鲜和水果等中长途及短途配送;生物、制药、化工企业、疫苗、有特殊温度要求的制剂或者产品运输、空运需要冷冻、冷藏、保鲜的物品。

4. 冷藏运输工具

冷藏运输工具主要包括汽车、火车、轮船和飞机等。

5. 其他冷链设备

其他冷链设备,如冰盒、冰袋、工业冷水机、气调库和车载冰箱等。

7.4 其他流通加工装备

7.4.1 混凝土机械

混凝土机械泛指混凝土集中搅拌、分散运输、浇筑的混凝土机械。混凝土搅拌机是将一定配合比的水泥、砂、石和水拌和成匀质混凝土的机械。同人工拌和混凝土相比,混凝土搅拌机具有生产效率高、拌和均匀、减轻工人劳动强度等优点，因而它是建筑施工现场、混凝土构件厂及商品混凝土供应站生产混凝土的重要机械设备之一。

1. **混凝土搅拌楼(站)**

混凝土搅拌楼(站)是用来集中搅拌混凝土的联合装置。由于它的机械化、自动化程度很高，所以生产率也很高，并能保证混凝土的质量和节省水泥，故常用于混凝土工程量大、施工周期长、施工地点集中的大中型水利电力工程、桥梁工程、建筑施工等。随着市政建设的发展，采用集中搅拌、提供商品混凝土的搅拌楼(站)具有很大的优越性而得到迅速发展，并为推广混凝土泵送施工，实现搅拌、输送、浇筑机械联合作业创造条件。

搅拌站和搅拌楼的区别：搅拌站生产能力较小，容易拆装，可用集装箱进行运输，适用于安装在施工现场；搅拌楼体积大、生产率高，只能作为固定式的搅拌装置，适合于产量大的商品混凝土供应站使用。

搅拌楼(站)主要由物料供给系统、称量系统、搅拌主机和控制系统四大部分组成。

2. **混凝土搅拌输送车**

混凝土搅拌楼(站)所生产的混凝土需要输送到施工现场，并且在输送过程中混凝土拌和物不得发生分层离析与初凝。混凝土搅拌输送车是适应这一要求的专用机械。随着商品混凝土生产的发展，混凝土搅拌输送车日益增多。目前，我国成批生产的型号有JC2A型、MR4500型、EA05型、JC0602型等。除JC2A型采用机械驱动外，MR4500型、EA05型、JC0602型为液压传动；JC2A型、MR4500型、EA05型采用从汽车发动机引出的动力驱动，JC0602型采用单独发动机驱动。

混凝土搅拌机输送车的特点是在运送量大、运距较远(一般10千米左右)的情况下，能保证混凝土的质量均匀，不会发生离析、泌水的现象，适合市政、公路、机场、水利工程、大型建筑物基础及特殊混凝土工程机械化施工中使用，是商品混凝土生产中不可缺少的一种配套机械。

3. **混凝土输送泵车**

混凝土输送泵车是在拖式混凝土输送泵基础上发展起来的一种专用机械设备。它的应用将混凝土的输送和浇筑工序合二为一，减轻了劳动强度也节省了时间，同时完成水平和垂直运输，省去了起重设备。混凝土输送泵车外形如图7-25所示。它是由载重汽车底盘、柱塞泵、液压折叠臂架、承料斗和输料管等组成。

图7-25 混凝土输送泵车外形

混凝土泵车的布料装置类似一台全液压式的动臂挖掘机。在其臂架上安装着混凝土输送管道，因此，混凝土输送管即可随臂架折叠、变幅和回转，在一定范围内变换浇筑位置；小范围的混凝土摊铺，可通过直接人工摆动出口处的橡胶管来完成。

7.4.2 玻璃切割设备

平板玻璃的"集中套裁、开片供应"是重要的流通加工方式，这种方式是在城镇中设立若干个玻璃套裁中心，负责按用户提供的图纸统一套裁开片，向用户供应成品，用户可以将其直接安装到采光面上。在此基础上，可以逐渐形成从工厂到套裁中心的稳定、高效率、大规模的平板玻璃“干线输送”以及从套裁中心到用户的小批量、多户头的“二次输送”这样一种现代物流流通模式。

1. 玻璃自动切割机

玻璃自动切割机由切桌、切割桥、电脑控制箱、掰板台、供电柜等主要部件组成，如图7-26所示。切桌由支架、桌面、输送带及传动装置、气垫装置等构成。

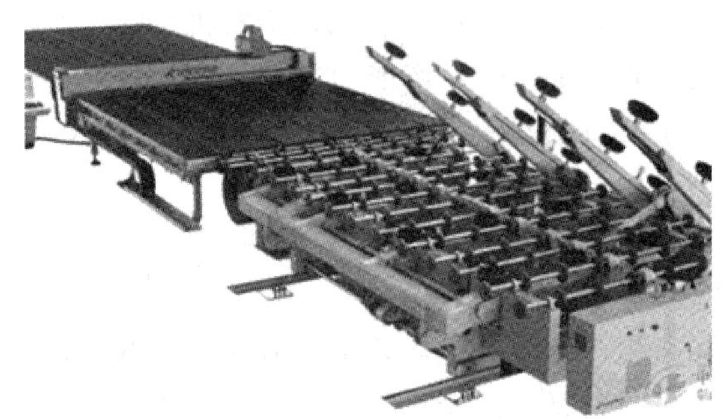

图 7-26 玻璃自动切割机

玻璃切割机根据其结构及自控水平有许多类型，切割玻璃的形状、规格、尺寸公差、切裁效率及操作劳动强度各不相同。上述数控玻璃自动切割机是当今最先进的切割机之一，适合于大规模生产使用。其主要技术性能参数有切出玻璃的形状、玻璃原片规格、玻璃厚度、切割尺寸公差、数据输入方式等。

2. 翻转式玻璃切割机

翻转式玻璃切割机由切桌、切割桥、液压翻转装置、控制柜、供电柜等主要部件组成。其切桌的桌面、气垫装置等部件的结构与玻璃自动切割机的很相似。桌面设有输送带，纵向设有一块、横向设有两块掰断玻璃用的顶板，这些顶板用气动装置控制其升降动作。切割桥由金属结构桥和切割头组成，有一个切割头和两个切割头两种切割桥。横向、纵向切割分别使用不同的切割头，有一个横向切割头，安装在切割桥的导轨上，它只能进行横向切割。有两个纵向切割头，安装在切割桥另一导轨上。切割桥导轨一侧装有精细到度的标尺，导轨上有滑块，切割头装在滑块上，其位置由人工依据切裁的尺寸对照标尺精确定位。纵向切割头一般不需全部工作，需要工作时其供气支管的调节阀事先打开。此种切割桥采用按钮人工操作。当活塞杆处于拉回状态时，切桌面成水平状态。当液压缸反向供液，活塞杆推出时，切桌面翻转90°。此种玻璃切割机只能切出矩形的玻璃。大规格的玻璃原片，通常采用吊车-真空吸盘组合装置装片。

3. 靠模切割机

靠模切割机由气垫切割台、气箱、风机柜、电气柜、进料辊、模板、模板架、切割臂、切割头等组成。

生产时，根据切割玻璃的形状及尺寸制作模板，将模板安装好，并将切割台的定位块、定位杆的位置调整好，将切割台面、模板及切割臂均调整为水平状态。启动风机使切割台面呈气垫状态，人工将玻璃原片靠着进料辊送到切割台面，并在气垫上扶着玻璃使其靠着定位块、定位杆，人工按按钮，换向阀换向使风机从气箱吸风，切割台面形成负压场，将玻璃原片吸牢在台面上，切割刀轮延时下降，并按预先调整好的压力压向玻璃，同时供给切割液，人工操纵手柄，将靠轮紧贴模板内侧绕行一周，完成切割。再按按钮，刀轮上升离开玻璃表面并停止供给切割液，换向阀再次换向，风机向气箱供风，切割台面形成气垫，将玻璃托起，由人工推动玻璃送至掰边段进行掰边。该机的特点主要是切割头凭借挡轮靠着模板内侧运动，能轻便自如地切割异形玻璃，切割尺寸公差小、重复性好、设备结构简单。

4. 水平式夹层玻璃自动切割机

现代建筑使用的夹层玻璃是采用自动化大批量生产的，产品的规格大，往往需按订单的尺寸进行切割加工，然后供用户使用，目前，国外有多种夹层玻璃自动切割机，水平式夹层玻璃自动切割机是其中的一种。

水平式夹层玻璃自动切割机由切割机及掰断两大部分组成。前者的切桌、切割桥、电脑控制箱等部件的结构与玻璃自动切割机的结构很相似。本机的特点是有两个切割桥，分别安装在切桌的上、下方。两个切割头同时同方向在同一垂直面上对夹层玻璃的上下表面进行切割，两条刀痕处在同一垂直面上；夹层玻璃的掰断有冷掰及热掰两种工艺。此种夹层玻璃自动切割机能切割 4 毫米厚膜片，总厚度达 28 毫米的夹层玻璃，但只能切割双层玻璃，只能直线切割。往往使用起重设备将大块的夹层玻璃装上切桌，在选用设备时，需考虑配备起重设备。

7.4.3　剪板机械

剪板机在流通领域可用于板料或卷料的剪裁，其工作过程主要是板料在剪板机的上、下刀刃作用下受剪产生分离变形。一般剪切时下剪刀固定不动，上剪刀向下运动。

剪板机属于直线剪切类型，按其工艺用途可分为多用途剪板机和专用剪板机，按其传动方式可分为机械传动式和液压传动式，按其上刀片相对下刀片的位置不同可分为平刃剪板机和斜刃剪板机，按其刀架运动方式不同可分为直线式和摆动式。

普通剪板机一般由机身、传动系统、刀架、压料器、前挡料架、后挡料架、托料装置、刀片间隙调整装置、灯光对线装置、润滑装置、电气控制装置等部件组成，如图 7-27 所示。

图 7-27　普通剪板机

小贴士

剪切配送加工中心

在国外，剪切配送加工中心模式是由钢厂、剪切中心、终端用户三方共同建立的供应链。通过这一稳定的供应链，其产品能够有序流通，市场信息能够快速、有效地得到传递，更为关键的是在有序稳定的供应链内，各种市场信息，特别是需求、供给和价格信息，能做到准确、及时,而不会被其他因素扭曲,也不会被其他渠道放大。可见,在钢铁供应链中,剪切配送加工是供应商、制造商、物流中心、零售商最终到用户的供应链中的一个重要环节,它与商流、物流、信息流、资金流融为一体。

1. 摆式剪板机

摆式剪板机又可分为直剪式和直斜两用式,直斜两用式主要用于剪切30°焊接坡口断面。摆式剪板机的刀架在剪切时围绕一固定点做摆动运动,剪切断面的表面粗糙度数值较小,尺寸精度高,而且切口与板料平面垂直。摆式结构主要用于板厚大于6毫米,板宽不大于4毫米的剪板机。

2. 多用途剪板机

多用途剪板机包括板料折弯剪切机和板材型材剪切机。板料折弯剪切机在同一台剪切机上可以完成两种工艺,剪切机下部进行板料剪切,上部进行折弯;也有的剪切机前部进行剪切,后部进行板料折弯。板材型材剪切机在剪板机刀架上,一边装有剪切板材的刀片,另一边装有剪切型材的刀片。

3. 多条板料滚剪机

为了将宽卷料剪成窄卷料,或者将板料同时剪裁成几条条料,可以利用多条板料滚剪机下料。滚剪机在两个平行布置的刀轴上,按条料的宽度安装若干个圆盘形刀片,由电动机通过V带及齿轮传动装置驱动圆盘刀轴转动,刀轴带动圆盘形刀片转动,把宽板料或卷料剪成若干所需宽度的条料或卷料。一般在滚剪机前后分别配置展卷机和卷绕机,将其卷料展开、滚剪之后再绕成卷料放在支架上。这类滚剪机的剪切材料宽度由圆盘形刀片的宽度垫圈决定,因此滚剪的材料宽度精度较高。

4. 圆盘剪切机

圆盘剪切机是利用两个圆盘状剪刀,按其两剪刀轴线相互位置不同及与板料的夹角不同分为直滚剪、圆盘剪和斜滚剪。直滚剪主要用于将板料裁成条料,或由板边向内剪裁圆形坯料;圆盘剪主要用于剪裁条料、圆形坯料和环形坯料。

5. 振动剪切机

振动剪切机又称冲型剪切机,其外形如图7-28所示。它的工作原理是通过曲柄连杆机构带动刀杆做高速往复运动,行程次数由每分钟数百次到数千次不等。

图7-28 振动剪切机外形图

振动剪切机是一种万能板料加工设备,它在进行剪切下料时,先在板料上划线,然后刀杆上的上冲头能沿着划线或样板对被加工的板料进行逐步剪切。此外,振动剪切机还能进行冲孔、落料、冲口、冲槽、压肋、折弯和锁口等工序,用途相当广泛,适用于短金件的中小批量初单件生产,被加工的板料厚度一般小于10毫米。振动剪切机具有体积小、质量轻、容易制造、工艺适应性广、工具简单等优点,但是生产率较低,剪切和工作时要人工操作,振动和噪声大,加工精度不高。

7.4.4　木工锯机

木工锯机是用有齿锯片、锯条或带齿链条切割木材的机床。锯机除在木器加工中广泛应用以外，在流通领域也常作为流通中的原木和木材的加工设备。

在流通加工点利用木锯机等机械将原木锯裁成各种规格锯材，将碎木、碎屑集中加工成各种规格板材，还可根据需要进行打眼、凿孔等初级加工。过去用户直接使用原木，不但加工复杂、加工场地大、加工设备多，更严重的是资源浪费大，木材平均利用率不到50%，平均出材率不到40%。实行集中下料按用户要求供应规格料，可以使原木利用率提高到95%，出材率提高到72%左右，有相当大的经济效果。

木工锯机按刀具的运动方式可分为：刀具做往复运动的锯机，如狐尾锯、线锯和框锯机；刀具做连续直线运动的锯机，如带锯机和链锯；刀具做旋转运动的锯机，如各种圆锯机。

1. 带锯机

带锯机，如图 7-29 所示，是以张紧在锯轮上的环状无端带锯条沿一个方向连续运动而实现切割木材的锯机。带锯机按工艺用途的不同可以分为：①原木带锯机，主要用于将原木锯解成方、板材；②再剖带锯机，用作将毛方、厚板材、厚板皮等再剖成薄板材；③细木工带锯机，可用于成批较小零件的加工或外形为曲线的零件加工。

与圆锯机、框锯机相比，带锯机所用锯条较薄。在大多数锯割木材的工序中，广泛地使用带锯机，可以减少锯路损失，增加成材出材率。就整个生产过程平均计算，锯路损失可比圆锯机减少 1/2～2/3，比框锯机减少 1/3～1/2。跑车木工带锯机以跑车夹持并送进原木，易于实现看材下锯，能够最充分地锯割出等级较高的成材，有利于成材质量和等级的提高。因而带锯机，尤其是跑车木工带锯机是最常见的主要机械之一，应用广泛，发展也较迅速。

2. 框锯机

框锯机，如图 7-30 所示。它主要用于将原木或毛方锯解成方材或板材。其主要特点是生产率较高，因其锯框上安装多片锯条，在一次进给中能锯较多的木材，现代框锯机自动化程度较高，使用锯条刚性好，锯得的板面质量较好，对操作工技术要求低，但框锯机锯条较厚，锯路大，原材损失大，出材率不及带锯机；另外，框锯机主运动是直线往复运动，有空行程损失，且换向时惯性较大，限制着切削速度的提高。框锯机按锯框运动方向可分成立式和卧式两种，以立式应用居多。

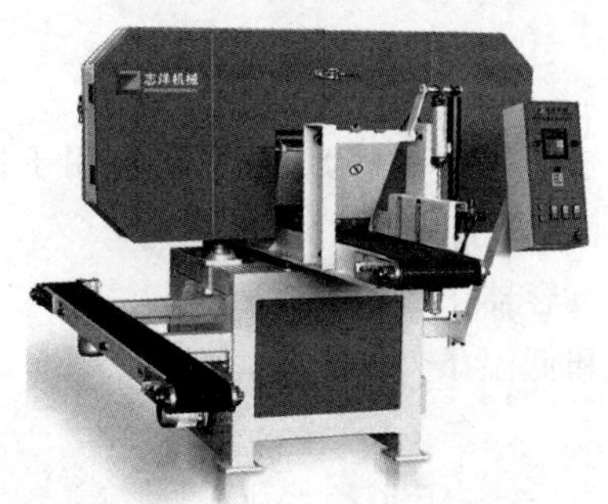

图 7-29　带锯机

图 7-30　框锯机

3. 圆锯机

圆锯机，如图 7-31 所示。它结构简单、效率较高、类型众多、应用广泛，按照切削刀具的加工特征可分为纵剖圆锯机、横截面圆锯机和万能圆锯机。纵剖圆锯机主要用于对木材进行纵向锯解，横截面圆锯机用于对工件进行横向截断。

图 7-31 圆锯机

4. 锯板机

随着人造板的大量应用，传统的通用木工圆锯机无论是加工精度、结构形式还是生产效率等方面都已经不能满足生产要求。因此，各式专门用于板材开料的圆锯机——木工锯板机获得了迅速发展。从生产率较低的手工进给或机械进给的中小型锯板机，到生产率和自动化程度均很高的、带有数字程序控制器或由微机优化处理并配以自动装卸料机构的各种大型组合纵横锯板自动生产线，品种规格繁多。这类机床主要用于软硬实木、胶合板、纤维板、刨花板以及一面或两面贴有薄木、纸、塑料、有色金属或涂饰蜡克的饰面板等板材的纵切横截或成角度的锯切，以获得尺寸符合规格的板件；同时，还可以用于各种塑料板、绝缘板、薄铝板和铝型材等锯切。通常经锯板机锯切后的规格板件尺寸准确、锯切表面平整光滑，无须再做进一步的精加工就可以进入后续工序。

本 章 小 结

本章介绍流通加工机械设备的概念、分类和作用；按照不同的分类标准，详细地阐述了常见包装设备包括充填机械、灌装机械、封口机械、裹包机械、贴标机、捆扎机、集装机械的组成和特点。介绍了包装自动生产线的概念和分类、组成和特点，并以一些典型的包装自动生产线为例，进行了进一步的阐述。指出了包装自动线成为包装工业发展的重要方向。对包装机械以外的一些常用的流通加工机械设备如混凝土搅拌机械、玻璃切割机械、剪板机和木工锯机的基本组成、结构特点和运用范围进行了介绍。

复 习 思 考

一、填空题

1. (　　)是完成流通加工任务的专用机械设备。

2. (　　)是在各种板材的流通加工中应用比较广泛的一种剪切设备，可用于板料或卷料的剪裁。

3. (　　)是将精确数量的产品充填到各种包装容器中的机械。

4. (　　)是指利用降温设施创造适宜的湿度和低温条件的仓库，又称冷藏库。

5. (　　)是用来集中搅拌混凝土的联合装置。

二、判断题

1. 在流通加工作业中，贴标签作业是较多的一种，以自动化层次而言可分为手工、半

自动和全自动三种。（　）

2. 连续作业式的供料、搅拌和卸料三道工序是在一个较长的筒体内连续进行的。（　）

3. 充填机的主要作用是将定量的液体物料充填入包装容器内。（　）

4. 打包机的主要作用是采用黏结剂将标签贴在包装件或产品上。（　）

5. 并联自动包装线。各包装机按工艺流程单台顺序连接，各单机生产节拍相同。（　）

6. 冷库对温度控制严格，冷冻库要求在−30℃～−20℃，冷藏库−5℃～5℃。（　）

7. 中温冷库。L 级−18℃～5℃，主要用来储藏肉类、水产品及适合该温度范围的产品。（　）

8. 气调保鲜库是目前国内外较为先进的果蔬保鲜冷库。（　）

9. 混凝土输送搅拌车是在拖式混凝土输送泵基础上发展起来的一种专用机械设备。（　）

10. 木工锯机是用有齿锯片、锯条或带齿链条切割木材的机床。（　）

三、选择题

1. 流通加工最多的是（　　）。

A. 金属加工　B. 木材加工　C. 玻璃加工　D. 食品加工

2. 常用的充填机械有：容积式充填机械、称重式充填机械、（　　）。

A. 膏状充填机　B. 固体充填机　C. 计数充填机　D. 体积式充填机

3. 冷链物流应遵循“3T 原则”，产品最终质量取决于冷链的储藏与流通的时间、温度和（　　）。

A. 流通加工的速度　B. 产品耐藏性

C. 储藏的安全性　D. 温度

4. 用挠性包装材料进行全部或局部裹包产品的包装设备统称为（　　）。

A. 裹包机械　B. 贴标机械　C. 填充机械　D. 剪切机械

5. （　　）主要用于对木材进行纵向锯解，横截面圆锯机用于对工件进行横向截断。

A. 横剖圆锯机　B. 纵剖圆锯机

C. 斜剖圆锯机　D. 面剖圆锯机

四、简答题

1. 什么是流通加工？有何作用？

2. 包装机械设备有哪些类型？其作用分别是什么？

3. 包装自动生产线主要由哪些部分组成？

4. 流通加工具体有哪些类型？

5. 冷链的特点是什么？

五、案例分析题

PET 瓶装饮料中温灌装技术在高速生产线上的应用

自 PET 瓶装饮料中温灌装技术在中国诞生以来，采用该技术的灌装生产线经过短短几年时间的发展已日趋成熟,并形成了一定的市场规模。该技术是以普通PET瓶的耐温极限为出发点,通过与之配套的灌装生产线、灌装环境以及后续工艺,在不添加任何防腐剂的前提下来达到产品保鲜的目的。通过生产实践,现已表明采用非耐热PET瓶生产的饮料,产品卫生指标达到了耐热PET瓶装饮料的卫生技术指标及国家有关标准要求,产品的保质期已达到一年以上。该技术依托于合理的灌装系统设计、完善的包装物消毒系统和空气净化系统的建立、全面周到的SIP系统和CIP系统以及完善的生产品质控制管理。

随着中国饮料工业的快速发展,PET瓶装饮料中温灌装生产线向高速化发展成为必然。实现PET瓶装饮料中温灌装生产线的高速化,并非简单的设备放大。与以往的中低速生产线相比,需在灌装前的空瓶杀菌及灌装后的倒瓶杀菌工艺和设备上有所创新和突破。经过几年坚持不懈的研究与探索,江苏新美星在PET瓶装饮料中温灌装生产线实现高速化方面取得了突破性的飞跃,整线装备水平接近了目前世界先进水平。

江苏新美星整条新的生产线关键设备(空瓶两次杀菌、冲洗、灌装、封盖五合一机)具有如下特点。

采用风送道与进瓶拨轮直连技术,进瓶拨轮采用创新设计的具有分瓶功能的瓶口夹持机构,省掉了进瓶螺杆及输送链,更换瓶形无须更换及调整任何零件。

瓶子传输全部采用卡瓶颈技术,并采用卡瓶口瓶夹代替传统的拨轮,变换瓶形无须调整设备高低,也无须更换及调整任何零件。

特殊设计的全不锈钢冲瓶夹结实耐用,不接触瓶口螺纹部位,避免瓶口二次污染。消毒液及无菌水冲洗管路均配备压力检测开关,具有低压保护功能。

采用UHT与灌装机直连方式,减少污染环节。进料方式为主液管通过动静密封与分配器相连,采用了无缸结构。灌装机设有CIP清洗杯,可以使灌装阀与物料接触的内、外壁均能进行有效的CIP清洗和SIP杀菌。

消毒液冲瓶机、无菌水冲瓶机、灌装机、旋盖机、过渡拨轮等转动件与非转动件之间均采用液槽密封隔离,有效保护轴承等碳钢零件免受消毒液的腐蚀,同时隔绝外界不洁空气侵入,保持洁净的灌装环境。

配备百级空气净化系统及隔离封窗,并在进瓶口及出瓶口设有净化风帘,防止不洁空气侵入洁净室。封窗上设有多副隔离手套,便于进行简单维护。配备设备表面喷雾杀菌及洁净室熏蒸系统。

PET瓶装饮料中温灌装技术为江苏新美星在国内首创,目前新美星为国内唯一拥有该技术并提供采用该技术的饮料灌装生产线的供应商。2004年,江苏新美星推出了采用最新杀菌灌装工艺、世界先进水平的20 000瓶/小时(500 mL)瓶装饮料中温灌装生产线,凭借此生产线使新美星在哈药集团制药六厂的项目招标中脱颖而出。2005年,日本大冢制药株式会社在长达一年对新美星的中温灌装技术及工艺流程的论证后,经过20多次的交流探讨,最终认可了新美星的中温灌装技术,并签订了一条21 000瓶/小时PET瓶装饮料中温灌装整厂工程,该生产线将用于维生素饮料的生产。

资料来源:王晨.现代物流设施与设备[M].青岛:中国海洋大学出版社,2011.

王海兰.物流设施与设备管理[M].北京:中国人民大学出版社,2011.

问题：

(1) PET 瓶装饮料中是如何选择配置包装自动生产线设备的?

(2) PET 瓶装饮料中温灌装技术在高速生产线上是怎样得到应用的? 有哪些技术革新?

(3) 结合所学,谈谈案例中所用包装设备在整个生产线中的作用。

实　训

【实训项目】

牛奶的灌装、封口和贴标。

【实训目的】

通过对牛奶进行灌装、封口和贴标,深化对包装设备的认识,培养学生的动手和实践能力,在此基础上,对日常生活中一些食品的包装加以思考并能对所学知识加以应用。

【实训内容】

针对实验室现有的灌装设备、封口机械和贴标机等诸多设备,对牛奶进行灌装、封口和贴标。

【实验器材】

自动灌装机、贴标机、包装袋以及模拟液体。

【实验步骤】

(1) 根据液体包装特点调节温度,分析温度对包装效果的影响。

(2) 在熟悉包装机械使用的基础上总结灌装、封口和贴标相关机械的性能参数。

第 8 章

输送技术与装备

【知识目标】

(1) 了解常用输送技术装备的概念、种类、各自的优缺点。

(2) 掌握各种典型物流输送机械的结构特征、动作原理和适用场合。

【能力目标】

(1) 能根据实际情况选用合适的输送技术装备。

(2) 能够处理输送机械工作过程中的一般故障。

带式输送机的应用扩展

皮带输送设备的应用可以进行扩展,如图 8-1 所示。

图 8-1　带式输送机的应用扩展

肉制品的运输卫生要求比较高,可以采用周转箱辅助的办法,还可以提高运输量;对于鸡蛋等易碎、形状不规则、不易定位的货物可以采用加装隔板的办法。

(资料来源:万联网)

思考分析:

还有什么商品可以使用皮带输送设备输送?

8.1　输送技术与装备概述

8.1.1　输送技术的概念和特点

1. 输送技术的概念

输送技术是使用输送设备在一定的线路上连续不断地沿同一方向输送的物料搬运。输送机械的工作对象以小型件及散状物品居多，可进行水平、倾斜和垂直输送，也可组成空间输送线路，输送能力大且可实现长距离连续运输，可在输送过程中同时完成若干工艺操作，装卸过程也无须停车，因此生产率很高，应用十分广泛。从国内外大量自动化立体仓库、物流配送中心、大型货场来看，其设备除起重机械以外，大部分都是连续输送机组成的搬运系统，如进出库输送机系统、自动分拣输送机系统、自动装卸输送机系统等。

输送技术装备的应用由来已久，中国古代的高转筒车和提水的翻车是现代斗式提升机和刮板输送机的雏形；17 世纪中期，开始应用架空索道输送散状物料；19 世纪中叶，各种现代结构的输送机相继出现。1868 年，在英国出现了带式输送机；1887 年，德国出现了惯性输送机。此后，输送技术装备受到机械制造、化工和冶金工业技术进步的影响，不断完善，逐步由完成车间内部的输送，发展到完成企业内部、企业之间甚至城市之间的物料搬运，成为物料搬运系统机械化和自动化不可缺少的组成部分。

2. 输送技术的特点

连续运输技术与起重技术的不同之处在于：连续输送技术是采用输送机械沿一定的线路不停地输送货物；其工作构件的装载和卸载都是在运动过程中进行的，无须停车；被输送的散货以连续形式分布于承载构件上，输送的成件货物也按一定的次序以连续的方式移动。具体来说，输送机有以下特点。

(1) 连续技术的优点：运输机械可采用较快的运动速度，且速度稳定；具有较高的生产率；在生产率相同的情况下，自重轻，外形尺寸小，成本低，驱动功率小；传动机械的零部件负荷较低而冲击小；结构紧凑，制造和维修容易；输送货物线路固定，动作单一，便于实现自动控制；工作过程中负载均匀，所消耗的功率几乎不变。

(2) 连续技术的缺点：运输机械只能按照一定的路线输送，每种机型只能用于运输一定类型的货物，一般不适合运输重量很大的单件物品，通用性差；大多数连续输送机不能自行取货，因而需要采用一定的供料设备。

8.1.2　输送装备的概念及分类

1. 连续运输装备的概念

连续运输装备也称连续输送机或输送机，是以连续的方式沿着一定的路线从装货点到卸货点均匀输送货物和成件包装货物的机械。

由于输送机在一个区间内能连续搬运大量货物，搬运成本非常低廉，搬运时间比较精确，货流稳定，因此，被广泛用于现代物流系统中。从国内外大量自动化立体仓库、物流配送中心、大型货场来看，其设备除了起重机械之外，大部分都是由连续输送机组成的搬运系统，如进出库输送机系统、自动分拣输送机系统、自动装卸输送机系统等。整个搬运系统由中央计算机控制，形成了一整套复杂完整的货物输送、搬运系统，大量货物或物料的进出库、装卸、分类、分拣、识别、计量等工作均由输送机系统来完成。

在现代化货物搬运系统中，输送机械起着重要的作用。输送机械是生产加工过程中组成机械化、连续化、自动化的流水作业运输线中不可缺少的组成部分，是自动化仓库、配送中心、大型货场的生命线。

2. 连续运输机械的分类

按不同的分类方式，输送机可分为以下几种。

(1) 按照安装方式，输送机可分为固定式输送机和移动式输送机。固定式输送机是指整个设备固定安装在一个地方，不能再移动。它主要适合固定输送方式，如专用码头和仓库中的货物移动、工厂生产工序之间的输送、原料的接收和成品的发放等。它具有输送量大、单位电耗低、效率高等特点。移动式输送机是指整个设备安装在车轮上，可以移动。它具有机动性强、利用率高、能及时进行输送作业并达到装卸要求的特点。这类设备输送量不太大，输送距离不长，适用于中小型仓库。

(2) 按照结构特点，输送机可分为具有挠性牵引构件的输送机和无挠性牵引构件的输送机。具有挠性牵引构件的输送机的工作特点是：物料或货物在牵引构件的作用下，利用牵引构件的连续运动使货物向一定方向输送。牵引构件是一个循环往复的封闭系统，通常是一部分输送货物，另一部分牵引构件返回，常见的有带式输送机、链式输送机、斗式提升机、悬挂输送机等。无挠性牵引构件的输送机的工作特点是：利用工作构件的旋转运动或振动，使货物向一定方向运送，它的输送构件不具有循环往复的形式。常见的有气力输送机、螺旋式输送机、振动输送机等。

此外，按照输送的货物种类，输送机还可分为输送件货输送机和输送散货输送机；按照输送货物的动力形式，输送机可分为机械式、惯性式、汽力式、液力式等几大类。

8.1.3 连续运输机械的主要技术性能参数

(1) 生产率。生产率是指输送机在单位时间内输送货物的质量，是反映输送机工作性能的主要指标，用 Q 表示，单位为吨/小时。它的大小取决于输送机承载构件上每米长度所载物料的质量 q 和工作速度 v，所有的输送机生产率均可用下面的公式计算：

$$Q = 3.6 \times q \times v$$

式中，q 表示单位长度承载构件上货物或物料的质量(千克/米)；v 表示输送速度(米/s)。

生产率指连续输送机在满足物料性能要求、使用最大充填系统及最有利的输送布局和工艺流程等条件下，在短时间内所能达到的最大生产率。

(2) 输送速度。它是指被运输物料沿着输送方向的运行速度。其中，带速和链速分别是指输送带(牵引带)或牵引链在输送物料前进时的运行速度，主轴转速是指传动滚筒转轴或传动链的转速。

(3) 填充系数。它反映的是输送机承载件被物料或货物填满的程度。

(4) 输送长度。它是指输送机装载点与卸载点之间的展开距离。

(5) 提升高度。它是指物料在垂直方向上的输送距离。

此外，技术性能参数还包括安全系数、制动时间、电动机功率、轴动率、单位长度牵引构件的质量传入点张力、最大动张力、最大静张力、预张力、拉紧行程等。

在现代化的物流装卸搬运系统中，常用的输送机械主要有带式与埋刮板式输送机、气力式与立体输送机、斗式与螺旋式输送机。

8.2 带式与埋刮板式输送机

8.2.1 带式输送机概述

1. 概念

由于货物性质不同，与之相对应的输送机械大致可分为两类：间歇性输送机械和连续性输送机械，前者主要用于集装单元的装卸搬运，后者则主要用于散货的输送装卸，本章介绍的几种输送机属于连续输送机。

2. 特点

带式输送机是由电动机作为动力，胶带作为输送带，利用摩擦力连续输送货物的机械。带式输送机工作速度范围广（0.02～4.00 米/s），输送距离长，生产效率高，所需动力不大，结构简单，使用维护方便，噪声小，能在全机身任何地方装卸料，但工作不密封，不宜输送轻质粉状物料，倾斜度不大。正是由于其优越的特点，使其应用场合遍及仓库、港口、车站、工厂、煤矿、矿山、建筑工地。但带式输送机不能自动取货，当货流变化时，需要重新布置输送线路，输送角度不大。

3. 带式输送机的一般结构

带式输送机可分为固定式和移动式两种。前者由输送带、滚筒、支承装置（托辊）、驱动装置、改向装置、进料装置、卸料装置、制动装置、清扫装置及机架等部件组成，固定式输送机的一般结构见图 8-2，移动式输送机的一般结构见图 8-3。

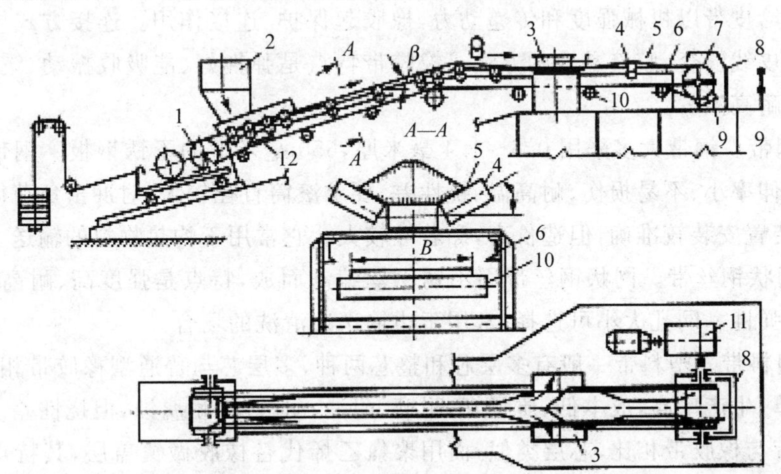

1—张紧滚筒 2—装载装置 3—犁形卸载挡板 4—槽形托带 5—输送带 6—机架
7—驱动滚筒 8—卸载罩壳 9—清扫装置 10—平托盘 11—减速箱 12—空段清扫器

图 8-2 托辊胶带输送机一般结构

4. 工作过程

输送带环绕在前后滚筒之间，下面装有上、下支承装置，以承受物料重量。电动机经减速后驱动滚筒，牵引输送带运动，物料由进料斗导入输送带，由输送带送到目的地后由卸料装置卸出，输送带由下托辊送回进料处。

图 8-3　移动式胶带输送机

5. 应用范围

固定式胶带输送机应用较为广泛，主要用于散料的输送。它既可以做水平方向运动，又可以做小倾角的倾斜输送。在各种输送机械中，它的效率最高、输送距离最长。固定式胶带输送机适应性强，在港口、车站、货栈、库场应用较广泛，尤其适用于煤炭、矿石等散货的输送。

移动式胶带输送机主要用作装卸输送，机动性强，使用效率高，输送方向和输送长度均可改变，能及时改变输送作业线达到作业要求。

8.2.2 托辊带式输送机的主要部件

带式输送机的类型有好几种，下面我们以托辊带式输送机为例来介绍一下其主要部件。

1. 输送带

输送带用来传递牵引力和承放被输送的货物，所以对它的要求是强度高，耐磨性好，伸缩率小。常用的输送带有橡胶带、钢带、网状钢丝带及塑料带。对输送带的要求是强度高、挠性好、本身重量小、伸长率小、吸水性小、不易分层、耐磨。

(1) 橡胶带。由 2～10 层棉织品或麻织品、人造纤维等织成的衬布用橡胶加以胶合而成，衬布给皮带以机械强度和传递动力，橡胶起保护、连接作用。连接方式可以采用金属扣搭接、皮线缝合、胶液黏合的方法。橡胶带特点是弹性好、能吸收振动、缓和冲击，但强度低，不耐高温。

(2) 钢带。钢带大多采用 0.6～1.4 毫米厚，650 毫米宽的不锈钢板。钢带的特点是强度大、延伸率小、不易损伤、耐高温、挠性差、要求滚筒直径较大、对冲击负荷敏感。要求支撑导向装置安装较准确，但造价高，黏着性较大。它常用于灼热物料的输送。

(3) 网状钢丝带。网状钢丝带用不锈钢丝编制而成，特点是强度高、耐高温、不易损伤、有一定弹性。网孔大小可选择，常用于边输送边清洗的场合。

(4) 塑料带。塑料带一般有多层芯和整芯两种，多层芯与普通型橡胶带相似，整芯制造工艺简单，生产率高，成本低，质量好，耐磨、耐油、耐酸碱、耐腐蚀，但挠性差。

塑料带与橡胶带相比，芯层类似，而用聚氯乙烯代替橡胶做覆盖层，其特点是成本低而质量好，带与带的连接方法是将两条带的带芯各自拆开，对应打结，然后在两面贴上聚氯乙烯塑料片，热压成型，其强度可达原强度的 75%～80%。

随着科技的发展，输送带的新品种不断出现，下面主要介绍两种新产品。

（1）钢丝芯胶带。即是将老产品的棉织物或化纤织物芯层用高强度钢丝绳替代，以提高抗拉强度，而且带的厚度及伸缩率也大大减小，从而减小驱动滚筒的直径，减少张紧装置，使结构更紧凑，使单机长距离输送成为现实。

（2）花纹胶带。即是将胶带的承载面设计成凹凸的花纹，从而增大输送带与物料之间的摩擦力，提高输送倾角。提升同样的高度，输送带的长度大为减小，从而节省占地面积。

2. 支承托辊

托辊固定安装在机架上，对输送带起支撑作用，减少带的垂度，提高运行稳定性，并且呈一定的槽形，防止在输送过程中物料向两边撒漏。托辊的使用数量较大，上托辊的分布间距通常为 1.1～1.2 米，装料处为正常值的 1/3～1/2，间距过大会引起输送带下垂，间距过小会增大带的磨损和功率消耗。

托辊的形式有四种：缓冲托辊、槽形托辊、调心托辊和平行托辊，前三种为上支承，平行托辊为下支承，还可以用于件货的输送。

（1）缓冲托辊用在输送带的受料处，以减小受料时输送带所受的冲击力，所以在结构上应具有弹性，通常有橡胶托辊和弹簧托辊两种。其结构如图 8-4 所示。

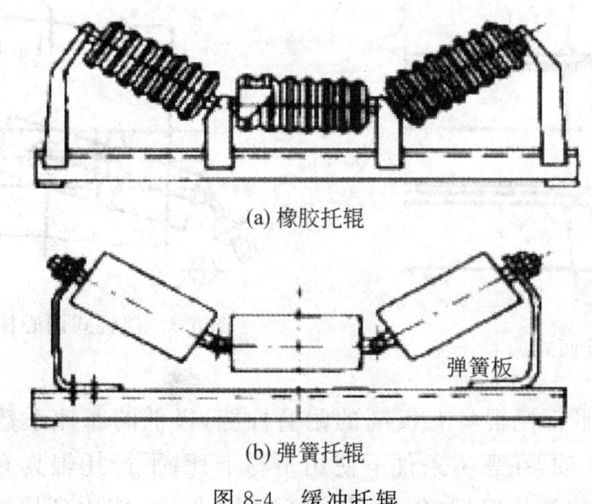

图 8-4　缓冲托辊

（2）槽形托辊如图 8-5 所示。用于输送带的中间，设计了槽角后，可以增大输送带的载货横断面积，并防止带跑偏。但设置槽角后，输送带弯曲应力增加，使用寿命减短。

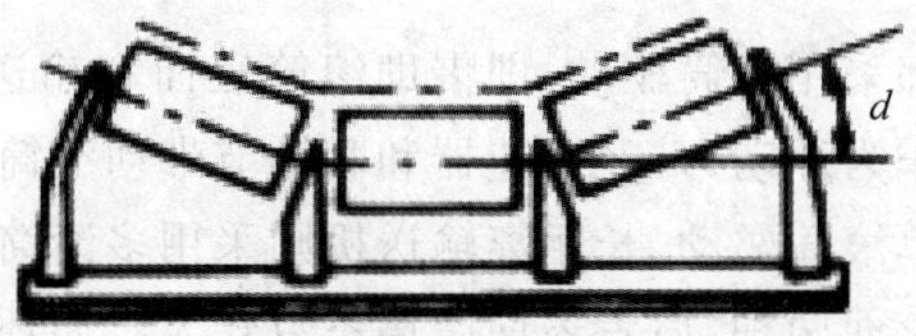

图 8-5　槽形托辊

（3）调心托辊的主要功能是调整输送带的横向位置，保持正常运行。通常可采用两种方式：侧托辊前倾式和挡辊式。

① 侧托辊前倾式结构如图 8-5 所示，是将槽型托辊的两个侧托辊向输送带运行方向倾斜约 3°，输送带运行时，侧托辊对输送带都有一力将输送带推向中间。

② 挡辊式调心托辊结构简图如图 8-7 所示，当输送带向右侧跑偏时，则输送带必然会压住右侧挡辊并带动它同方向转动，由于摩擦力的作用，托辊支架也将逆时针转动一定角度，这样托辊与输送带的运动速度之间存在一个夹角，必然出现相对滑动速度，迫使输送带复位，如图 8-8 所示。

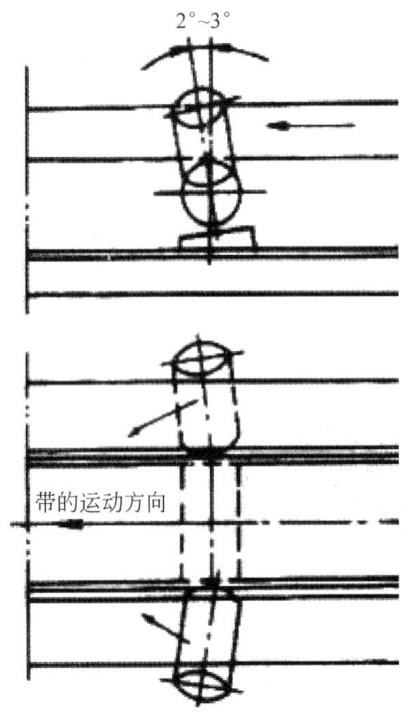

图 8-6 侧托辊前倾式调心托辊

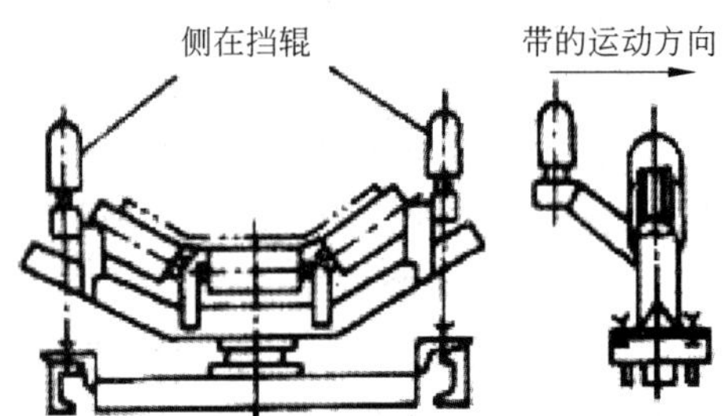

图 8-7 挡辊式调心托辊

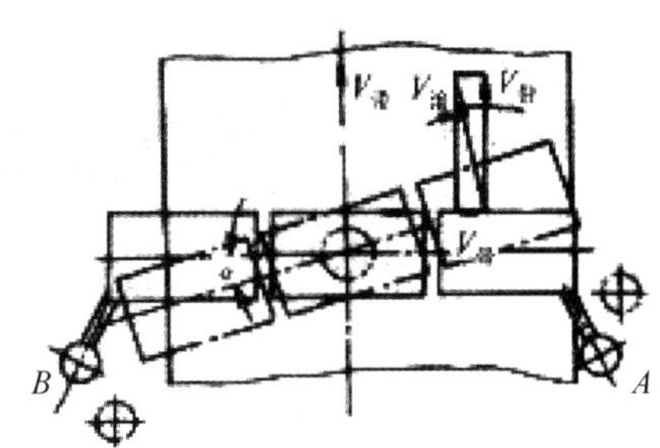

图 8-8 挡辊式调心托辊工作原理

(4) 平形托辊。平行托辊具有极高的耐磨性能，极低的摩擦系数，不易磨损皮带；优越的自润滑性，不用注油，在恶劣条件下使用不易卡死；平行托辊具有抗静电、抗助燃、耐老化、耐酸、碱和有机溶剂的腐蚀；能承受反复冲击、振动；使用环境温度范围：－40℃～90℃；机械性能优异，重量轻，安装方便，不用维修；运转平稳，寿命长等特点。用于输送件品和无载区及固定犁式卸料器处。

3. 驱动装置

固定带式输送机大都采用滚筒驱动，即借助滚筒表面和输送带之间的摩擦力使输送带运转。通常以电动机作为原动力，经减速器和联轴节带动滚筒，再驱动输送带。短距离和小功率输送机均采用单滚筒驱动，长距离输送机则采用多滚筒。

滚筒表面分光面和胶面两种，后者表面摩擦系数较大。如环境湿度小且功率不大，可采用光面滚筒；反之则采用胶面滚筒，以防打滑。

移动式输送机的驱动通常有两种形式。

(1) 电动机、传动带、链条或一级开式齿轮。

(2) 电动滚筒。

前者较为简单，后者是将电动机和传动装置放在滚筒内，使结构更为紧凑，但电动机散热条件差，检修不便。

驱动装置除滚筒之外，还有一种中间带加滚筒驱动的方式，其结构简图如图 8-9 所示。

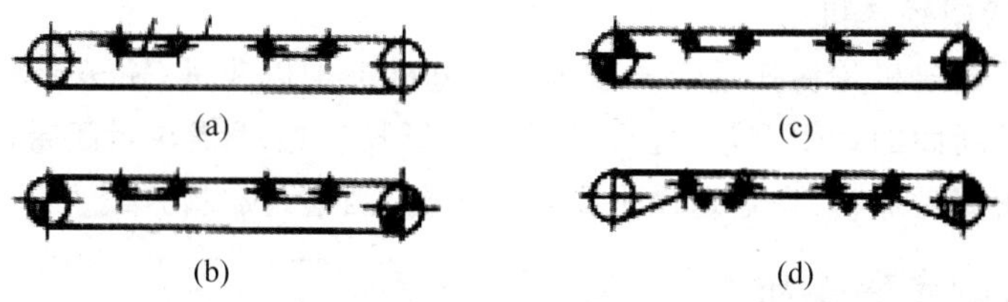

图 8-9　中间带驱动的带式输送机

驱动带和输送带紧贴在一起，利用摩擦力驱动。其主要优点是驱动带与输送带之间为直线接触，避免了多滚筒驱动的多次弯曲，从而减少输送带的弯曲应力。其缺点是间歇性供料时，驱动带与输送带之间的摩擦力随压力的减小而减小，从而引起牵引力的减小；过载时易打滑，除减载外，其他措施不易见效。

4. 螺旋式张紧装置

螺旋式张紧装置主要是使输送带保持一定的张力，以免在驱动滚筒上打滑失效，同时避免输送带下垂度过大。螺旋式张紧装置结构如图 8-10 所示。其工作过程如下：如输送带过松，旋动螺杆，使滚动轴承沿机架向右移动，从而拉紧输送带；如过紧，则相反。螺旋式张紧装置结构简单，操作方便，多用在小功率输送机上。

图 8-10　螺旋式张紧装置

5. 进料斗

对于进料斗的要求是装载均匀，防止洒漏，冲击尽量小。根据这样的要求，进料斗的槽宽一般为带宽的 2/3，槽壁倾斜度尽量小，使物料离开槽壁时的速度方向与输送带运动方向尽量接近，当然这个倾斜角要比物料对槽壁的摩擦角稍大些。

以上这五种装置对于一台带式输送机是必不可少的，其他的辅助装置还有制动装置、改向装置、卸料装置、清扫装置等。

8.2.3　新型带式输送机

根据输送带的支承装置的不同，带式输送机其他常见类型有气垫带式输送机、磁垫带式输送机和封闭型带式输送机。

1. 气垫带式输送机

气垫带式输送机是用带孔的气室盘槽替代托辊，由薄气膜支承输送带，将按一定距离布置的托辊支承变成为连续的气垫支承，使输送带与托辊间的滚动摩擦变为输送带与盘槽间以空气为介质的流体摩擦，使摩擦力大大减小。与托辊式输送机相比较，工作平稳可靠，输送量加大，许用输送倾角增加。

2. 磁垫带式输送机

磁垫带式输送机是利用磁铁的磁极同性相斥、异性相吸的原理,将胶带磁化成磁弹性体,则此磁性胶带与磁性支承之间产生斥力,使胶带悬浮。磁垫带式输送机的优点在于它在整条带上能产生稳定的悬浮力,工作阻力小且无噪声,设备运动部件少,安装维修简单。

3. 封闭型带式输送机

封闭型带式输送机是在托辊带式输送机的基础上加以改进,输送带改成圆管状(或三角形、扁圆形等)断面的封闭型带,托辊采用多边形托辊组环绕在封闭带的周围。其最大的优点是可以密闭输送料,在输送途中物料不飞扬、洒落,减少污染。

8.2.4 埋刮板式输送机

1. 埋刮板输送机的定义

埋刮板输送机是松散物料水平或垂直输送的重要设备。它能将水平输送和垂直提升结合在一台设备上完成,形成了独具特色的散货物料输送原理和设备结构,在现代企业物流运行中发挥着积极的作用。埋刮板输送机广泛应用于港口、粮库、油脂、面粉、酒精、酿造、饲料等行业,是一种在封闭壳体内借助运动着的刮板链条,利用散状物料的内摩擦力和侧压力特性来输送粉状、颗粒状及块状等散状物料的连续输送设备,可以水平倾斜和垂直输送,在运行时,刮板链条被埋在物料中,故称为埋刮板输送机。

埋刮板式输送机工作原理是在牵引链条上相隔一定间距固定刮板,在封闭光滑的矩形或"U"形槽内,借助于运动的刮板链条的推力,使物料随着刮板链条的连续运动而被输送。由于输送过程中,刮板始终被埋在物料之中,故而被称为"埋刮板式输送机"。

2. 埋刮板式输送机的结构

埋刮板式输送机主要由机槽、机架、刮板链条、驱动链轮、张紧链轮等组成,如图 8-11 所示。

图 8-11 埋刮板式输送机

埋刮板式输送机既适用于水平或小倾角方向输送物料,也可以垂直方向输送。所运送的物料以粉状、粒状或小块状物料为佳,如煤、砂子、谷物等,物料的湿度以用手捏团后仍能松散为度;不宜输送磨损性强、块度大、黏性大、腐蚀性大的物料,以避免对设备损伤。

埋刮板式输送机结构简单可靠,体积小,维修方便,进料卸料简单。水平输送距离最大为 80~120 米,垂直提升高度为 20~30 米,通常用在生产率不高的短距离输送,如散货堆场、装车作业等。

3. 主要部件与工作原理

1) 主要部件

刮板链条是埋刮板式输送机的主要运动部件,由刮板和链条焊接而成。链条一般有套筒滚子链和叉形片式链两种,后者更为适宜,因为物料不易进入链条中而磨损相对较少。刮板形式较多，U 型刮板使用最多，其他还有 T、O、H、L 等形状，如图 8-12 所示。刮板的选用必须以物料为依据，一般的原则为：黏性大的物料选用结构简单的刮板，如 U 型；比重大的物料选用强度大的刮板，如 O4 型；比重小且悬浮性强的物料，选用结构复杂的刮板，如 O1 型、H 型。

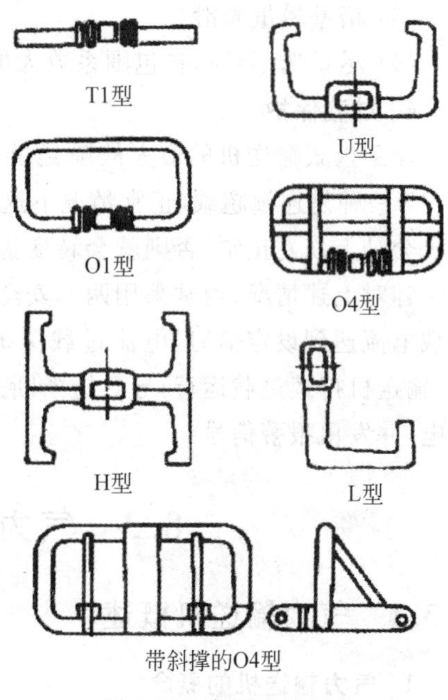

图 8-12　常用刮板形式

2）水平输送原理

水平输送时，机槽内的物料受力情况如图 8-13所示，机槽底部与刮板链条相接触的一层为牵引层，牵引层以上都称为被牵引层，两者之间依靠内摩擦力成为一整体；输送过程中，物料受到刮板链条的摩擦力（即牵引力）以及槽壁的摩擦力（即阻力），当牵引力大于阻力时物料就向前输送。当然，物料的输送高度不是无限制的，它主要取决于物料的内摩擦系数、物料与槽壁的摩擦系数、槽宽等因素。

3）垂直输送原理

垂直输送时，受力情况如图 8-14 所示，与水平输送一样，机槽内的物料也可以分为牵引层与被牵引层。物料在垂直方向上受到重力、下层物料对上层物料的支撑力、刮板链条摩擦力（即牵引力），这些力综合作用后形成物料对槽壁的侧压力，压力反作用于物料形成物料的内摩擦力和物料对槽壁的摩擦力：刮板链条向上运行时，带动牵引层运行，当牵引层与被牵引层之间的摩擦力（牵引力）大于物料与槽壁之间的摩擦力（阻力）时，物料就整体向上输送。

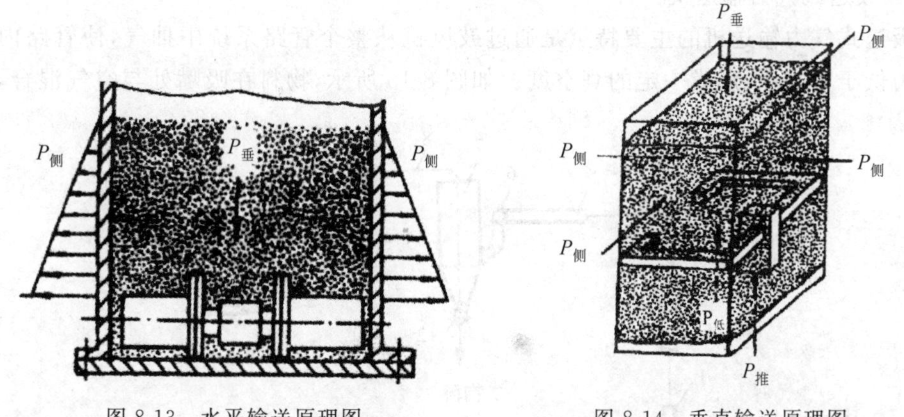

图 8-13　水平输送原理图　　图 8-14　垂直输送原理图

由上可知，物料向上输送，保持相当的侧压力至关重要，所以必须保证以下几个条件。

（1）机槽为细长筒形。

（2）连续进料。

(3) 槽壁尽量光滑。

(4) 尽量选用对物料包围系数大的刮板。

4. 过载保护

埋刮板式输送机的最大故障是链条断开,主要原因是超载,超载又可以分为两种情况:第一种是连续超载,正常情况下这是不允许的;第二种是瞬时超载,如果及时排除,输送机会马上恢复正常,否则就会转变为持续超载。

针对上述情况,通常采用两套安全保护装置,电流过载保护装置和断链保护装置。当过载电流达到设定值时,电流过载保护装置会使电动机在规定时间内停止工作;假如失灵,输送机持续过载运行,导致链条断开,则断链保护装置会在规定时间内使驱动电动机断电,并发出报警信号。

8.3 气力式与立体式输送机

8.3.1 气力输送机概述

1. 气力输送机的概念

所谓气力输送机,是利用具有一定速度和压力的空气,带动粒状物料在密闭管路内沿垂直或水平方向输送的设备。物料的输送过程完全由空气的动力状态来控制,当空气速度处于临界范围时,物料呈悬浮状态。也就是说,物料的重力与空气的动力达到平衡;低于临界范围,物料下降;高于临界范围,物料被输送。

2. 气力输送机的分类

根据气力输送机管路内的空气压力大小,可以将输送机分为三种:吸送式、压送式和混合式。

1) 吸送式气力输送机

吸送式气力输送机的主要特点是通过鼓风机从整个管路系统中抽气,使管路内的空气压力低于大气压,形成一定的真空度。如图 8-15 所示,物料在吸嘴处与空气混合,由于

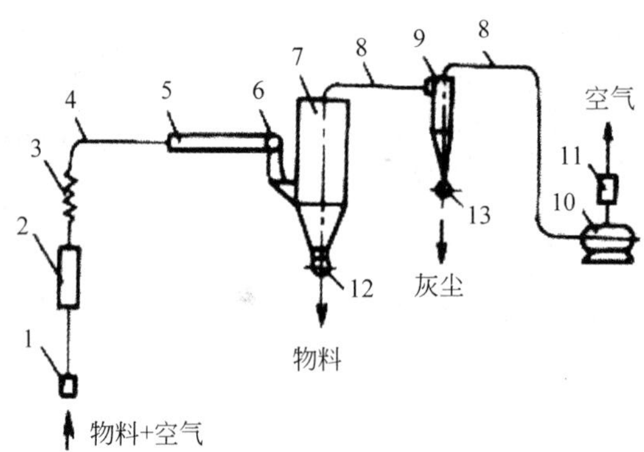

1—吸嘴　2—垂直伸缩管　3—软管　4—弯管　5—水平伸缩管　6—铰接弯管
7—分离器　8—风管　9—除尘器　10—鼓风机　11—消声器　12—卸料器　13—卸灰器

图 8-15　吸送式气力输送机示意图

管路内的真空度而被吸入输送管路并沿管路输送，到达卸料点后，经分离器将空气与物料分离，空气经除尘、消音处理后排入大气。

吸送式气力输送机的最大优点是进料方便，可以由一根或几根吸料管，从一个或几个供料点进料，而且粉尘较少。其缺点是输送距离受限制，因为距离一长，阻力上升，对真空度的要求就高，但真空度达到一定值后，空气变得稀薄，输送力下降。保证一定的真空度，对吸送式气力输送机相当重要，除鼓风机外，管路应该严格密封，以免漏气。

2）压送式气力输送机

与吸送式气力输送机不同，压送式输送机管路内的气压高于大气压，如图 8-16 所示，空气经鼓风机压缩后进入输送管路，物料由料斗进入，混合后沿管路输送，至卸料点经分离器分离，物料由下方排出，空气经除尘、消声排入大气。

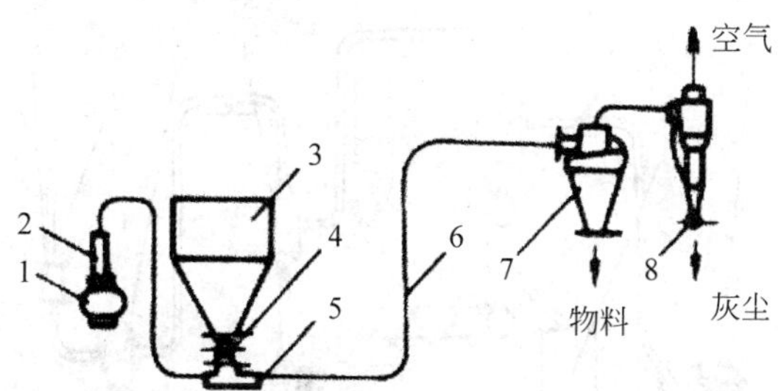

1—鼓风机　2—消声器　3—料斗　4—旋转式供料器　5—喷嘴　6—输料管　7—分离器　8—除尘器

图 8-16　压送式气力输送机示意图

压送式气力输送机的最大优点是输送距离长，其缺点是供料器结构复杂，因为供料器要将物料送入高压管路中，必须防止管路内的高压空气冲出。压送式气力输送机在散装水泥的装卸作业应用较多。

3）混合式气力输送机

有时候会遇到这种情况：卸货地点没有装卸设备，而输送距离又较长，单独使用吸送式或压送式的气力输送机都不能奏效，而必须结合两者的优点：吸送式气力输送机进料方便，压送式气力输送机可长距离输送，于是混合式气力输送机应运而生，如图 8-17 所示。

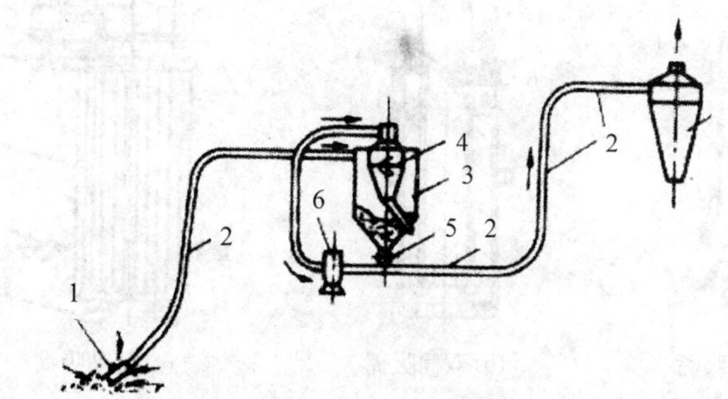

1—吸嘴　2—输料管　3—分离器　4—消声器　5—卸料器　6—鼓风机

图 8-17　混合式气力输送机示意图

物料从吸嘴 1 至分离器 3 是吸送部分，从分离器 3 的底部卸料器 5 进入输送管路，都是压送部分。混合式气力输送机具有吸送式和压送式的优点，但结构复杂，进入压送部分的鼓风机的空气大部分是从吸送部分分离出来，所以含尘量较高。

3. 气力卸船机

气力输送机由于其明显的优点，如高效、自动化、货损少、成本低等，在港口得到广泛的应用，气力卸船机就是其中一种，其工作原理如图 8-18 所示，当抽气机工作时，整个输送管路内形成一定的真空度，外界的空气流穿过吸嘴，与物料相混合，携带物料进入管路，到达卸料器后，物料与空气分离，物料由于重力作用，沉至卸料器底部，经翼轮开关将物料卸于输送带上，或直接卸于仓库或车、船上；空气流继续流至滤尘器，滤出的灰尘由滤尘器底部排出，空气经消声器进入大气。从图 8-18 可知，气力卸船机的主要部件包括吸嘴、卸料器、滤尘器、鼓风机、消声器等。

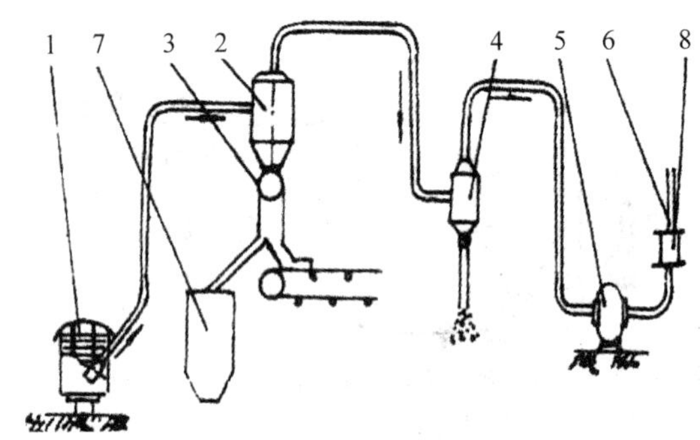

1—吸嘴　2—卸料器　3—翼轮开关　4—滤尘器　5—抽气机　6—排气管　7—漏斗　8—消声器

图 8-18　气力卸船机工作原理

1）吸嘴

吸嘴的作用是将物料与空气混合并吸入管路中，物料与空气的混合对输送效率的高低有较大影响，所以吸嘴性能的好坏相当重要。一般来讲，对吸嘴的要求是轻便、牢固、进气量(风量)可调。吸嘴的形式有很多，常见的主要有单筒吸嘴、双筒吸嘴、转动吸嘴三种，其结构如图 8-19 所示。

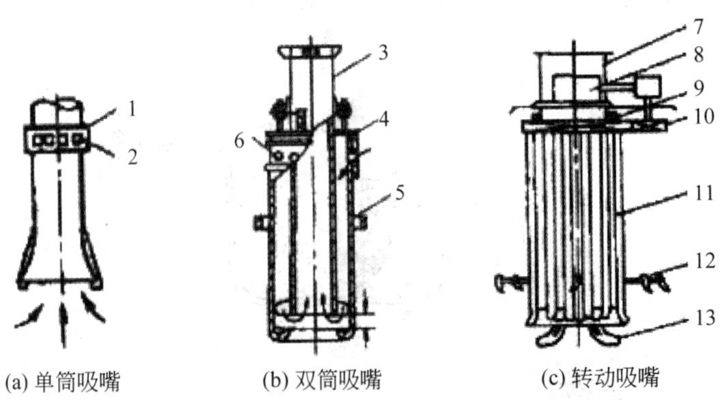

1—调节阀　2—补充空气进口　3—内微　4—外微　5—操作手柄　6—补充空气进口
7—输送管　8—电动机　9—转台　10—开式齿轮　11—补充风管　12—塌料刀　13—喂料刀

图 8-19　吸嘴结构示意图

单筒吸嘴结构简单，下端呈喇叭状，上端有一个可转动的进气调节环。双筒吸嘴由两个同心圆筒组成，内筒与输送管路相连，物料与空气混合物从吸嘴的下端进入内筒；外筒可上下移动以调节进气量，补充空气由进气口进入，通过内外筒的端面间隙进入内筒，外筒下移，间隙增大，进气量增加，反之减少。转动吸嘴是针对黏性大、易结块的物料而设计的，吸嘴工作时，塌料刀与喂料刀不断耙动，松动物料，使之与空气充分混合，并获得初动力以进入吸嘴。

2）卸料器

常用于压送式气力输送机，由两部分构成，上部为分离器，下部为旋转式卸料器。其作用是将物料或灰尘与空气分离后卸出。

（1）分离器从吸嘴进来的是物料与空气的混合物，到了卸料器之后，第一步是将物料与空气分离，通常由分离器完成，分离器一般有容积式和离心式两种。

容积式分离器是利用容器的有效截面积突然扩大而降低风速，空气流的速度降低，携带能力也随之下降，使物料因重力作用从双相流中沉降分离出来。气流从分离器的上端出去，物料由下端进入旋转式卸料器，如图8-20所示。

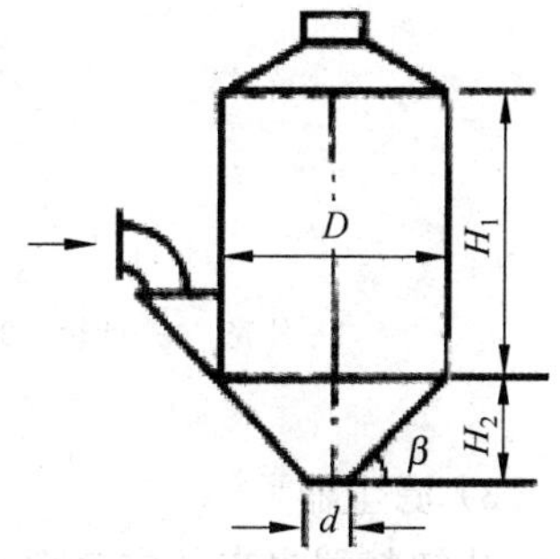

图8-20　容积式分离器

离心式分离器结构如图8-21所示，物料与空气的混合物从切向进口进入圆筒体，做高速旋转，进入圆锥体后，转速更高，产生较大的离心力，利用双相流旋转时离心力的作用使物料与气流分离。物料从卸料口进入旋转卸料器，空气由排气管进入除尘器。容积式与离心式分离器都具有结构简单、制造方便、工作可靠、压力损失小的优点，但前者体积庞大，适用于颗粒较大的物料，后者体积较小，分离效率高，适用于颗粒较小的物料，还可以安装于分离器之后做除尘器之用。

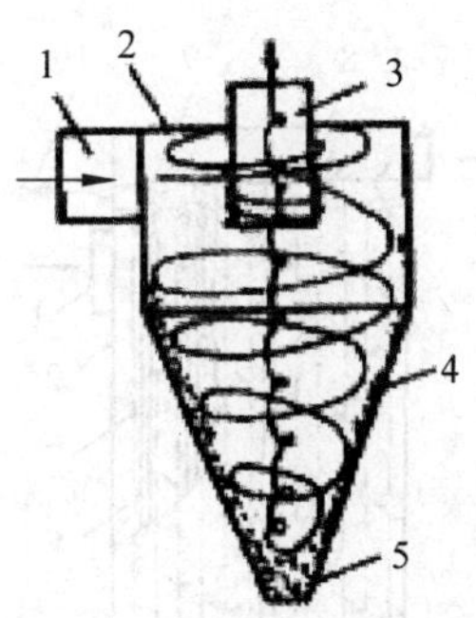

1—切向进口　2—圆筒体　3—排气管　4—圆锥体　5—卸料口

图8-21　离心式分离器

（2）旋转式卸料器的作用。旋转式卸料器的作用是将从分离器中分离出的物料卸出，同时阻止空气进入，其结构如图8-22所示，主要部件是外壳和叶轮。卸料器上端与分离器相连，物料或灰尘从上端进入，中间叶轮由电动机带动，物料进入叶轮与外壳构成的格腔内，并随叶轮旋转下移，直至下端排出。叶轮与外壳之间的间隙要求较高，以减少漏气。均压管固定安装于外壳上，当叶轮转至该位置时，格腔中的空气通过均压管排出，使物料能顺利进入格腔。

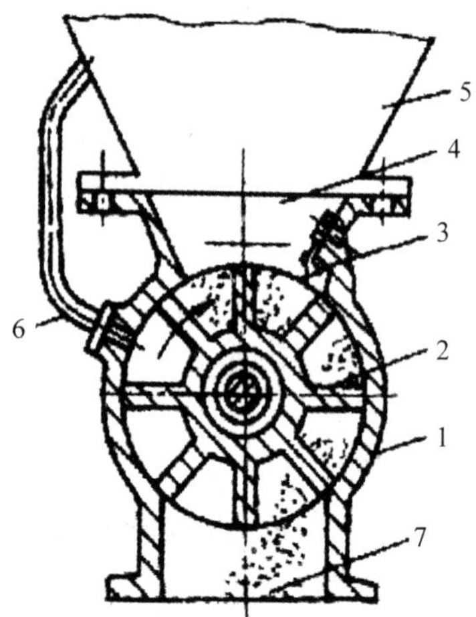

1—外壳　2—叶轮　3—防卡挡板　4—装料口　5—分离器　6—均压管　7—卸料口

图 8-22　旋转式卸料器

3）滤尘器

从卸料器出来的空气含有大量的粉尘，无论从经济还是环保的角度出发，都必须将粉尘回收，所以通常在卸料器与抽气机之间安装滤尘器。常用的滤尘器有离心式滤尘器和袋式滤尘器两种。

离心式滤尘器的结构与离心式分离器相同，由于其结构简单，效率高，应用广泛。袋式滤尘器，其结构如图 8-23 所示，它是利用各种棉、毛、化纤织物制成的袋子，过滤空气中的灰尘，气流从进气口进入，经滤袋过滤，灰尘沉降于灰斗，干净空气从排气口进入抽气机。无论颗粒大小，除尘效率极高，通常在 99%以上，但不适用于湿度高、黏性及油性的物料。

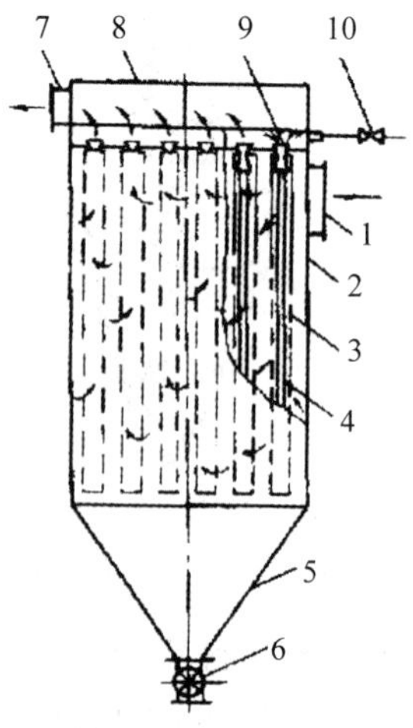

1—进气管　2—中部箱体　3—滤袋　4—滤袋骨架　5—灰斗

6—卸灰器　7—排气口　8—上部箱体　9—喷吹口　10—控制阀

图 8-23　袋式滤尘器

袋式滤尘器的滤袋必须及时清洗，否则积灰过多，会降低工作效率。常用的清洗办法有手工拍打、机械振打、气流反向冲洗等。

4）鼓风机

鼓风机的作用是使输送管路中的空气产生压力差，从而迫使空气流动，带动物料输送。对鼓风机的要求是：高效；空气的压力、流量，尤其是流量，要求在压力变化的情况下，流量变化尽量小；可靠性高。传统的有离心式鼓风机、罗茨鼓风机。

离心式鼓风机是利用叶轮的高速旋转，带动进入叶轮的空气，使这些空气的压力、流速不断提高，再经过蜗壳的扩压作用，使气流的压力降低而流速进一步升高。离心式鼓风机结构简单，制造成本低，其缺点是气流的压力与流速相互之间的影响较大，物料的进料量略有变化，必然影响气流的流速与压力，从而影响到输送效率。

罗茨鼓风机的工作原理如图 8-24 所示。它是利用机壳与两个互成 90°的转子构成的封闭空间，工作过程中两个转子不断接触压缩空气。由于是利用机械压缩使空气的压力提高，所以流量随压力的变化很小，当卸船机的压力损失上升时，不会因为空气流量变化而发生堵塞。其缺点是工作噪声大，而且是低频，很难被屏蔽；其次是转子与机壳之间的间隙要求高，导致加工成本高，而且对粉尘敏感，一旦有粉尘等杂质进入，磨损加剧；能耗高，是涡轮鼓风机的 2～5 倍。此外，罗茨鼓风机应空载起动，禁止关闭进出风道的闸阀，以免爆裂。

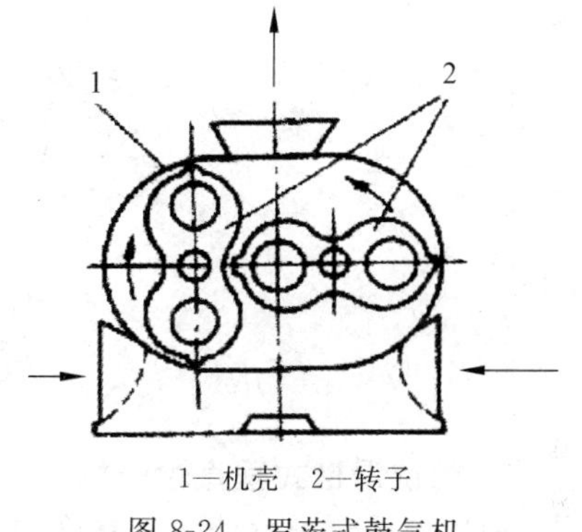

1—机壳　2—转子

图 8-24　罗茨式鼓气机

目前世界上先进的气力卸船机常采用多级离心式涡轮鼓风机，管路系统为锥形变直径管道，并配备自动气流调节器和隔声设施，在降低能耗、噪声、散货破碎率方面均达到较高水平。

5）消声器

由于大型鼓风机的采用，噪声往往不可避免，常用的措施是在鼓风机的进排气管上装配消声器，消声器通常有两种，一种是利用吸声材料消声，另一种是利用流通截面积的突变使声波反射回声源，此外，还可以在鼓风机及驱动马达组下面安装减振器。

气力卸船机供料方便，可以同时从一堆或几堆物料中进料，但输送管路内的真空度不能超过 49～50kPa，所以输送距离不宜过长，同时效率也受到一定影响；气密性要求高；进入管路的空气须除尘干净，以免鼓风机过早磨损。

8.3.2　立体输送机

在现代化物流中心中，为了节省占地面积、缩短输送距离、提高储存空间和扩大使用面积，其建筑物往往采用多层式建筑。发达国家的物流中心有的高达 4 层，为了在各层之间高效自动地输送物品，大多使用立体输送机。

1. 空中移载台车

空中移载台车，是悬挂在空中导轨上，按照指令在导轨上运动或停止。在运动过程中货台装置是通过卷扬机和升降带被提到最高位置，并与车体成为一体。当运动到指定位置时，升降带伸长，货台下落，进行卸货或装货。如图 8-25 所示。这种空中移载台车的优点是快速、准确、安全，所占空间较小。

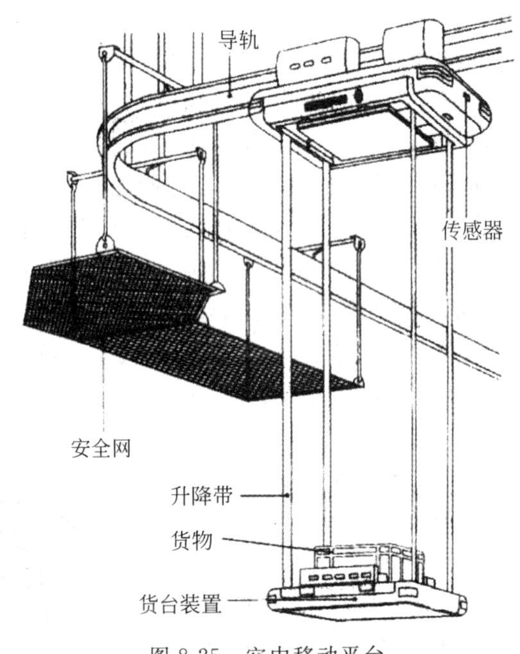

图 8-25 空中移动平台

2. 螺旋滑槽式垂直输送机

螺旋滑槽式垂直输送机是利用重力及螺旋倾斜滑槽，使物品自上而下平稳滑下。因为没有驱动装置，只能向下而不能向上，如图 8-26 所示。

螺旋滑槽式垂直输送机的特点如下。

(1) 滑槽轨道用四氯乙烯原料制成，倾斜度在 12°以内，速度缓和，不损伤物品。

(2) 可连续输送料箱，当料箱很多时，可暂存于槽内。

(3) 由于没用驱动装置，基本没有噪声。

(4) 结构简单、成本低、维修费用小。

这种输送机主要用于塑料箱的连续垂直运输，要求货箱尺寸为 560 毫米×360 毫米×263 毫米，货物重量为 2～24 千克/个。输送能力为 20～100 箱/min。

图 8-26 螺旋滑槽式垂直输送机

3. 垂直升降输送机

物流中心各楼层之间的物品搬运是十分常见的。除了一般电梯之外，还必须有专门的垂直运输设备，以充分利用空间。垂直运输机运动平稳，不会使物品振动而损坏。图 8-27 为垂直往复式升降机，其原理与电梯相同。

垂直升降输送机升降平台的下移动是由卷扬机或液压装置来驱动的。图 8-27(a)为输送线用垂直输送机，图 8-27(b)为手推车用垂直输送，图 8-27(c)为叉车用输送机。这三种输送机只是物品进出口的衔接方式不同而已。输送线用为轻负荷,可配合自动输送线高速上下输送纸箱或塑料箱。手推车用是中等载荷,可直接把货箱装入手推车,连车带货一起推入升降平台。叉车用为重负载,叉车把载重托盘放入升降平台,进行上下输送物品。

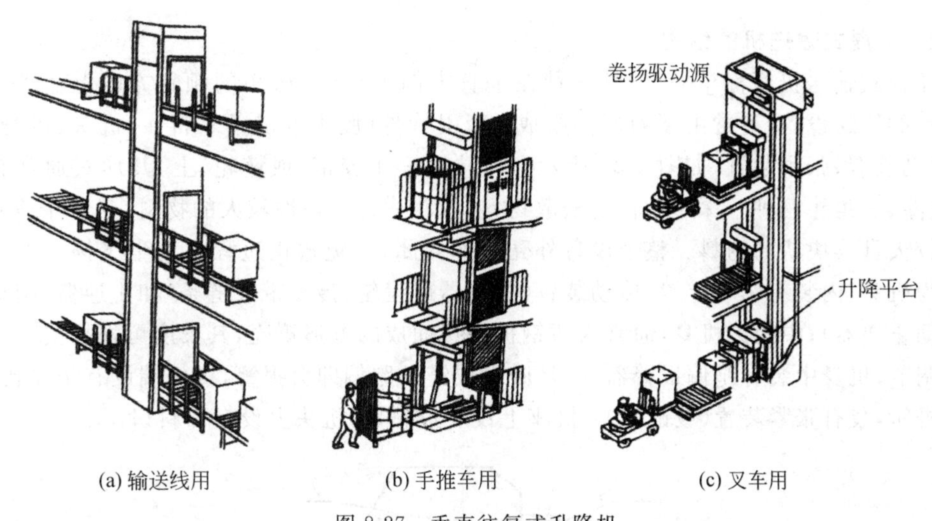

(a) 输送线用　(b) 手推车用　(c) 叉车用

图 8-27　垂直往复式升降机

4. 托盘式垂直输送机

托盘式垂直输送机,因为能连续输送,所以效率较高,达 500 个/小时。这种输送机节省空间和人力,运费少,承载能力大,承载范围为 50～2000 千克。如图 8-28 所示。

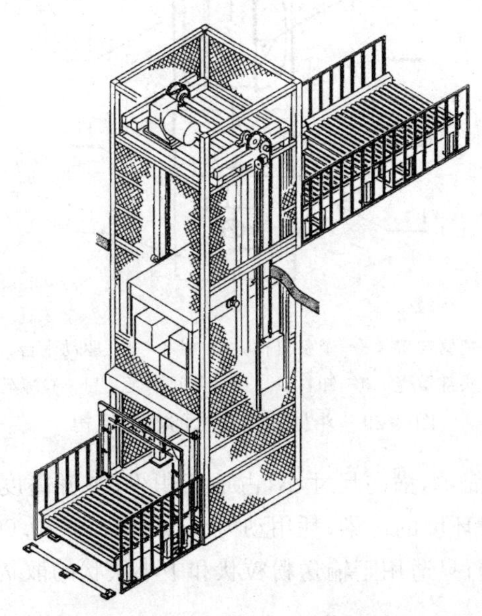

图 8-28　垂直托盘式升降输送机

8.4 斗提式与螺旋式输送机

8.4.1 斗提式输送机的结构和工作过程

1. 斗提式输送机的结构

斗提式输送机简称斗提机，是一种在垂直方向大于70°倾角的倾斜方向上输送粉粒状物料的输送设备，通常由下列部件组成：牵引构件（胶带或链条）、料斗、机头、机身、机座、驱动装置、张紧装置，如图8-29所示。料斗固定于胶带（或链轮）上，其形式通常有深斗、浅斗、三角斗三种。深斗适合于松散物料，浅斗适合于黏性较大的物料，三角斗适合于比重较大且成块状的物料。整个设备外壳全部封闭，以免输送过程中灰尘飞扬。外壳上部称为机头，内装有驱动装置、传动装置（减速器或齿轮、传动带或链条）和止逆器（制动器或滚动止逆器）；中间为机身，通常为薄钢板焊接而成的方形罩壳，其长度可根据实际提升高度调节，机身中装有跑偏报警器，一旦胶带或链条跑偏即会报警，机头端设有防爆孔；下部为机座，装有张紧装置（或链轮）：机座上设有进料口，机头上设有出料口。

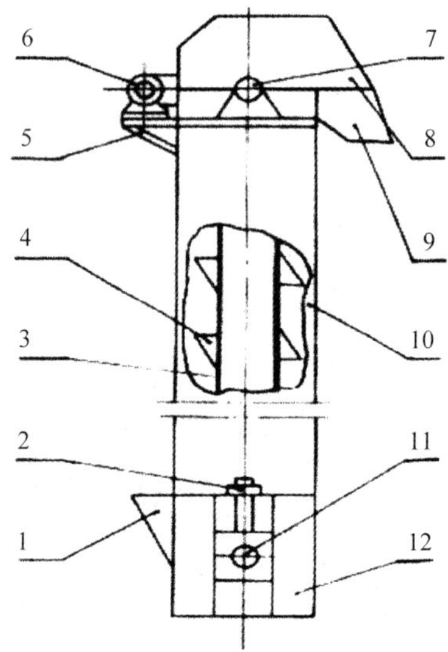

1—进料口　2—拉紧装置　3—牵引机构　4—料斗　5—驱动平台　6—驱动装置
7—传动轮　8—头部罩壳　9—卸料口　10—中间罩壳　11—拉紧轮　12—底座

图8-29　斗提式输送机的一般结构

斗提机的特点是结构简单，横向尺寸小，占地面积少；提升高度大，输送能力好；在全封闭的机身内工作，以减少对环境的污染；耗用动力小，0.000 59～0.000 6kW·h/(t·m)。过载时容易堵塞，料斗易磨损；只适用于输送粉粒状和中小块状的散货，如粮食、煤、砂等，不能在水平方向上输送货物。

斗提机有固定式和移动式两种，前者安装于车间、仓库等处，生产能力较大；后者使用方便灵活，多作为粮仓的装卸设备。按牵引构件的不同，可分为带式和链式两种，物料温度低于60℃时，应使用前者，反之用后者。

2. 半提式输送机的工作过程

斗提机的整个工作过程分为三个阶段：装料、提升、卸料。其中装料与卸料尤为重要，对斗提机的生产率起决定性作用；提升相对较为简单，只要胶带或链条强度保证，输送过程中无打滑或抖动现象，基本上就可以保证提升平稳、不撒料。下面我们主要讨论装料与卸料两个过程。

1）装料

斗提机的装料方式有两种：顺向进料和逆向进料，或称为挖取法和装入法。

（1）顺向进料。如图 8-30(a)所示，料斗运动方向与进料方向一致，料斗对物料是挖取的方式，挖得越深，装得越满，但机座内的物料高度应低于张紧轮（或链轮）的水平轴线位置，以免料斗装得过满而超载，在提升过程中洒落。

（2）逆向进料。如图 8-30(b)所示，料斗运动方向与进料方向相反，料斗对物料是装入的方式。这种方式适用于块度大且比重大的物料，如用顺向进料法，很难将料斗装满；装料时料斗的运行速度较低，否则物料不易装满。

2）卸料

斗提机的卸料过程，就是料斗进入头轮之后，随头轮做旋转运动而将斗内物料倒出的过程，根据其方式不同，可以分为三种：重力式、离心式、混合式。

料斗内的物料在旋转过程中受到重力和离心力的作用，如图 8-31 所示，两力的合力作用线的反向延长线交头轮的垂直中心轴线于 P 点，称为极点，该点到头轮中心的距离称极距，用 H 表示，R_1 是料斗外接圆的半径，R_2 是头轮的半径。H 的大小只与头轮的旋转速度有关，而与物料的位置无关。

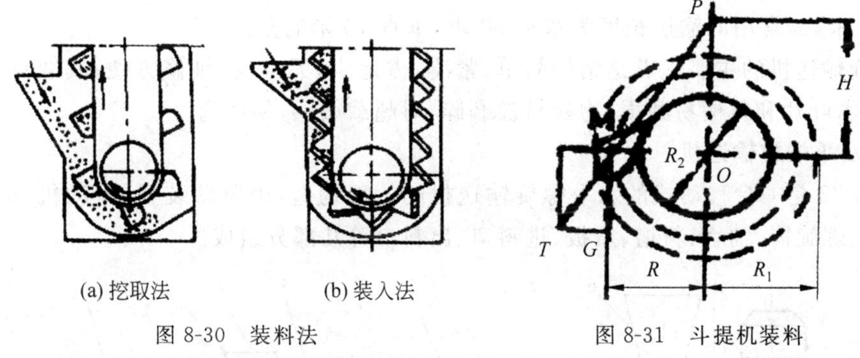

(a) 挖取法　(b) 装入法

图 8-30　装料法

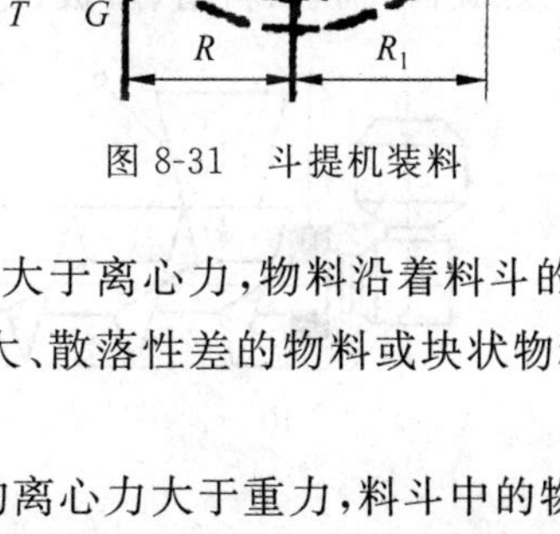

图 8-31　斗提机装料

（1）当头轮的旋转速度较小，H 大于 R_1 时，重力大于离心力，物料沿着料斗的内壁运动，料斗做重力倾卸。重力卸料适用于湿度高、黏性大、散落性差的物料或块状物料，如煤块、矿石等，料斗宜采用浅斗。

（2）当头轮的运动速度较大时，H 小于 R_2，物料的离心力大于重力，料斗中的物料紧贴料斗的外壁，做离心卸料。该方式适用于干燥、流动性好的粉末状物料，料斗通常选用深斗。

（3）第三种状况介于两者之间，H 大于 R_2 而小于 R_1，物料中有一部分紧贴料斗外壁被离心抛出，另一部分沿内壁做重力倾卸，也就是说，物料做离心-重力混合倾卸。该方式适合于湿度大、流动性差的粉状或小颗粒物料。

3. 防爆安全装置

由于斗式提升机的机身封闭，输送过程中产生的粉尘都密闭于机身中，与空气充分混合，输送过程中输送带或链条与物料连续摩擦，产生大量热量，如不及时散热，很容易发生连续性爆炸。所以必须采取一系列的防爆安全措施，通常有以下几条。

(1) 通风除尘在进料口与出料口设置吸气管，以增加机身内的空气量，降低粉尘浓度。

(2) 抑制粉尘爆炸在机头或机座上设置防爆孔，然后盖上橡胶圆盖，一旦发生爆炸，橡胶盖会被弹开，机身内的温度、压力降低，从而避免爆炸发生。

(3) 消除引燃源，包括：采用塑料料斗，以免在输送过程中与物料摩擦碰撞产生火花；在机座内的张紧滚筒(或链轮)的轴头上安装速度监控仪，以免速度过大而导致摩擦加剧，热量积聚，最终导致爆炸；在机身安装跑偏报警器，一旦胶带或链条跑偏，和机身摩擦，产生大量热量及火花，可及时报警，避免事故发生；采用防爆电动机，因为这类电动机有防尘、防水功能，而且一旦温度过高，可以浇水降温。

8.4.2 螺旋式输送机

1. 螺旋式输送机的一般结构及分类

螺旋式输送机又称绞龙，是利用螺旋叶片的旋转运动推动物料沿着料槽运动的，主要适用于粉粒状散货，如谷物、化肥、矿砂、水泥等。螺旋输送机可以水平或小倾角输送散料，也可以垂直输送；既可以固定安装，也可以制成移动式。螺旋叶片是输送机的主要部件，物料就是依靠叶片的旋转而被推进，在推进过程中，物料被不断地搅拌，同时叶片也受到摩擦，所以功率消耗较大。螺旋输送机的输送量通常为 20～40 立方米/h，最大可达 100 立方米/h，常用的输送长度为水平 50 米，垂直 10 米的范围。

螺旋输送机的主要优点是结构简单、紧凑，占地少，无空返，维修方便；其缺点是功率消耗较大，叶片和料槽易磨损，物料易被磨碎，对超载敏感，易堵塞。

2. 水平螺旋输送机

图 8-32 是一台移动式的水平螺旋输送机的一般构造，由驱动装置(电动机、减速器、联轴节)、螺旋器、轴承、料槽、盖板、进料口、出料口等几部分组成。

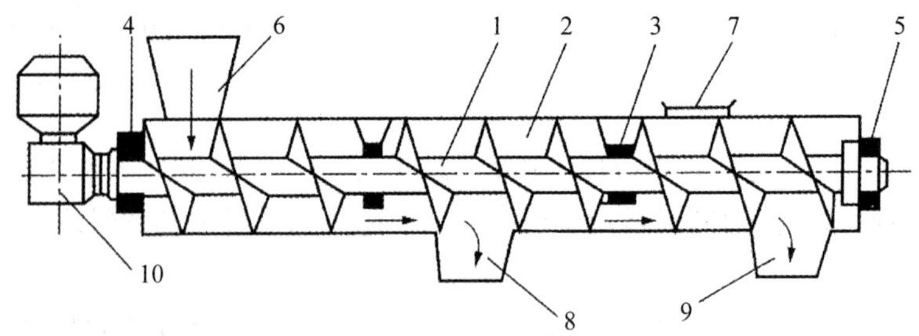

1—传动轴 2—料槽 3—中间轴承 4—首端轴承 5—末端轴承 6—装载漏斗
7—中间装载口 8—中间卸载口 9—末端卸载口 10—驱动装置

图 8-32 移动式的水平螺旋输送机

根据机体的结构，螺旋输送机可以分为头节、中间节、尾节三部分，其中头、尾两节的长度基本固定，中间节的长度可以根据实际需要而确定；进料口和出料口也并非一定要装于首尾两端，整个输送长度上都可以装、卸料；料槽将输送机整体封闭，防止灰尘飞扬；螺旋可以制成左旋、右旋或左右旋，从而改变输送的方向。螺旋是由叶片和轴焊接而成，由于叶片的形式不同，螺旋可以分为四种：实体式、带式、叶片式和齿形式，其结构如图 8-33 所示，四种形式各有优点：实体式螺旋结构简单，适用于流动性好、干燥的粉状散料，且效率较高；带式螺旋适用于黏性或块状物料；叶片式螺旋适用于易被压紧的物料，它可以在输送过程中起搅拌作用，使物料松散；齿式螺旋是带式和叶片式两种螺旋的综合，具有两者的优点。

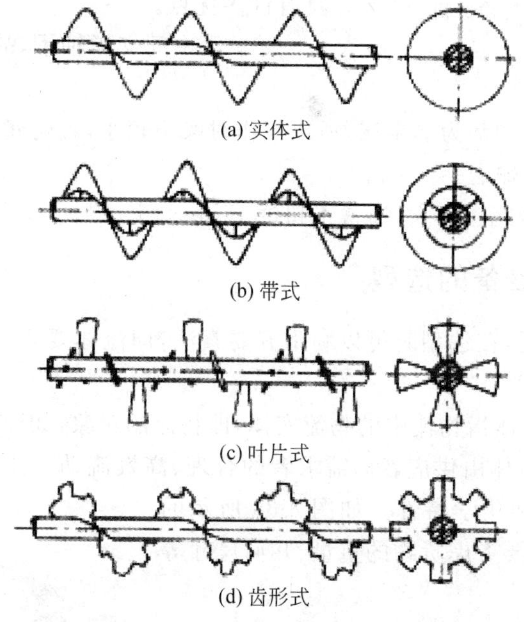
(a) 实体式

(b) 带式

(c) 叶片式

(d) 齿形式

图 8-33　螺旋的形状

3. 立式螺旋输送机

立式螺旋输送机与水平螺旋输送机在结构上大致相同，也是由驱动装置（电动机、减速器、联轴节）、螺旋、轴承、料槽、进料口、出料口等几部分组成。在输送过程中，物料随着螺旋做高速旋转，由于离心力的作用，物料在料槽内形成若干同心圆层，物料的最外层紧贴槽壁，两者之间所产生的摩擦力的大小是物料是否向上输送的关键：当螺旋转速不高时，物料所受到的离心力不能克服物料与螺旋表面的摩擦力，物料与螺旋一起做旋转运动，保持相对静止状态；当螺旋转速较高时，物料所受到的离心力大于物料与螺旋表面的摩擦力，物料向螺旋的外缘移动，对料槽壁产生压力并同时产生摩擦力，只有当这个摩擦力能够克服物料与螺旋表面之间的摩擦力以及物料重力的分力时，物料才能向上输送，否则只是旋转而不能上升。我们将此时的转速称为临界转速，只有当输送机的转速大于临界转速时，物料才能实现向上输送。

4. 弯曲螺旋输送机

弯曲螺旋输送机如图8-34所示。它与水平、垂直螺旋输送机的主要不同之处是螺旋与料槽。它用合成橡胶制成螺旋叶片，然后黏在高强度的挠性心轴上，再配以不同形状的弹性料槽，螺旋与料槽接触，所以不设置中间轴承。一根螺旋就可以按不同要求弯成任意形状，从而达到空间多方位输送物料的目的。这种输送机通常用于粉状、颗粒状的物料以及污泥等的输送。

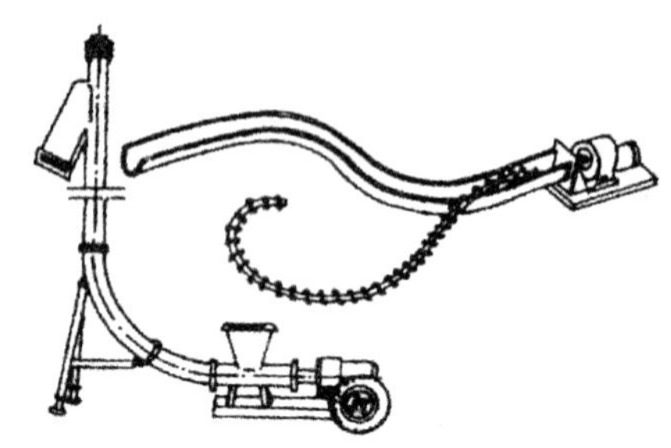

图8-34 弯曲螺旋输送机

与普通的螺旋输送机相比，弯曲螺旋输送机具有许多优点。

(1) 无中间支撑轴承，故而结构简单，安装维修方便。

(2) 由于螺旋和料槽都为非金属，所以工作时噪声较小，且耐腐蚀。

(3) 可以实现多向输送。

其主要缺点是输送距离不大，通常不超过15米。

8.4.3 连续输送设备的选型

连续设备应用广泛，在选型时可以利用五要素法，即流体要素、流速要素、流量要素、流向要素以及流程要素。

(1) 流体要素。流体指物流中的物流实体，即物流的对象，如商品(货物或物料)。物流活动的目的是实现流体由供应者向需求者的合理、高效流动。流体要素应重点考虑流体(货物)的物理特性和化学特性。如图8-35所示的皮带传输设备为例，需要考虑货物的重量、几何尺寸等物理特性。

图8-35 皮带传输设备

(2) 流速要素。流速指流体通过载体在一定流程上的速度表现。它是衡量物流效率和效益的重要指标。各种不同的传输设备速度相差很大，其中，带式传输设备的传输速度比较快，在确定流速时不能一味地强调速度快，要注意与物流作业速度相配合。

(3) 流量要素。流量指流体在一定流向上通过载体的数量表现。最大限度消除流量分布不均衡，对有效配置和利用物流资源、方便实施物流组织及管理具有重要的意义。

(4) 流向要素。流向指流体从起点到终点的流动方向。深刻认识和准确把握流向的变化规律，对优化配置物流资源、合理规划物流流向、提高物流运作效率、降低物流成本具有重要的意义。

(5) 流程要素。流程指流体通过载体在一定流向上实现空间位移的数量表现。其大小对物流成本水平及物流载体方式的选择等具有重要作用，需要合理地选择传输路径，实现效率最大化。

本章小结

本章介绍了输送技术及常用的带式与埋刮板式输送机、气力式与立体输送机、斗提式与螺旋式输送机。输送技术是使用输送设备在一定的线路上连续不断地沿同一方向输送的物料搬运。由于输送机能连续搬运大量货物，并且搬运成本低，搬运时间精确，在自动化立体仓库、物流配送中心、大型货场等场所得到了广泛应用。物流企业可以根据流体要素等特性进行选型。

复习思考

一、填空题

1. 带式输送机工作速度范围广，(　　)，输送距离长，生产效率高，所需动力不大，结构简单，使用维护方便，噪声小，能在全机身任何地方装卸料，但(　　)，(　　)，(　　)。

2. 托辊的使用数量较大，上托辊的分布间距通常为(　　)，装料处为正常值的(　　)，间距过大会引起输送带下垂，间距过小会增大带的(　　)和(　　)。

3. 根据气力输送机管路内的空气压力大小，可以将输送机分为三种：(　　)、(　　)和(　　)。

4. 斗提式输送机简称斗提机，是一种在垂直方向大于(　　)倾角的倾斜方向上输送(　　)的输送设备。

5. (　　)垂直输送机是利用重力及螺旋倾斜滑槽，使物品自上而下平稳滑下。

二、判断题

1. 移动式胶带输送机应用较为广泛，主要用于散料的输送。(　　)

2. 钢带大多采用1.6～2.4毫米厚，650毫米宽的不锈钢板。(　　)

3. 双筒吸嘴结构简单，下端呈喇叭状，上端有一个可转动的进气调节环。(　　)

4. 从卸料器出来的空气含有大量的粉尘，无论从经济还是环保的角度出发，都必须将粉尘回收，所以通常在卸料器与抽气机之间安装滤尘器。(　　)

5. 斗提机的整个工作过程分为两个阶段：装料、提升。(　　)

6. 斗提输送机的输送量通常为20～40立方米/小时，最大可达100立方米/小时，常用的输送长度为水平50米，垂直10米的范围。(　　)

7. 连续设备应用广泛，在选型时可以利用四要素法，即流体要素、流速要素、流量要素、流向要素。(　　)

8. 滑槽轨道用四氯乙烯原料制成，倾斜度在30°以内，速度缓和，不损伤物品。(　　)

9. 垂直升降输送机升降平台的下移动是由卷扬机或液压装置来驱动的。(　　)

10. 托盘式垂直输送机，因为能连续输送，所以效率较高，达1000个/h。(　　)

三、选择题

1. 输送带用来传递牵引力和承放被输送的货物，所以对它的要求是强度高，耐磨性好，(　　)。

A. 伸缩率高　　B. 伸缩率大　　C. 伸缩率小　　D. 伸缩率低

2. (　　)气力输送机的主要特点是通过鼓风机从整个管路系统中抽气，使管路内的空气压力低于大气压，形成一定的真空度。

A. 吸送式　　B. 压送式　　C. 混合式　　D. 单元式

3. 斗提机的卸料过程，就是料斗进入头轮之后，随头轮做旋转运动而将斗内物料倒出的过程，根据其方式不同，可以分为三种：重力式、离心式、(　　)。

A. 吸送式　　B. 压送式　　C. 单元式　　D. 混合式

4. (　　)指流体通过载体在一定流程上的速度表现。

A. 流速　　B. 流体　　C. 流量　　D. 流向

5. (　　)指流体通过载体在一定流向上实现空间位移的数量表现。其大小对物流成本水平及物流载体方式的选择等具有重要作用，需要合理地选择传输路径，实现效率最大化。

A. 流速　　B. 流体　　C. 流量　　D. 流程

四、简答题

1. 与起重机械相比，连续运输机械有哪些特点？
2. 托辊带式输送机由哪些装置组成？各装置的作用是什么？
3. 与其他输送机械相比，斗提机有哪些优缺点？
4. 在斗提机的卸料过程中，斗内物料受到哪些力的作用？物料有哪几种卸载方式？
5. 三种气力输送机的工作原理有何不同？

五、案例分析题

埋刮板输送机

1. 埋刮板输送机的定义

埋刮板输送机是松散物料水平或垂直输送的重要设备。它能将水平输送和垂直提升结合在一台设备上完成，形成了独具特色的散货物料输送原理和设备结构，在现代企业物流运行中发挥着积极的作用。埋刮板输送机广泛应用于港口、粮库、油脂、面粉、酒精、酿造、饲料等行业，是一种在封闭壳体内借助运动着的刮板链条，利用散状物料的内摩擦力和侧压力特性来输送粉状、颗粒状及块状等散状物料的连续输送设备，可以水平倾斜和垂直输送，在运行时，刮板链条被埋在物料中，故称为埋刮板输送机。

2. 埋刮板输送机的结构

该机结构简单、密封性好、安装维修方便、工艺布置灵活；它不但能水平输送，也能倾斜或垂直输送；既可单机使用，也可多台联合使用；既能多点加料，也能多点卸料。由于壳体封闭，因此在输送大的、有毒、易爆、高温物料时可以显著地改善工人的工作环境和防治环境污染。

刮板链条是埋刮板输送机承载牵引构件。它是由刮板按一定节距焊接在链条上，由多个链结通过销轴等零件顺序连接而成，包括链条、模锻链、套筒滚子链、板链。链条的选取主要取决于输送链条的最大张力，同时也应考虑物料的性能，如粉状物料不宜采用滚子链，根据输送长度和输送量要求，选择合适的刮板链条来进行张力计算，校核链条的许用载荷，选择合适的节距、链条的结构形式、链板的宽度和厚度，并计算刮板链条的长度。物料的输送效果与其形式有较大的关系，它是埋刮板输送机的承载构件。

刮板也是埋刮板输送机的主要部件。它的选取依据主要是：各类刮板适应的输送机类型；输送一般物料，可选用结构简单的形式；输送黏附性较大的物料，宜选用结构较简单的形式，以减少物料在刮板上的黏附，便于卸料和清扫；输送悬浮性及流动性较大的物料，应选取结构较为复杂的形式。

通用型埋刮板输送机适用于一般特性的散装物料。对于热料、磨琢性物料、有毒性和渗透性物料、颗粒状粮食等需采用专用型埋刮板输送机。

埋刮板输送机按结构形式分为水平型、垂直型、Z 型、平面环型、立面环型和扣环型。

3. 埋刮板输送机的特点

(1) 埋刮板输送机的优点。可以进行多种物料的运输，如粉末状（水泥、面粉等）、颗粒状（谷物沙等）及有毒、腐蚀性和高温的物料；工艺布局较为灵活，能进行各种角度的输送，并且可以在整个线路上进行多点加料和卸料；埋刮板输送机的体积小、占地面积小；物料在封闭的料槽内进行缓慢的输送，所以适于输送灰尘飞扬大的、有毒的及易爆的物料，可改善工作条件，防止对环境的污染；埋刮板输送机可以沿两个分支，按相反方向输送相同或不同的物料，而且能自动地调节生产率；由于结构轻巧体积小，并且料槽刚度好，可在两个相邻建筑物间跨接安装而不必另设栈桥或支架，故节省建筑机维修费。

(2) 埋刮板输送机的缺点。料槽易磨损，特别是链条磨损严重；不能用于输送黏性的易结块物料；因输送速度小，所以生产率低，功率消耗较大。

4. 埋刮板输送机的选用配置原则

(1) 主要由技术参数确定。根据输送量要求计算选型，确定具体机槽宽度，可将刮板与链条运行相反方向倾斜 70°～80°焊接在链条上，使运动阻力产生向下压的垂直分力，以便刮板链条紧贴槽底运行，避免“浮链”现象。

(2) 通过驱动装置及电动机功率的计算进行选择。电动机功率的计算确定，应根据刮板链条的速度、驱动轮的圆周力、驱动装置的传动效率和电机功率备用系数计算功率 P_O，而电动机的额定功率 $P_M \geqslant P_O$。另外，埋刮板输送机的头部、尾部、加料段、中间段、进料口和出料口的选择主要依据机型的结构、现场的布置形式和位置。

资料来源：王成林. 物流设施与设备[M]. 上海：上海交通大学出版社，2008.

问题：

(1) 总结埋刮板输送机的主要特点。

(2) 说明埋刮板输送机的选型原则。

实　训

【实训项目】

带式输送设备实验。

【实训目的】

(1) 掌握带式输送设备的基本结构。

(2) 熟悉带式输送设备的选型原则。

【实训内容】

(1) 通过调节张紧机构等部件,了解带式输送机的基本结构和特点。

(2) 通过更换不同的输送对象并改变带式输送机的工作状态,熟悉带式输送机的主要特点。

【实验步骤】

(1) 首先观察带式输送设备的基本结构,绘制带式输送设备的基本结构图。

(2) 调节张紧机构,分析其作用。

(3) 实验不同的货物,测试不同货物的装填系数。

(4) 将带式输送机一端抬高,形成坡度,将不同种类的货物进行测试,分析坡度的影响,并分析不同种类货物对坡度的适应性。

第 9 章

物流信息技术与装备

【知识目标】

(1) 掌握物流信息技术与装备的基本概念、分类以及主要特点。

(2) 熟悉典型物流信息设备的主要功能、特点以及技术性能参数。

【能力目标】

(1) 能够根据实际应用条件选择合理的物流信息技术与装备。

(2) 能够搭建比较简单的物流信息系统的硬件基础。

条形码技术在长春烟草物流中心的应用

为了解决卷烟分拣作业中存在的问题、更好地服务于广大卷烟零售商户,长春烟草物流中心决定对现有分拣作业流程进行调整。引进了叠层自动套膜封口热收缩包装机和高速标签打印机,分别用于自动分拣后的卷烟包装与外包装加贴标签,新的分拣、配送作业流程如下:经A型架自动分拣、打标后的香烟经过点数机(按客户需求隔离)后,进入叠层自动套膜封口热收缩包装机进行包装。包装好的香烟由分拣员与计算机显示的分拣信息核对,准确无误后粘贴同步打印、输出的外包装标签(包含零售商户信息及其所需香烟信息),并装入周转箱。在此次流程优化过程中,基于现场应用特点,长春烟草物流中心对标签打印机的选择标准主要为:设备的质量与耐用性、设备的打印操作便捷性、设备的品牌与知名度、设备的性价比及可升级性、设备的环境要求。最终,长春烟草物流中心选择了在市场上有良好口碑的斑马24Mplus工业及商用条形码打印机。该打印机的处理速度为254毫米每秒,输出标签快速、高效,可以在变量信息应用等高要求的工作任务中增加产出,减少等待时间。采用新的工作流程后,各方反应良好。首先,物流作业效率大幅提高、配送差错率大幅降低。系统分拣能力由原来的每条分拣线每小时分拣3000条卷烟提高到现在的5000条卷烟,工人每班的工作时间减少了1.5~2小时,加班现象被杜绝了。其次,卷烟配送流程管理更加规范高效。由于贴标规范,信息反馈及时,系统实时更新,方便物流中心在配送的各个环节实施监控。更重要的是,客户满意度直线上升。同时,由于热收缩薄膜包装技术含量较高,非法烟贩不易模仿,对于卷烟商户辨别假冒卷烟能够起到积极作用。此外,外包装膜上标注的客户名称、编号、地址等信息清楚、明确,送货员送错客户的现象明显减少了,提高了零售商户的日常经营效率。

信息来源：http：//www. e—gov. org. cn/chenggonganli/qiyexinxihua/200704/57066. html.

思考分析：

(1) 长春烟草物流中心采取了哪些措施对现有分拣作业流程进行调整?

(2) 调整之后长春烟草物流中心取得了哪些效益?

9.1 物流信息技术与装备概述

9.1.1 物流信息技术的概念和分类

1. 物流信息的概念

信息是指按照一定的程序经计算机处理、加工之后的数据产生的为特定目的服务的信息,是客观世界中各种事物状况及其特征的反映,它包括各种消息、情报、资料、信号,更包括语言、图像、声音等多媒体数据。物流信息是指在物流活动进行中产生及使用的必要信息,它是物流活动内容、形式、过程以及发展变化的反映。

及时准确的信息有利于协调生产与销售、运输与储存等业务的开展;有利于优化供货程序,缩短交货周期;有利于降低库存等。现代物流的一个重要特征就是物流信息化,主要表现为物流信息的商品化、物流信息收集的数据库化及代码化、物流信息处理的计算机化与电子化、物流信息传递的实时化及标准化、物流信息存储的数字化。

2. 物流信息技术的概念

物流信息技术是建立在计算机和网络通信技术平台与在物流各个功能环节采用的各种信息技术,包括硬件技术和软件技术。

信息技术是指所有能拓展的信息处理能力的技术。从目前来看,信息技术主要包括传感技术、计算机技术、通信技术、控制技术等,它替代或辅助人们完成了对信息的检测、识别、变换、存储、传递、计算、提取、控制和利用。物流信息系统中的信息技术种类包括条形码技术、多媒体技术、地理信息系统、全球定位系统、电子数据交换技术、数据管理技术、数据挖掘技术和 Web 技术。

3. 物流信息技术的分类

(1) 物流信息基础技术,即有关元件、器件的制造技术,是整个信息技术的基础。例如,微电子技术、光子技术、光电子技术、分子电子技术等。

(2) 物流信息系统技术,即有关物流信息的获取、传输、处理、控制的设备和系统的技术,建立在信息基础技术之上,是整个信息技术的核心。主要包括物流信息获取技术、物流信息传输技术、物流信息处理技术及物流信息控制技术。

(3) 物流信息应用技术,即基于管理信息系统(MIS)、优化技术和计算机集成制造系统(CIMS)而设计出的各种物流自动化设备和物流信息管理系统,例如自动化分拣与传输设备、自动导向搬运车(AGV)、集装箱自动装卸设备、仓储管理系统(WMS)、运输管理系统(TMS)、配送优化系统、全球定位系统(GPS)及地理信息系统(GIS)等。

（4）物流信息安全技术，即确保物流信息安全的技术，主要包括密码技术、防火墙技术、病毒防治技术、身份鉴别技术、访问控制技术、备份与恢复技术及数据库安全技术等。

9.1.2　物流信息技术的应用

在我国，各种物流信息技术已经广泛应用于物流活动的各个环节，对企业的物流活动产生了深远的影响。

1. 物流自动化技术装备的应用

物流自动化技术装备的集成和应用的关键环节是配送中心。配送中心每天需要拣选的货物品种多、批次多、数量大，因此国内的烟草、医药、邮政等行业的配送中心引进了物流自动化分拣设备。其中一种是电子标签辅助拣货系统，它在拣选货架上配有可视的电子显示屏，拣货系统与配送中心物流管理信息系统相连，动态地提示被拣选的物品和数量，指示操作人员拣选，提高了货物拣选的准确性和速度；另一种是货物拣选后的自动分拣，将条形码或电子标签贴在被识别的物体（一般为集装后的运输单元）上，由传送带送入分拣口，再由装有识读设备的分拣装置进行分拣，使货物进入各自的通道，完成不同货物的分拨过程。

2. 物流设备跟踪和控制技术的应用

目前，物流设备跟踪主要是指对物流的运输载体及物流活动中涉及的物品所在地进行跟踪。物流设备跟踪的手段有多种，可以用传统的通信手段（如电话等）进行被动跟踪，也可以用 RFID 手段进行阶段性的跟踪，但目前国内主要应用 GPS 进行跟踪。应用 GPS 技术跟踪货运车辆与货物的运输情况，可以让货主及车主随时了解车辆与货物的位置和状态，保障整个物流过程得到有效监控，并快速运转。物流 GPS 监控管理系统的构成主要包括运输工具上的 GPS 定位设备、跟踪服务平台（包括地理信息系统和相应的软件）、信息通信机制和其他设备（如货物上的电子标签或条形码、报警装置等）。在国内，部分物流企业为了提高企业的管理水平和客户服务能力，也应用了这项技术。

3. 物流动态信息采集技术的应用

企业竞争的全球化、产品生命周期的缩短和用户交货期的缩短等，都对物流服务的可得性与可控性提出了更高的要求，实时物流理念也应运而生。要保证对物流过程的完全掌控，必须应用物流动态信息采集技术。动态的货物及移动载体本身具有很多有用的信息，如货物的名称、数量、重量、质量、出产地，移动载体（如车辆、轮船等）的名称、牌号、位置、状态等一系列信息。这些信息可能在物流中被反复使用，因此，正确、快速地读取动态货物或载体的信息并加以利用，可以明显地提高物流的效率。在目前流行的物流动态信息采集技术的应用中，条形码技术应用范围最广，其他的技术还有射频识别（RFID）、磁条（卡）、语音识别、便携式数据终端等。

9.1.3　物流信息装备的概念、特点和分类

1. 物流信息装备的概念

物流信息装备是指实现物流信息采集、存储、管理和使用的设备，是实现物流信息化的硬件基础，是信息技术在物流领域中应用的重要保障。物流信息设备形式多样，被广泛

应用于仓库管理、运输管理、产品目录管理等领域。

2. 物流信息装备的特点

1）种类多样

物流是典型的集成应用领域，涉及流通领域的诸多问题，因此物流信息设备的种类非常广泛，可以涉及交通运输管理、销售数据处理等多个方面，这是由物流作业的广度所决定的。

2）自动化程度高

物流作业依靠手工完成，不但错误率高，而且效率低，对于大批量的物流作业并不适合，因此信息设备的自动化程度要求比较高，如利用自动识别设备实现信息的采集。

3）标准化程度高

信息的标准化是信息实现采集、整理、存储的基础条件，否则就会在作业过程中增加处理的复杂度，如信息的格式等，如果不能标准化，就无法实现信息的共享。

3. 物流信息装备的分类

1）信息采集设备

信息采集是物流信息设备的重要功能，是信息系统工作的基础。传统的手工录入等采集手段已经不再适应现代物流的要求，不但效率低下，而且容易出错。因此，目前广泛采用的是自动识别设备来完成信息的采集工作，如条形码识别设备可以确定商品的种类、价格等基本信息，提高工作效率和准确性。

2）信息处理设备

信息处理设备主要负责完成信息的整理、转化、存储和传递等功能，是物流信息系统的核心设备。超市使用的POS机进行信息采集后可以对信息进行处理，完成必要的统计功能，可以存储并传输到物流信息系统，以备使用。

3）信息查询设备

信息的查询包含多种形式，如车辆定位设备可以对物流系统的移动对象进行空间位置的确定，实现对运输车辆的跟踪及运输全过程的控制。

9.2 自动识别技术与装备

9.2.1 自动识别技术

1. 识别的含义

识别的含义比较广泛，形式比较多样，人们彼此相识获得有关对方的一些信息就是一种识别，为便于管理而为一个单位的每一个人或一个包装箱内的每一件物品进行的编号也是一种识别，识别是信息采集的前提条件。随着社会的进步和发展，人们所面临的识别问题越来越复杂，完成识别所花费的人力代价也越来越大，在某些情况下，通过简单的人工识别已经不可能有效地完成。这方面的例子很多，如超级商场的物品识别管理，由于品种过于多样，超出了人的能力范围，特别是计算机技术的广泛应用，必须提供一种快速、准确的信息识别手段，因此必须要利用自动识别技术。

2. 自动识别技术的概念

自动识别技术(automatic identification technology,AIDT)是将信息数据自动识读、自动输入计算机的重要方法和手段,它是以计算机技术和通信技术为基础的综合性科学技术。自动识别技术近几十年在全球范围内得到了迅猛发展,初步形成了一个包括条形码、磁识别、光学字符识别、射频、生物识别及图像识别等集计算机、光、机电、通信技术为一体的高技术学科。

3. 自动识别技术的种类

按照国际自动识别技术的分类标准,可以将自动识别技术依照数据采集技术的不同和特征提取技术的不同分为条形码技术、射频识别技术、生物识别技术、语音识别技术、图像识别技术、磁识别技术和光学字符识别技术等形式,其中,在物流中广泛应用的是条形码技术和射频识别技术。

9.2.2 条形码技术

1. 条形码的概念

条形码是由一组规则排列的条、空以及对应的字符组成的标记,"条"指对光线反射率较低的部分,"空"指对光线反射率较高的部分,这些条和空组成的数据表达一定的信息,并能够用特定的设备识读,转换成与计算机兼容的二进制和十进制信息。

条形码技术是在计算机应用和实践中产生并发展起来的一种广泛应用于商业、邮政、图书管理、仓储、工业生产过程控制、交通等领域的自动识别技术,具有输入速度快、准确度高、成本低、可靠性强等优点,在当今的自动识别技术中占有重要的地位。

条形码技术是电子与信息科学领域的高新技术,所涉及的技术领域较广,是多项技术相结合的产物。

小贴士

1999 年 3 月在北京举行的全国人大第九届三次全体会议和全国政协第九届三次会议期间,在随行人员证件、记者证、旁听证上成功地应用了二维条码技术,引起了与会代表和新闻界的极大关注。

2. 条形码的特点

在自动识别技术中,条形码技术具有如下特点。

(1) 应用简单。条形码应用简单,无论是条形码的制作还是识别都可以高效完成,没有复杂的操作,因此使用非常广泛。

(2) 信息采集速度快。条形码技术属于自动识别技术,可以一次性地读取条形码所表示的所有数据,普通计算机的键盘录入速度是 200 字符/分钟,而利用条形码扫描录入信息的速度是键盘录入的 20 倍。

(3) 可靠性高。键盘录入数据,误码率为三百分之一;利用光学字符识别技术,误码率约为万分之一;而采用条形码扫描录入方式,误码率仅有百万分之一。

(4) 灵活、实用。条形码符号作为一种识别手段可以单独使用,也可以和有关设备组成识别系统实现自动化识别,还可和其他控制设备联系起来实现对整个系统的自动化管理。同时,在没有自动识别设备时,也可采用手工键盘输入。

(5) 成本低。条形码自动识别系统所涉及的识别符号成本以及设备成本都非常低。特别是条形码符号,即使是一次性使用,也不会带来多少附加成本,尤其是在大批量印刷的情况下。这一特点使条形码技术在某些应用领域有着无可比拟的优势。再者,条形码符号识读设备的结构简单、成本低廉、操作容易,适用于众多的领域和工作场合。

(6) 信息存储量大。利用传统的一维条形码一次可采集几十位字符的信息,二维条形码更可以携带数千个字符的信息,并有一定的自动纠错能力。

3. 条码图形结构

条码结构如图 9-1 所示。

图 9-1 条码结构图

1) 静区

静区是指条码左右两端外侧与空的反射率相同的限定区域,它能使阅读器进入准备阅读的状态。当两个条码相距较近时,静区则有助于把它们区分开来,静区的宽度通常应不小于 6 毫米(或 10 倍模块宽度)。

2) 起始/终止符

起始/终止符指位于条形码开始和结束的若干条与空,标志条形码的开始和结束,同时提供了码制识别信息和阅读方向的信息。

3) 数据符

数据符是位于条码中间的条、空结构,它包含条码所表达的特定信息。

4) 模块

构成条码的基本单位是模块,模块是指条形码中最窄的条或空,模块的宽度通常以 mm 或 mil($1\text{mil}=25.4\times10^{-6}\text{m}$)为单位。构成条形码的一个条或空称为一个单元,一个单元包含的模块数是由编码方式决定的,有些码制如 EAN 码,所有单元由一个或多个模块组成;而另一些码制如三九码中,所有单元只有两种宽度,即宽单元和窄单元,其中的窄单元即为一个模块。

小看板

所有的条码都是为不同的环境和应用而设计的。例如,EAN 码是为高质量的印刷而设计的,用来印刷在商品包装上很理想。如果采用的是一种低档的印刷手段,那么就要选择另外一种条码技术了。举例来说,在一个大运输货柜上使用的条码和在一个小的包裹或一个零售商品上使用的条码在要求上就有很大的差异。

4. 条码的重要参数

1）密度

条码的密度指单位长度的条码所表示的字符个数。密度主要由模块的尺寸决定，模块尺寸越小，密度越大，所以密度值通常以模块尺寸的值来表示（如 5mil）。通常 7.5mil 以下的条码称为高密度条码，15mil 以上的条码称为低密度条码，条码密度越高，要求条码识读设备的性能（如分辨率）也越高。高密度的条码通常用于标识小的物体，如精密电子元件，低密度条码一般应用于远距离阅读的场合，如仓库管理。

2）宽窄比

对于只有两种宽度单元的码制，宽单元与窄单元的比值称为宽窄比，常用的有 2∶1 和 3∶1。宽窄比较大时，阅读设备更容易分辨宽单元和窄单元，因此比较容易阅读。

3）对比度

对比度是条码符号的光学指标，对比度越大，则条码的光学特性越好。

5. 条形码的分类与编码结构

1）条形码的分类

条形码可分为一维条形码和二维条形码，一维条形码就是通常所说的传统条形码。

(1) 一维条形码

一维条形码按照应用可分为商品条形码和物流条形码。商品条形码包括 EAN 码和 UPC 码，物流条形码包括 128 码、ITF 码、39 码、库德巴(Codabar)码等。一维条形码如图 9-2 所示。

图 9-2　一维条形码

一个完整的条形码的组成次序依次为：空白区(左)、起始符、数据符、校验符(可选)和终止符以及供人识读字符、空白区(右)组成，如图 9-3 所示。

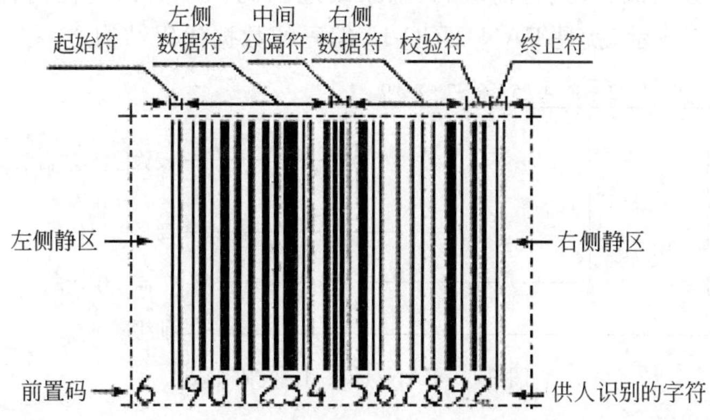

图 9-3　一维条形码构成图

空白区是条形码起始符、终止符两端外侧与空的反射率相同的限定区域。起始符是位于条形码起始位置的若干空与条。终止符是位于条形码终止位置的若干空与条。中间分隔符是位于条形码中间位置用来分隔数据段的若干空与条。条形码字符是表示一个字符的若干空与条。条形码数据符是表示特定信息的条形码字符。条形码校验符是表示校验码的条形码字符。

小贴士

条码都是黑白的吗?

由于条码的识读是通过条形码的条和空的颜色对比度来实现的,一般情况下,只要能够满足对比度(PCS值)要求的颜色即可使用。通常采用浅色作为空的颜色,如白色、橙色等,采用深色作为条的颜色,如黑色、暗绿色、深棕色等。最好的颜色搭配是黑条白空。根据条形码检测的实践经验,红色、金色、浅黄色不宜作为条的颜色,透明、金色不能作为空的颜色。

(2) 二维条形码

根据构成原理、结构形状的差异,二维条形码可分为两大类型:一类是行排式二维条形码(2D stacked bar code),另一类是矩阵式二维条形码(2D matrix bar code)。有代表性的堆积式二维条形码有49码、417码、16k码等,如图9-4所示。

图 9-4 二维条形码

2) 物流条码的编码结构

任何一种条码,都是按照预先规定的编码规则和条码有关标准,由条和空组合而成的。编码规则主要研究包括条码基本术语在内的一些基本概念和条码符号结构以及编码基本原理。

在我国,当前主要应用的是EAN/UCC-13代码,这种代码可以分为三种结构,每种结构均由四个部分组成,分别是前缀码(国家或地区码)、厂商识别代码、商品项目代码和校验码。如图9-5所示,就是EAN/UCC-13编码的数据代码结构之一。

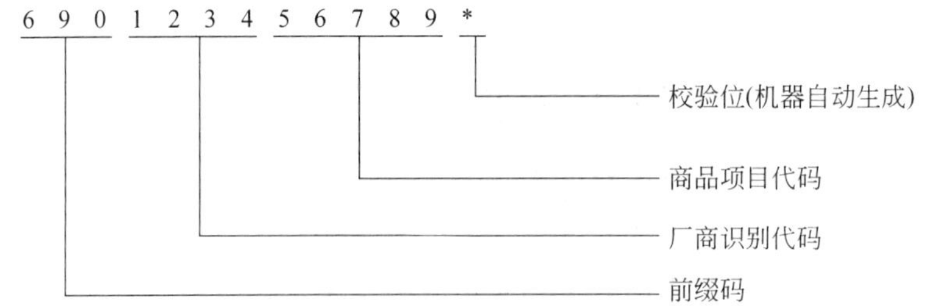

图 9-5 EAN/UCC-13 代码组成

3) 条形码生成设备

根据条形码的生成原理,条形码生成设备可以分为非现场和现场设备两种。

(1) 非现场条形码生成设备

非现场条形码生成方式即采用传统印刷设备大批量印刷制作,它适用于数量大、标签格式固定、内容相同的标签的印制，如产品包装等。预印刷的设备和工艺，可以采用胶片制版的传统方式进行印刷，预印刷条形码设备包括胶片制版印刷、轻印刷系统、条形码号码机和高速激光喷码机，也可以采用一般办公打印机进行打印，还可以采用专用条形码打码机进行印制。

(2) 现场设备条形码生成设备

现场印制设备是指由计算机控制打印机实时打印条形码标签，这种方式打印灵活、实时性强，可适用于多品种、小批量、需要现场实时印制的场合。目前，条形码现场印制设备大致分为两类，即通用打印机和专用条形码打印机。

① 通用打印机。通用打印机有点阵式打印机、喷墨式打印机、激光打印机等。使用通用打印机打印条形码标签一般需专用软件，通过生成条形码的图形进行打印，其优点是设备成本低，打印的幅面较大，用户可以利用现有设备。因为通用打印机并非为打印条形码标签专门设计的，因此用它印制条形码在使用时不太方便，实时性较差。

② 专用条形码打印机。专用条形码打印机是专为打印条形码标签而设计的，它具有打印质量好、打印速度快、打印方式灵活、使用方便、实时性强等特点，是印制条形码的重要设备。

专用条形码打印机主要有热敏式条形码打印机和热转印式条形码打印机两种，俗称打码机。热敏式打印和热转印式打印是两种互为补充的技术，现在市场上绝大多数条形码打印机都兼容热敏和热转印两种工作方式。两者工作原理基本相似，都是通过加热方式进行打印。热敏式打印机采用热敏纸进行打印，热敏纸在高温及阳光照射下易变色，用热敏打印机打印的标签在保存及使用上存在一些问题，但因为其设备简单，价格低，因此，热敏打印机广泛用于打印临时标签的场合，如零售业的付货凭证、超市的结账单、证券公司的交易单等。热转打印机的执行部件与热敏打印机相同或相似，但它使用热敏碳带。执行打印操作时，通过对加热元件相应点的加热，使碳带上的颜色转印到普通纸上形成文字或图形，打印速度为 40～200 毫米/s。热转打印方式与其他打印方式相比，具有分辨率高、打印质量好、打印速度快、操作简便、成本低廉、维护简单、可使用多种打印介质等优点，是线条形码打印的最理想方式。目前，热转印式条形码打印机以其优良的性能逐步成为条形码现场打印领域的主导产品。

9.2.3　条形码识读设备

1. 条形码识读设备的概念

条形码识读设备是指能够从条形码上读取信息的设备，条形码识读设备大部分都是采用光学原理，设备上都配有专用的光源，光线经发射返回到光电转换器上，转变为电信号，并经过编码器最终转变为人可以识读的数字信息，从而实现信息形式的转化。

2. 条形码识读设备的技术参数

1) 分辨率

扫描器的分辨率是指扫描器在识读条形码符号时能够分辨出的条(空)宽度的最小值，与扫描光点尺寸有关，扫描光点尺寸越小，分辨率越高。按照行业标准能够分辨 0.15～0.30 毫米的为高分辨率条形码识读设备，能够分辨 0.30～0.45 毫米的为中分辨率条形码识读设备,能够分辨 0.45 毫米以上的为低分辨率条形码识读设备。

条形码扫描器的分辨率并不是越高越好,在能够保证识读的情况下,并不需要把分辨率做得太高,若过分强调分辨率,一是会提高设备的成本,二是必然造成扫描器对印刷缺陷的敏感程度的提高,则条形码符号上微小的污点、脱墨等对扫描信号都会产生严重的影响。

2) 正确率

正确率是指条形码识读设备正确识别次数与识别总次数的比值,是衡量条形码识读设备正常工作的主要参数,有时也用误码率作为该项参数的衡量指标,误码率(misread rate)是指错误识别次数与识别总次数的比值。一般要求拒识率低于 1%,误码率低于 0.01%。但对于一些重要场合,误码率为百万分之一。

3) 读取景深

读取景深是指条形码识读设备能够读取条形码的距离范围,读取的景深越大,对条形码的位置要求越低。扫描识读距离的范围和条形码符号的最窄元素宽度以及条形码其他的质量参数有关。

4) 首读率

首读率是指首次读出条形码符号的数量与识读条形码符号总数量的比值。首读率过低,必然会使操作者感到厌倦,还会影响流水线的条形码自动识别作业。一般要求首读率在 85%以上,对于一些重要场合,要求首读率为 100%。

5) 接口类型

条形码识读器工作时不断把采集到的信息输送给计算机,需要相应的数据通路,一般采用键盘接口或者串口作为条形码识读器的数据接口。

6) 扫描频率。扫描频率是指条形码识别设备进行多重扫描时每秒的扫描次数,扫描图案的复杂程度以及被识别的条形码符号的运动速度都会影响条形码识别设备的扫描速度,工业流水线上使用的激光扫描器可达 1000 线/秒。

7) 抗污染、抗皱能力

条形码识别设备工作时不能保证条形码处于绝对的平整状态,因为条形码符号容易被水迹、手印、油污、血渍等弄脏,也可能被某种原因弄皱,导致在扫描过程中发生信号变形,条形码的原有信息不能被正常识别,也可以用拒识率(non-read rate)来衡量,拒识率是指不能识别的条形码符号数量与条形码符号总数量的比值。

小贴士

三九码是 Intermec 公司于 1975 年推出的一种一维条码,由于编码规则简单,能表示字符个数多等特点,因此在各个领域有着广泛的应用。三九码仅有宽单元和窄单元两种单元宽度。宽单元的宽度为窄单元的 1～3 倍。三九码的每一个条码字符由九个单元组成,其中三个是宽单元,其余是窄单元,因此称为三九码。而九三码与三九码具有相同的字符集,但它的条码密度要比三九码高,所以在面积不足的情况下,可以用九三码代替三九码。

3. **条形码数据采集器(手持终端)**

1) 条形码数据采集器的概念

把条形码识读器和具有数据存储、处理、通信传输功能的手持数据终端设备结合在一起,称为条形码数据采集器,简称数据采集器或手持终端。

2) 条形码识读器的类型和特点

根据数据采集器的用途不同,大体上可将其分为两类:在线式数据采集器和便携式数据采集器。便携式数据采集器是为适应一些现场数据采集和扫描笨重物体的条形码符号而设计的,适合于脱机使用的场合。识读时,与在线式数据采集器相反,它是将扫描器带到物体的条形码符号前扫描,因此,又称为手持终端机、盘点机。它由电池供电,与计算机之间的通信并不和扫描同时进行。它有自己的内部存储器,可以存一定量的数据,并可在适当的时候将这些数据传输给计算机。几乎所有的便携式数据采集器都有一定的编程能力。再配上应用程序便可成为功能很强的专用设备,从而可以满足不同场合的应用需要。

3) 便携式数据采集器的应用

条形码数据采集器是具有现场实时数据采集、处理功能的自动化设备。条形码数据采集器具备实时采集、自动存储、即时显示、即时反馈、自动处理、自动传输功能,为现场数据的真实性、有效性、实时性、可用性提供了保证,如图9-6所示。

图9-6　便携式数据采集器的物流应用

4. **条形码识读设备的分类**

条形码识别设备种类多样,可以按照以下标准进行分类。

1) 按照识别方式分类

按照识别方式不同,条形码识读设备可分为接触式和非接触式两种条形码扫描器。接触式识读设备是指工作时识别对象必须与条形码识读设备保持接触,主要包括光笔与卡槽式条形码扫描器等。非接触式条形码识读设备工作时和识别对象可以保持一定的距离,主要包括CCD扫描器、激光扫描器。

非接触式条形码识读设备使用比较方便,可以避免与被识别对象接触而相互影响,特别是在一些仓储条件比较特殊的场合。

2) 按照识别操作方式来分类

按照识别操作方式不同,条形码识读设备可分为手持式和固定式两种条形码扫描器。

手持式条形码识别设备结构简单、灵活方便,适用于条形码尺寸多样、作业环境复杂、条形码形状不规整,特别是被扫描货物重量较大而不宜搬运的应用场合。手持式条形码识别设备主要包括光笔、激光枪、手持式全向扫描器、手持式CCD扫描器和手持式图像扫描器等。

固定式条形码识读设备不能移动,操作人员劳动强度小,无须人工干预,自动化程度高,适用于超市的结算台、自动分拣等作业频繁的场合,主要包括固定式全向扫描器和固定式 CCD 扫描器。固定式条形码识读设备周边可以布置一些信息处理设备，增强系统的功能。

3）按照识别能力分类

条形码识别设备从原理上可分为光笔、CCD、激光和拍摄四种类型，其中，光笔与卡槽式条形码扫描器只能识读一维条形码，而激光条形码扫描器还可以识读行排式二维码。图像式条形码识读器可以识读常用的一维条形码，还能识读行排式和矩阵式的二维条形码。目前，绝大多数用户采用技术较为成熟的 CCD 器件。CCD 技术是利用光学镜头成像转化为数字信号，像质好、感光速度快，但成本较高。

5. 常用的条形码识读设备

常用的条形码识读设备包括激光枪、CCD 扫描器、光笔、卡槽式扫描器和全向扫描平台等。

1）激光枪

激光枪是利用激光发生器产生的激光扫描线扫描条形码的手持式可移动的自动扫描、自动识别设备，由于激光的方向性好，因此激光枪是一种适合远距离条形码识别的设备，其景深较大、操作方便、扫描首读率和精度较高、性能优越，因而被广泛应用。超市结算业务采用的就是此类设备，如图 9-7 所示。

图 9-7 激光枪式条形码识别设备

2）CCD 扫描器

采用 CCD 和发光二极管光源的识读设备，称为 CCD 扫描器。它是将发光二极管所发出的光照射到被阅读的条形码上，通过光的反射，达到读取数据的目的。CCD 扫描器操作方便，易于使用，只要在有效景深范围内，光源照射到条形码符号即可自动完成扫描，对于表面不平的物品、软质的物品均能方便地进行识读，无任何运动部件，因此性能可靠，使用寿命长。与其他条形码扫描设备相比，具有耗电省、体积小、价格便宜等优点，但其阅读条形码符号的长度受扫描器的元件尺寸限制，扫描景深长度不如激光扫描器。目前，已有厂家针对 CCD 的不足开发出长距离 CCD，扫描距离可达 20 厘米。

3）光笔

光笔的笔尖安装有作为光源的发光二极管，光笔的光源有红光和红外光两种，红外光笔擅长于识读被油污弄脏的条形码符号，但结构较为复杂，光笔的耗电量非常低，适用于电池驱动的手持数据采集。现在的光笔已经开始将译码器集成在光笔的内部，使用更为方便，而且分辨率也可以达到 0.1 毫米。

4）卡槽式扫描器

卡槽式扫描器属于固定光束扫描器，其工作原理与光笔类似，但在识别位置有一个槽，带有条形码符号的卡可以从槽中滑过实现扫描，这种设备便于使用者识别操作，因此广泛用于时间管理以及考勤系统。

5）全向扫描平台

全向扫描平台是利用全向激光扫描器进行条形码识别，标准尺寸的商品条形码以任何方向通过扫描器的区域都会被扫描器的某个或某两个扫描线扫过整个条形码符号，以保证条形码信息的快速、准确识别，因此效率非常高，适用于识读不同距离、不同方向的条形码符号，如传送带上的货物分拣。

6. 条形码识别设备的选用原则和应用

1）条形码识别设备的选用原则

条形码识别设备的选用必须综合考虑条形码自身属性、识别对象特征、工作环境等多方面因素。下面以便携式条形码识别设备为例进行分析。

（1）适用范围

根据自身的不同情况，应当选择不同的便携式条形码识别设备。如应用在比较大型的立体式仓库，由于有些商品的存放位置较高，离操作人员较远，我们就应当选择扫描景深大、读取距离远，且首读率较高的采集器。而对于中小型仓库，在此方面的要求不是很高，可选择一些功能齐全、便于操作的采集器。对于用户来说，便携式数据采集器的选择最重要的一点是"够用"，而不要盲目购买价格贵、功能强的采集系统。

（2）译码范围

译码范围是选择便携式数据采集器的又一个重要指标。一般情况下，采集器都可以识别几种或十几种不同码制，但种类有很大差别，因此，用户在购买时应根据自己实际应用中的编码范围来选取合适的采集器。

（3）接口要求

采集器的接口能力是评价其功能的一个重要指标，也是选择采集器时重点考虑的内容。用户在购买时要首先明确自己原系统的环境，再选择适应该环境和接口方式的采集器。

（4）首读率

首读率是数据采集器的一个综合性指标，它与条形码符号的印刷质量、译码器的设计和扫描器的性能均有一定关系。首读率越高，其价格也必然高。在商品的库存（盘点）中，可采用便携式数据采集器，由人工来控制条形码符号的重复扫描，对首读率的要求并不严格，它只是工作效率的量度而已。因此，在选择采集器时要根据自己的实际情况和经济能力来购买物美价廉的采集器。

（5）价格

选择便携式数据采集器时，其价格也是应关心的一个问题。采集器由于其功能不同，价格会有很大差异。因此，在购买采集器时要注意产品的性能价格比，以满足应用系统要求且价格较低者为选购对象。

（6）译码范围

条形码识别设备必须首先考虑与条形码符号的匹配，如条形码的存储密度、尺寸、分辨率等，否则可能出现无法识读的现象，因此译码范围是选择条形码识别设备的重要指标。

（7）作业环境

工作环境光线太强，感光器工作就会受到影响。如果条形码表面覆盖有透明材料，反光度太高，虽然眼睛可以看到条形码，但是条形码识读器识读条件严格，同样不能正确识别，因此在选择条形码识别设备时应注意作业环境，选择合适的设备类型。

2）条形码技术在物流管理中的应用

（1）条形码仓储管理系统

条形码仓储管理系统根据货物的品名、型号、规格、日期、包装等属性制定物品代码编码规则，指定唯一的物品代码及其对应的包装代码，这些代码将贯穿条形码仓储管理系统的各种操作。条形码仓储管理系统包括传统的业务管理，如入库、出库、盘库、移库等操作，实现各种操作的多点、多方向的进销存管理。条形码仓储管理系统实现对仓库存储空间的科学有效的管理。存储空间被划分为若干个库区，每个库区又可再划分为若干个库位，并定义相应的库位代码。这种划分可以是物理的、地域的划分，也可以是逻辑的、虚拟的划分。由物品代码、包装代码、库位代码构成的仓库库存记录，可以轻松地实现如先进先出、先整后零、由近及远等不同规则的仓库操作。条形码仓储管理系统通过条形码详细记录每一件物品的业务流程及所处状态，实现对单件物品的流程跟踪管理。

物品代码的唯一性可以有效地减少甚至杜绝人工操作可能出现的差错，如重入、重出等。条形码数据的适时采集结合网络技术的应用，可以完全掌握当前仓库操作的动态资料，为管理人员或其他管理系统如 MRPⅡ、ERP 等提供准确及时的数据。

（2）条形码物流管理系统

现代化的企业需要有现代化的物流管理系统。条形码物流管理系统首先对需要进行标识的物料打印唯一的条形码标识，在流通过程中对物料进行全程跟踪，建立完整的物料供应档案，并据此挂钩建立对供应商的评价体系。条形码物流管理系统可以建立与企业 MRPⅡ、ERP 等系统的关联，在向产品/服务供应商下达订单的同时，有效控制库存以降低成本、提高效率，便于企业资金的合理运用。根据企业自身特点及行业规则统一制定的唯一的条形码标识将有效地解决因物料无序而造成的混乱和损失。

（3）条形码生产管理系统

条形码生产管理系统通过建立产品识别码和产品档案，实施对产品生产过程中的全程监控，采集生产测试数据和检验数据，直至完成。根据行业规则和企业自身特点制定产品识别码的编码规则，对所有产品建立唯一的产品标识码，并以此建立相应的产品档案。在生产线上建立合适的数据采集点，配合 PLC 可编程序控制器，可以动态监测及控制生产流程，实时地反映产品的未上线、在线、完工情况，汇总生产计划。采集质量检测数据，建立产品质量档案，既可以为 ERP 系统提供及时准确的数据，又可单独生成一系列报表数据。

（4）条形码服务管理系统

条形码服务管理系统首先制定唯一的用户代码，配合对应的产品标识码建立用户档案，实现用户跟踪、维修服务跟踪。用户跟踪可以为市场分析提供数据，而维修服务跟踪为企业进一步提高产品与服务质量提供了依据，同时杜绝销售商虚假的维修报表，避免因此而造成的保修损失。

（5）条形码票务管理系统

条形码票务管理系统使用先进的条形码自动识别技术，全程跟踪售票、验票等流程，精确统计各项数据报表，并可根据用户需要，加入数字加密模块、网络通信模块及 PLC 控制模块，满足用户在安全、通信、控制等方面的要求。

(6) 作业管理

作业管理中对条形码的应用主要体现在条形码成为联系工作流程各环节的工具。利用条形码技术，对企业的物流信息进行采集跟踪的管理信息系统通过对生产制造业的物流跟踪，满足企业针对物料准备、生产制造、仓储运输、市场销售、售后服务、质量控制等方面的信息管理需求。在配送中心利用条形码设备可以实现对从卸货、理货、收货直到配货、出货、装货、存货等众多环节的数据实时准确的登录、处理、利用，如将商品与托盘条形码自动匹配，通过识别托盘条形码便于查找相应商品；在国外的著名商业零售业中，几乎都采用无线条形码终端来完成商品的出入库管理、拣货管理等工作。目前国内的流通领域，如百货、超市、香烟、音像制品等各种产品专卖店等已经广泛地使用条形码设备，完成诸如销售单品管理、进货入库检验、依单据库房拣货、货物分发配送、库存盘点、流动销售、价格检查、外出订货等种种操作，为商品零售环节提供了强有力的管理数据。

9.2.4　无线射频技术与设备

1. 无线射频技术的概念和分类

无线射频识别(radio frequency identification，RFID)技术的基本原理是利用空间电磁感应或者电磁传播进行通信，以达到自动识别目标信息的目的，其作用是利用无线射频方式进行非接触双向通信，以达到识别和交换数据的目的。

RFID 识别系统的基本工作方法是采用粘贴、插放、植入、封装等方法将 RFID 标签与被识别对象形成一个整体单元，利用专用的 RFID 阅读器接近被识别对象，当距离达到可识别范围时，两者之间采用无线通信方式进行数据的相互传输，可以将标签内的存储数据通过阅读器解码后传递给控制用计算机，便于后期的处理分析。

射频标签有一定的标准码，ISO/IEC 15693 是频率为 13.56 MHz 标签和解读器国际标准。这项标准和美国的 FCC、欧洲的 ETSI 和日本的 MPT 相一致，使射频标签可以在不同地域的射频解读器上发挥作用。

2. 无线射频识别技术的特点

射频技术是利用无线电波对记录媒体进行读写。射频识别的距离可达几十厘米至几米，且根据读写的方式，可以输入数千字节的信息，同时，还具有极高的保密性。射频识别技术适用的领域为物料跟踪、运载工具和货架识别等要求非接触数据采集和交换的场合，要求频繁改变数据内容的场合尤为适用。

(1) 适用范围广。无线射频识别技术属于无接触式识别，最大识别距离可以达到几十米，使用方便，同时可以识别高速运动物体。无线射频识别采用无线电波来传递信息，因此不受非金属障碍物影响，没有传输屏障，因此无线射频识别技术具有非常广泛的使用范围。

(2) 识别效率高。无线射频识别技术的识别时间比条形码的识别时间短，而且可以同时识别多个标签，实现同步操作。

(3) 体积小。无线射频识别技术的标签可以制得很小，有的只有几毫米，且形状不受限制，这并不影响识别效果。

(4) 可靠性好。无线射频属于非接触式识别，损耗小，还可以很好地进行封装，射频识别设备可使用几十年，而且对外界环境干扰不敏感。

(5) 存储量大。目前的射频标签的存储量以兆字节为基本单位,且可以更新,适合数据容量大且信息需要变更的情况下使用。其所存储的信息可以包含制造商、产品批号、序列号的信息和其他如成分、尺码、重量、生产日期、产地以及物流作业信息。

(6) 准确性好。射频识别设备的信息读取精度高,误差小,减少了人工作业造成的错误率。

(7) 安全性好。信息的安全性与隐私权的保护问题是自动识别系统必须要考虑的。由于在非接触的条件下可以对标签中的数据进行读取,因此,RFID 技术的安全性以及个人隐私权的保护问题备受关注。射频标签的存储信息可以进行保密,难以伪造,从而提高了系统的安全性。

3. RFID 系统的组成

RFID 系统由三部分组成。

(1) 标签(tag)。由耦合元件及芯片组成,每个标签具有唯一的电子编码,附着在物体上标识目标对象。

(2) 阅读器(reader)。读取(有时还可以写入)标签信息的设备,可设计为手持式或固定式。

(3) 天线(antenna)。在标签和阅读器间传递射频信号。

RFID 技术的基本工作原理:标签进入磁场后,阅读器发出的射频信号凭借感应电流所获得的能量发送出存储在芯片中的产品信息(passive tag,无源标签或被动标签),或者主动发送某一频率的信号(active tag,有源标签或主动标签),阅读器获得信息并解码后(即识别),送至中央信息系统进行有关数据的处理,如图 9-8 所示。

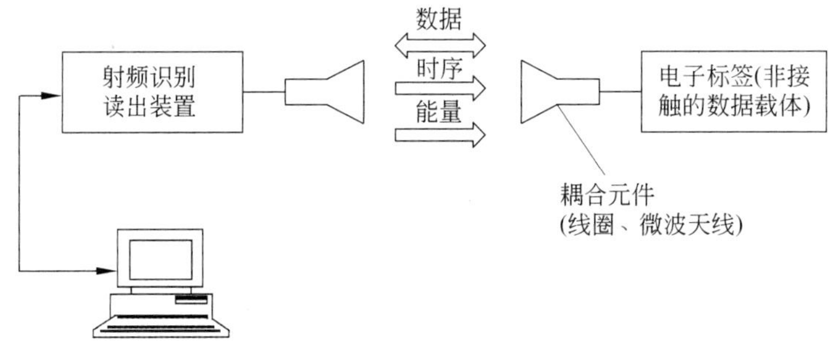

图 9-8 RFID 工作原理示意图

4. RFID 的分类

(1) 根据标签的供电形式分类。依据射频标签工作所需能量的供给方式,可以将 RFID 系统分为有源、无源和半有源系统。

(2) 根据标签的数据调制方式分类。标签的数据调制方式即标签是通过何种方式与读头之间进行数据交换,据此 RFID 可分为主动式、被动式和半主动式。

(3) 根据工作频率分类。RFID 系统的工作频率即为读头发送无线信号时所用的频率,一般可以分为低频、高频、超高频和微波。

(4) 根据标签的可读性分类。射频标签内部使用的存储器类型不一样,可以分为可读写卡(RW)和只读卡(RO),只读卡标签内一般只有只读存储器(ROM)、随即存储器

(RAM)和缓冲存储器。而可读写卡一般还有非活动可编程记忆存储器，这种存储器除了存储数据功能外，还具有在适当条件下允许多次写入数据的功能。

(5) 根据 RFD 系统标签和读头之间的通信工作时序分类。时序指的是读头和标签的工作次序问题，即是读头主动唤醒标签(reader talk first，RTF)还是标签首先自报家门(tag talk first，TTF)的方式。一般来说，无源标签一般是 TTF 方式，TTF 系统通信协议比较简单，防冲撞能力更强，速度更快。

5. 射频识别原理

射频识别系统通过电子标签内存有一定格式的电子数据，以此作为待识别物品的标识性信息。应用中将电子标签附着在待识别物品上，作为待识别物品的电子标记。阅读器与电子标签可按约定的通信协议互传信息，通常的情况是由阅读器向电子标签发送命令，电子标签根据收到的阅读器的命令，将内存的标识性数据回传给阅读器。这种通信是在无接触方式下，利用交变磁场或电磁场的空间耦合及射频信号调制与解调技术实现的。

电子标签具有各种各样的形状，但不是任意形状都能满足阅读距离及工作频率的要求，必须根据系统的工作原理，即磁场耦合(变压器原理)还是电磁场耦合(雷达原理)，设计合适的天线外形及尺寸。电子标签通常由标签天线(或线圈)及标签芯片组成。标签芯片即相当于一个具有无线收发功能再加存储功能的单片系统(SOC)。从纯技术的角度来说，射频识别技术的核心在于电子标签，阅读器是根据电子标签的设计而设计的。虽然在射频识别系统中电子标签的价格远比阅读器低，但通常情况下，在应用中，电子标签的数量是很大的，尤其是在物流应用中，电子标签可能是海量并且是一次性使用的，而阅读器的数量则相对要少得多。

6. RFID 的应用与选择

RFID 在物流诸多环节上发挥了重大的作用，其主要的一些应用如下。

1) 零售环节

RFD 可以改进零售商的库存管理，实现适时补货，有效跟踪运输与库存，提高效率，减少出错。同时，智能标签能够对某些具有时效性商品的有效期限进行监控；商店还能利用 RFID 系统在付款台实现自动扫描和计费，取代人工收款方式。

2) 存储环节

在仓库里，射频技术最广泛的使用是存取货物与库存盘点，它能用来实现自动化的存货和取货等操作。在整个仓库管理中，通过将供应链计划系统制订的收货计划、取货计划和装运计划等与射频识别技术相结合，能够高效地完成各种业务操作，如指定堆放区域、上架/取货与补货等。这样，增强了作业的准确性和快捷性，提高了服务质量，降低了成本，节省了劳动力(8%～35%)和库存空间，同时减少了整个物流中由于商品误置、送错、偷窃、损害和库存、出货错误等造成的损耗。

小看板

条形码与商品之间的关系

通常对于每一种物品，它的编码是唯一的，对于普通的一维条形码来说，还要通过数据库建立条形码与商品信息的对应关系，当条形码的数据传到计算机上时，由计算机上的应用程序对数据进行操作和处理。因此，普通的一维条形码在使用过程中仅作为识别信息，它的意义是通过在计算机系统的数据库中提取相应的信息而实现的。

3）运输环节

在运输管理中，在途运输的货物和车辆是通过在其上贴上 RFID 标签，例如，将标签贴在集装箱和装备上通过射频识别来完成设备与跟踪控制。RFID 接收转发装置通常安装在运输线的一些检查点上（如门柱上、桥墩旁等），以及仓库、车站、码头和机场等关键地点。接收装置收到 RFID 标签信息后，连同接收地的位置信息上传至通信卫星，再由卫星传送给运输调度中心，送入数据库中。

4）配送/分销环节

在配送环节，采用射频技术能大大加快配送的速度和提高拣选与分发过程的效率和准确率，并能减少人工，降低配送成本。

9.3 EDI 与 POS 技术

9.3.1 EDI 技术

1. EDI 的概念

电子数据交换（electronic data interchange，EDI）是指按照统一规定的一套通用标准格式，将标准的经济信息通过通信网络传输，在贸易伙伴的电子计算机系统之间进行数据交换和自动处理。它是一种利用计算机进行商务处理的新方法。EDI 是将贸易、运输、保险、银行和海关等行业的信息，用一种国际公认的标准格式，通过计算机通信网络，使各有关部门、公司与企业之间进行数据交换与处理，并完成以贸易为中心的全部业务过程。

2. EDI 系统的组成

EDI 包含了三个方面的内容，即计算机应用、数据通信网络和数据标准化。其中，计算机应用是实现 EDI 的内部条件，数据通信网络是 EDI 应用的技术基础，数据标准化是实现 EDI 的关键。这三方面相互衔接、相互依存，构成 EDI 的基础框架。EDI 系统模型，如图 9-9 所示。

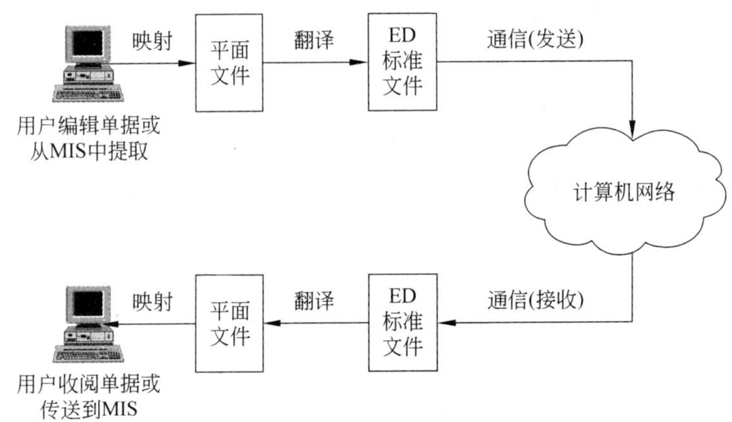

图 9-9　EDI 系统模型

3. EDI 的分类

根据功能，EDI 可分为四类。

第一类是订货信息系统，是最基本的，也是最知名的 EDI 系统。它又可称为贸易系统(trade data interchange，TDI)，它用电子数据文件来传输订单、发货票和各类通知。

第二类是电子金融汇兑系统(electronic fund transfer，EFT)，即在银行和其他组织之间实行电子费用汇兑。EFT 已使用多年，但它仍在不断改进中。最大的改进是同订货系统联系起来，形成一个自动化水平更高的系统。

第三类是交互式应答系统(interactive query response)。它可应用在旅行社或航空公司作为机票预订系统。这种 EDI 在应用时要询问到达某一目的地的航班，要求显示航班的时间、票价或其他信息，然后根据旅客的要求确定所要的航班，并打印机票。

第四类是带有图形资料自动传输的 EDI。最常见的是计算机辅助设计(computer aided design，CAD)图形的自动传输。如美国一个厨房用品制造公司——Kraft Maid 公司，在 PC 机上以 CAD 设计厨房的平面布置图，再用 EDI 传输设计图纸、订货和收据等。

4. EDI 的运作过程

假定有一个由发送货物业主(如生产厂家)、物流运输业主和接收货物业主(如零售商)三方组成的物流模型，此模型在实施 EDI 过程中的运作流程如图 9-10 所示。

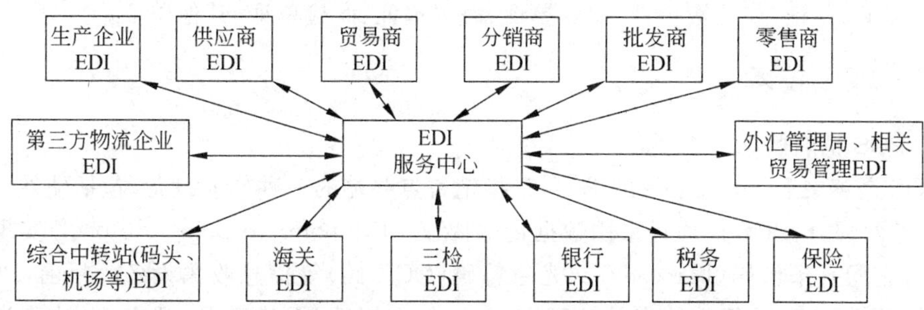

图 9-10　EDI 的运作过程

(1) 发送货物业主在接到订货后制订货物运送计划，并把运送货物的清单及运送时间安排等信息，通过 EDI 发送给物流运输业主和接收货物业主，以便物流运输业主预先制订车辆调配计划，接收货物业主制订货物接收计划。

(2) 发送货物业主依据顾客订货要求和货物运送计划，下达发货指令，分拣配货，将物流条码标签贴在货物包装箱上，同时把运送货物品种、数量、包装等信息，通过 EDI 发送给物流运输业主和接收货物业主。

(3) 物流运输业主从发送货物业主处取运货物时，利用车载扫描读数仪读取货物标签的物流条码，核实与先前收到的货物运输数据是否一致，以确认运送货物。

(4) 物流运输业主对货物进行整理、集装、制作送货清单，并通过 EDI 向接收货物业主发送发货信息。在货物运抵接收方后，物流运输业主通过 EDI，向发送货物业主发送完成运送业务信息和运费请示信息。

(5) 接收货物业主在货物到时，利用扫描读数仪读取货物标签的物流条码，并与先前收到的货物运输数据核对确认，开出收货发票，货物入库。同时，通过 EDI 向物流运输业主和发送货物业主发送收货确认信息。

物流EDI的优点在于，与供应链组成各方基于标准化的信息格式、处理方法，通过EDI分享信息、提高流通效率、降低物流成本。例如，在上述流程中，生产厂家可按市场订单来组织生产，有可能实现零库存生产；运输商能根据生产厂家及用户信息主动安排运输计划，迅速有效地组织运输；对零售商来说，应用EDI系统可大大降低进货作业的出错率，节省进货时间、成本，能迅速核对订货与到货的数据，易于发现差错。EDI使产、供、销更紧密有效，使物流企业能更合理、有效地进行管理。

5. EDI在现代物流中的应用

近年来，EDI在物流中得到了广泛应用，由此产生了物流EDI。物流EDI可把物流供应链上的各单位连接起来，这些单位构成了物流EDI的有机组成部分。主要包括以下内容。

(1) 货物业主，如生产厂家、贸易商、批发商、零售商等。

(2) 承运业主，如独立的物流承运企业等。

(3) 实际运送货物的交通运输企业，含铁路、水运、航空和公路运输企业等。

(4) 协助单位，包括政府有关部门、金融企业、海关、边检等。

(5) 物流相关单位，如仓储业者、专业报关业者等。

(6) EDI单证，如运输单证、商业单证、海关单证、商检单证、其他单证。

9.3.2 POS技术

1. POS机的概念

POS是英文point of sale的缩写，是指销售点终端的一种作业设备，包括硬件设备和软件设备两部分，POS机通过采用数据传输协议PPP(point to point protocol)实现信息的传输，它配有条形码(bar code)或光字符码(OCR码)等信息收集设备。目前，POS机主要用于零售业和服务业的交易处理和记录，如在银行、百货商场、超市，也被称为收银机、收款机、电子收款机。POS机是典型的一体化信息集成设备，可以完成信息的采集、存储、处理和传输，并可以实现供应链多个作业单位的信息共享，使得企业可以简化供应链、促进自助式交易并且降低部署和维护零售环节的基础设施的成本，是终端的零售商家不可缺少的收款设备。

2. POS机的特点

POS机是典型的一体化信息设备，但是作为一种终端设备，它的信息处理能力并不是很强，综合而言具有以下特点。

(1) 信息采集效率高。作为一种终端设备，信息采集是POS机的主要功能，特别是在商品流通领域。很多情况下POS机是作为一种典型的信息采集专用设备使用，如条形码收银设备等，以提高操作效率。

(2) 作业功能全面。POS机不但具有信息采集功能，还可以对录入的信息进行存储和处理，如完成货物初步的数量和价格统计，并可以将数据传输给物流管理系统，作为决策分析的原始基础数据，还可以实现电子货币的实时转账。

(3) 实用性强。POS机可与多种设备相连接，还可以采用联网结构，所以系统的实时性强，POS 机是开放的系统，组件是相对独立的，便于进行模块功能的组合。

(4) 经济性好。POS 机价格比较低廉，性能价格比高。POS 机与普通计算机结构相似，但是为了提高作业效率、降低成本，只能作为简单的终端使用，因此具有很强的专用性。

3. POS 机的基本组成

POS 机的基本结构包括主机与外部设备，其中主机结构和普通电子计算机类似，POS 机的主要外部设备包括条形码识别设备、票据打印机、顾客显示屏、显示器、专用机箱、编程键盘、磁卡阅读器以及收银钱箱，如图 9-11 所示。

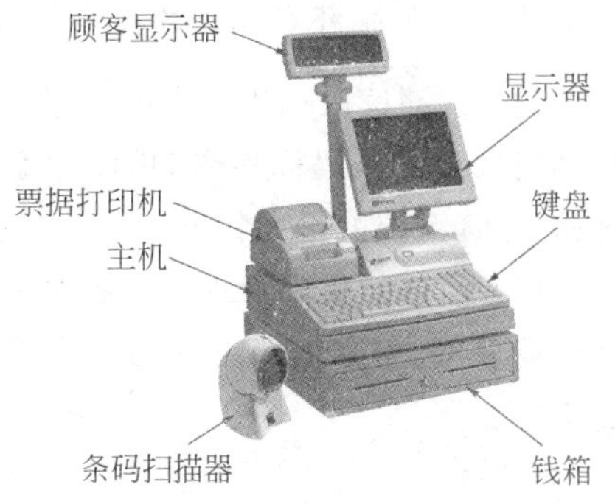

图 9-11　POS 机

4. POS 系统的运行步骤

1) 商品信息化

店铺销售商品都贴有表示该商品信息的条码或 OCR(optical character recognition)标签。

2) 信息采集

在顾客购买商品结账时，收银员使用扫描读数仪自动读取商品条码标签或 OCR 标签上的信息，通过店铺内的微型计算机确认商品的单价，计算顾客购买总金额等，同时反馈给收银机，打印出顾客购买清单和付款总金额。

3) 信息传递

各个店铺的销售时点信息，通过 VAN 以在线连接方式即时传送给总部或物流中心。

4) 信息分析

在总部、物流中心和店铺利用销售时点信息，进行库存调整、配送管理、商品订货等作业。通过对销售时点信息进行加工分析来掌握消费者购买动向，找出畅销商品和滞销商品，以此为基础，进行商品品种配置、商品陈列、价格设置等方面的作业。

5) 信息利用

在零售商与供应链的上游企业(批发商、生产厂家、物流业者等)结成协作伙伴关系(也称为战略联盟)的条件下，零售商利用 VAN 以在线连接的方式，把销售时点信息及时传送给上游企业。这样，上游企业可以利用销售现场最及时准确的销售信息制订经营计划，进行决策。例如，生产厂家利用销售时点信息进行销售预测，掌握消费者购买动向，找出畅销商品和滞销商品，把销售时点信息和订货信息进行比较分析来把握零售商的库存水平，以此为基础制订生产计划和零售商库存连续补充计划。

5. POS 系统在现代物流中的应用

(1) 零售业的单品管理，是指对店铺陈列、展示、销售的商品，以单个商品为单位进行销售跟踪和管理的方法。

(2) 职工管理，是指通过 POS 终端机上的计时器的记录，依据每个职工的出勤状况、销售状况(以月、周、日甚至时间段为单位)进行考核管理。

(3) 顾客管理，是指在顾客购买商品结账时，通过收银机自动读取零售商发行的顾客 ID 卡或顾客信用卡来把握每个顾客的购买品种和购买额，从而对顾客进行分类管理。

小看板

识别操作方式的影响

固定式数据采集器必须安装在固定的位置，并且需把条形码符号拿到扫描器前阅读。目前，一些物流企业在出入库管理中已开始使用。由于在线式数据采集器在使用范围和用途上造成了一些限制，使其不能应用在需要脱机使用的场合，如库存盘点、大件物品的扫描等。为了弥补在线式数据采集器的不足，便携式数据采集器应运而生。

(4) 自动读取销售时点的信息。在顾客购买商品结账时，POS系统通过扫描读数仪自动读取商品条码标签或OCR标签上的信息，在销售商品的同时获得实时的销售信息，这是POS系统的最大特征。

(5) 信息的集中管理。在各个POS终端获得的销售时点信息，以在线连接方式汇总到企业总部，与其他部门发送的有关信息一起由总部的信息系统加以集中，并进行分析加工。

9.4 GPS与GIS技术

9.4.1 全球卫星定位系统(GPS)

1. GPS的概念

全球定位系统(global positioning system，GPS)利用空中卫星对地面目标进行精确导航与定位，以达到全天候、高准确度地跟踪地面目标移动轨迹的目的，它具有在海、陆、空进行全方位实时三维导航与定位能力。

全球卫星定位系统是通过卫星对地面上运行的车辆、船舶进行测定并精确定位。在车辆、船舶或其他运输工具设备上配置信标装置，就可以接收卫星发射信号，以置于卫星的监测之下，通过接收装置就可以确认精确的定位位置。

2. GPS系统的组成

GPS是美国从20世纪70年代开始研制，历时20年，耗资200亿美元，于1994年全面建成，具有在海、陆、空进行全方位实时三维导航与定位能力的新一代卫星导航与定位系统。

GPS系统包括三大部分：空间部分——GPS卫星星座，地面控制部分——地面监控系统，用户设备部分——GPS信号接收机。如图9-12所示。

1) GPS工作卫星及其星座

由21颗工作卫星和3颗在轨备用卫星组成GPS卫星星座，记做(21+3)GPS星座。24颗卫星均匀分布在6个轨道平面内，轨道倾角度为55°，各个轨道平面之间相距60°，即轨道的升交点赤经各相差60°。每个轨道平面内各颗卫星之间的升交角距相差90°，轨道平面的卫星颗数随着时间和地点的不同而不同，最少可见到4颗，最多可以见到11颗。

2) 地面监控系统

对于导航定位来说，GPS卫星是一个动态已知点。卫星的位置是依据卫星发射的星

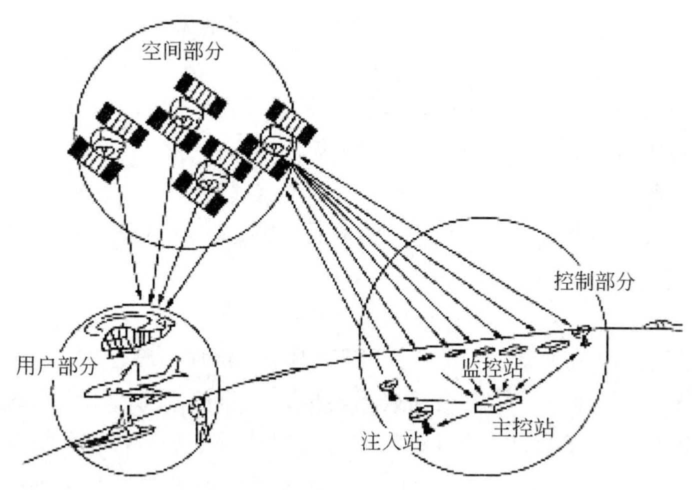

图 9-12　GPS系统的组成

历——描述卫星运动及其轨道的参数算得的。每颗GPS卫星所播发的星历，是由地面监控系统提供的。卫星上的各种设备是否正常工作，以及卫星是否一直沿着预定轨道运行，都要由地面设备进行监测和控制。

3）信号接受系统

GPS信号接收机的任务是：能够捕获到按一定卫星高度截止角所选择的待测卫星的信号，并跟踪这些卫星的运行，对所接收到的GPS信号进行变换、放大和处理，以便测量出GPS信号从卫星到接收机天线的传播时间，解译出GPS卫星所发送的导航电文，实时地计算出测站的三维位置，甚至三维速度和时间。

3. GPS技术的特点

1）定位精度高

应用实践已经证明，GPS相对定位精度在50千米以内可达10^{-6}，100～500千米可达10^{-7}，1000千米可达10^{-9}。在300～1 500米工程精密定位中，1 h以上观测的解其平面位置误差小于1毫米，与ME-5000电磁波测距仪测定的边长相比，其边长误差最大为0.5毫米。

2）观测时间短

随着GPS系统的不断完善和软件的不断更新，目前，20千米以内相对静态定位仅需15～20min；快速静态相对定位测量时，当每个流动站与基准站相距在15千米以内时，流动站观测时间只需1～2 min，然后可随时定位，每站观测只需几秒钟。

3）测站间无须通视

GPS测量不要求测站之间互相通视，只需测站上空开阔即可，因此可节省大量的造标费用。由于无须点间通视，点位位置可根据需要可稀可密，使选点工作甚为灵活，也可省去经典大地网中的传算点、过渡点的测量工作。

4）可提供三维坐标

经典大地测量将采用不同方法分别对平面与高程施测。GPS可同时精确测定测站点的三维坐标。目前,GPS 水准可满足四等水准测量的精度。

5)操作简便。随着 GPS 接收机的不断改进,其自动化程度越来越高,有的已达"傻瓜化"的程度。接收机的体积越来越小,重量越来越轻,极大地减轻了测量工作者的工作紧张程度和劳动强度,使野外工作变得轻松愉快。

6)全天候作业

目前 GPS 观测可在 24 h 内的任何时间进行,不受阴天黑夜、起雾刮风、下雨下雪等气候的影响。

7)功能多、应用广

GPS 系统不仅可用于测量、导航,还可用于测速、测时。测速的精度可达 0.1 米/s,测时的精度可达几十毫微秒。其应用领域不断扩大。当初,设计 GPS 系统的主要目的是用于导航、收集情报等军事目的。但是,后来的应用开发表明,GPS 系统不仅能够达到上述目的,而且用 GPS 卫星发来的导航定位信号能够进行厘米级甚至毫米级精度的静态相对定位、米级至亚米级精度的动态定位、亚米级至厘米级精度的速度测量和毫微秒级精度的时间测量。因此,GPS 系统展现了极其广阔的应用前景。

4. GPS 的功能

1)定位功能

GPS 通过接收卫星信号,可以准确地定出其所在的位置(经纬度),位置误差小于 10 米。如果具有地图功能,可以在地图上相应的位置用一个记号标记出来。同时,GPS 还可以取代传统的指南针显示方向,取代传统的高度计显示海拔高度等信息。

2)测速功能

通过 GPS 对卫星信号的接收计算,可以测算出行驶的具体速度。

3)显示航迹功能

GPS 带有航迹记录功能,可以记录下车辆行驶经过的路线。

4)导航功能

引导交通工具准确地沿着选定的路线,准时到达目的地的手段。

5)防盗抢功能

通过 GPS 上的控制盒来控制车辆的中控锁和一些传感器,在车辆被盗抢或非法移动时,设备就会把这种信号报告给监控中心和车主,从而进行相应的处理,如断油、断电等。

6)车辆的监控和调度功能

针对单位用户的车辆,车辆的行驶轨迹和状态都能在监控平台上显示出来,而且可以发布调度指令,由车载上的调度屏来接收,还可以实现限速控制等。

5. GPS 在现代物流中的应用

GPS 系统的建立给导航和定位技术带来了巨大的变化,它从根本上解决了人类在地球上的导航和定位问题,可以满足不同用户的需要。

1)对水运舰船的作用

对舰船而言,它能在海上协同作战,在海洋交通管制、海洋测量、石油勘探、海洋捕鱼、浮标建立、管道铺设、浅滩测量、暗礁定位、海港领航等方面做出贡献。

2）对航运飞机的作用

对飞机而言，它可以在飞机进场、着陆、中途导航、飞机会合、空中加油、武器准确投掷及空中交通管制等方面进行服务。

3）对公路运输的车辆作用

在陆地上，可用于各种车辆、坦克、陆军部队、炮兵、空降兵和步兵等的定位，还可用于大地测量、摄影测量、野外调查和勘探的定位，甚至可以深入到每个人的生活中去，如用于汽车、旅行、探险、狩猎等方面。

4）用于空间技术时的作用

在空间技术方面，可以用于弹道导弹的引航和定位、空间飞行器的导航和定位等。

6. GPS 设备选型标准

1）识别精度

识别精度是 GPS 设备的主要参数，对于不同的应用领域，识别精度的要求差别很大，对于一般的车辆跟踪识别精度的要求并不是很高。

2）通信方式

GPS 设备的关键是要实现数据的双向通信，因此通信方式十分重要，如蓝牙设备就必须与计算机连接后才能实现数据传输，通信方式的确定还需要考虑通信的传输速度。

3）系统功能

GPS 的功能是可以扩展的，要与实际的应用情况相匹配，如车辆的防盗功能就是在车辆的定位基础上实现车辆的动力系统控制。

9.4.2　地理信息系统(GIS)

1. GIS 的概念

地理信息系统(geographical information system，GIS)是多种学科交叉的产物，它以地理空间数据为基础，采用地理模型分析方法，适时地提供多种空间和动态的地理信息，是一种为地理研究和地理决策服务的计算机技术系统。其基本功能是将表格型数据(无论它来自数据库、电子表格文件或直接在程序中输入)转换为地理图形显示，然后对显示结果浏览、操作和分析。其显示范围可以从洲际地图到非常详细的街区地图，显示对象包括人口、销售情况、运输线路和其他内容。

小看板

香港地区的车辆自动识别系统——驾易通

香港地区的车辆自动识别系统——驾易通，采用的主要技术就是射频技术。目前香港地区已经有约 8 万辆汽车装上了电子标签，装有电子标签的车辆通过装有射频扫描器的专用隧道、停车场或高速公路路口时，无须停车缴费，大大提高了行车速度和效率。射频技术在其他物品的识别及自动化管理方面也得到了较广泛的应用。

2. GIS 的组成

GIS 主要由计算机硬件、计算机软件、地理空间数据和系统组织管理人员四部分组成。

(1) 计算机硬件。计算机硬件主要由存储、处理和输入输出等设备组成。如图 9-13 所示。

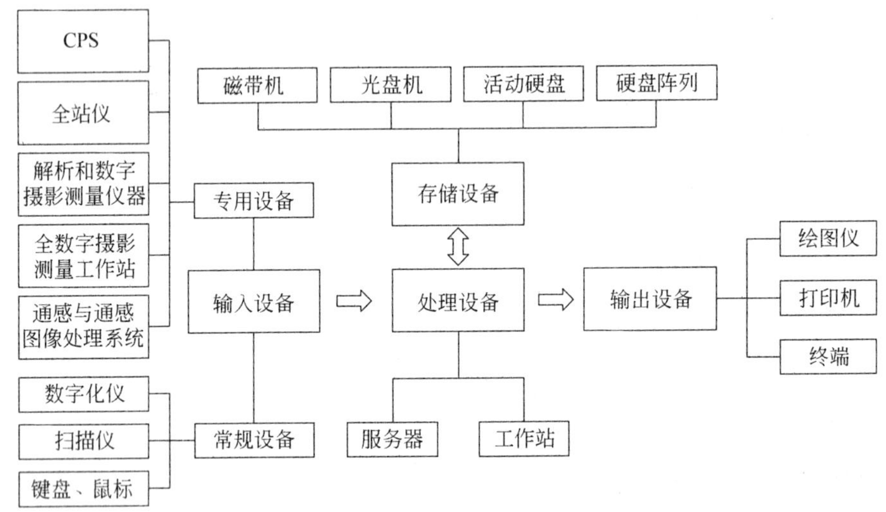

图 9-13 GIS 硬件组成

(2) 计算机软件。计算机软件主要有地理信息软件、数据库管理系统、支持地理查询、分析和视觉化的工具，能够使这些软件图形化的界面等，如图 9-14 所示。

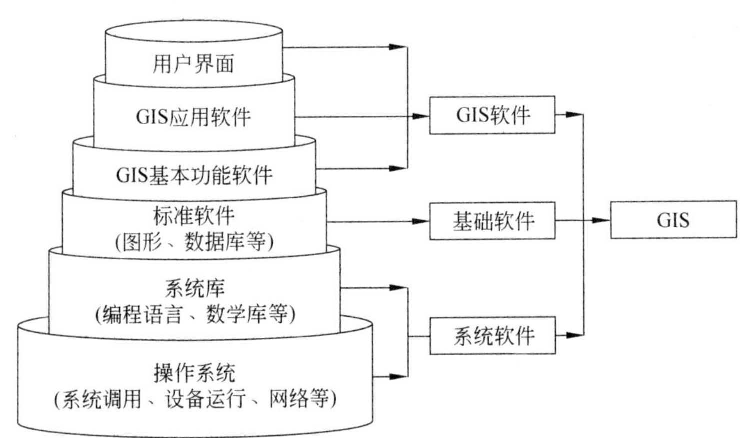

图 9-14 GIS 软件组成

(3) 地理空间数据。GIS 中最重要的就是地理空间数据，该数据包括空间数据和属性数据，空间数据可以用栅格和矢量两种形式加以表达，空间数据表现了地理空间实体的位置、大小、形状、方向和几何拓扑关系。属性数据通常为文档或表格数据。

(4) 系统组织管理人员。系统组织管理人员包括系统的建设管理人员和用户，是 GIS 系统设计、开发和维护的技术专家，还有使用系统并解决问题的专门人员。一个 GIS 的人员系统应该由项目负责人、信息技术专家、维护人员、程序员和操作员组成。

3．GIS 的基本功能

GIS 的基本功能是将表格型数据（无论它来自数据库、电子表格文件还是直接在程序中输入）转换为地理图形显示，然后对显示的结果浏览、操作和分析。其显示范围可以从洲际地图到非常详细的街区地图，显示对象包括人口、销售情况、运输线路以及其他内容。

4．GIS 技术在现代物流中的应用

GIS 应用于物流分析，主要是指利用 GIS 强大的地理数据功能来完善物流分析技术。国外公司已经开发出利用 GIS 为物流分析提供专门的工具软件。完整的 GIS 物流分析软件，集成了车辆路线模型、最短路径模型、网络物流模型、分配集合模型和设施定位模型等。

（1）车辆路线模型。用于解决一个起始点、多个终点的货物运输中，如何降低物流作业费用，并保证服务质量的问题。包括决定使用多少辆车，每辆车的行驶路线等。

（2）网络物流模型。用于解决寻求最有效的分配货物路径问题，也就是物流网点布局问题。例如，将货物从 N 个仓库运往到 M 个商店，每个商店都有固定的需求量，因此需要确定由哪个仓库提货送给哪个商店，使运输代价最小。

（3）分配集合模型。可以根据各个要素的相似点把同一层上的所有或部分要素分为几个组用以解决确定服务范围和销售市场范围等问题。例如，某一公司要设立 X 个分销点，要求这些分销点要覆盖某一地区，而且要使每个分销点的顾客数目大致相等。

（4）设施定位模型。用于确定一个或多个设施的位置。在物流系统中，仓库和运输线共同组成了物流网络，仓库处于网络的节点上，节点决定着线路，如何根据供求的实际需要并结合经济效益等原则，在既定区域内设立多少个仓库，每个仓库的位置、规模，以及仓库之间的物流关系等，运用此模型均能很容易地得到解决。

本章小结

本章介绍物流信息系统设备、功能。自动识别设备是物流信息设备的主要组成部分，可以实现信息的高效采集、存储、传输和处理，在选择自动识别设备时应注意各种性能参数的选择，与物流作业流程紧密结合。GPS 设备要注重其与交通工具的结合，引入动态的管理模式，实现物流运输流程的动态优化管理。

复习思考

一、填空题

1．物流信息设备是指（　　），是实现物流信息化的硬件基础，是信息技术在物流领域中应用的重要保障。

2．条形码是由一组规则排列的条、空以及对应的字符组成的标记，“条”（　　），“空”（　　），这些条和空组成的数据表达一定的信息，并能够用特定的设备识读，转换成与计算机兼容的二进制和十进制信息。

3．射频标签有一定的标准码，（　　）是频率为（　　）MHz 标签和解读器国际标准。

4. EDI包含了三个方面的内容，即(　　)、(　　)和(　　)。

5. GPS系统由(　　)、(　　)、(　　)三大部分组成。

二、判断题

1. 信息采集是物流信息设备的重要功能，是信息系统工作的基础。　(　　)

2. 一维条形码可分为两大类型：一类是行排式二维条形码(2D stacked bar code)，另一类是矩阵式二维条形码(2D matrix bar code)。　(　　)

3. 光笔与卡槽式条形码扫描器只能识读二维条形码。　(　　)

4. 无线射频识别技术属于无接触式识别，最大识别距离可以达到几百米，使用方便，同时可以识别高速运动物体。　(　　)

5. RFID系统由两部分组成。　(　　)

6. GPS由21颗工作卫星和1颗在轨备用卫星组成GPS卫星星座，记做(21+1)GPS星座。　(　　)

7. GPS通过接收卫星信号，可以准确地定出其所在的位置(经纬度)，位置误差小于20米。　(　　)

8. GIS主要由计算机硬件、计算机软件、地理空间数据组成。　(　　)

9. GIS的基本功能是将表格型数据(无论它来自数据库、电子表格文件还是直接在程序中输入)转换为地理图形显示，然后对显示的结果浏览、操作和分析。　(　　)

10. GIS应用于物流分析，主要是指利用GIS强大的卫星跟踪功能来完善物流分析技术。　(　　)

三、选择题

1. (　　)是指条码左右两端外侧与空的反射率相同的限定区域，它能使阅读器进入准备阅读的状态。

A. 终止符　　B. 静区　　C. 数据符　　D. 模块

2. (　　)是利用无线电波对记录媒体进行读写。

A. POS技术　　B. EDI　　C. 条码技术　　D. 射频技术

3. 实现EDI的关键是(　　)。

A. 计算机应用　　B. 数据标准化　　C. 数据通信网络　　D. 硬件设备

4. 每个轨道平面内各颗卫星之间的升交角距相差(　　)，轨道平面的卫星颗数随着时间和地点的不同而不同，最少可见到4颗，最多可以见到11颗。

A. 60°　　B. 90°　　C. 120°　　D. 180°

5. (　　)基本功能是将表格型数据(无论它来自数据库、电子表格文件或直接在程序中输入)转换为地理图形显示，然后对显示结果浏览、操作和分析。

A. GIS系统　　B. GPS系统　　C. POS系统　　D. EDI系统

四、简答题

1. 简述自动识别技术的主要作用。

2. 简述条形码数据采集器的物流应用领域。

3. 简述射频识别技术的技术特点。

4. 说明POS机的基本功能。

5. 简述GPS的主要技术特点。

五、案例分析题

沃尔玛信息技术的应用

沃尔玛使用RFID来管理供应链,降低沃尔玛的库存量,打击伪劣产品和保持低廉的销售价格,提高补货的效率,同时降低人工成本。

补货的关键在于补货信息及时提供给供应商。RFID可以及时地反馈仓库的实时信息,可以反馈货架上货品的实时信息,这些信息可以实时通过互联网反馈到沃尔玛的供应商的系统中。供应商可以及时将物品送到沃尔玛。供应商的商品出厂后,每个托盘都会打上RFID标签,在入库的时候无须人工干预,数据直接进入计算机,入库后可以由系统自动地分拣,直接上物流配送的车辆。

沃尔玛第一时间把物品摆放到货架上。进入店面仓库大门,无须手工扫描,入库数据直接进入计算机。在仓库中的各个库位均有读卡器的覆盖,可以实现库位的立体精确控制。店面仓库的货品拿出仓库大门时,出库数据进入计算机,摆放到货架后,可以实时监控物品被取走的情况。

2003年6月,沃尔玛正式提出声明,要求旗下100家供应商自2005年1月开始必须无条件使用RFID标签于所提供的货箱上。供应商的货物在进入物流仓储中心前,由放置于大门的读卡器读取货箱(case)或托盘(pallet)资料进行仓储管理,并在货箱或托盘离开物流仓储中心时由另一组读卡器读取并记录。现实的商店中,包含货物进入商店后场的管理与上架的管理,因此,分别布建一组读卡器记录货物的信息。

实施射频识别技术后,沃尔玛的各方面的成本和效率发生了很多变化,沃尔玛的104家超市、36家山姆会员店和3个分销中心都已经使用了RFID技术,沃尔玛首席信息官Unda Dillman说,沃尔玛已经安装了14 000多个硬件和230多米电缆,100家中的57家供应商已经完成了货物安装RFID标签的要求,到目前为止,沃尔玛已经读取了7161个带有标签的货盘和210 390个货箱,已经记录了150万个电子产品代码信息。在分销中心的传送带上,零售商已经获得了95%的读取率,在分销操作的最后一环操作,也就是将货箱拆开放进压缩机的过程,读取率达到98%。

目前最大的问题还是读取整个货盘上所有货箱标签的读取率,只有66%。脱销率降低了16%,同时人工订货也减少了,从而使库存量降低了。

资料来源:赵庆祯.现代物流设施与设备[M].北京:理工大学出版社,2012.

问题:

(1) 说明射频识别设备需要考虑的主要因素。

(2) 说明该系统的主要组成部分以及各部分的功能。

实　训

【实训项目】

条形码的制作。

【实训目的】

(1) 掌握条形码设备的基本使用方法。

(2) 分析不同种类条形码的特点。

【实训内容】

(1) 对比不同种类条形码的特点。

(2) 分析条形码在使用中应考虑的影响因素。

【实验器材】

(1) 条形码打印设备以及识别设备。

(2) 不同种类的条形码打印纸。

(3) 两种不同种类的货物若干。

【实验步骤】

(1) 首先熟悉条形码打印设备的使用方法,并进行实际条形码的打印练习。

(2) 利用不同种类的条形码打印相同的内容,对比分析不同种类条形码的特点。

(3) 更换条形码打印纸,并调节不同的打印参数设置,比如分辨率等参数,全面地了解条形码打印设备的性能。

(4) 利用识别设备对不同的条形码进行识别,分析条形码设备的兼容性。

(5) 选择不同种类的货物进行条形码设备的粘贴,对于形状不规则的物品,分析表面平整度对识别效率的影响。

第 10 章

自动分拣技术与装备

【知识目标】

(1) 掌握自动分拣技术与装备的基本组成。

(2) 理解分拣设备的基本功能和选型原则。

(3) 了解常用分拣设备的结构类型。

【能力目标】

(1) 能够根据物流作业需要选择合适的分拣技术与装备。

(2) 灵活运用所学知识解决实际问题。

河南省首条现代化物流分拣线开建

河南省第一条现代化物流分拣线于 2007 年 8 月 3 日在郑州开工建设。作为河南现代物流业发展水平的标志性产物,这条生产线的开建,也标志着河南省物流业发展开始实现由传统运输业到现代物流业的重要转变。

耗资 3000 万元上马的河南第一条现代化的物流分拣线,落户于河南长通现代物流中心。这个投资 3.5 亿元,将历时两年建成的现代化物流园区,位于郑州郑东新区,占地 145 亩,是一个集现代物流配送平台、物流商务办公和餐饮消费于一体的现代化物流园区。

对于河南省第一条现代化物流分拣线的开建,中国物流采购联合会常务副会长丁俊发给予了高度评价。他说:"郑州是中国铁路、公路、航空、信息兼具的重要综合性枢纽之一,具备了物流枢纽城市的一切要素。现代化物流分拣线的投建,让郑州乃至河南的物流企业迈上了一个新台阶,站在了一个新的起点。这对郑州尽快确立全国物流中心城市,使河南快速成长为中国现代物流中心,将起到重要的推动作用。"

资料来源:陈学桦,《河南日报》,http://www.xinhuanet.com/chinanews/.

思考分析:

现代化物流分拣线开建有何意义?

10.1 自动分拣技术与装备概述

10.1.1 分拣技术

商品在从生产厂流向顾客的过程中，总是随着商品数量和商品集合状态的变化。因此，有必要将集装化的货物单元解体，重新分类，形成新的供货单元。

1. 分拣

分拣指为进行运输、配送，把很多货物按品种、地点和单位分配到所设置的场地的作业。按照分拣手段的不同，可以将其分为人工分拣、机械分拣和自动分拣三大类。人工分拣基本上靠人力搬运，或者可以利用最简单的器具和手推车等，这种分拣方式劳动强度非常大，但是分拣的效率却非常低。机械分拣大多指利用机械(如输送机)为主要的输送工具，通过在各分拣位置配备作业人员进行分拣，这种分拣方式投资不多，也可以在一定程度上减轻劳动强度，提高分拣的效率。自动分拣则是指货物从进入分拣系统到指定的位置为止，所有的作业均是按照人的指令自动完成。因此，这种分拣方式的分拣处理能力相当强，分拣的货物品种和数量也非常大。

2. 分拣作业

分拣作业就是根据顾客的要求，迅速、准确地将货物从其储位拣取出来，并按照一定的方式进行分类、集中，等待配装送货的作业过程。分拣对物流的各环节都起到了非常关键的作用。例如，在物流配送作业的各环节中，分拣作业是非常重要的一环，它是整个配送作业系统的核心。

物流中心是一个劳动力相对密集的场所，其中50%的人力劳动直接与拣货作业相关，30%～40%的工作时间也将消耗在拣货工作中，企业在拣货作业方面的人工支出成本占到物流配送中心总成本的15%～20%。合理的拣货作业管理和规划模式，对于物流配送中心的生产效率是一个相当值得研究的课题，提高拣货的准确率和订单处理能力，也是物流配送中心工作的重点。

10.1.2 分拣作业合理化的原则

1. 存放时应考虑易于出库和拣选

这是指要了解和记忆各种货物的存放位置，存放时对出入库频繁的货物应放在距离出口较近的地方，这样可以缩短取货时间。

2. 提高保管效率，充分利用储存空间

在现实中，储存空间不能充分利用的情况是常见的，除了提倡立体化储存之外，也可以通过减少通道所占用的空间来提高储存效率，还可以采用一些有特色的保管和搬运设备来提高存储空间的利用率。

3. 减少拣选错误

拣选作业中，误发货往往是不可避免的。这是最大的浪费，应努力加以避免。为解决这一问题，除了实现机械化和自动化之外，还要求作业者尽可能减少目视及取物操作上的错误。为此，在作业指示和货物的放置方面要仔细研究。

4. 作业应力求平衡化，避免忙闲不均的现象

必须重视收货入库、接收订单后出库等作业和进、出卡车的装卸作业时刻表的调整。通常卡车卸货到入库前的暂存，以及出库和卡车装载之间的理货作业，是作业不能均衡调节的重要环节；其他作业也应周到考虑、合理安排，这样可以大大节约人力。

5. 事务处理和作业环节要协调配合

这是指要调整物流和信息流，使两方面的作业都没有等待时间。通常在物流作业之前要进行信息处理，如在发货时要先根据发货通知将货物取出，在出库区进行理货作业，再填写出库单。这些事务工作完成后，配送车辆的司机再拿着出库单来提货，这样就避免了车辆过长时间的等待。

6. 分拣作业的安排要和配送路线的顺序一致

向配送车辆装货时必须考虑配送顺序，而在出库区理货时又要考虑装载是否方便。在分拣货物时也要依据这个原则，即分拣作业的安排要和配送路线的顺序一致。

7. 缩短配送车辆的滞留时间

缩短滞留时间是减少运输成本的重要因素。首先，如前所述的作业均衡化、事务处理和作业环节协调配合等对缩减车辆等待时间是必要的。其次，减少卡车的装卸时间也是很重要的，为了减少装卸时间应尽可能采用单元化集装系统，有效地应用各种托盘进行装卸作业；还应在理货时考虑配送顺序，便于卡车在短时间内完成装卸作业。如果想进一步提高效率，还可以采用大型集装箱或拖车，使卡车的等待时间减到最低限度。

10.1.3 自动分拣作业方式

在物流配送中心，拣货的作业方式根据订单和拣取商品的对应关系、操作流程，可以将作业方式分为以下两大类：摘取式拣货(DPS)、播种式拣货(DAS)。

1. 摘取式

1）概念

摘取式作业通常是由拣货人员将每一张订单中的货品逐一选出；这种拣货方式多应用于多货品配送、货品品项多但商品储位相对固定的情形，一般拣货 SKU(最小存货单位)小于货品总 SKU 的 50%。

2）优缺点

摘取式系统的优点是：①作业方法简单；②订单处理前置时间短；③导入容易且弹性大；④作业员责任明确，派工容易、公平；⑤拣货后不必再进行分类作业，适用于多拣货单、少品项的拣货作业处理。缺点是：①商品品项多时，拣货行走路径加长，拣取效率降低；②拣取区域大时，搬运系统设计困难；③少量多次拣取时，造成拣货路径重复、费时，效率降低。

货架上安装的标签对应至一个储位品项，拣货人员只要根据电子标签点亮的灯号指示至指定储位，按标签面板上的数量显示，从货架上拿取相同数量的商品，并放置在该客户订单所对应的承载物(纸箱、物流箱或栈板……)中，再于标签上进行确认动作，即可完成品项的拣取作业。在拣货过程中，拣货人员可完全通过电子标签的作业指示，导引其轻

松、迅速地完成一张订单所有品项的拣货作业。

2. 播种式

1）概念

播种式系统指的是把多张订单根据商品品项数合并成一批，之后进行拣取，再依据客户订单分配。播种式系统通常在处理客户数量多、商品种类少、商品储位经常移动的情况下较适合使用，一般拣货SKU（最小存货单位）大于货品总SKU（最小存货单位）的50%。

2）优缺点

播种式系统的优点是：①适合订单数量庞大而商品品项少的系统；②可以缩短拣取时行走搬运的距离；③货品量越少、配送次数越多，批量拣取就越有效。缺点是：对订单的到来无法做出及时的反应，必须等订单达到一定数量时才做一次处理，因此会有停滞时间。（只有根据订单到达的状况做等候分析，决定适当的批量大小，才能将停滞时间减至最低）

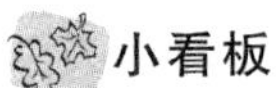

什么是"拆零"作业？

"拆零"就是将完整包装单元的物品进行拆分，以利于配送、销售和使用。例如，药店、诊所将整瓶或整盒的药品拆分后予以销售。

10.1.4 分拣设备的概念及特点

1. 自动分拣机

1）概念

自动分拣机是自动分拣系统的一个主要设备。自动分拣机是按照预先设定的计算机指令对物品进行分拣，并将分拣出的物品送达指定位置的机械。自动分拣机一般由输送机械部分、电器自动控制部分和计算机信息系统联网组合而成。它可以根据用户的要求、场地情况，对条烟、整箱烟、药品、货物、物料等，按用户、地名、品名进行自动分拣、装箱、封箱的连续作业。随着激光扫描及计算机控制技术的发展，自动分拣机在物流配送中心的使用日益普遍。

2）工作原理

自动分拣机工作原理：被拣货物经由各种方式，如人工搬运、机械搬运和自动化搬运等送入分拣系统，经合流后汇集到一条输送机上。物品接受激光扫描器对其条码的扫描，或通过其他自动识别的方式，如光学文字读取装置、声音识别输入装置等方式，将分拣信息输入计算机中央处理器中。计算机通过将所获得的物品信息与预先设定的信息进行比较，将不同的被拣物品送到特定的分拣道口位置上，完成物品的分拣工作。分拣道口可暂时存放未被取走的物品。当分拣道口满载时，由光电控制，阻止分拣物品不再进入分拣道口。

3）自动分拣过程

自动分拣工作过程由收货、合流、分拣和分流、分运四个阶段组成。

(1) 收货。物流配送中心每天接收成百上千家供应商或货主通过各种运输工具送来的成千上万种商品，在货物的外包装上贴上标签(包括商品品种、货主、储位或发送地点等)，将这些商品运送到指定地点(如指定的货架、加工区域、出货站台等)。当货物准备出库时，标签可以引导货物流向指定的输送机的分支上，以便集中发运。

(2) 合流。在自动分拣系统中，货物有多条收货机接收并进入分拣系统，合并于一条汇集输送机上即合流。

(3) 分拣和分流。把货物标签上的信息输入到控制系统，当货物到达分拣口时，由控制系统给自动分拣机发出指令，开动分支装置，进行分拣和分流。

(4) 分运。分拣出来的货物离开主输送机，按配送地点的不同运送到不同的理货区域或配送站台集中，以便装车配送。

2. 分拣输送系统

分拣输送系统(sorting&picking system)是将随机的、不同去向的物品，按一定要求进行分类的一种物料搬运系统。根据系统的自动化程度可分为自动化分拣输送系统和半自动化分拣输送系统两大类。目前国内外规模较大的仓库和配送中心里，几乎都配备有分拣输送系统。它能够很好地满足多品种、小批量、多批次、短周期的客户需求特性。自动化分拣输送系统能够根据计算机控制系统的分拣指令自动地完成货物的分类与拣选作业，而半自动化分拣系统是一种人机有机结合的分拣输送系统，通常称为计算机辅助拣选系统。它是利用先进的计算机管理信息系统，将需要拣选货物的品种、数量、层数等信息以一定的形式通知拣选作业人员，拣选人员则根据拣选指示信息，按照规定的程序完成拣选作业。

3. 分拣输送系统的特点

自动分拣输送系统具有如下特点。

1) 能连续、大批量地分拣货物

由于采用现代化生产流水线自动作业方式，自动分拣系统可以不受时间、人的体力等条件限制，连续进行分拣工作。因此工作效率高，通常每小时可分拣商品 6000～12 000 箱。同时由于自动分拣设备单位时间分拣货物件数多，因此，分拣能力是人工分拣系统所无法比拟的。

2) 分拣误差率很低

分拣误差率的大小主要取决于所输入分拣信息的准确性，准确程度又取决于分拣信息的输入机制。如采用人工键盘或语音识别方式输入，则误差率在 3%以上；如采用条码扫描输入，除非条码的印刷本身有差错，否则不会出错。目前，分拣设备系统主要采用条码技术来识别货物。

3) 分拣基本实现了无人化

自动分拣设备系统能最大限度地减少人员的使用，减轻员工的劳动强度。分拣作业本身并不需要使用人员，能基本实现无人化作业。

10.1.5　自动分拣设备的分类

根据物品的重量、形状，以及输送设备的形式、分拣速度，需要不同的分拣机，常见的形式有下列五种。

1. 挡板型分拣机

挡板型分拣机利用一个挡板(含挡杆)挡住在输送机上向前移动的商品,将商品引导到一侧的滑道排出。

2. 高速托盘式分拣机

高速托盘式分拣机主要用于物件自动传输、分拣。它采用先进的可编程控制,可实现上位机联网、条码扫描、故障显示等功能,可配置气动系统,超长的布置还可以采用双级同步变频调速驱动装置。分拣效率可达3600~7200件/小时。

3. 环行斗式初分机

环行斗式初分机是用于各种类型物件初次分拣的重要设备。

4. 交叉型皮带分拣机

交叉型皮带分拣机结合了分拣和输送两种系统。货物从皮带输送机被输送到分拣机,当货物抵达卸货槽,交叉型皮带输送机的驱动器启动,并将货物转换到卸货道/卸货槽。该系统分水平型(环形循环)和垂直型(直线分配货物)交叉皮带分拣机。

5. 滑块式分拣机

滑块式分拣机一般用于将物品迅速地从主输送机分拣至支线上,常用于邮政、物流配送、图书分拣行业。

滑块式分拣机可引导和分拣中型货物、包袋、纸箱。双向滑块使货物能够在分拣机两侧卸下,提高了空间利用率。分拣速度必须达到5000件/分钟,但单件物品重量小于50千克的物品,一般采用滑块式分拣机。

10.1.6 自动分拣输送系统的结构组成

一个自动分拣输送系统主要由九部分构成。

1. 输入装置

被拣商品由输送机送入分拣系统。

2. 货架信号设定装置

被拣商品在进入分拣机前,先通过扫描条码,由信号设定装置把分拣信息(如配送目的地、客户名称等)输入计算机中央控制器。

3. 进货装置

进货装置也称喂料器,它使被拣商品依次均衡地进入分拣传送带,与此同时,还使商品逐步加速到分拣传送带的速度。

4. 分拣装置

它是自动分拣系统的主体,包括传送装置和分拣装置两部分。前者的作用是把被拣商品送到设定的分拣道口位置上,后者的作用是把被拣商品送入分拣道口。

5. 计算机管理系统和控制系统

管理系统管理分拣作业,接受并处理订单信息,生成分拣指令,并对分拣系统中各设备的运行情况进行记录、监测和统计。

控制系统接受上位管理系统的分拣指令,根据系统设定的分拣规则(如按货物类型、货主、尺寸、重量等),控制分拣机构产生分拣动作,完成分拣任务。

6. 自动识别装置

自动识别装置用于识别物流标签信息,一般包括货物品种、规格、数量、货主等相关信息。目前常用的物流标签形式有物流条码标签和 RFID 电子标签,因此,在自动分拣输送系统中必须配置相应的自动识别装置。条码标签识别装置有各种类型的条码扫描阅读器,电子标签识别装置是 RFID 读写器。

7. 分类机构

自动分拣装置根据控制装置接收控制装置的分拣指令,产生分拣动作,完成货物的分拣作业。

8. 主输送线

主输送线的作用是根据控制系统的分拣指令完成物品的输送任务。

9. 分拣道口

分拣道口的作用是将已分拣好的货物脱离主输送线进入集货区域的通道。一般由钢带、皮带、滚筒等组成滑道,使商品从主输送线滑向集货站台,在那里工作人员将该道口的所有货物集中并整理后,等待下一步的配送作业。

以上五部分装置通过计算机网络连接在一起,配合人工控制及相应的人工处理环节,构成一个完整的自动分拣输送系统。

10.1.7　自动分拣系统的适用条件

第二次世界大战后,自动分拣系统逐渐开始在西方发达国家投入使用,成为发达国家先进物流中心、配送中心或流通中心所必需的设施条件之一,但是,由于自动分拣系统要求使用者必须具备一定的技术经济条件,因此,在发达国家,物流中心、配送中心或流通中心不用自动分拣系统的情况也很普遍。在引进和建设自动分拣系统时一定要考虑以下几个因素。

1. 一次性投资巨大

自动分拣系统本身需要建设短则 40～50 米、长则 150～200 米的机械传输线,还有配套的机电一体化控制系统、计算机网络及通信系统等,这一系统不仅占地面积大,动辄 2 万平方米以上,而且自动分拣系统一般都建在自动主体仓库中,这样就要建 3～4 层楼高的立体仓库,库内需要配备各种自动化的搬运设施,丝毫不亚于建立一个现代化工厂所需要的硬件投资。这种巨额的前期投入需要 10～20 年才能收回,如果没有可靠的货源作保证,企业很难在短期内回收成本,因此这种系统大都由大型生产企业或大型专业物流公司投资,小企业无力进行此项投资。

2. 对商品外包装要求高

自动分拣机只适于分拣底部平坦且具有刚性的包装规则的商品。袋装、包装底部柔软且凹凸不平、包装容易变形、易破损、超长、超薄、超重、超高、不能倾覆的商品不能使用普通的自动分拣机进行分拣。因此,为了使大部分商品都能用机械进行自动分拣,可以采取以下两条措施:一是推行标准化包装,使大部分商品的包装符合国家标准;二是根据所分拣的商品统一的包装特性定制特定的分拣机。但要让所有商品的供应商都执行国家的包装标准是很困难的,定制分拣机又会使硬件成本上升,并且越是特别定制的分拣机其通用性就越差。因此,公司要根据经营商品的包装情况来确定是否建或建什么样的自动分拣系统。

10.2 常用的自动分拣装备

10.2.1 常用的自动分拣机结构类型

1. 带式分拣机

带式分拣机是利用输送带载运货物完成分拣工作的机械设备,如图 10-1 所示。分拣机主输送线由相对独立的许多小型分拣皮带输送机组成,通过皮带的左右移动实现货物的分拣作业。当货物运行到相应的分拣道口时,分拣皮带机运转,将货物强制分拣出来。带式分拣机的适用范围较大,最大分拣重量可达 70 千克,最小分拣重量为 1 千克,最大分拣尺寸为 1500 毫米×900 毫米×900 毫米,最小分拣尺寸为 50 毫米×150 毫米×50 毫米,分拣能力可达每小时 5000 箱。该分拣机的主要优点是:强度高,耐用性好,可靠性好。其主要缺点是:设置较多的分拣滑道较困难,系统平面布局比较困难。另外,对货物冲击较大,运行费用较高,价格较高。

图 10-1 带式分拣机

2. 交叉带式分拣机

交叉带式分拣机由主驱动带式输送机和载有小型带式输送机的台车(以下简称"小车")连接在一起,当"小车"移动到所规定的分拣位置时,转动皮带,完成把商品分拣送出的任务。因为主驱动带式输送机与"小车"上的带式输送机呈交叉状,故称交叉带式分拣机。

其主要性能特点如下。

(1) 适宜于分拣各类小件商品,如食品、化妆品和衣物等。

(2) 分拣出口多,可左右两侧分拣。

(3) 分拣能力一般达 6000~7700 个/时。

大型交叉带式分拣系统一般应用于机场行李分拣和安检系统,根据作业现场的具体情况可分垂直循环式或水平循环式,如图 10-2 和图 10-3 所示。

图 10-2 垂直循环式

图 10-3 水平循环式

3. 翻板式分拣机

翻板式分拣机由一系列相互连接的翻板、导向杆、牵引装置、驱动装置、支承装置等组成，其工作原理如图 10-4 所示。

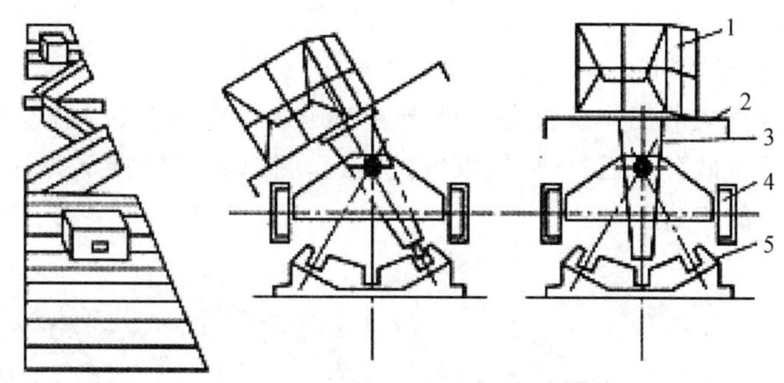

1—货物　2—翻板　3—导向杆　4—链条走轮　5—尼龙导轨

图 10-4　翻板式分拣机工作原理示意图

当货物进入分拣机后，由检测装置检测到物品的尺寸，并实时传输到计算机控制系统，当货物到达指定的分拣道口时，翻板向一侧倾翻，迫使货物滑入相应的分拣道口。每块翻板都可由倾翻导轨控制向两侧倾翻，根据货物的尺寸大小，每次都有几块翻板同时翻转，这取决于货物的尺寸。翻板式分拣机的适用范围较大，可分拣箱类、袋类等货物。它的分拣能力可达每小时 5400 箱。但该类分拣机只能直线运行，占用场地较大。

4. 浮动滚子式分拣机

浮动滚子式分拣机的自动分拣装置由两排能够上下浮动的旋转滚轮组成，每排由 8～10 个滚轮组成。在非工作状态下，两排滚轮位于主输送线上表面下方，当滚轮接收到分拣信号后立即向上跳起，使两排滚轮的表面高出主传送线上平面一定高度(约 10 毫米)，恰好与运行到这里的物品底面接触，将物品向上托起，并根据分拣信号要求控制滚轮向一侧方向旋转，使原来保持直线运动的货物在一瞬间改变了方向，进入分拣道口，如图 10-5 所示，为浮动滚子式分拣机示意图。

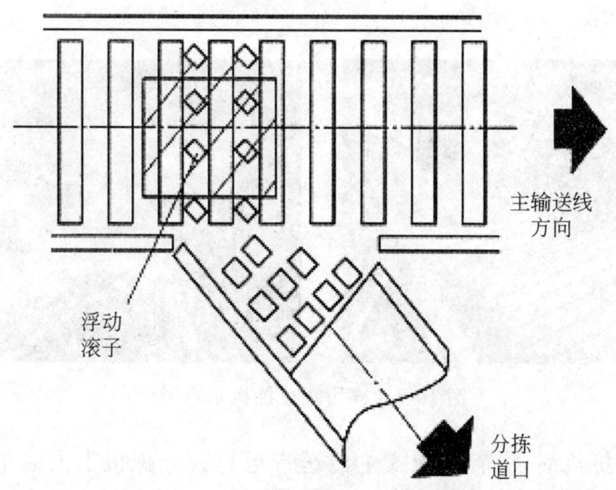

图 10-5　浮动滚子式分拣机示意图

浮动滚子式分拣机的分拣能力可达每小时 7500 箱。该分拣机的优点是：可以在两侧分拣，冲击小，噪声低，运行费用低，耗电少，并可设置较多的分拣道口，适合于分拣底部平坦的纸箱、用托盘集装的货物。但它对货物包装要求较高，不适合尺寸较长、底部不平以及软包装货物的分拣。

5. 气缸侧推式分拣机

气缸侧推式分拣机的工作装置是安装于主输送线一侧的推送气缸，如图 10-6 所示。当货物运行到需分拣的分拣道口时，侧推气缸迅速动作，将货物推下分拣道口，货物脱离主输送线进入相应的集货区域。

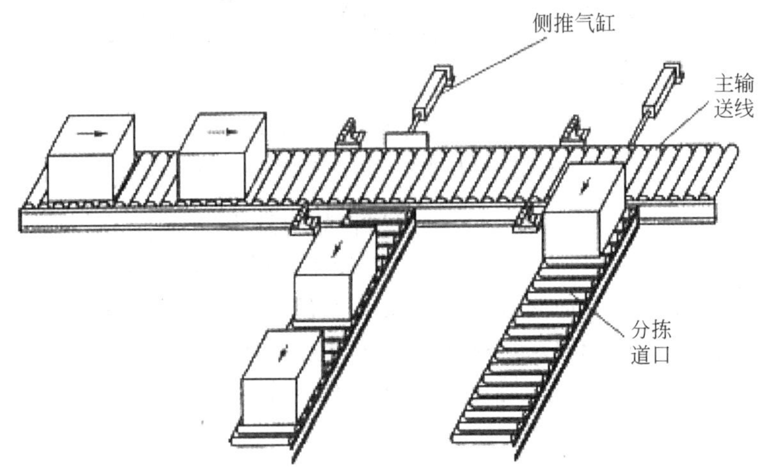

图 10-6 气缸侧推式分拣机工作装置示意图

气缸侧推式分拣机一般适用于包装良好、底面平整的箱装货物，其分拣能力较强，但结构较复杂，价格较高。

6. 推块式分拣机

推块式分拣机是利用独特形状的滑块，通过在主输送线链板间的左右滑动完成分拣作业的一种机械，如图 10-7 所示。

图 10-7 推块式分拣机示意图

物品被送入分拣机后，沿着链板式主传送带运行。分拣机上安装的条码扫描器自动读取物品包装上的条码信息，条码信息被上传到控制系统，控制系统分配执行分拣动作的推块，当物品到达相应的分拣道口时，预先分配好的推块就会推动物品进入分拣道口，推块完成一次任务后复位，等待执行下一个分拣任务，分拣机如此周而复始地工作。推块式分拣机分拣时轻柔、准确，不会对货物造成损伤，而且可向左、右两侧分拣，占地空间小；分拣时所需商品间隙小，分拣能力高达 18 000 个/时；机身长，最长达 110 米，出口多，适合多品种、大批量的货物拣选使用。

7. 轨道式分拣机

轨道台车式分拣机：被分拣的物品放置在沿轨道运行的小车托盘上，当到达分拣口时，台车托盘倾斜 38°，物品被分拣到指定的目的地，如图 10-8 所示。其主要性能特点如下。

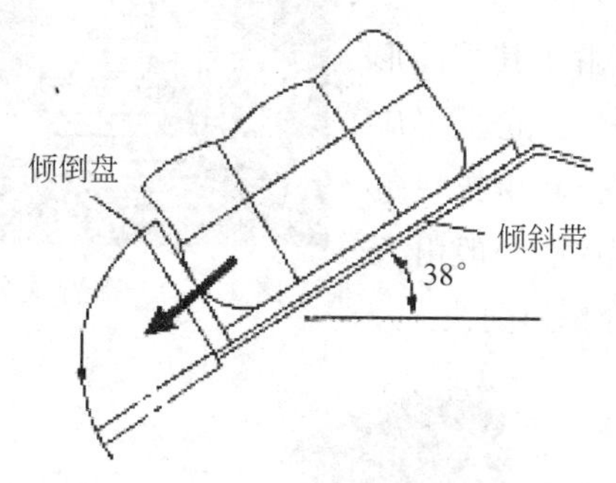

图 10-8　轨道台车式分拣机

（1）可三维立体布局，适应作业工程需要。

（2）可靠耐用，易维修保养。

（3）适用于大批量产品的分拣，如报纸捆、米袋等。

8. 斜导轮式分拣机

斜导轮式分拣机主要是利用斜导轮的导向作用，斜导轮可以在货物的传输设备上上下浮动，实现与分拣对象的接触和分离，当货物到达预定分拣位置时，斜导轮浮起与货物接触，改变货物的运动方向，实现分拣功能，如图 10-9 所示。

图 10-9　斜导轮式分拣机

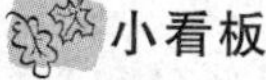小看板

自动化拣选系统的发展

阻碍自动化拣选系统发展的因素有很多，有些则是与我国整个物流业存在的问题相一致的。物流标准化就是我国物流业长期关注的一个问题。在我国，由于商品包装箱（指运输包装）上基本没有印刷条形码，商业系统至今尚没有认真研究过运用自动分拣机。另外，由于一个公司或企业往往无法左右整个行业的进展，一些大企业倾向于开发适合自己业务特点的系统，这又进一步造成了实际中接口的障碍。

自动化设备和系统的价格问题也是另一个阻碍因素，小企业一般无力购进高价设备。随着我国物流业的发展和国际竞争的日益加剧，国内的一些物流配送中心也开始结合自身特点，采用高技术含量的设备和系统来提高分拣配送效率。

斜导轮式分拣机对商品冲击力小，分拣轻柔、快速准确、出口数量多，适合各类商品，主要包括硬纸箱、塑料箱等平底面商品。

9. 摇臂式分拣机

被分拣的物品放置在钢带式或链板式输送机上，当到达分拣口时，摇臂转动，物品沿摇臂杆斜面滑到指定的目的地。摇臂式分拣机见图 10-10，结构简单、容易控制，但只能实现单向分拣，价格较低。

图 10-10　摇臂式分拣机

10. 塔式分拣系统

塔式分拣系统，是一种立式通道分拣机，由于其端面形状像英文字母“A”，又称为 A 字架，见图 10-11。它主要应用于香烟分拣领域，每种香烟都有自己的出货口，由拨块负责操作，用于控制出货的数量，后面是补货系统，一般由人工完成补货作业。塔式分拣系统结构简单，分拣速度快。

图 10-11　塔式分拣系统

拆零拣选按照自动化程度可以分为全自动拣选和人工拣选两大类。顾名思义，全自动拣选是完全由自动化设备完成的拣选，拣选和装箱过程无须人工干预；人工拣选则需要人工从货架上或载体中(周转箱、纸箱、托盘等)完成拣选工作。

全自动拆零拣选是拆零拣选技术的重大发明，对拆零拣选技术的发展影响重大。以 A 字架为基本原理的自动拆零拣选技术目前应用最为广泛。这种技术的组成部分包括：A 字架储存装置、物料自动弹出装置、皮带输送系统、周转箱输送系统以及自动控制系统等。货物储放于立式通道中，在通道底部设置分拣机构。通道可以分列于机架的两侧，顶部靠拢，下部分开，中间穿插布置输送机用来承接分拣出来的物品。

A 字架拆零拣选系统的拣选能力取决于输送系统的速度。一般来说，一条拣选线每小时完成 1000 个周转箱的拣选是没有问题的。这相当于电子标签系统下 35～40 人的工作能力，相当于传统拣选方式 100～120 人的拣选能力，由此可见其效率之高。但由于客观条件的限制，A 字架自动拣选系统也有其局限性：其一是要求包装规范，且要求包装后的物品应有一定的刚度，不能有明显的变形；其二是商品应有一定的抗摔撞能力，不易碎；其三是产品体积不宜太大或太小。因此，A 字架自动分拣系统主要适用于医药、化妆品、烟草等行业的拆零拣选，对于服装服饰、日用百货、图书等并不适合。此外，由于 A 字架受布局空间影响，拣选品种受限制，因此并不适于 SKU 数量太多的系统如 B2C 等业务。

11. 机器人分拣系统

与自动分拣机分拣相比，机器人分拣具有很高的柔性。如果机器人分拣所需的拣选货物的储位和数量等信息是通过配送中心的计算机信息系统提供的，则货物的存放地点不能随意变动，活动货架也不可能应用。为了保证机器人作业的效率，包装的样式要统一，尺寸的误差也不能过大。但如果采用了电子耦合器件(CCD)，则机器人可通过传感系统了解货物储位和包装的变化，并向机器人控制系统发出指令，机器人就可自行变更预定的运动路线，系统可获得更大的灵活性。系统中的装卸机器人可停在任一货垛的任一件货物的上方拣取货物，并将其搬到 AGV 的托盘上。它可通过两条辊子输送机进行出货，也可通过另一台在机器人工作空间外运行的 AGV 进行补货。

以上是常用的分拣机结构类型，在实际应用时具体选择哪种类型，需要综合考虑分拣货物的形状、体积、重量、数量以及单位时间分拣能力的要求等因素来决定。

10.2.2　自动分拣系统的选用原则

分拣作业是配送中心的核心作业环节之一，高效率地完成分拣作业需要多个因素配合，因此，作为分拣作业的硬件基础——自动分拣系统就要很好地与其他影响因素相匹配。选用时要遵循以下原则。

1. 适应性原则

自动分拣设备选用时应考虑到作业对象和作业流程的要求，具有很好的适应性。首先对于分拣的货物要有必要的物理、化学特性要求，一般货物都必须满足底部平坦且具有刚性的条件，对于袋装、包装底部柔软且凹凸不平、包装容易变形、易破损、超长、超薄、超重、超高、不能倾覆的货物不能使用普通的自动分拣机进行分拣。在进行作业时要充分考虑到分拣货物的物理、化学性质及其外部形状、重量、包装等特性的千差万别，必须根据这些基本特性来选择分拣设备，这样才能保证货物在分拣过程中不受损失，保证配送作业的安全。同时还要考虑作业要求，主要是分拣的数量、频率以及种类等。

2. 系统性原则

自动分拣系统需要一个与之相适应的外部条件，如计算机信息系统、作业环境、配套设施等。分拣系统是一个复杂的多元系统，各种子系统需要协调配合才能使整个系统正常工作。

3. 经济性原则

自动分拣系统一般都造价高昂，因此，目前主要应用在医药、烟草等行业，而且自动分拣系统占地较多，在选用分拣设备时，要做好技术经济分析，尽量达到经济合理的要求。

10.3 电子标签技术与装备

10.3.1 电子标签辅助拣货系统概述

1. 电子标签辅助拣货系统的概念

电子标签辅助拣货系统是通过一组安装在货架储位上的电子标签作为拣货指示装置，引导拣货人员正确、快速、轻松地完成拣货作业的一种人机交互系统。它属于半自动化的分拣系统。如图10-12所示。

图10-12 电子标签系统

2. 电子标签辅助拣货系统的性能特点

(1) 提高拣货速度及效率，降低误拣错误率。电子标签借助于明显易辨的储位视觉引导，可简化拣货作业为“看、拣、按”三个单纯的动作，减少拣货人员思考及判断的时间，以降低拣错率并节省拣货人员寻找货物存放位置所花的时间。

(2) 提升出货配送物流效率。电子标签系统可以实现快速拣选，极大提高了拣选的速度。

(3) 降低作业成本。除了提高拣货效率之外，因拣货作业所需熟练度降低、操作简便，人员无须特别培训即可上岗工作。

3. 电子标签辅助拣货系统操作步骤

(1) 命令下达。无须打印出库单，出入库信息通过中央计算机直接下载到对应的电子标签。

(2) 指示系统发出信息。电子标签发出光、声音指示信号，指导拣货员完成拣货。

(3) 人工作业。拣货员完成作业后，按动电子标签按键，取消光、声音指示信号，将完成信息反馈给中央计算机，拣货员按照其他电子标签指示继续进行拣货。

4. 电子标签辅助拣货系统的优点

这是计算机辅助分拣方式下小配送中心经常使用的一种分拣系统。这种分拣系统可以用于批量分拣，也可以用于按单分拣，但是货物品项太多时不太适用。与传统的人工分拣方式相比，电子标签辅助拣货系统具有如下优点。

(1) 实现无纸化作业，无须打印出库单、分拣单等纸张单据；减少了出库前单据处理时间，节省纸张。

(2) 大大加快了分拣速度。

① 节约了库位寻找和核对的时间。

② 节约了品种核对的时间。

③ 被拣库位的直观显示可大大减少分拣员的行走距离。

④ 由于降低了分拣的劳动强度，工作人员不易疲劳，始终可以保持最佳的工作状态，从而大大提高了工作效率。

（3）大大提高了分拣的准确率。

（4）提高了分拣效率，降低了分拣成本。

一方面，利用计算机辅助分拣系统，即使对产品、仓库不熟悉的人员也可轻松从事分拣工作；另一方面，分拣效率的提升使对分拣人员的需求数量下降。

（5）分拣准确率的提高，降低了因发货不准确造成的退货、投诉和财产损失，提高了企业的信誉度。

10.3.2　电子标签辅助拣货系统的结构组成

电子标签辅助拣货系统主要由管理与控制计算机系统、接线盒＋控制器、电子标签及显示装置等组成，如图 10-13 所示。

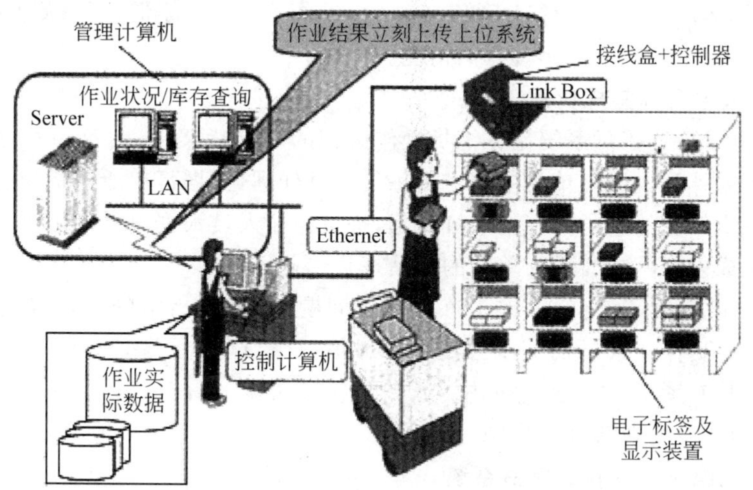

图 10-13　电子标签辅助拣货系统组成示意图

1. 管理与控制计算机系统

管理计算机的主要作用有两个：一是接收并处理客户订单，对客户需求信息进行整理分析并生成拣货指令；二是接收控制计算机上传的拣货作业完成信息，对货位信息及时更新。控制计算机接收管理计算机的拣货指令，并向接线盒传输拣货信息，同时也接收现场拣货作业完成信息并上传到管理计算机。

2. 接线盒＋控制器

接线盒＋控制器是为电子标签提供电力和信号的装置。根据实际需要，一台接线盒可连接多个电子标签，向各电子标签发送拣货指令，同时接收拣货作业完成的确认信息，并将接收到的确认信息传输给控制计算机。

3. 电子标签及显示装置

电子标签及显示装置安装于拣选货架的相应位置上，主要用于显示拣货信息。当某一货位有拣货任务时，该货位对应的电子指示灯亮起，并采用数字显示需要拣货的数量。分拣员在货架通道行走，看到灯亮的电子标签就停下来，并按显示数字来拣取所需的数量；当拣货人员根据电子标签的显示完成拣货作业后，按下电子标签上的确认键，报告分拣作业已经完成。

小看板

“人就物”拣货：物品放置固定不动，拣货人员需至物品放置处将物品拣出。“物就人”拣货：作业者停驻在固定位置，等待拣货设备将物品运至面前来拣货。

10.3.3 电子标签辅助拣货系统的类型

根据拣货模式的不同，电子标签辅助拣货系统可分为两种基本类型。一种是摘果式电子标签辅助拣货系统，简称为DPS(digital picking system)系统；另一种是播种式电子标签辅助拣货系统，简称为DAS(digital assorting system)系统。这两种系统应针对不同物流环境灵活运用。一般来说，DPS适合多品种、短交货期、高准确率、大业务量的情况；而DAS较适合于品种集中、多客户的情况。

1. 摘果式电子标签拣货系统

摘果式电子标签拣货系统是在拣货操作区中的所有货架上，为每一种货物安装一个电子标签，控制计算机以订单为单位进行拣货信息处理，根据订单所需货物的位置发出拣货指示，并使货架上的电子标签指示灯亮起，拣货作业人员根据电子标签所显示的数量及时、准确地完成以“件”或“箱”为单位的商品拣货作业。

由于DPS在设计时充分考虑了拣货路线问题，对拣货指示的传输以最优路线为依据，可以降低拣货作业人员的劳动强度。一般情况下，DPS系统还能够对现场作业进行实时监控，并具有紧急订单处理和缺货通知等各项功能。图10-14为摘果式电子标签辅助拣货系统组成及作业流程示意图。

2. 播种式电子标签辅助拣货系统

播种式电子标签辅助拣货系统是利用电子标签实现播种式拣货出库的一种辅助拣货系统。在这种系统中，每一储位代表着一个客户(如各个商店等)，在每一储位上都设置电子标签。拣货作业人员先通过条码扫描器把将要分拣的货物信息输入系统中，需要该货品的客户相应的分货位置所在的电子标签就会亮灯并发出蜂鸣声，同时显示出该位置所需要货品的数量；拣货作业人员根据这些信息快速地将货物分放在相应的客户分货位置。图10-15为播种式电子标签辅助拣货系统作业流程示意图。

图10-14 摘果式电子标签辅助拣货操作

图10-15 播种式电子标签辅助拣货系统作业流程

10.3.4　特殊电子标签技术

电子标签的推广和应用，一方面能通过电子标签为客户带来显著的效益；另一方面针对不同的行业应用，电子标签系统通过灵活的设置，具备极强的适应性。以下介绍一些特殊电子标签的特殊应用。

1. 多屏显示型电子标签

如图 10-16 所示，多屏电子标签是指在一只电子标签上设计多组显示区，利用这种电子标签可解决特殊产品对批号、型号的要求。同时，利用这种电子标签的特点，还可以很多商品使用一个电子标签。比如，一个货架上的全部商品只配备一只多屏电子标签，出库作业时，电子标签显示三项数据：层数、排数、数量。这种方式的作业效果比每一货品配备一个电子标签要差一些，但成本要低得多。相比纸张拣货单，有较大优势。

图 10-16　多屏电子标签

2. 低温型及防水型电子标签

经过特殊设计的电子标签能够适应零下 30℃ 的低温，适合冷冻品仓库的拣货作业。还有些电子标签被设计成完全防水，适合在极潮湿环境下使用。

3. 多颜色显示型电子标签

多颜色电子标签被设计成可显示多种颜色，方便多人同时作业。例如，在 DAS 播种法分拣作业时，一般一个区域只能一人作业，而通过使用多颜色电子标签，可多人同时进行播种法分拣作业。

10.3.5　电子标签的特殊应用

电子标签拣货系统主要用来实现拣货作业。同时，利用电子标签的特点，通过相应软件的支持，还可帮助使用者实现很多辅助管理功能。

1. 无纸化盘点

通过仓库管理系统 WMS，将账面库存发送到对应的电子标签上，盘点人员对货物实际数量进行清点后，对数量进行确认。如果实际数据与账面数据不符，还可通过增减按钮将差异数据传回控制计算机。

2. 入库及补货库位指示

电子标签拣货系统要求严格的货位管理。在入库作业时，可利用电子标签进行货品正确入库库位的显示,提高入库作业的效率。

3. 补货及缺货通知

在拣货过程中,当拣货员发现拣货数量不足时,可通过增减按钮将信息传回控制计算机,提示补货人员进行补货。同时,拣货员还可将不足数量传回控制计算机,控制计算机可根据实际拣货数量下账并打印正确的发票和收据。

4. 误操作取消

当拣货人员由于疏忽发生误操作时,可利用事先的设定取消该笔操作。

5. 箱满显示功能

每个配送客户除配备一只普通电子标签外,还配备一只不同颜色的标签作为箱满显示器。随着分拣作业的进行,客户的订单先后得到满足。此时,控制计算机会将负责箱满显示的电子标签点亮,提示作业员该客户订单已完成,可进行下一步的操作。

以上只介绍了电子标签应用中比较常见的情况,随着电子标签拣货系统的不断发展,功能更强大、适应性更强的电子标签技术还会不断出现。

10.4 自动分拣系统的设计与配置

10.4.1 自动分拣系统的设计

1. 选择和设计分拣系统的考虑因素

在选择、设计分拣系统时,可考虑如下因素。

(1) 分拣物品的形状、重量、容积及数量。

(2) 搬运的路线及其波动性。

(3) 单位时间内的处理能力。

(4) 分拣物品的种类数。

(5) 设备成本、所占空间、可靠性、使用的方便性、周围环境等。

(6) 分拣物品标记及记忆方式。

自动分拣系统必须保持作业平衡才能实现自动化。在拣货作业的过程中,装卸与搬运是保持连续作业的关键。保持分拣系统的平衡要重点考虑以下方面。

(1) 卸货能力及分选机能力。

(2) 分拣后,输送机的送货量及随后叉车装车的推放速度。

2. 自动分拣系统设计的内容和步骤

自动分拣系统一般都建在有自动立体仓库的配送中心,系统规模大,设备多,且自动化程度高。系统控制点多且相互关联,导致系统控制复杂,一次性投资大,同时对物品的外包装也有较高要求。因此,无论是设计、建造还是使用自动分拣系统,都必须具备一定的技术、经济条件。设计自动分拣系统主要包括以下内容。

(1) 系统总体规划及性能参数设计。包括确定系统组成结构、系统规模、各环节作业方式和设备布局,分析、确定系统的分拣处理能力、分拣速度和分拣效率等性能参数。

(2) 规划符合分拣作业的货物输送系统。包括输送方式和规模的选择确定,输送线路及合流、分流点的布局,系统通过率和极限能力的分析,系统未来的更新及可扩展性分析等。

(3) 控制系统设计。包括控制系统结构、控制工作流程和程序设计,分拣信息和指令的提取、处理、传输及通信(即控制总线网络)方法的分析确定,传感检测点的布置,执行器件的运动控制分析,控制装置及元器件的设计选型等。

(4) 系统设备装置的设计选型。包括输送和搬运设备、自动识别装置、自动分类装置的形式、规格、数量及性能参数的选择确定,非标准部件及系统装配具体结构的设计。

(5) 系统评估分析和相关技术文件的编写等。

设计过程主要依照以下步骤进行。

第一步,分析用户对所建系统的技术及特性的要求。这是系统设计的依据和基础。关键的技术条件和特性要求如下。

(1) 分拣货物的特性。如长、宽、高等外形尺寸,质量,材质,包装形式,输送稳定性等。

(2) 系统的分拣能力、分拣效率和分拣速度。分拣效率是指系统一个工作周期内总的分拣货物量,分拣速度是指单位时间内拣出货物或包装箱的件数。分拣效率注重数量,反映了分拣装置的作业能力;分拣速度是对货物分拣数量和尺寸规格的综合反映,能决定分拣装置的作业频率。允许的货物最大输送速度和最小间距也是设计、选择分拣装置必须考虑的指标。

(3) 系统操作运行参数。如工作环境、操作形式、自动化程度、货物进出流量、设备能力范围、运行使用频度、货物方位、分拣货物量的波动幅度、提取和发送货物输送线的数量、新旧设备衔接、是否多向分拣和多分拣指令的并行传输等。

第二步,明确系统总体概念和各环节运行方案。

在对上述系统特性和技术条件进行分析后,可进行系统总体和各环节的运行方案设计。在设计的过程中,还需要考虑其他因素,如项目启动投入、系统及设备建造成本、运行和维护成本、使用寿命周期、系统管理、系统柔性,以及今后的扩展变化等。

第三步,选择、设计系统设备装置。

在总体技术框架和系统方案确定后,主要工作就是进行具体的技术设计和设备及元器件选型。设备装置的性能指标、功能要求和成本是本阶段的核心目标。设计中,尽量将复杂的系统按设备功能分解为若干个系统或功能模块来设计,这样可以简化并明确设计对象,也有助于今后的系统建造和运行维护。同时要尽量选用标准部件和成型产品及成熟技术,以进一步缩短设计周期,降低系统成本。

第四步,系统建立和运行调试。

根据技术设计的工程图纸和相关技术文件及说明书,进行系统建设、安装调试和试运行,并给出有关报告和系统评价及改进的技术依据。建设系统之前,应对设计进行评估、仿真分析,并做进一步验证和修改。

3. 输送系统通过率和极限能力分析

在整个分拣作业过程中,货物在到达分拣目标位置之前一直处于移动状态,即从输送系统某个货物入口出发,经合流、引导后通过自动识别装置。到达对应的分拣装置时,被分拣到相应岔道，最后到达分拣目标位置。如果大量的被拣货物能有序并快速地完成这一过程，就能提高分拣系统的作业能力和分拣效率。也就是说，如果输送系统的通过率高，输送速度快，极限绩效就会提升。

货物在进入识别系统前，从岔道送到主干道上，在每个岔道口就是两个方向连续合流。进入识别系统引导段入口时，有些合流输送系统在该处为多方向连续合流。之后，货物经识别系统到达对应的分拣道口，然后又向两个方向连续分流。

而输送系统中每个节点和路段的通过率和绩效决定了整个系统的通过率和绩效，在每个节点处的等待甚至阻塞会延长输送对象到达分拣目标位置的时间，降低系统的作业能力和分拣效率。因此，为了更好地规划和设计整个自动分拣系统，需要利用一定的分析方法和数学模型对所设计的系统在各节点的通过率和极限能力进行分析，从而改进系统节点的布局和节点元素的形式，确定合流处货物的输送通过策略，控制输送路段上相邻货物达到合理的间距和运动间隔时间，这也有助于更好地设计、选择输送设备和分拣装置。

实际上，不同的连续输送设备的最大输送速度和极限绩效不同，而不同的分拣装置和识别装置对货物最大运动速度和最小间距也有相应的具体要求，因此，也需要进行此类分析，据此找到较优的平衡点来确定各部分的通过策略及输送速度，最终实现输送系统、自动识别系统、分拣系统三者之间的匹配，大大提高整个系统的作业能力和效率，降低拣错率。

10.4.2 分拣系统的合理配置与使用

1. 分拣系统的合理配置原则

现代化分拣设备是仓库和配送中心的重要设备，它的正确选用和合理使用，能够大大提高货物的分拣效率和整个配送系统的自动化程度，是物流现代化的重要标志之一。因此，在选用分拣设备时，要根据仓库、配送中心的分拣方式、使用目的、作业条件、货物类别、周围环境等条件综合考虑，慎重、认真地选用。一般来说，应考虑以下几项原则。

1）技术先进性

在当前高新技术不断发展的条件下，技术先进性是选用设备时必须考虑的因素之一，只有先进的分拣设备，才能很好地完成现代配送作业。因此，在选用分拣设备时，要尽量选用能代表该类设备发展方向的机型。同时，设备的先进性是相对的，选用先进设备不能脱离国内外实际水平和自身的现实条件，应根据实际条件，具体问题具体分析，选用有效、能满足用户要求的设备。实际上，选用分拣设备就是选用那些已被实践证明技术成熟、技术规格和指标明确，并能在性能上满足要求的分拣设备。

2）经济实用性

选用的分拣设备应操作和维修方便、安全可靠、能耗小、噪声低、能保证人身健康及货物安全，并具有投资少、运转费用低等优点。只有这样，才能节省各种费用，做到少花钱、多办事，提高经济效益。

3）兼顾上机率和技术经济性

上机率是上机分拣的货物数量与该种货物总量之比。追求高的上机率，必将要求上机分拣的货物的尺寸、质量、形状等参数尽量放宽，这将导致设备复杂化，技术难度及制造成本增加，可靠性降低；反之，上机率过低，必将影响设备的使用效果，增加手工操作的工作量，既降低了设备的性能价格比，也使分拣作业的效益降低。因此，必须根据实际情况，兼顾上机率和设备的技术经济性两方面因素，确定较为合理的上机率和允许上机货物参数。

4）相容性和匹配性

选用的分拣设备应与系统其他设备相匹配，并构成一个合理的物流流程，使系统获得最佳的经济效果。

5）符合所分拣货物的基本特性

分拣货物的物理、化学性质及其外部形状、重量、包装等特性千差万别，必须根据这些基本特性来选择分拣设备，如浮出式分拣机只能分拣包装质量较高的纸箱等。这样，才能保证货物在分拣过程中不受损失。

6）适应分拣方式和分拣量的需要

分拣作业的生产效率取决于分拣量大小及设备自身的分拣能力，也与分拣方式密切相关。因此，在选择分拣设备时，首先，要根据分拣方式选用不同类型的分拣设备。其次，要考虑分拣货物批量大小，若批量较大，应配备分拣能力高的大型分拣设备，并可选用多台设备；而对于批量小的场合，宜采用分拣能力较低的中小型分拣设备。

另外，还应考虑对自动化程度的要求，可选用机械化、半自动化、自动化分拣设备，这样，既能满足要求，又能发挥设备的效率。

2. 分拣系统的合理使用

分拣系统设备一般投资大，在使用过程中要按规程操作。

正确使用分拣设备包括技术合理和经济合理两个方面。技术合理就是要严格执行有关技术文件规定的操作规程、技术要求、安全规则、维护和保养规程等；经济合理就是在设备性能允许的范围内，充分发挥分拣设备的效能，高效、低耗地获得较高的经济效益。

保证设备正确使用的措施主要包括以下几方面。

(1) 严格执行各种设施设备的操作规程。设施设备的操作规程规定了设备的正确使用方法和注意事项，对异常情况应采取的行动和报告制度。

(2) 实行技术经济责任制。操作者按规程操作，按规定交接班，按规定进行维护保养。班组、车间、生产调度部门和企业领导都应对设备的正确使用承担一定责任，安排工作任务时必须符合设备的操作规程。

(3) 严格执行工作程序。对重要设备采取定人定机、教育培训、操作考试和持证上岗、交接班制度。

(4) 实行设备维护奖励机制。对设备的技术状态引入奖励机制，对出现人为设备事故的责任者严肃处理。

本章小结

本章介绍自动分拣设备包括多种类型，可以实现快速、准确的分拣作业，在选型时要考虑作业对象的特点和作业要求。拣选作业是物流作业的核心环节，拣选作业形式多样，需要对种类、数量以及拣选频率等多种因素进行综合考虑，选择合适的分拣设备。

自动拣货系统的推广和应用，给客户和物流服务提供商都能带来一定的效益，具备极强的适应性。配送中心导入电子标签辅助拣货系统，能够以较低的资金投入满足变化多端的客户需求，从而大大提升客户满意度。

复习思考

一、填空题

1. 分拣作业就是根据顾客的要求，迅速、准确地将货物从其储位拣取出来，并按照一定的方式进行（　　）、（　　）、（　　）的作业过程。

2. 在物流配送中心，拣货的作业方式根据订单和拣取商品的对应关系、操作流程，可以将作业方式分为以下两大类：（　　）、（　　）。

3. 分拣输送系统特点：（　　）、（　　）、（　　）。

4. 带式分拣机的适用范围较大，最大分拣重量可达（　　）千克，最小分拣重量为（　　）千克，最大分拣尺寸为（　　），最小分拣尺寸为（　　），分拣能力可达每小时（　　）箱。

5. 自动分拣系统的合理使用的措施：（　　）、（　　）。

二、判断题

1. 摘取式系统指的是把多张订单根据商品品项数合并成一批，之后进行拣取，再依据客户订单分配。（　　）

2. 自动分拣工作过程由收货、合流、分拣和分流三个阶段组成。（　　）

3. 自动分拣机只适于分拣底部平坦且具有刚性的包装规则的商品。（　　）

4. 分流是分拣出来的货物离开主输送机，按配送地点的不同运送到不同的理货区域或配送站台集中，以便装车配送。（　　）

5. 翻板式分拣机由主驱动带式输送机和载有小型带式输送机的台车（简称“小车”）连接在一起，当“小车”移动到所规定的分拣位置时，转动皮带，完成把商品分拣送出的任务。（　　）

6. 浮动滚子式分拣机的自动分拣装置由两排能够上下浮动的旋转滚轮组成，每排由8～10个滚轮组成。（　　）

7. 轨道式分拣机是利用独特形状的滑块，通过在主输送线链板间的左右滑动完成分拣作业的一种机械。（　　）

8. 电子标签辅助拣货系统主要由管理与控制计算机系统、接线盒＋控制器、电子标签及显示装置等组成。（　　）

9. 摘果式电子标签辅助拣货系统是利用电子标签实现播种式拣货出库的一种辅助拣货系统。（　　）

10. 在选用分拣设备时，要根据仓库、配送中心的分拣方式、使用目的、作业条件、货物类别、周围环境等条件综合考虑，慎重、认真地选用。（　　）

三、选择题

1. （　　）指为进行运输、配送，把很多货物按品种、地点和单位分配到所设置的场地的作业。

A. 分拣　　B. 理货　　C. 拣货　　D. 取货

2.（　　）分拣机由一系列相互连接的翻板、导向杆、牵引装置、驱动装置、支承装置等组成。

A. 带式　　B. 交叉式　　C. 翻板式　　D. 浮动滚子式

3.（　　）分拣机：被分拣的物品放置在沿轨道运行的小车托盘上，当到达分拣口时，台车托盘倾斜 30°，物品被分拣到指定的目的地。

A. 带式　　B. 交叉式　　C. 翻板式　　D. 轨道台车式

4. 一般来说，（　　）适合多品种、短交货期、高准确率、大业务量的情况。

A. DPS　　B. DAS　　C. DBS　　D. DSS

5. 分拣作业的（　　）取决于分拣量大小及设备自身的分拣能力，也与分拣方式密切相关。

A. 生产效率　　B. 速度　　C. 效率　　D. 效益

四、简答题

1. 自动分拣作业方式有哪些？各有何特点？
2. 简述交叉带式分拣机性能特点。
3. 简述自动拣选设备的选型原则。
4. 简述电子标签辅助拣货系统性能特点。
5. 简述拣选系统配置原则。

五、案例分析题

沃尔玛配送中心

沃尔玛拥有自己庞大的物流配送系统，以 320 千米为一个商圈建立配送中心，一个配送中心可以满足 100 多个周边城市销售网点的需求。每个配送中心面积约 10 万平方米，每个月的产品流转价值超过 2 亿美元，商品在配送中心停留的时间不超过 48 小时。配送中心的内部运行完全实现了自动化，商品由十几千米长的传送带输送，采用计算机技术和条码技术追踪每件商品的储存位置及运送情况，每天能处理约 20 万箱的物流量。配送中心的一端是装货月台，可供 30 辆卡车同时装货；另一端是卸货月台，有 135 个车位。每个配送中心有 600～800 名员工 24 小时连续作业，每天有 160 辆货车进入卸货，150 辆车装好货物从配送中心开出。自动分拣系统和自动储存系统是实现配送中心自动化运行的必备设备，这两套系统在统一协调控制下，自动完成货物的进货、发货、分拣、货物输送等作业。配送中心每年处理数亿份商品订单，99%的订单准确无误。

问题：

(1) 请分析沃尔玛配送中心的物流设备组成。

(2) 一个自动化水平较高的配送中心需要配备哪些设备？

(3) 说明自动分拣系统和自动储存系统对配送中心的促进作用。

长春烟草物流中心

吉林省烟草公司长春分公司（以下简称长春烟草）下辖南关、宽城、朝阳、二道、绿园五个区级烟草专卖分局（营销部），农安、榆树、九台、德惠和双阳五个县级烟草专卖局（营销部）。长春烟草物流中心平均每天要满足2000个客户的需求，完成1500件烟的分拣配送量。由于在长春市724万人中，农村人口就有400多万，因此决定了长春市卷烟市场结构偏低。在这种情况下，长春烟草认识到，物流中心的建设不能一味追求先进性，只有选择适合自己实际的物流系统，才能在满足客户需求的同时降低物流成本。

长春烟草物流中心主要由卷烟自动存取系统与设备、条烟分拣系统与设备、管理信息系统三部分组成。卷烟存取采用立体仓库系统，成品烟存储量为5000大箱。每天的条烟分拣量都在10 000箱以上，采用两组A字型自动分拣线（也称为“A型架”），分拣工人750人左右，分两班作业。每天上午接受零售商户的订单，经过信息系统处理，下午两点开始分拣作业，然后按照配送线路装车，第二天一早配送到户。信息中心完成长春市内（外县）烟草销售点的信息采集、电话订购、订购信息处理与分拣单生成等。

科学专业的规划设计是保证物流中心高效运作的关键。长春烟草物流中心的设计原则如下。

按30条送货线路（对应于30辆送货车）对订单进行归类。每天要完成2000个订单的送货任务，平均每条线路约完成67个订单。分拣作业区有两组自动分拣系统，每条分拣线左右两侧分别处理各自的订单，两条线可同时处理四个订单。按四条分拣线对发货线路进行归类，设定30条配送线路，平均每条分拣线对应7.5个发货方向线路，即502个订单。在分拣作业时，每一组分拣系统按照对应线路的订单次序逐单分拣，同时可保证分拣烟箱码放和发货的顺序，这样四条分拣线可同时分拣四条发货线路的订单。

一般情况下，头天下午至晚上为第二天一早的发货做好分拣和备货准备。在整个物流系统中，分拣系统的设计尤为关键。分拣作业区要完成的工作包括重力式货架的件烟补货、A字型自动分拣机的条烟补货、条烟自动分拣、特品条烟分拣等工序。分拣作业区主要包含两条相对独立的A字型自动分拣线，可同时进行四个订单的分拣工作。

为了解决卷烟分拣作业存在的问题，更好地服务于广大卷烟零售商户，长春烟草决定对原先的流程进行调整。在引进了叠层自动套膜封口热收缩包装机和高速标签打印机，用于自动分拣后的卷烟包装与加贴标签后，新的分拣、配送作业流程如下。

经A型架自动分拣、打标后的香烟经过点数机（按客户需求隔离）后，进入叠层自动套膜封口热收缩包装机进行包装。包装好的香烟由分拣员与计算机显示的分拣信息进行核对，准确无误后粘贴同步打印、输出的外包装标签（包含零售商户信息及其所需香烟信息），并装入周转箱，配送人员根据包装上的标签信息将卷烟分送到终端客户。

资料来源：程捍东．物流设施与设备[M]．青岛：中国海洋大学出版社，2010.

问题：

（1）通过分析流程分析烟草配送中心的物流设备组成。

（2）说明物流设备的选择对配送中心的促进作用。

实 训

【实训项目】

配送中心拣选系统规划。

【实训目的】

(1) 掌握配送中心的设备选型方法。

(2) 掌握配送中心拣选系统。

(3) 熟悉配送中心的作业流程制定。

【实训内容】

(1) 根据提出的要求搭建基本的配送中心拣选设备系统。

(2) 根据作业要求确定基本的设备选型原则。

【实验器材】

自动分拣机、贴标机、电子标签带以及模拟配送拣选系统。

【实验步骤】

某烟草配送中心的日作业量如下。箱数：600(尺寸可以根据实际条件确定)；客户数：300；种类数：400；规定香烟销售人每半个月订一次货。

请根据上述条件确定基本的物流设备种类，并说明设备的选型标准。

参考文献

[1] 陈晖.现代物流管理[M].郑州：郑州大学出版社,2010.
[2] 程捍东.物流设施与设备[M].青岛：中国海洋大学出版社,2010.
[3] 付平德.供应链管理[M].北京：机械工业出版社,2010.
[4] 王海兰.物流设施与设备管理[M].北京：中国人民大学出版社,2011.
[5] 刘廷新.物流设施与设备[M].北京：高等教育出版社,2009.
[6] 王晨.现代物流设施与设备[M].青岛：中国海洋大学出版社,2011.
[7] 于汶艳.物流设施与设备[M].北京：清华大学出版社,2013.
[8] 罗松涛.物流设施与设备[M].北京：水利水电出版社,2012.
[9] 王成林.物流设施与设备[M].上海：上海交通大学出版社,2008.
[10] 蒋祖星,孟初阳.物流设施与设备[M].北京：机械工业出版社,2009.
[11] 王雅雷.物流技术实务[M].重庆：重庆大学出版社,2012.
[12] 赵庆祯.现代物流设施与设备[M].北京：北京理工大学出版社,2012.
[13] 刘昌祺.物流配送中心设施及设备设计[M].北京：机械工业出版社,2004.
[14] 鲁晓春,吴志强.物流设施与设备[M].北京：北京交通大学出版社,2005.
[15] 朱新民.物流设施与设备[M].北京：清华大学出版社,2007.
[16] 张翠花.物流设施与设备[M].北京：化学工业出版社,2009.
[17] 裴少峰,曹利强,梁彤伟.物流技术与装备学[M].广州：中山大学出版社,2006.
[18] 周银龙.物流装备[M].北京：人民交通出版社,2005.
[19] 米志强.物流信息技术与应用[M].北京：电子工业出版社,2010.
[20] 魏国辰.物流机械设备运用与管理[M].北京：中国物资出版社,2007.
[21] 张弦.物流设施设备应用与管理[M].武汉：华中科技大学出版社,2009.
[22] 钟静,王魁.物流设施与设备[M].长沙：湖南人民出版社,2007.
[23] 洪志杰.物流设施设备[M].广州：广东经济出版社,2008.
[24] 张晓青.物流管理基础[M].广州：华南理工大学出版社,2006.
[25] 董宏达.生产企业物流[M].北京：清华大学出版社,2009.

教学支持说明

扫描二维码在线填写
更快捷获取教学支持

尊敬的老师：

您好！为方便教学，我们为采用本书作为教材的老师提供教学辅助资源。鉴于部分资源仅提供给授课教师使用，请您填写如下信息，发电子邮件给我们，或直接手机扫描上方二维码在线填写提交给我们，我们将会及时提供给您教学资源或使用说明。

（本表电子版下载地址：http://www.tup.com.cn/subpress/3/jsfk.doc）

课程信息

书　　名			
作　　者		书号（ISBN）	
开设课程1		开设课程2	
学生类型	□本科　□研究生　□MBA/EMBA　□在职培训		
本书作为	□主要教材　□参考教材	学生人数	
对本教材建议			
有何出版计划			

您的信息

学　　校			
学　　院		系/专业	
姓　　名		职称/职务	
电　　话		电子邮件	
通信地址			

清华大学出版社客户服务：

E-mail: tupfuwu@163.com
电话：010-62770175-4506/4903
地址：北京市海淀区双清路学研大厦 B 座 506 室

网址：http://www.tup.com.cn/
传真：010-62775511
邮编：100084